2025학년도

수능
기출의
미래

국어영역 | 언어와 매체

정답과 해설은 EBS*i* 사이트(www.ebsi.co.kr)에서 다운로드 받으실 수 있습니다.

| 교재
내용
문의 | 교재 및 강의 내용 문의는 EBS*i* 사이트
(www.ebsi.co.kr)의 학습 Q&A 서비스를
이용하시기 바랍니다. | 교재
정오표
공지 | 발행 이후 발견된 정오 사항을 EBS*i* 사이트
정오표 코너에서 알려 드립니다.
교재 ▶ 교재 자료실 ▶ 교재 정오표 | 교재
정정
신청 | 공지된 정오 내용 외에 발견된 정오 사항이
있다면 EBS*i* 사이트를 통해 알려 주세요.
교재 ▶ 교재 정정 신청 |

2025학년도 수능 대비

수능
기출의
미래

국어영역 | 언어와 매체

All New

수능 기출의 미래

국어영역 　언어와 매체

기출 풀어 유형 잡고, 수능 기출의 미래로 2025 수능 가자!!

매해 반복 출제되는 유형과 번갈아 출제되는 유형들을 익히기 위해서는 다년간의 기출 문제를 꼼꼼히 풀어 봐야 합니다.
다년간 수능 및 모의고사에 출제된 기출 문제를 풀다 보면 스스로 과목별, 영역별 유형을 익힐 수 있기 때문입니다.

새 교육과정에 맞춰 최근 5개년의 수능, 모의평가, 학력평가 기출 문제를 엄선하여
최다 문제를 실은 EBS **수능 기출의 미래로 2025학년도 수능을 준비**하세요.

수능 준비의 시작과 마무리! **수능 기출의 미래**가 책임집니다.

기출 문제로 유형 확인하기 ·····

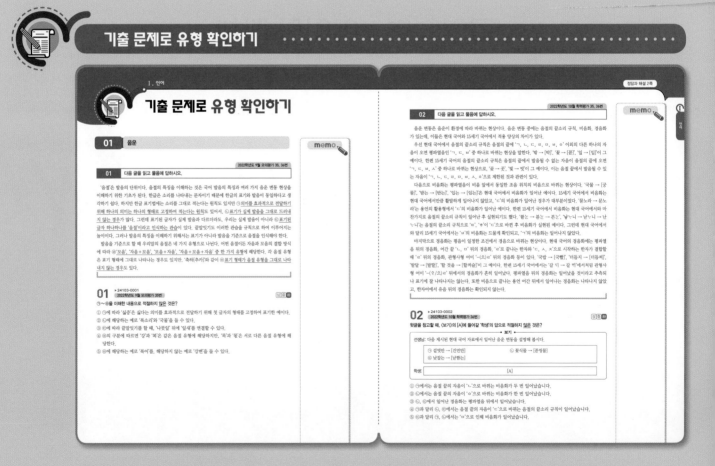

5개년 간의 기출 문제를 영역별 난이도 순으로 학습할 수 있도록 구성하였습니다. 영역별로 난이도가 낮은 문제부터 난이도가 높은 문제까지 순차적으로 학습하며 차근차근 수능을 준비할 수 있습니다.

정답과 해설

두껍고 무거운 해설이 아닌 핵심만 깔끔하게 정리된 슬림한 해설을 제공합니다.

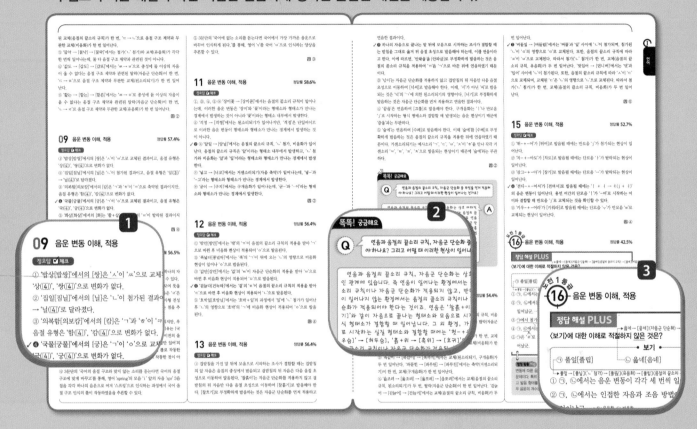

1 자세하고 명쾌한 해설!

기출 문제의 정답과 오답을 비교하면서 학생 스스로 핵심을 제대로 파악할 수 있도록 자세한 해설을 제공합니다.

2 똑똑! 궁금해요

예상 질문을 Q&A로 구성하여 학습할 때 생길 수 있는 궁금증을 해소할 수 있도록 하였습니다.

3 정답 해설 PLUS

도전 1등급 문항은 행간주를 통한 상세한 해설과 함정 탈출 비법을 제공합니다.

차례

수능 기출의 미래
국어영역　언어와 매체

I

언어

한눈에 보는 출제 경향

　'언어' 영역은 음운, 단어, 문장, 담화, 국어의 규정, 중세 국어의 문법에 대한 이해 및 적용과 관련된 문항 5개가 출제되는데, 문법 이론에 대한 지문에서 2문제, 개별 3문제가 출제된다. 언어의 구조 문제는 단편적인 지식을 묻기보다는 문법 이론에 대한 지문이나 문법 현상에 대한 대화를 제시하여 내용 이해 및 적용 능력을 확인하는 문제가 출제된다. 기본적으로 교과과정에 나오는 핵심 개념을 꼼꼼하게 공부해 두면 지문에 쉽게 접근할 수 있고 문제 풀이 시간도 단축할 수 있다. 국어의 변천 문제의 경우 단순 지식을 암기하고 있는지 평가하기보다는 현대어 풀이와 견주어 옛 국어 자료를 정확히 해석하고 구체적인 사례를 바탕으로 탐구할 수 있는지를 평가하는 경우가 많다. 중세 국어와 현대 국어의 문법 현상 차이를 서술하고 예시문을 통해 둘을 비교, 구분하는 문제도 자주 출제되고 있으므로 이에 대비할 필요가 있다.

한눈에 보는 출제 빈도

기출 문제	출제 유형		음운의 체계와 변동	단어의 형성과 의미, 품사의 기능	문장 유형과 문법 요소	담화의 특성과 표현	국어의 변천	국어의 규범과 국어 생활
2024 학년도	수능	3점			1			
		2점		1		1	2	
	9월	3점			1			
		2점	1	2			1	
	6월	3점					1	
		2점	1		1	1	1	
2023 학년도	수능	3점	1					
		2점		2	1		1	
	9월	3점		1				
		2점	1	2	1			
	6월	3점			1			
		2점	2	1			1	
2022 학년도	수능	3점						1
		2점		1		1	2	
	9월	3점		1				
		2점	2		1		1	
	6월	3점			1			
		2점	1	1		1		1
2021 학년도	수능	3점			1			
		2점		3			1	
	9월	3점			1			
		2점	1	1	1		1	
	6월	3점			1			
		2점			1	1	1	1
2020 학년도	수능	3점		1				
		2점	1	1	1		1	
	9월	3점	1					
		2점		1	1		2	
	6월	3점			1			
		2점	1	2			1	

기출 문제로 유형 확인하기

01 음운

2022학년도 9월 모의평가 35, 36번

01 다음 글을 읽고 물음에 답하시오.

'음절'은 발음의 단위이다. 음절의 특징을 이해하는 것은 국어 발음의 특징과 여러 가지 음운 변동 현상을 이해하기 위한 기초가 된다. 한글은 소리를 나타내는 문자이기 때문에 한글의 표기와 발음이 동일하다고 생각하기 쉽다. 하지만 한글 표기법에는 소리를 그대로 적는다는 원칙도 있지만 ㉠의미를 효과적으로 전달하기 위해 하나의 의미는 하나의 형태로 고정하여 적는다는 원칙도 있어서, ㉡표기가 실제 발음을 그대로 드러내지 않는 경우가 많다. 그런데 표기된 글자가 실제 발음과 다르더라도, 우리는 실제 발음이 아니라 ㉢표기된 글자 하나하나를 '음절'이라고 인식하는 관습이 있다. 끝말잇기도 이러한 관습을 규칙으로 하여 이루어지는 놀이이다. 그러나 발음의 특징을 이해하기 위해서는 표기가 아니라 발음을 기준으로 음절을 인식해야 한다.

발음을 기준으로 할 때 우리말의 음절은 네 가지 유형으로 나뉜다. 어떤 음절이든 자음과 모음의 결합 방식에 따라 ㉣'모음', '자음＋모음', '모음＋자음', '자음＋모음＋자음' 중 한 가지 유형에 해당한다. 각 음절 유형은 표기 형태에 그대로 나타나는 경우도 있지만, '축하[추카]'와 같이 ㉤표기 형태가 음절 유형을 그대로 나타내지 않는 경우도 있다.

01 ▶24103-0001
2022학년도 9월 모의평가 35번
상 중 **하**

㉠~㉤을 이해한 내용으로 적절하지 <u>않은</u> 것은?

① ㉠에 따라 '싫증'은 싫다는 의미를 효과적으로 전달하기 위해 첫 글자의 형태를 고정하여 표기한 예이다.
② ㉡에 해당하는 예로 '북소리'와 '국물'을 들 수 있다.
③ ㉢에 따라 끝말잇기를 할 때, '나뭇잎' 뒤에 '잎새'를 연결할 수 있다.
④ ㉣의 구분에 따르면 '강'과 '복'은 같은 음절 유형에 해당하지만, '목'과 '몫'은 서로 다른 음절 유형에 해당한다.
⑤ ㉤에 해당하는 예로 '북어'를, 해당하지 않는 예로 '강변'을 들 수 있다.

02   다음 글을 읽고 물음에 답하시오.

음운 변동은 음운이 환경에 따라 바뀌는 현상이다. 음운 변동 중에는 음절의 끝소리 규칙, 비음화, 경음화가 있는데, 이들은 현대 국어와 15세기 국어에서 적용 양상의 차이가 있다.

우선 현대 국어에서 음절의 끝소리 규칙은 음절의 끝에 'ㄱ, ㄴ, ㄷ, ㄹ, ㅁ, ㅂ, ㅇ' 이외의 다른 하나의 자음이 오면 평파열음인 'ㄱ, ㄷ, ㅂ' 중 하나로 바뀌는 현상을 말한다. '밖 → [박]', '꽃 → [꼳]', '잎 → [입]'이 그 예이다. 한편 15세기 국어의 음절의 끝소리 규칙은 음절의 끝에서 발음될 수 없는 자음이 음절의 끝에 오면 'ㄱ, ㄷ, ㅂ, ㅅ' 중 하나로 바뀌는 현상으로, '곶 → 곳', '빛 → 빗'이 그 예이다. 이는 음절 끝에서 발음될 수 있는 자음이 'ㄱ, ㄴ, ㄷ, ㄹ, ㅁ, ㅂ, ㅅ, ㅇ'으로 제한된 것과 관련이 있다.

다음으로 비음화는 평파열음이 비음 앞에서 동일한 조음 위치의 비음으로 바뀌는 현상이다. '국물 → [궁물]', '받는 → [반는]', '입는 → [임는]'은 현대 국어에서 비음화가 일어난 예이다. 15세기 국어에서 비음화는 현대 국어에서만큼 활발하게 일어나지 않았고, 'ㄷ'의 비음화가 일어난 경우가 대부분이었다. '묻노라 → 문노라'는 용언의 활용형에서 'ㄷ'의 비음화가 일어난 예이다. 한편 15세기 국어에서 비음화는 현대 국어에서와 마찬가지로 음절의 끝소리 규칙이 일어난 후 실현되기도 했다. '븥는 → 븓는 → 븐는', '낳느니 → 낟느니 → 난느니'는 음절의 끝소리 규칙으로 'ㅌ', 'ㅎ'이 'ㄷ'으로 바뀐 후 비음화가 실현된 예이다. 그런데 현대 국어에서와 달리 15세기 국어에서는 'ㅂ'의 비음화는 드물게 확인되고, 'ㄱ'의 비음화는 일어나지 않았다.

마지막으로 경음화는 평음이 일정한 조건에서 경음으로 바뀌는 현상이다. 현대 국어의 경음화에는 평파열음 뒤의 경음화, 어간 끝 'ㄴ, ㅁ' 뒤의 경음화, 'ㄹ'로 끝나는 한자와 'ㄷ, ㅅ, ㅈ'으로 시작하는 한자가 결합할 때 'ㄹ' 뒤의 경음화, 관형사형 어미 '-(으)ㄹ' 뒤의 경음화 등이 있다. '국밥 → [국빱]', '더듬지 → [더듬찌]', '발달 → [발딸]', '할 것을 → [할꺼슬]'이 그 예이다. 한편 15세기 국어에서는 '갈 디 → 갈 띠'에서처럼 관형사형 어미 '-(ᄋᆞ/으)ㄹ' 뒤에서의 경음화가 흔히 일어났다. 평파열음 뒤의 경음화는 일어났을 것이라고 추측되나 표기에 잘 나타나지는 않는다. 또한 비음으로 끝나는 용언 어간 뒤에서 일어나는 경음화는 나타나지 않았고, 한자어에서 유음 뒤의 경음화는 확인되지 않는다.

02   ▶ 24103-0002
2022학년도 10월 학력평가 36번   상 중 하

윗글을 참고할 때, 〈보기〉의 [A]에 들어갈 '학생'의 답으로 적절하지 않은 것은?

─● 보기 ●─

선생님: 다음 제시된 현대 국어 자료에서 일어난 음운 변동을 설명해 봅시다.

ㄱ 겉멋만 → [건먼만]   ㄴ 꽃식물 → [꼳씽물]
ㄷ 낮잡는 → [낟짬는]

학생: [A]

① ㄱ에서는 음절 끝의 자음이 'ㄴ'으로 바뀌는 비음화가 두 번 일어났습니다.

② ㄴ에서는 음절 끝의 자음이 'ㅇ'으로 바뀌는 비음화가 한 번 일어났습니다.

③ ㄴ, ㄷ에서 일어난 경음화는 평파열음 뒤에서 일어났습니다.

④ ㄱ과 달리 ㄴ, ㄷ에서는 음절 끝의 자음이 'ㄷ'으로 바뀌는 음절의 끝소리 규칙이 일어났습니다.

⑤ ㄷ과 달리 ㄱ, ㄴ에서는 'ㅁ'으로 인해 비음화가 일어났습니다.

〈보기〉에 제시된 ⓐ~ⓔ의 발음에 대한 탐구 내용으로 적절하지 <u>않은</u> 것은?

● 보기 ●

ⓐ 옷고름[옫꼬름]   ⓑ 색연필[생년필]   ⓒ 꽃망울[꼰망울]
ⓓ 벽난로[병날로]   ⓔ 벼훑이[벼훌치]

① ⓐ: 음운의 개수가 변하지 않는 음운 변동이 첫째 음절의 종성 위치와 둘째 음절의 초성 위치에서 각각 한 번씩 일어난다.
② ⓑ: 첨가된 자음으로 인해 조음 방법이 변하는 음운 변동이 일어난다.
③ ⓒ: 첫째 음절의 종성 위치에서 두 번의 음운 변동이 순차적으로 일어난다.
④ ⓓ: 둘째 음절의 초성 위치에서 음운 변동이 일어난 후 둘째 음절의 종성 위치에서 음운 변동이 일어난다.
⑤ ⓔ: 조음 위치와 조음 방법이 모두 변하는 음운 변동이 일어난다.

㉠과 ㉡에 모두 해당하는 예만을 〈보기〉의 [탐구 자료]에서 고른 것은?

● 보기 ●

[탐구 내용]

국어의 음운 변동은 교체, 탈락, 첨가, 축약의 네 가지 유형으로 나눌 수 있다. 어떤 단어는 여러 음운 변동이 일어나는데 위의 네 가지 유형 중 ㉠두 유형 이상의 음운 변동이 일어나는 경우, ㉡한 유형의 음운 변동이 여러 번 일어나는 경우도 있다.

[탐구 자료]

꽃향기[꼬턍기], 똑같이[똑까치],
흙냄새[흥냄새], 첫여름[천녀름],
넙죽하다[넙쭈카다], 읊조리다[읍쪼리다]

① 꽃향기, 똑같이   ② 꽃향기, 흙냄새   ③ 첫여름, 넙죽하다
④ 첫여름, 읊조리다   ⑤ 넙죽하다, 읊조리다

05
▶ 24103-0005
2023학년도 수능 38번

상**중**하

다음은 된소리되기와 관련한 수업의 일부이다. [A]에 들어갈 말로 적절하지 않은 것은? [3점]

선생님: 오늘은 표준 발음을 대상으로 용언의 활용에서 나타나는 된소리되기를 알아봅시다. '(신발을) 신고[신: 꼬]'처럼 용언의 활용에서는 마지막 소리가 'ㄴ, ㅁ'인 어간 뒤에 처음 소리가 'ㄱ, ㄷ, ㅅ, ㅈ'인 어미가 결합하면 어미의 처음 소리가 된소리로 바뀌어요.

학생: 아, 그렇군요. 그런데 선생님, 국어에서 'ㄱ, ㄷ, ㅅ, ㅈ'이 'ㄴ, ㅁ' 뒤에 이어지면 항상 된소리로 바뀌나요?

선생님: 항상 그런 것은 아니에요. 표준 발음에서는 용언 어간에 피·사동 접사가 결합하거나 어미끼리 결합하거나 체언과 조사가 결합하는 경우에는 된소리되기가 일어나지 않아요. 그리고 '먼지[먼지]'처럼 하나의 형태소 안에서 'ㄴ, ㅁ' 뒤에 'ㄱ, ㄷ, ㅅ, ㅈ'이 있는 경우에도 된소리되기가 일어나지 않아요. 그럼 다음 ⓐ~ⓔ의 밑줄 친 말에서 'ㄴ'이나 'ㅁ' 뒤의 소리가 된소리로 바뀌지 않는 이유를 설명해 볼까요?

> ⓐ 피로를 푼다[푼다]　　ⓑ 더운 여름도[여름도]　　ⓒ 대문을 잠가[잠가]
> ⓓ 품에 안겨라[안겨라]　　ⓔ 학교가 큰지[큰지]

학생: 그 이유는 　　　　　　[A]　　　　　　 때문입니다.

선생님: 네, 맞아요.

① ⓐ의 'ㄴ'과 'ㄷ'이 모두 어미에 속해 있는 소리이기
② ⓑ의 'ㅁ'과 'ㄷ'이 체언과 조사가 결합하면서 이어진 소리이기
③ ⓒ의 'ㅁ'과 'ㄱ'이 모두 하나의 형태소 안에 속해 있는 소리이기
④ ⓓ의 'ㄴ'과 'ㄱ'이 어미끼리 결합하면서 이어진 소리이기
⑤ ⓔ의 'ㄴ'과 'ㅈ'이 어간과 어미가 결합하면서 이어진 소리가 아니기

06
▶ 24103-0006
2024학년도 6월 모의평가 38번

상**중**하

〈보기〉의 ㉮, ㉯에 들어갈 수 있는 단어로 적절한 것은?

● 보기 ●

선생님: 지난 시간에 음운의 변동 가운데 ⓐ음절의 끝소리 규칙, ⓑ자음군 단순화, ⓒ된소리되기를 학습했는데요. 이번 시간에는 음운 변동의 적용 유무를 기준으로 단어를 분류하는 활동을 진행해 볼게요. 그럼, 표준 발음을 고려해서 다음 단어들을 분류해 보죠.

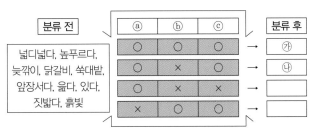

분류 전		ⓐ	ⓑ	ⓒ		분류 후
넓디넓다, 높푸르다, 늦깎이, 닭갈비, 쑥대밭, 앞장서다, 읊다, 있다, 짓밟다, 흙빛		○	○	○	→	㉮
		○	×	○	→	㉯
		○	×	×	→	
		×	○	○	→	

○: 해당 음운 변동이 일어난 것.
×: 해당 음운 변동이 일어나지 않은 것.

	㉮	㉯		㉮	㉯
①	짓밟다	늦깎이	②	넓디넓다	있다
③	읊다	높푸르다	④	흙빛	쑥대밭
⑤	닭갈비	앞장서다			

07 다음 글을 읽고 물음에 답하시오.

[A]
  용언이 활용할 때 음운 변동이 나타나는 경우에는 그 결과가 활용형의 표기에 반영되기도 한다. 예를 들어 '자다'의 활용 정보는 '자[자], 자니[자니]'처럼 제시되는데 이때의 활용형 '자'는 '자다'의 어간 '자-'가 어미 '-아'와 결합할 때 동일 모음의 탈락이 일어나 '자'로 실현된 결과가 활용형의 표기에 반영된 것이다. 이와는 달리 '좋다'는 '좋아[조:아], 좋으니[조:으니]'가 활용 정보에 제시되는데 이는 음운 변동의 결과가 활용형의 표기에 반영되지 않은 것이다. 즉 활용 정보에 나타나는 활용형 '자'와 '좋아'의 표기는 한글 맞춤법의 원리에 따른 것임을 확인할 수 있다.

07 ▸ 24103-0007
상 중 하

[A]를 바탕으로 〈보기〉의 ⓐ~ⓔ의 밑줄 친 부분을 이해한 내용으로 적절하지 <u>않은</u> 것은?

● 보기 ●

국어사전의 표제어와 활용 정보

ⓐ **서다** [활용] <u>서</u>, 서니 …
ⓑ **끄다** [활용] <u>꺼</u>, 끄니 …
ⓒ **풀다** [활용] 풀어, <u>푸니</u> …
ⓓ **쌓다** [활용] 쌓아, 쌓으니, <u>쌓는</u> …
ⓔ **믿다** [활용] 믿어, 믿으니, <u>믿는</u> …

① ⓐ: 탈락이 나타나고 그 결과가 표기에 반영되었다.
② ⓑ: 탈락이 나타나고 그 결과가 표기에 반영되었다.
③ ⓒ: 탈락이 나타나고 그 결과가 표기에 반영되었다.
④ ⓓ: 교체가 나타나지만 그 결과가 표기에 반영되지 않았다.
⑤ ⓔ: 교체가 나타나지만 그 결과가 표기에 반영되지 않았다.

08 다음 글을 읽고 물음에 답하시오.

[A]
　　우리말에는 음절의 구조에 제약이 존재한다. 우선 초성에는 'ㅇ'이 올 수 없다. 또한 종성에는 'ㄱ, ㄴ, ㄷ, ㄹ, ㅁ, ㅂ, ㅇ'만 올 수 있다는 제약이 있다. 그래서 종성 자리에 올 수 없는 자음이 놓여 발음할 수 없으면, 다른 자음으로 교체되는 음운 변동이 일어나 발음이 가능해진다. 그리고 종성에는 둘 이상의 자음이 올 수 없다는 제약이 있다. 종성 자리에 두 개의 자음이 놓이게 되면 둘 중 하나가 탈락하는 음운 변동이 일어난다. 한편 음절 구조 제약과 관계없이 일어나는 음운 변동도 있다. 예를 들어 '논일[논닐]'에서 'ㄴ'이 첨가되는 것은 음절 구조 제약과는 무관한 음운 변동이다.

08
▶ 24103-0008
2022학년도 9월 모의평가 36번

상 **중** 하

[A]를 바탕으로 할 때, 〈보기〉의 ⓐ~ⓔ에 대한 설명으로 적절한 것은?

● 보기 ●

	표기	발음
ⓐ	굳이	[구지]
ⓑ	옷만	[온만]
ⓒ	물약	[물략]
ⓓ	값도	[갑또]
ⓔ	핥는	[할른]

① ⓐ: 음절 구조 제약과 관련된 교체가 한 번 일어난다.
② ⓑ: 음절 구조 제약과 관련된 교체가 한 번, 음절 구조 제약과 무관한 교체가 한 번 일어난다.
③ ⓒ: 음절 구조 제약과 무관한 첨가가 한 번, 음절 구조 제약과 관련된 교체가 한 번 일어난다.
④ ⓓ: 음절 구조 제약과 관련된 탈락이 한 번, 음절 구조 제약과 무관한 첨가가 한 번 일어난다.
⑤ ⓔ: 음절 구조 제약과 관련된 탈락이 한 번, 음절 구조 제약과 관련된 교체가 한 번 일어난다.

memo

I

언어

〈보기〉의 [A]에 들어갈 말로 적절한 것은?

● 보기 ●

선생님: 음절은 발음할 수 있는 최소의 언어 단위인데, 음절의 유형은 크게 분류하면 '① 모음, ② 자음＋모음, ③ 모음＋자음, ④ 자음＋모음＋자음'이 있어요. 예를 들면 '꽃[꼳]'은 ④, '잎[입]'은 ③에 속하지요. 그런데 복합어 '꽃잎'은 음운 변동이 일어나 [꼰닙]으로 발음돼요. 이때 [닙]은 ④에 해당되며 음운의 첨가로 음절 유형이 바뀐 것이지요.

　이제 아래 단어들을 탐구해 봅시다.

> 밥상(밥＋상), 집일(집＋일), 의복함(의복＋함),
> 국물(국＋물), 화살(활＋살)

학생: [A]

선생님: 네, 맞아요.

① '밥상[밥쌍]'에서의 [쌍]은 첨가의 결과이고, 음절 유형이 단일어인 '상[상]'과 달라졌어요.
② '집일[짐닐]'에서의 [닐]은 교체의 결과이고, 음절 유형이 단일어인 '일[일]'과 달라졌어요.
③ '의복함[의보캄]'에서의 [캄]은 축약의 결과이고, 음절 유형이 단일어인 '함[함]'과 달라졌어요.
④ '국물[궁물]'에서의 [궁]은 교체의 결과이고, 음절 유형이 단일어인 '국[국]'과 같아요.
⑤ '화살[화살]'에서의 [화]는 탈락의 결과이고, 음절 유형이 단일어인 '활[활]'과 같아요.

10~11 다음 글을 읽고 물음에 답하시오.

음운은 단어의 뜻을 변별하는 데 사용되는 소리로 언어마다 차이가 있다. 예컨대 국어에서는 음운으로서 'ㅅ'과 'ㅆ'을 구분하지만 영어에서는 구분하지 않는다. 음운이 실제로 발음되기 위해서는 발음의 최소 단위인 음절을 이뤄야 하는데 음절의 구조도 언어마다 다르다. 국어는 한 음절 내에서 모음 앞이나 뒤에 각각 최대 하나의 자음을 둘 수 있지만 영어는 'spring[spriŋ]'처럼 한 음절 내에서 자음군이 형성될 수 있다.

음운은 그 자체로는 뜻이 없다. 음운이 하나 이상 모여 뜻을 가지면 의미의 최소 단위인 형태소가 된다. 그리고 우리는 이러한 형태소를 결합하여 단어를 만들고 말을 한다. 이때 ㉠형태소와 형태소가 만나는 경계에서 음운이 다양하게 배열되고 발음이 결정되는데, 여기에 음운 규칙이 관여한다. 예컨대 국어에서는 '국물[궁물]'처럼 '파열음 – 비음' 순의 음운 배열이 만들어지면, 파열음은 동일 조음 위치의 비음으로 교체된다. 그런데 이런 음운 규칙도 모든 언어에 적용되는 것은 아니어서 영어에서는 'nickname[nikneim]'처럼 '파열음(k) – 비음(n)'이 배열되어도 비음화가 일어나지 않는다.

이러한 음운, 음절 구조, 음운 규칙은 말을 할 때뿐만 아니라 말을 들을 때도 작동한다. 이들은 말을 할 때는 발음을 할 수 있게 만드는 재료, 구조, 방법이 되고, 말을 들을 때는 말소리를 분류하고 인식하는 틀이 된다. 예컨대 '국'과 '밥'이 결합한 '국밥'은 된소리되기가 적용되어 늘 [국빱]으로 발음되지만, 우리는 이것을 '빱'이 아니라 '밥'과 관련된 것으로 인식한다. 그 이유는 [국빱]을 들을 때 된소리되기가 인식의 틀로 작동하여 된소리되기 이전의 음운 배열인 '국밥'으로 복원되기 때문이다. 더불어 외국어를 듣는 상황을 생각해 보자. 국어의 음절 구조와 맞지 않는 소리를 듣는다면 국어의 음절 구조에 맞게 바꾸고, 국어에 없는 소리를 듣는다면 국어에서 가장 가까운 음운으로 바꾸어 인식하게 된다. 영어 단어 'bus'를 우리말 음절 구조에 맞게 2음절로 바꾸고, 'b'를 'ㅂ' 또는 'ㅃ'으로 바꾸어 [버쓰]나 [뻐쓰]로 인식하는 것이 그 예이다.

10 ▶ 24103-0010
상 중 **하**

윗글을 통해 추론한 내용으로 적절하지 않은 것은?

① 국어 음절 구조의 특징을 고려하면 '몫[목]'의 발음에서 음운이 탈락하는 것을 이해할 수 있겠군.

② 국어 음운 'ㄹ'은 그 자체에는 뜻이 없지만, '갈 곳'의 'ㄹ'은 어미로 쓰이고 있으므로 뜻을 가진 최소 단위가 되겠군.

③ 국어에서 '밥만 있어'의 '밥만[밤만]'을 듣고 '밤만'으로 알았다면 그 과정에서 비음화 규칙이 인식의 틀로 작동했겠군.

④ 영어의 'spring'이 국어에서 3음절 '스프링'으로 인식되는 것은 국어 음절 구조 인식의 틀이 제대로 작동한 결과이겠군.

⑤ 영어의 'vocal'이 국어에서 '보컬'로 인식되는 것은 영어 'v'와 가장 비슷한 국어 음운이 'ㅂ'이기 때문이겠군.

11 ▶ 24103-0011
상 중 **하**

㉠의 위치에서 음운 변동이 일어난 예만을 〈보기〉에서 고른 것은?

● 보기 ●

ⓐ 앞일[암닐] ⓑ 장미꽃[장미꼳] ⓒ 넣고[너코]
ⓓ 걱정[걱쩡] ⓔ 굳이[구지]

① ⓐ, ⓑ, ⓒ   ② ⓐ, ⓒ, ⓔ   ③ ⓐ, ⓓ, ⓔ
④ ⓑ, ⓒ, ⓓ   ⑤ ⓑ, ⓓ, ⓔ

[A]에 들어갈 말로 적절한 것은?

> 학생: 선생님, 표준 발음법 제18항을 보다가 궁금한 점이 생겼어요. 이 조항에서 'ㄱ, ㄷ, ㅂ' 옆의 괄호 안에 다른 받침들이 포함된 것은 무엇을 나타내나요?
>
> > 제18항 받침 'ㄱ(ㄲ, ㅋ, ㄳ, ㄺ), ㄷ(ㅅ, ㅆ, ㅈ, ㅊ, ㅌ, ㅎ), ㅂ(ㅍ, ㄼ, ㄿ, ㅄ)'은 'ㄴ, ㅁ' 앞에서 [ㅇ, ㄴ, ㅁ]으로 발음한다.
>
> 선생님: 좋은 질문이에요. 그건 받침이 'ㄱ, ㄷ, ㅂ'이 아니더라도, 음운 변동의 결과로 그 발음이 [ㄱ, ㄷ, ㅂ]으로 바뀌면 비음화 현상이 적용될 수 있다는 사실을 나타낸 거예요.
>
> 학생: 아, 그렇다면   [A]   비음화 현상이 적용된 거네요?
>
> 선생님: 네, 맞아요.

① '밖만[방만]'은 자음군 단순화가 적용된 후
② '폭넓다[퐁널따]'는 자음군 단순화가 적용된 후
③ '값만[감만]'은 음절의 끝소리 규칙이 적용된 후
④ '겉늙다[건늑따]'는 음절의 끝소리 규칙이 적용된 후
⑤ '호박잎[호방닙]'은 음절의 끝소리 규칙이 적용된 후

〈보기〉의 ㉠에 들어갈 말로 적절한 것은? [3점]

> **● 보기 ●**
>
> 선생님: 오늘은 일상생활에서 흔하게 들을 수 있는 부정확한 발음에 대해 알아볼까요? 우선 아래 표에서 부정확한 발음과 정확한 발음을 확인해 보세요.

예	찰흙이	안팎을	넋이	끝을	숲에
부정확한 발음	[찰흐기]	[안파글]	[너기]	[끄츨]	[수베]
	↓	↓	↓	↓	↓
정확한 발음	[찰흘기]	[안파끌]	[넉씨]	[끄틀]	[수페]

> 다 봤나요? 그럼 정확한 발음을 참고하여, 부정확한 발음을 하게 된 이유를 말해 볼까요?
>
> 학생: ㉠
>
> 선생님: 네, 맞아요. 그럼 이제 정확한 발음을 일상생활에서 실천해 보세요.

① '찰흙이'는 자음군 단순화를 적용하고 연음해야 하는데, [찰흐기]는 자음군 단순화를 적용하지 않고 연음을 했습니다.
② '안팎을'은 음절의 끝소리 규칙을 적용하지 않고 연음해야 하는데, [안파글]은 음절의 끝소리 규칙을 적용하고 연음을 했습니다.
③ '넋이'는 연음을 하고 된소리되기를 적용해야 하는데, [너기]는 음절의 끝소리 규칙을 적용하고 연음을 했습니다.
④ '끝을'은 연음을 하고 구개음화를 적용해야 하는데, [끄츨]은 구개음화를 적용하고 연음을 했습니다.
⑤ '숲에'는 거센소리되기를 적용하지 않고 연음해야 하는데, [수베]는 거센소리되기를 적용하고 연음을 했습니다.

14 ▶ 24103-0014
2024학년도 9월 모의평가 37번

상**중**하

〈학습 활동〉을 수행한 결과로 적절한 것은?

● 학습 활동 ●

'교체, 탈락, 첨가, 축약'과 같은 네 가지 유형의 음운 변동을 탐구해 보면, 한 단어에서 서로 다른 유형의 음운 변동이 일어나기도 하고 같은 유형의 음운 변동이 두 번 이상 일어나기도 한다.

- 한 단어에 음운 변동이 한 번 일어난 예
  예 빗[빋], 여덟[여덜], 맨입[맨닙], 축하[추카]
- 한 단어에 서로 다른 유형의 음운 변동이 일어난 예
  예 밟는[밤:는], 닭장[닥짱]
- 한 단어에 같은 유형의 음운 변동이 두 번 이상 일어난 예
  예 앞날[암날], 벚꽃[벋꼳]

이를 참고하여 ㉠~㉤에 해당하는 예를 두 개씩 생각해 보자.
㉠ '교체가 한 번, 탈락이 한 번' 일어난 것
㉡ '교체가 한 번, 첨가가 한 번' 일어난 것
㉢ '교체가 한 번, 축약이 한 번' 일어난 것
㉣ '교체가 두 번, 탈락이 한 번' 일어난 것
㉤ '교체가 두 번, 첨가가 한 번' 일어난 것

① ㉠: 재밌는[재민는], 얽매는[엉매는]
② ㉡: 불이익[불리익], 견인력[겨닌녁]
③ ㉢: 똑같이[똑까치], 파묻힌[파무친]
④ ㉣: 읊조려[읍쪼려], 겉늙어[건늘거]
⑤ ㉤: 버들잎[버들립], 덧입어[던니버]

15
▶ 24103-0015
2021학년도 9월 모의평가 11번
상 중 하

〈보기〉의 ㉮에 들어갈 말로 적절한 것은?

• 보기 •

선생님: 용언 어간 뒤에 '-아/어'로 시작하는 어미가 결합할 때, 단모음이 반모음으로 교체되는 음운 변동이 일어날 수 있어요. 가령, 어간 '오-'와 어미 '-아'가 결합해 [와]로 발음될 때, 단모음 'ㅗ'가 반모음 'w'로 교체되는 것이지요. 우리말의 반모음은 'j'도 있으니까 반모음 'j'로 교체되는 예도 있겠죠? 그럼 용언 어간의 단모음이 '-아/어'로 시작하는 어미와 결합할 때 반모음 'j'로 교체되는 예를 들어 볼까요?

학생: 네, ㅤㅤㅤㅤ㉮ㅤㅤㅤㅤ로 발음되는 예를 들 수 있어요.

① 어간 '뛰-'와 어미 '-어'가 결합해 [뛰여]
② 어간 '차-'와 어미 '-아도'가 결합해 [차도]
③ 어간 '잠그-'와 어미 '-아'가 결합해 [잠가]
④ 어간 '견디-'와 어미 '-어서'가 결합해 [견뎌서]
⑤ 어간 '키우-'와 어미 '-어라'가 결합해 [키워라]

16
▶ 24103-0016
2020학년도 6월 모의평가 14번
상 중 하

〈보기〉에 대한 이해로 적절하지 <u>않은</u> 것은?

• 보기 •

㉠ 풀잎[풀립]　　　㉡ 읊네[음네]　　　㉢ 벼훑이[벼훌치]

① ㉠, ㉡에서는 음운 변동이 각각 세 번씩 일어났군.
② ㉠, ㉡에서는 인접한 자음과 조음 방법이 같아지는 음운 변동이 일어났군.
③ ㉠에서 첨가된 음운과 ㉡에서 탈락된 음운은 서로 다르군.
④ ㉠, ㉢에서는 음운 개수가 달라지는 음운 변동이 일어났군.
⑤ ㉠은 'ㄹ'로 인해, ㉢은 모음 'ㅣ'로 인해 동화되는 음운 변동이 일어났군.

02 단어

17 ▶ 24103-0017
2022학년도 6월 모의평가 39번 상중**하**

〈보기〉를 바탕으로 할 때, ㉠~㉢에 해당하는 단어가 사용된 예로 적절한 것은?

● 보기 ●

선생님: 신체 관련 어휘는 ㉠신체 부위를 나타내는 중심적 의미가 ㉡주변적 의미로 확장될 수 있어요. 이때 ㉢소리는 같지만 중심적 의미가 다른 단어와 잘 구분해야 합니다. 그럼 아래에서 이러한 의미 관계를 확인해 봅시다.

코¹
• 포유류의 얼굴 중앙에 튀어나온 부분.
• 콧구멍에서 흘러나오는 액체.

코²
• 그물이나 뜨개질한 물건의 눈마다의 매듭.

① ㉠: 묽은 코가 옷에 묻어 휴지로 닦았다.
② ㉠: 어부가 쳐 놓은 어망의 코가 끊어졌다.
③ ㉡: 코끼리는 긴 코를 자유자재로 사용한다.
④ ㉡: 동생이 갑자기 코를 다쳐서 병원에 갔다.
⑤ ㉢: 어머께서 목도리를 한 코씩 떠 나가셨다.

18 ▶ 24103-0018
2023학년도 10월 학력평가 38번 상중**하**

〈보기〉의 ⓐ~ⓒ에 들어갈 말을 바르게 짝지은 것은?

● 보기 ●

학생 1: 우리 스무고개 할래? [자료]에 있는 단어 중에서 내가 무얼 생각하는지 맞혀 봐.

[자료]
　　높이다　　접히다　　여닫다

학생 2: 좋아. 그 단어는 어근과 어근으로 구성되었니?
학생 1: 아니, 어근과 접사로 이루어져 있어.
학생 2: 그렇다면 ⓐ 는 아니겠군. 그러면 단어의 품사가 어근의 품사와 같니?
학생 1: 아니, 이 단어의 품사는 어근의 품사와 달라.
학생 2: ⓑ 는 접사가 결합하며 품사가 달라지지 않았고, ⓒ 는 접사가 결합하며 품사가 달라졌네. 그렇다면 네가 생각하는 단어는 ⓒ 이구나!
학생 1: 맞아, 바로 그거야.

	ⓐ	ⓑ	ⓒ
①	여닫다	접히다	높이다
②	여닫다	높이다	접히다
③	높이다	여닫다	접히다
④	높이다	접히다	여닫다
⑤	접히다	여닫다	높이다

〈학습 활동〉을 수행한 결과로 적절한 것은?

• 학습 활동 •

형태소는 자립성의 유무와 의미의 유형에 따라 다음과 같이 구분된다.

의미의 유형 \ 자립성의 유무	자립 형태소	의존 형태소
실질 형태소	㉠	㉡
형식 형태소	✕	㉢

다음 문장의 형태소를 ㉠, ㉡, ㉢으로 분류한 후, 그 결과를 정리해 보자.

우리는 비를 맞고 바람에 맞서다가 드디어 길을 찾아냈다.

① '우리는'의 '우리'와 '드디어'는 ㉡에 속한다.
② '비를'과 '길을'에는 ㉠과 ㉡에 속하는 형태소만 있다.
③ '맞고'의 '맞–'과 '맞서다가'의 '맞–'은 모두 ㉢에 속한다.
④ '바람에'에는 ㉡과 ㉢에 속하는 형태소만 있다.
⑤ '찾아냈다'에는 ㉡과 ㉢에 속하는 형태소만 있다.

〈보기〉의 [학습 활동]을 수행한 결과로 적절하지 않은 것은?

• 보기 •

[학습 활동]
　용언의 어간에 어미가 결합하는 것을 활용이라고 한다. 용언의 활용에는 규칙 활용과 불규칙 활용이 있다. 다음 예문에서 밑줄 친 말의 기본형을 생각해 보면서 용언의 활용 양상을 설명해 보자.

[예문]

	ⓐ 규칙 활용의 예	ⓑ 불규칙 활용의 예
㉠	형은 교복을 입어 보았다.	꽃이 아름다워 보였다.
㉡	나는 언니에게 죽을 쑤어 주었다.	오빠는 나에게 밥을 퍼 주었다.
㉢	누나는 옷을 벽에 걸어 두었다.	삼촌은 눈길을 걸어 집에 갔다.
㉣	동생은 그릇을 씻어 쟁반에 놓았다.	이 다리는 섬과 육지를 이어 주는 역할을 한다.
㉤	우리는 짐을 쌓아 놓았다.	하늘이 파래 예뻤다.

① ㉠: ⓐ에서는 어간의 형태가 유지되었지만, ⓑ에서는 어간의 'ㅂ'이 달라졌다.
② ㉡: ⓐ에서는 어간의 형태가 유지되었지만, ⓑ에서는 어간의 'ㅜ'가 없어졌다.
③ ㉢: ⓐ에서는 어간의 형태가 유지되었지만, ⓑ에서는 어간의 'ㄷ'이 달라졌다.
④ ㉣: ⓐ에서는 어간의 형태가 유지되었지만, ⓑ에서는 어간의 'ㅅ'이 없어졌다.
⑤ ㉤: ⓐ에서는 어간과 어미의 형태가 유지되었지만, ⓑ에서는 어간의 'ㅎ'과 어미가 모두 없어졌다.

memo

21 다음 글을 읽고 물음에 답하시오.

국어에서는 명사가 동사나 형용사와 차례대로 결합하여 '손잡다'와 같은 합성 동사나 '쓸모없다'와 같은 합성 형용사가 만들어질 수 있다. 합성 동사와 합성 형용사를 묶어 합성 용언이라고 한다. 합성 용언은 크게 구성적 측면과 의미적 측면에서 분류할 수 있다.

먼저 구성적 측면에서 합성 용언은 그 구성 요소들이 맺는 문법적 관계에 따라 분류할 수 있다. 예를 들어 '쓸 만한 가치가 없다.'를 뜻하는 '쓸모없다'는 명사 '쓸모'와 형용사 '없다'가 주어와 서술어의 관계를 보여 주고, '손을 마주 잡다.'를 뜻하는 '손잡다'는 명사 '손'과 동사 '잡다'가 목적어와 서술어의 관계를 보여 준다. 그리고 '남에게 드러내어 뽐낼 만한 거리로 하다.'를 뜻하는 '자랑삼다'는 명사 '자랑'과 동사 '삼다'가 부사어와 서술어의 관계를 보여 준다.

한편 의미적 측면에서 합성 용언은 그 구성 요소의 의미를 그대로 유지하는 경우와 구성 요소의 의미를 벗어나 새로운 의미를 획득한 경우로 분류할 수 있다. 가령 '쓸모없다'는 구성 요소인 '쓸모'와 '없다'의 의미를 그대로 유지한다. 반면 '주름잡다'는 구성 요소인 '주름'과 '잡다'의 의미를 벗어나 '모든 일을 자기가 하고 싶은 대로 처리하다.'라는 새로운 의미를 획득한 경우이다. '주름잡다'의 이와 같은 의미가 구성 요소의 의미를 벗어나 새롭게 획득되었다는 사실은, '나는 바지에 주름 잡는 일이 너무 어렵다.'의 '주름 잡는'의 의미를 고려하면 더욱 분명히 드러난다.

그런데 구성 요소의 의미를 벗어나 새로운 의미를 획득한 합성 용언 중에는 필수 부사어를 요구하는 경우가 있다. 예를 들어 '불타다'가 '나는 지금 학구열에 불타고 있다.'에서와 같이 '의욕이나 정열 따위가 끓어오르다.'라는 새로운 의미를 획득한 경우에는 '학구열에'라는 필수 부사어를 요구한다. 이러한 사실은 '불타다'가 '장작이 지금 불타고 있다.'에서와 같이 구성 요소의 의미를 그대로 유지하는 경우에는 필수 부사어를 요구하지 않는다는 점과 비교할 때 더 분명해진다.

21 ▶ 24103-0021
2023학년도 9월 모의평가 36번   상 중 하

윗글을 바탕으로 〈보기〉의 ⓐ~ⓔ를 탐구한 내용으로 적절한 것은?

● 보기 ●
○ 그는 학문에 대한 깨달음에 ⓐ 목말라 있다.
○ 그는 이 과자를 간식으로 ⓑ 점찍어 두었다.
○ 그녀는 요즘 야식과 ⓒ 담쌓고 지내고 있다.
○ 그녀는 노래 실력이 아직 ⓓ 녹슬지 않았다.
○ 그녀는 최신 이론에 마침내 ⓔ 눈뜨게 됐다.

① ⓐ: 구성 요소의 의미를 그대로 유지하고 필수 부사어를 요구한다.
② ⓑ: 구성 요소의 의미를 그대로 유지하고 필수 부사어를 요구하지 않는다.
③ ⓒ: 구성 요소의 의미를 벗어나 새로운 의미를 획득했고 필수 부사어를 요구한다.
④ ⓓ: 구성 요소의 의미를 벗어나 새로운 의미를 획득했고 필수 부사어를 요구한다.
⑤ ⓔ: 구성 요소의 의미를 벗어나 새로운 의미를 획득했고 필수 부사어를 요구하지 않는다.

memo

22 다음 글을 읽고 물음에 답하시오.

어떤 말의 앞이나 뒤에 다른 말이 올 수 있는 말들의 관계를 결합 관계라 한다. 현대 국어의 의존 명사와 결합하는 선행 요소의 유형에는 관형사, 체언, 체언에 관형격 조사가 붙은 것, 용언의 관형사형 등이 있다. 의존 명사 중에는 ㉠다양한 유형의 선행 요소와 결합하는 것도 있으나, 그렇지 않은 것도 있다. 즉 '것'과 같이 '어느 것, 언니 것, 생각한 것' 등 다양한 유형의 선행 요소와 두루 결합하는 의존 명사가 있는 반면, '가 본 데'의 '데'나, '요리할 줄'의 '줄'과 같이 ㉡선행 요소로 용언의 관형사형과만 결합하는 의존 명사도 있다.

의존 명사와 결합하는 후행 요소로는 격 조사와 용언 등이 있다. 의존 명사 중에는 ㉢다양한 격 조사와 결합하여 여러 문장 성분으로 쓰이는 것도 있으나, ㉣특정 격 조사와만 결합하는 것도 있다. 예를 들어, '데'는 다양한 격 조사와 결합하여 여러 문장 성분으로 두루 쓰이지만, '만난 지(가) 오래되었다'의 '지'는 주격 조사와만 결합하여 주어로 쓰인다. '요리할 줄(을) 몰랐다', '그런 줄(로) 알았다'의 '줄'은 주로 목적격 조사나 부사격 조사와 결합하여 목적어나 부사어로 쓰이고 주어로는 쓰이지 않는다. 또한 '뿐'은 '읽을 뿐이다'처럼 서술격 조사 '이다'와 결합하거나 '그럴 뿐(이) 아니라'처럼 보격 조사와만 결합하여 쓰인다. 한편 의존 명사가 용언과 결합할 때는 ㉤다양한 용언과 결합하여 쓰일 수 있는 것과 ㉥특정 용언과만 결합하는 것이 있다. 예를 들어, '것'은 다양한 용언과 두루 결합하지만, '줄'은 주로 '알다, 모르다'와 결합한다.

22 ▶ 24103-0022
상**중**하

㉠~㉥ 중 〈보기〉의 '바'에 해당하는 것만을 고른 것은? [3점]

● 보기 ●

의존 명사 '바'

○ 우리가 나아갈 바를 밝혔다.

○ 이것이 우리가 생각한 바이다.

○ 그것은 *그 / *생각의 바와 다르다.

○ 그것에 대해 내가 아는 바가 없다.

○ 그가 우리 사회에 공헌한 바가 크다.

※ '*'는 어법에 맞지 않음을 나타냄.

① ㉠, ㉢, ㉤   ② ㉠, ㉣, ㉥   ③ ㉡, ㉢, ㉤

④ ㉡, ㉣, ㉤   ⑤ ㉡, ㉣, ㉥

2021학년도 9월 모의평가 12, 13번

23~24 다음 글을 읽고 물음에 답하시오.

사전의 뜻풀이 대상이 되는 표제 항목을 '표제어'라고 한다. 『표준국어대사전』의 표제어에는 붙임표 '-'가 쓰인 경우와 그렇지 않은 경우가 있다. 붙임표는 표제어의 문법적 특성, 띄어쓰기, 어원 및 올바른 표기에 대한 정보를 제공한다.

표제어에 붙임표가 쓰이는 대표적인 경우는 다음과 같다. 첫째, 접사와 어미처럼 자립적으로 쓰이지 않고 언제나 다른 말과 결합해야 하는 표제어에는 다른 말과 결합하는 부분에 붙임표가 쓰인다. 접사 '-질'과 연결 어미 '-으니'가 이러한 예이다. 다만 조사도 자립적으로 쓰이지 않지만 단어이므로 그 앞에 붙임표가 쓰이지 않는다. 용언 어간도 자립적으로 쓰이지 않지만 어미 '-다'와 결합한 기본형이 표제어가 되고, 용언 어간과 어미 '-다' 사이에 붙임표가 쓰이지 않는다.

둘째, 둘 이상의 구성 성분으로 이루어진 표제어에는 가장 나중에 결합한 구성 성분들 사이에 붙임표가 한 번만 쓰인다. '이등분선'은 '이', '등분', '선'의 세 구성 성분으로 이루어진 복합어이다. 이 복합어의 표제어 '이등분-선'에서 붙임표는 '이등분'과 '선'이 가장 나중에 결합했다는 정보를 제공한다. 복합어의 붙임표는 구성 성분들을 반드시 붙여 써야 한다는 점도 알려 준다.

한편 '무덤', '노름', '이따가'처럼 기원적으로 두 구성 성분이 결합한 단어이지만 붙임표가 쓰이지 않는 경우가 있다. '한글 맞춤법'에서는 현대 국어에서 새로운 단어를 만들지 못하는 접미사가 결합한 경우나 ㉠단어의 의미가 어근이나 어간의 본뜻과 멀어진 경우에 해당하는 단어를 소리대로 적는 것을 원칙으로 하고 있다. 이처럼 소리대로 적는 단어들은 구성 성분들이 원래 형태의 음절로 나누어지지 않으므로 표제어에 붙임표가 쓰이지 않는다.

'무덤'의 접미사 '-엄'은 현대 국어에서 새로운 단어를 만들지 못한다. 따라서 어근 '묻-'과 접미사 '-엄'이 결합한 '무덤'은 소리대로 적고 표제어에 붙임표가 쓰이지 않는다. '-엄'과 비슷한 접미사에는 '-암', '-억', '-우' 등이 있다.

'노름'은 어근 '놀-'의 본뜻만으로는 그 의미가 '돈이나 재물 따위를 걸고 서로 내기를 하는 일'이라는 사실을 알기 어렵다. '조금 지난 뒤에'를 뜻하는 '이따가'도 어간 '있-'의 본뜻과 멀어졌다. 따라서 '노름'과 '이따가'는 소리대로 적고 표제어에 붙임표가 쓰이지 않는다.

23

▶ 24103-0023

2021학년도 9월 모의평가 12번

상 중 하

윗글을 읽고 추론한 내용으로 적절하지 않은 것은?

① '맨발'에서 분석되는 접두사의 뜻풀이를 표제어 '맨-'에서 확인할 수 있겠군.

② '나만 비를 맞았다.'에서 쓰인 격 조사의 뜻풀이를 표제어 '를'에서 확인할 수 있겠군.

③ '저도 학교 앞에 삽니다.'에서 쓰인 동사의 뜻풀이를 표제어 '살다'에서 확인할 수 있겠군.

④ '앞'과 '집'이 결합한 단어를 '앞 집'처럼 띄어 쓰면 안 된다는 정보를 표제어 '앞-집'에서 확인할 수 있겠군.

⑤ '논둑'과 '길'이 결합한 '논둑길'의 구성 성분이 '논', '둑', '길'이라는 정보를 표제어 '논-둑-길'에서 확인할 수 있겠군.

24

▸ 24103-0024
2021학년도 9월 모의평가 13번

상중하

〈보기〉의 [자료]에서 ㉠에 해당하는 단어만을 있는 대로 고른 것은? [3점]

보기

[자료]는 '조차', '자주', '차마', '부터'가 쓰인 문장과 이 단어들의 어원이 되는 용언이 쓰인 문장의 쌍들이다.

[자료]

┌ 나조차 그런 일들을 할 수는 없었다.
└ 동생도 누나의 기발한 생각을 좇았다.
┌ 누나는 휴일에 이 책을 자주 읽었다.
└ 동생은 늦잠 때문에 지각이 잦았다.
┌ 나는 차마 그의 눈을 볼 수 없었다.
└ 언니는 쏟아지는 졸음을 잘 참았다.
┌ 그 일은 나부터 모범을 보여야 했다.
└ 부원 모집 공고문이 게시판에 붙었다.

① 자주, 부터
② 차마, 부터
③ 조차, 자주, 차마
④ 조차, 차마, 부터
⑤ 조차, 자주, 차마, 부터

memo

25~26 다음 글을 읽고 물음에 답하시오.

어린 말은 망아지, 어린 소는 송아지, 어린 개는 강아지라고 한다. 이들은 모두 사람들이 친숙하게 기르는 가축이라는 공통점이 있으며, 새끼를 나타내는 단어가 모두 '-아지'로 끝난다는 점이 흥미롭다. 그런데 돼지도 흔한 가축인데, 현대 국어에서 어린 돼지를 가리키는 고유어 단어는 따로 없다. '가축과 그 새끼'를 나타내는 고유어 어휘 체계에서 '어린 돼지'의 자리는 빈자리로 남아 있는 것이다. 그렇다고 해서 어린 돼지를 사람들이 인식하지 못하는 것은 아니다. 다만 어린 돼지를 가리키는 고유어 단어가 없을 뿐인데, 이렇게 한 언어의 어휘 체계 내에서 개념은 존재하지만 실제 단어가 존재하지 않는 경우를 '어휘적 빈자리'라고 한다.

어휘적 빈자리는 계속 존재하기도 하지만, 다양한 방식으로 채워지기도 한다. 그렇다면 어휘적 빈자리가 채워지는 방식에는 어떤 것들이 있을까? 첫 번째 방식은 단어가 아닌 구를 만들어 빈자리를 채우는 방식이다. 어떤 언어에는 '사촌, 고종사촌, 이종사촌'에 해당하는 각각의 단어는 존재하지만, 외사촌을 지시하는 단어는 없다. 그래서 그 언어에서 외사촌을 지시할 때에는 '외삼촌의 자식'이라고 말한다고 한다. 현대 국어에서 어린 돼지를 가리킬 때 '아기 돼지, 새끼 돼지' 등으로 말하는 것도 이러한 방식에 해당된다.

두 번째 방식은 한자어나 외래어를 이용하여 빈자리를 채우는 방식이다. 무지개의 색채를 나타내는 현대 국어의 어휘 체계는 '빨강-주황-노랑-초록-파랑…'인데 이 중 '빨강, 노랑, 파랑'은 고유어이지만 '빨강과 노랑의 중간색', '풀의 빛깔과 같이 푸른빛을 약간 띤 녹색' 등을 나타내는 고유어는 없기 때문에 한자어 '주황(朱黃)'과 '초록(草綠)' 등이 쓰이고 있다.

세 번째 방식은 상의어로 하의어의 빈자리를 채우는 방식이다. '누이'는 원래 손위와 손아래를 모두 가리키는 단어인데, 손위를 의미하는 '누나'라는 단어는 따로 있으나 '손아래'만을 의미하는 단어는 없어서 상의어인 '누이'가 그대로 빈자리에 들어가게 되었다. 이후 의미 구별을 위해 손아래를 의미하는 '누이동생'이 생겨나기는 했지만, 여전히 '누이'는 상의어로도 쓰이고, 하의어로도 쓰인다.

25 ▶ 24103-0025
(상 **중** 하)

윗글을 바탕으로 〈보기〉에 대해 이해한 내용으로 적절한 것은?

● 보기 ●

지금의 '돼지'를 의미하는 말이 예전에는 '돝'이었고, '돝'에 '-아지'가 붙어 '돝의 새끼'를 의미하는 '도야지'가 쓰였다. 그런데 현대 국어의 표준어에서는 '돝'이 사라지고, '돝'의 자리를 '도야지'의 형태가 바뀐 '돼지'가 차지하게 되었다.

① '예전'의 '도야지'에 해당하는 개념이 지금은 사라졌다.
② '예전'의 '돝'은 '도야지'의 하의어로, 의미가 더 한정적이다.
③ 지금의 '돼지'와 '예전'의 '도야지'가 나타내는 개념은 다르다.
④ 지금의 '어린 돼지'에 해당하는 어휘적 빈자리는 '예전'부터 있었다.
⑤ '예전'의 '도야지'의 개념을 나타내기 위해 지금은 하나의 고유어 단어가 사용된다.

memo

언어

윗글의 어휘적 빈자리가 채워지는 방식 이 적용된 사례만을 〈보기〉에서 있는 대로 고른 것은?

● 보기 ●

ㄱ. 학생 1은 할머니 휴대 전화에 번호를 저장해 드리면서 할머니의 첫 번째, 네 번째 사위는 각각 '맏사위', '막냇사위'라고 입력했지만, 두 번째, 세 번째 사위를 구별하여 가리키는 단어가 없어 '둘째 사위', '셋째 사위'라고 입력하였다.

ㄴ. 학생 2는 '꿩'에 대한 보고서를 작성할 때 꿩의 하의어로 수꿩에 해당하는 '장끼'와 암꿩에 해당하는 '까투리'는 알고 있었지만, 꿩의 새끼를 나타내는 단어를 몰라 국어사전에서 고유어 '꺼병이'를 찾아 사용하였다.

ㄷ. 학생 3은 태양계의 행성을 가리키는 어휘 체계인 '수성-금성-지구-화성…'을 조사하면서 '금성'의 고유어로 '샛별'과 '개밥바라기'가 있음을 알았는데, '개밥바라기'라는 단어는 생소하여 '샛별'만을 기록하였다.

① ㄱ   ② ㄱ, ㄴ   ③ ㄱ, ㄷ

④ ㄴ, ㄷ   ⑤ ㄱ, ㄴ, ㄷ

27 ▶ 24103-0027
2022학년도 10월 학력평가 37번

상 중 하

〈보기〉의 '복합어'를 '분류 과정'에 따라 분류할 때, ㉠과 ㉡에 들어갈 말을 바르게 짝지은 것은? [3점]

● 보기 ●

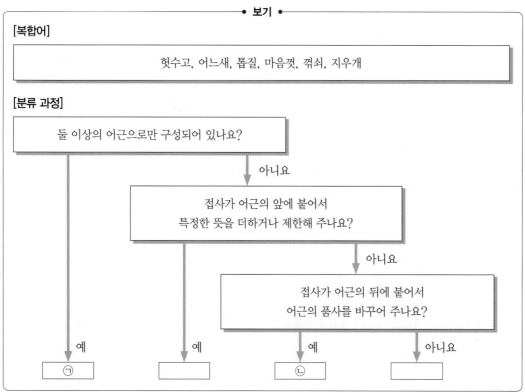

[복합어]

헛수고, 어느새, 톱질, 마음껏, 꺾쇠, 지우개

[분류 과정]

둘 이상의 어근으로만 구성되어 있나요?

아니요

접사가 어근의 앞에 붙어서 특정한 뜻을 더하거나 제한해 주나요?

아니요

접사가 어근의 뒤에 붙어서 어근의 품사를 바꾸어 주나요?

예   예   예   아니요

㉠   ㉡

	㉠	㉡
①	어느새, 꺾쇠	마음껏, 지우개
②	헛수고, 어느새	지우개
③	톱질, 꺾쇠	헛수고, 마음껏
④	톱질, 마음껏, 꺾쇠	헛수고
⑤	어느새, 톱질, 꺾쇠	지우개

2023학년도 9월 모의평가 35, 36번

28 | 다음 글을 읽고 물음에 답하시오.

국어에서는 명사가 동사나 형용사와 차례대로 결합하여 '손잡다'와 같은 합성 동사나 '쓸모없다'와 같은 합성 형용사가 만들어질 수 있다. 합성 동사와 합성 형용사를 묶어 합성 용언이라고 한다. 합성 용언은 크게 구성적 측면과 의미적 측면에서 분류할 수 있다.

먼저 구성적 측면에서 합성 용언은 그 구성 요소들이 맺는 문법적 관계에 따라 분류할 수 있다. 예를 들어 '쓸 만한 가치가 없다.'를 뜻하는 ㉠'쓸모없다'는 명사 '쓸모'와 형용사 '없다'가 주어와 서술어의 관계를 보여 주고, '손을 마주 잡다.'를 뜻하는 ㉡'손잡다'는 명사 '손'과 동사 '잡다'가 목적어와 서술어의 관계를 보여 준다. 그리고 '남에게 드러내어 뽐낼 만한 거리로 하다.'를 뜻하는 ㉢'자랑삼다'는 명사 '자랑'과 동사 '삼다'가 부사어와 서술어의 관계를 보여 준다.

한편 의미적 측면에서 합성 용언은 그 구성 요소의 의미를 그대로 유지하는 경우와 구성 요소의 의미를 벗어나 새로운 의미를 획득한 경우로 분류할 수 있다. 가령 '쓸모없다'는 구성 요소인 '쓸모'와 '없다'의 의미를 그대로 유지한다. 반면 '주름잡다'는 구성 요소인 '주름'과 '잡다'의 의미를 벗어나 '모든 일을 자기가 하고 싶은 대로 처리하다.'라는 새로운 의미를 획득한 경우이다. '주름잡다'의 이와 같은 의미가 구성 요소의 의미를 벗어나 새롭게 획득되었다는 사실은, '나는 바지에 주름 잡는 일이 너무 어렵다.'의 '주름 잡는'의 의미를 고려하면 더욱 분명히 드러난다.

그런데 구성 요소의 의미를 벗어나 새로운 의미를 획득한 합성 용언 중에는 필수 부사어를 요구하는 경우가 있다. 예를 들어 '불타다'가 '나는 지금 학구열에 불타고 있다.'에서와 같이 '의욕이나 정열 따위가 끓어오르다.'라는 새로운 의미를 획득한 경우에는 '학구열에'라는 필수 부사어를 요구한다. 이러한 사실은 '불타다'가 '장작이 지금 불타고 있다.'에서와 같이 구성 요소의 의미를 그대로 유지하는 경우에는 필수 부사어를 요구하지 않는다는 점과 비교할 때 더 분명해진다.

28 ▶ 24103-0028
2023학년도 9월 모의평가 35번 상 中 하

윗글을 읽고 이해한 내용으로 적절하지 <u>않은</u> 것은?

① '나는 시장에서 책가방을 값싸게 샀다.'의 '값싸게'는 구성적 측면에서 ㉠과 동일한 유형의 합성 용언이겠군.

② '나는 눈부신 태양 아래에 서 있었다.'의 '눈부신'은 구성적 측면에서 ㉠과 동일한 유형의 합성 용언이겠군.

③ '누나는 나를 보자마자 뒤돌아 앉았다.'의 '뒤돌아'는 구성적 측면에서 ㉡과 동일한 유형의 합성 용언이겠군.

④ '언니는 밤새워 숙제를 다 마무리했다.'의 '밤새워'는 구성적 측면에서 ㉡과 동일한 유형의 합성 용언이겠군.

⑤ '큰형은 앞서서 골목을 걷기 시작했다.'의 '앞서서'는 구성적 측면에서 ㉢과 동일한 유형의 합성 용언이겠군.

〈보기〉의 ㉮에 들어갈 말로 적절하지 <u>않은</u> 것은? [3점]

─────── • 보기 • ───────

선생님: 다음은 접사의 특징을 확인하기 위해 수집한 파생어들이에요. ㉠~㉤에서 각각 확인되는 접사의 공통점을 설명해 보세요.

┌─────────────────────────────────┐
│ ㉠ 넓이, 믿음, 크기, 지우개 │
│ ㉡ 끄덕이다, 출렁대다, 반짝거리다 │
│ ㉢ 울보, 낚시꾼, 멋쟁이, 장난꾸러기 │
│ ㉣ 밀치다, 살리다, 입히다, 깨뜨리다 │
│ ㉤ 부채질, 풋나물, 휘감다, 빼앗기다 │
└─────────────────────────────────┘

학생: 예, 접사가 [㉮   ]는 공통점이 있습니다.

① ㉠에서는 용언에 결합하여 명사를 만든다
② ㉡에서는 부사에 결합하여 동사를 만든다
③ ㉢에서는 사람을 가리키는 의미의 단어를 만든다
④ ㉣에서는 주동사에 결합하여 사동사를 만든다
⑤ ㉤에서는 어근과 품사가 동일한 단어를 만든다

ⓐ~ⓔ는 잘못된 표기를 바르게 고친 것이다. 고치는 과정에서 해당 단어에 적용된 용언 활용의 예로 적절하지 <u>않은</u> 것은?

┌─────────────────────────────────┐
│   '국물 떡볶이' 만드는 법   │
│   │
│   ⓐ 담가   │
│ ○ 떡을 물에 (담궈) 둔다.   │
│   │
│   ⓑ 걸러서   │
│ ○ 멸치를 물에 넣고 끓인 다음 체에 (거러서) 육수를 준비한다. │
│   │
│   ⓒ 간   │
│ ○ 육수에 고추장, (갈은) 마늘, 불린 떡, 어묵을 넣는다. │
│   │
│   ⓓ 하얬던   ⓔ 저어   │
│ ○ (하얬던) 떡이 빨갛게 될 때까지 잘 (젓어) 익힌다. │
└─────────────────────────────────┘

① ⓐ: 예쁘– + –어도 → 예뻐도
② ⓑ: 푸르– + –어 → 푸르러
③ ⓒ: 살– + –니 → 사니
④ ⓓ: 동그랗– + –아 → 동그래
⑤ ⓔ: 긋– + –은 → 그은

31~32 다음 글을 읽고 물음에 답하시오.

다의어란 두 가지 이상의 의미를 가진 단어를 말한다. 다의어에서 기본이 되는 핵심 의미를 중심 의미라고 하고, 중심 의미에서 확장된 의미를 주변 의미라고 한다. 중심 의미는 일반적으로 주변 의미보다 언어 습득의 시기가 빠르며 사용 빈도가 높다. 그러면 다의어의 특징에 대해 좀 더 알아보자.

첫째, 주변 의미로 사용되었을 때는 문법적 제약이 나타나기도 한다. 예를 들면 '한 살을 먹다'는 가능하지만 '한 살이 먹히다'나 '한 살을 먹이다'는 어법에 맞지 않는다. 또한 '손'이 '노동력'의 의미로 쓰일 때는 '부족하다, 남다' 등 몇 개의 용언과만 함께 쓰여 중심 의미로 쓰일 때보다 결합하는 용언의 수가 적다.

둘째, 주변 의미는 기존의 의미가 확장되어 생긴 것으로서, 새로 생긴 의미는 기존의 의미보다 추상성이 강화되는 경향이 있다. '손'의 중심 의미가 확장되어 '손이 부족하다', '손에 넣다'처럼 각각 '노동력', '권한이나 범위'로 쓰이는 것이 그 예이다.

셋째, 다의어의 의미들은 서로 관련성을 갖는다.

> **줄명**
> ① 새끼 따위와 같이 무엇을 묶거나 동이는 데에 쓸 수 있는 가늘고 긴 물건. 예) 줄로 묶었다.
> ② 길이로 죽 벌이거나 늘여 있는 것. 예 아이들이 줄을 섰다.
> ③ 사회생활에서의 관계나 인연. 예 내 친구는 그쪽 사람들과 줄이 닿는다.

예를 들어 '줄'의 중심 의미는 위의 ①인데 길게 연결되어 있는 모양이 유사하여 ②의 의미를 갖게 되었다. 또한 연결이라는 속성이나 기능이 유사하여 ③의 뜻도 지니게 되었다. 이때 ②와 ③은 '줄'의 주변 의미이다.

그런데 ㉠다의어의 의미들이 서로 대립적 관계를 맺는 경우가 있다. 예를 들어 '앞'은 '향하고 있는 쪽이나 곳'이 중심 의미인데 '앞 세대의 입장', '앞으로 다가올 일'에서는 각각 '이미 지나간 시간'과 '장차 올 시간'을 가리킨다. 이것은 시간의 축에서 과거나 미래 중 어느 방향을 바라보는지에 따른 차이로서 이들 사이의 의미적 관련성은 유지된다.

31

▶ 24103-0031
상중하

윗글을 참고하여 추론한 내용으로 적절하지 않은 것은?

① 대부분의 아이들이 '별'의 의미 중 '군인의 계급장'이라는 의미보다 '천체의 일부'라는 의미를 먼저 배우겠군.

② '앉다'의 의미 중 '착석하다'의 의미로 쓰이는 빈도가 '요직에 앉다'처럼 '직위나 자리를 차지하다'의 의미로 쓰이는 빈도보다 더 높겠군.

③ '결론에 이르다'와 '포기하기에는 아직 이르다'에서 '이르다'의 의미들은 서로 관련성이 없으니, 이 두 의미는 중심 의미와 주변 의미의 관계로 볼 수 없겠군.

④ '팽이를 돌리다'는 어법에 맞는데 '침이 생기다'라는 의미의 '돌다'는 '군침을 돌리다'로 쓰이지 않으니, '군침이 돌다'의 '돌다'는 주변 의미로 사용된 것이겠군.

⑤ 사람의 감각 기관을 뜻하는 '눈'의 의미가 '눈이 나빠져서 안경의 도수를 올렸다'에서의 '눈'의 의미로 확장되었으니, '눈'의 확장된 의미는 기존 의미보다 더 구체적이겠군.

밑줄 친 단어들의 의미를 고려하여 ㉠의 예에 해당하는 것만을 〈보기〉에서 있는 대로 고른 것은? [3점]

memo

• 보기 •

영희: 자꾸 말해 미안한데 모둠 발표 자료 좀 줄래?

민수: 너 빚쟁이 같다. 나한테 자료 맡겨 놓은 거 같네.

영희: 이틀 뒤에 발표 사전 모임이라고 금방 문자 메시지가 왔었는데 지금 또 왔어. 근데 빚쟁이라니, 내가 언제 돈 빌린 것도 아니고…….

민수: 아니, 꼭 빌려준 돈 받으러 온 사람 같다고. 자료 여기 있어. 가현이랑 도서관에 같이 가자. 아까 출발했다니까 금방 올 거야.

영희: 그래. 발표 끝난 뒤에 다 같이 밥 먹자.

① 빚쟁이   ② 빚쟁이, 금방   ③ 뒤, 돈

④ 뒤, 금방, 돈   ⑤ 빚쟁이, 뒤, 금방

〈보기〉의 ⓐ~ⓔ에 대한 이해로 적절한 것은? [3점]

• 보기 •

국어의 어미는 용언 어간에 붙어 여러 가지 문법적인 기능을 수행한다. 어미는 선어말 어미와 어말 어미로 나누어진다. 선어말 어미는 용언 어간과 어말 어미 사이에 들어가는 것으로 시제나 높임과 같은 문법적 의미를 나타낸다. 선어말 어미는 하나 혹은 둘 이상이 쓰일 수도 있고 아예 쓰이지 않을 수도 있다. 한편 어말 어미에는 종결 어미, 연결 어미, 전성 어미가 있다. 어말 어미는 선어말 어미와 달리 하나만 붙고, 반드시 있어야 한다.

○ 머무시는 동안 ⓐ즐거우셨길 바랍니다.
○ 이 부분에서 물이 ⓑ샜을 가능성이 높다.
○ ⓒ번거로우시겠지만 서류를 챙겨 주세요.
○ 시원한 식혜를 먹고 갈증이 싹 ⓓ가셨겠구나.
○ 항구에 ⓔ다다른 배는 새로운 항해를 준비했다.

① ⓐ: 선어말 어미 두 개와 연결 어미가 사용되었다.

② ⓑ: 선어말 어미 없이 전성 어미가 사용되었다.

③ ⓒ: 선어말 어미 세 개와 연결 어미가 사용되었다.

④ ⓓ: 선어말 어미 두 개와 종결 어미가 사용되었다.

⑤ ⓔ: 선어말 어미 한 개와 전성 어미가 사용되었다.

34 ▶ 24103-0034
2024학년도 수능 37번

상(중)하

〈보기〉를 바탕으로 'ㅎ' 말음 용언의 활용 유형을 탐구한 내용으로 적절하지 <u>않은</u> 것은?

● 보기 ●

다음은 어간의 말음이 'ㅎ'인 용언이 '아/어'로 시작하는 어미와 만날 때 보이는 활용의 유형을 정리한 것이다. 이들은 활용의 규칙성뿐만 아니라 모음 조화 적용 여부나 활용형의 줄어듦 가능 여부에 따라 그 유형이 구분된다.

불규칙 활용 유형		규칙 활용 유형	
㉠-1	노랗- + -아 → 노래	㉢-1	닿- + -아 → 닿아 (→ *다)
㉠-2	누렇- + -어 → 누레		
㉡	어떻- + -어 → 어때	㉢-2	놓- + -아 → 놓아 (→ 놔)

('*'은 비문법적임을 뜻함.)

① '조그맣-, 이렇-'은 '조그매, 이래서'로 활용하므로 ㉠-1과 활용의 유형이 같겠군.
② '꺼멓-, 뿌옇-'은 '꺼메, 뿌옜다'로 활용하므로 ㉠-2와 활용의 유형이 같겠군.
③ '둥그렇-, 멀겋-'은 '둥그렜다, 멀게'로 활용하므로 ㉡과 활용의 유형이 같지 않겠군.
④ '낳-, 땋-'은 활용형인 '낳아서, 땋았다'가 '*나서, *땄다'로 줄어들 수 없으므로 ㉢-1과 활용의 유형이 같겠군.
⑤ '넣-, 쌓-'은 활용형인 '넣어, 쌓아'가 '*너, *싸'로 줄어들 수 없으므로 ㉢-2와 활용의 유형이 같지 않겠군.

35 ▶ 24103-0035
2020학년도 9월 모의평가 14번

상(중)하

〈보기〉의 ㉠과 ㉡을 모두 충족하는 예로 적절한 것은?

● 보기 ●

'붙잡다'의 어간 '붙잡-'은 어근 '붙-'과 어근 '잡-'으로 나뉘고, '잡히다'의 어간 '잡히-'는 어근 '잡-'과 접사 '-히-'로 나뉜다. 이렇듯 어떤 말을 둘로 나누었을 때 나누어진 두 요소 각각을 직접 구성 요소라 하는데, 어근과 어근으로 분석되는 말을 합성어라 하고 어근과 접사로 분석되는 말을 파생어라 한다.
그런데 ㉠ 어간이 3개 이상의 구성 요소로 이루어진 경우가 있다. 이때 ㉡ 직접 구성 요소가 먼저 어근과 어근으로 분석되면 합성어이고 어근과 접사로 분석되면 파생어이다. 예컨대 '밀어붙이다'는 직접 구성 요소가 먼저 어근과 어근으로 분석되므로 합성어이다.

① 밤새 거센 비바람이 <u>내리쳤다</u>.
② 책임을 남에게 <u>떠넘기면</u> 안 된다.
③ 차바퀴가 진흙 바닥에서 <u>헛돌았다</u>.
④ 거리에는 매일 많은 사람이 <u>오간다</u>.
⑤ 그들은 끊임없이 <u>짓밟혀도</u> 굴하지 않았다.

memo

36~37 다음 글을 읽고 물음에 답하시오.

합성 명사는 직접 구성 요소가 모두 어근인 명사이다. 합성 명사의 어근은 복합어일 수도 있는데 '갈비찜'을 그 예로 들 수 있다. '갈비찜'의 직접 구성 요소는 '갈비'와 '찜'이다. 그런데 '갈비찜'을 형태소 단위까지 분석하면 '갈비', '찌-', '-ㅁ'이라는 형태소를 확인할 수 있다. 이처럼 합성 명사 내부에 복합어가 있을 때, ㉠합성 명사를 형태소 단위까지 분석하면 합성 명사의 내부 구조를 세밀히 알 수 있다.

다의어에서 기본이 되는 의미를 중심적 의미라 하고, 중심적 의미로부터 확장된 의미를 주변적 의미라 한다. 만약 단어가 하나의 의미만을 가지고 그 의미가 다른 의미로 확장되지 않았다면, 그 하나의 의미를 중심적 의미로 볼 수 있다. 합성 명사의 두 어근에도 ⓐ중심적 의미나 ⓑ주변적 의미가 나타날 수 있다. 그런데 자립적으로 쓰일 때에는 하나의 의미만을 가지고 있어 사전에서 뜻풀이가 하나밖에 없는 단어가 합성 명사의 어근으로 쓰일 때 주변적 의미를 새롭게 가지게 되는 경우도 있다. 가령 '매섭게 노려보는 눈'을 뜻하는 합성 명사 **도끼눈**은 '도끼'와 '눈'으로 분석되는데, '매섭거나 날카로운 것'이라는 '도끼'의 주변적 의미는 '도끼'가 자립적으로 쓰일 때 가지고 있던 의미라고 보기 어렵다.

합성 명사의 어근이 중심적 의미를 나타내든 주변적 의미를 나타내든, 그 어근은 합성 명사 내부에서 나타나는 위치가 대체로 자유롭다. 이는 '비바람', '이슬비'에서 중심적 의미를 나타내는 '비'의 위치와 **벼락공부**, **물벼락**에서 주변적 의미를 나타내는 '벼락'의 위치를 통해 알 수 있다. 그런데 주변적 의미를 나타내는 어근 중 일부는 합성 명사 내부의 특정 위치에서 주로 관찰된다. 가령 '아주 달게 자는 잠'을 뜻하는 **꿀잠**에는 '편안하거나 기분 좋은 것'이라는 '꿀'의 주변적 의미가 나타나는데, '꿀'의 이러한 의미는 합성 명사의 선행 어근에서 주로 관찰된다. 그리고 '넓게 깔린 구름'을 뜻하는 **구름바다**에는 '무엇이 넓게 많이 모여 있는 곳'이라는 '바다'의 주변적 의미가 나타나는데, 이러한 '바다'는 합성 명사의 후행 어근에서 주로 관찰된다.

36

▶24103-0036
2023학년도 수능 35번

㉠에 따를 때, 〈보기〉에 제시된 ㉮~㉱ 중 그 내부 구조가 동일한 단어끼리 묶은 것은?

● 보기 ●

○ 동생은 오늘 ㉮새우볶음을 많이 먹었다.
○ 우리는 결코 ㉯집안싸움을 하지 않겠다.
○ 요즘 농촌은 ㉰논밭갈이에 여념이 없다.
○ 우리 마을은 ㉱탈춤놀이가 참 유명하다.

① ㉮, ㉯
② ㉯, ㉰
③ ㉰, ㉱
④ ㉮, ㉯, ㉱
⑤ ㉮, ㉰, ㉱

37
▶ 24103-0037
2023학년도 수능 36번

상 **중** 하

윗글의 ⓐ, ⓑ와 연관 지어 〈자료〉에 제시된 합성 명사를 탐구한 내용으로 적절한 것은?

● 자료 ●

합성 명사	뜻
칼잠	옆으로 누워 불편하게 자는 잠
머리글	책의 첫 부분에 내용이나 목적을 간략히 적은 글
일벌레	일을 지나치게 열심히 하는 사람
입꼬리	입의 양쪽 구석
꼬마전구	조그마한 전구

① '칼잠'과 '구름바다'는 ⓐ를 나타내는 어근의 위치가 같군.

② '머리글'과 '물벼락'은 ⓐ를 나타내는 어근의 위치가 같군.

③ '일벌레'와 '벼락공부'는 ⓑ를 나타내는 어근의 위치가 같군.

④ '입꼬리'와 '도끼눈'은 ⓑ를 나타내는 어근의 위치가 다르군.

⑤ '꼬마전구'와 '꿀잠'은 ⓑ를 나타내는 어근의 위치가 다르군.

38~39 다음 글을 읽고 물음에 답하시오.

[A]
　　복합어는 합성과 파생을 통해 형성된 합성어와 파생어로 나뉜다. 의미를 고려하여 어떤 말을 둘로 나누었을 때 그 둘 각각을 직접 구성 요소라 하는데, 합성어는 직접 구성 요소가 모두 어근인 단어이고, 파생어는 직접 구성 요소가 어근과 접사인 단어이다. 그리고 한 개의 형태소가 직접 구성 요소가 되기도 하고 두 개 이상의 형태소가 모여 직접 구성 요소가 되기도 한다. 예를 들어 '꿀벌'은 그 직접 구성 요소 '꿀'과 '벌'이 모두 어근이므로 합성어이다. 그리고 '꿀'과 '벌'은 각각 한 개의 형태소이다.

　　일반적으로 합성과 파생을 통해 단어가 형성될 때에는 그 구성 요소의 형태가 유지된다. 그런데 단어가 형성될 때 형태가 줄어드는 경우도 있다. 먼저 ㉠한 단어에서 형태가 줄어드는 경우가 있다. '대낚'은 '낚싯대를 써서 하는 낚시질'을 뜻하는 '대낚시'의 일부가 줄어들어 형성된 단어이다. 다음으로 ㉡단어 형성에 사용된 말들의 첫음절끼리 결합한 경우가 있다. '고법(高法)'은, '고등(高等)'과 '법원(法院)'이 결합하여 형성된 '고등 법원'이라는 말의 '고(高)'와 '법(法)'이 결합하여 형성되었다. 또한 ㉢단어 형성에 사용된 말들에서 어떤 말의 앞부분과 다른 말의 뒷부분이 결합한 경우가 있다. '교과 과정을 이수하기 위하여 일선 학교에 나가 교육 실습을 하는 학생'을 뜻하는 '교생(敎生)'은 '교육(敎育)'의 앞부분과 '실습생(實習生)'의 뒷부분이 결합하여 형성되었다.

　　이처럼 단어 형성에 사용된 말이 줄어들어 형성된 단어는, 그 단어의 형성에 사용된 말과 여러 의미 관계를 맺을 수 있다. 예를 들어, '대낚'과 '대낚시'는 서로 바꾸어 써도 그 의미에 차이가 거의 없으므로 서로 유의 관계를 맺고, '고법'은 '법원'의 일종이므로 '고법'과 '법원'은 상하 관계를 맺는다. 그러나 '고법'이 형성될 때 사용된 '고등'은 '고법'과 의미 관계를 맺지 않는다.

38
▶ 24103-0038
상(中)하

[A]를 바탕으로 추론한 내용으로 적절한 것은?

① '용꿈'의 직접 구성 요소는 모두, 한 개의 자립 형태소로 이루어진 어근이군.
② '봄날'과 '망치질'은 모두, 직접 구성 요소 중 하나가 접사이므로 파생어이군.
③ '필자'를 뜻하는 '지은이'의 직접 구성 요소는 모두, 자립 형태소를 포함하고 있군.
④ '놀이방'과 '단맛'의 직접 구성 요소 중에는 의존 형태소만으로 이루어진 것이 있군.
⑤ '꽃으로 장식한 고무신'을 뜻하는 '꽃고무신'을 직접 구성 요소로 분석하면 '꽃고무'와 '신'으로 분석할 수 있군.

39 ▶ 24103-0039
2024학년도 9월 모의평가 36번

상**중**하

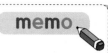

윗글을 바탕으로 〈보기〉의 ⓐ~ⓔ를 이해한 내용으로 적절한 것은?

●── 보기 ──●

형성된 단어	뜻	단어 형성에 사용된 말
ⓐ 흰자	알 속의 노른자위를 둘러싼 흰 부분	흰자위
ⓑ 공수	공격과 수비를 아울러 이르는 말	공격, 수비
ⓒ 직선	선거인이 직접 피선거인을 뽑는 선거	직접, 선거
ⓓ 민자	민간이나 사기업이 하는 투자	민간, 투자
ⓔ 외화	다른 나라에서 만든 영화	외국, 영화

① ⓐ는 ㉠에 해당하고, 단어 형성에 사용된 말과 유의 관계를 맺지 않는다.

② ⓑ는 ㉠에 해당하고, 단어 형성에 사용된 두 말 중 어느 하나와 유의 관계를 맺는다.

③ ⓒ는 ㉡에 해당하고, 단어 형성에 사용된 두 말 중 어느 하나와 상하 관계를 맺는다.

④ ⓓ는 ㉡에 해당하고, 단어 형성에 사용된 두 말 중 어느 말과도 유의 관계를 맺지 않는다.

⑤ ⓔ는 ㉢에 해당하고, 단어 형성에 사용된 두 말 중 어느 말과도 상하 관계를 맺지 않는다.

40~41 다음 글을 읽고 물음에 답하시오.

우리는 단어의 의미와 유래를 통해 단어에 담긴 언중의 인식과 더불어 시대상을 짐작할 수 있다. 그리고 단어의 구조를 통해 단어 구성 방식도 이해할 수 있다.

유길준의 『서유견문』(1895)에는 '원어기(遠語機)'라는 말이 등장하는데, 이것은 영어의 'telephone'에 해당하는 단어로 '말을 멀리 보내는 기계'라는 뜻이다. 오늘날의 '전화기(電話機)'가 '전기를 통해 말을 보내는 기계'의 뜻이라는 점과 비교해 보면 '원어기'는 말을 '멀리' 보낸다는 점에, '전화기'는 말을 '전기로' 보낸다는 점에 초점을 맞춘 단어이다. 이처럼 대상을 어떻게 인식하느냐에 따라 그것을 표현하는 단어는 달라지기도 한다. 또한 개화기 사전에 등장하는 '소졋메쥬(소젖메주)'처럼 새롭게 유입된 대상을 일상의 단어로 표현한 경우도 있다. '소졋메쥬'는 '치즈(cheese)'에 대응하는 단어인데, 간장과 된장의 재료인 '메주'라는 일상의 단어를 통해 대상을 인식했음을 보여 준다.

한편, 『가례언해』(1632)에 따르면 '총각(總角)'은 '머리를 땋아 갈라서 틀어 맴'을 이르는 말이었으나 그러한 의미는 사라지고 오늘날에는 '결혼하지 않은 성년 남자'를 뜻한다. 특정한 행위를 나타내던 단어가 이와 관련된 사람을 지시하는 말로 그 의미가 변화한 것이다. 여기에서 남자도 머리를 땋아 묶었던 과거의 관습을 짐작할 수 있다. 또한 '부대찌개' 역시 한국 전쟁 이후 미군 부대에서 나온 재료로 찌개를 끓였던 것에서 유래한 단어라는 점에서 시대의 흔적을 담고 있다.

우리는 단어의 구조를 통해 단어가 구성되는 방식도 파악할 수 있다. 『한불자전』(1880)에는 이전 시기의 문헌에서는 볼 수 없었던 '두길보기'와 '산돌이'가 등장한다. "양쪽 모두의 눈치를 보는 사람"으로 풀이된 '두길보기'의 '두길'은 ㉠관형사가 후행하는 명사를 수식하는 것으로 분석된다. "같은 장소를 일 년에 한 번만 지나가는 큰 호랑이"로 풀이된 '산돌이'는 ㉡단어의 구성 요소들이 의미상 목적어와 서술어의 관계로 이루어져 '산을 돌다'라는 의미를 나타내고 있다. 이와 같이 예전에도 오늘날처럼 다양한 방식으로 단어를 만들어 생각을 표현하고 있었던 셈이다.

40

▶ 24103-0040
2021학년도 수능 11번

상 중 하

㉠과 ㉡을 모두 충족하는 단어만을 〈보기〉에서 있는 대로 고른 것은?

● 보기 ●

새해맞이, 두말없이, 숨은그림찾기, 한몫하다

① 새해맞이, 숨은그림찾기, 한몫하다

② 두말없이, 숨은그림찾기, 한몫하다

③ 두말없이, 숨은그림찾기

④ 새해맞이, 한몫하다

⑤ 새해맞이

41 ▶ 24103-0041
2021학년도 수능 12번

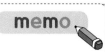

상**중**하

윗글과 〈보기〉를 바탕으로 추론한 내용으로 적절하지 <u>않은</u> 것은?

---- ● 보기 ● ----
○ '립스틱'을 여성들이 입술에 바르던 염료인 '연지'라는 단어를 사용해 '입술연지'라고도 했다.
○ '변사'는 무성 영화를 상영할 때 장면에 맞추어 그 내용을 설명하던 직업을 가진 사람을 뜻한다.
○ '수세미'는 박과의 한해살이 덩굴풀을 뜻하는데, 그 열매 속 섬유로 그릇을 닦았다. 오늘날 공장에서 만든 설거지 도구도 '수세미'라고 한다.
○ '혁대'의 순화어로 '가죽으로 만든 띠'라는 뜻의 '가죽띠'와 '허리에 매는 띠'라는 뜻의 '허리띠'가 제시되어 있다.
○ '양반'은 조선 시대 사대부를 이르는 말이었지만 지금은 '점잖은 사람'의 뜻으로 주로 쓰인다.

① '입술연지'는 '소젖메쥬'처럼 일상의 단어로 새로운 대상을 인식한 예로 볼 수 있겠군.
② '변사'는 무성 영화와 관련해 쓰인 단어라는 점에서 시대상이 반영된 예에 해당하겠군.
③ '수세미'는 기존의 의미에 새로운 의미가 더해졌다는 점에서 '총각'과 유사하겠군.
④ '가죽띠'는 '재료'에, '허리띠'는 '착용하는 위치'에 초점을 둔 단어라는 점에서 서로 다른 인식이 반영된 것이 겠군.
⑤ '양반'은 신분의 구분이 있었던 사회의 모습을 엿볼 수 있다는 점에서 시대의 흔적을 담고 있겠군.

42 ▶ 24103-0042
2023학년도 10월 학력평가 39번　　　　　　　상 **중** 하

〈보기〉에 대한 설명으로 적절하지 <u>않은</u> 것은?

● 보기 ●

ㄱ. 동생이 내가 읽던 책을 가져갔다.
ㄴ. 그는 자신이 그 일의 적임자임을 주장했다.
ㄷ. 무장 강도가 은행에 침입한 사건이 발생했다.
ㄹ. 이곳의 따뜻한 기후는 옥수수가 자라기에 적합하다.

① ㄱ은 목적어가 생략된 안긴문장이 있다.
② ㄴ은 조사와 결합하여 목적어의 기능을 하는 안긴문장이 있다.
③ ㄱ과 ㄷ은 체언을 수식하는 기능을 하는 안긴문장이 있다.
④ ㄴ과 ㄹ은 명사형 어미가 결합된 안긴문장이 있다.
⑤ ㄷ은 ㄹ과 달리 문장 성분이 생략된 안긴문장이 있다.

43 ▶ 24103-0043
2024학년도 9월 모의평가 38번　　　　　　　상 **중** 하

〈보기〉의 ㉠～㉢에 들어갈 수 있는 내용으로 적절하지 <u>않은</u> 것은? [3점]

● 보기 ●

선생님: 능동·피동 표현과 주동·사동 표현에서 높임 표현과 시간 표현이 어떻게 나타나는지 알아봅시다.

| ⓐ형이 동생을 업었다. | ⓑ동생이 형에게 업혔다. |
| ⓒ나는 동생에게 책을 읽혔다. | ⓓ나는 동생이 책을 읽게 했다. |

　먼저 ⓐ, ⓑ에서 '형'을 높임의 대상인 '어머니'로 바꿀 때, 서술어에는 어떤 차이가 생기는지 말해 볼까요?

| 학생: | ㉠ |

선생님: 맞아요. 그럼 ⓒ나 ⓓ에서 '동생'을 '할머니'로 바꾸면 어떻게 될까요?

| 학생: | ㉡ |

선생님: '-(으)시-'가 어떻게 나타나는지를 잘 이해하고 있네요. 그럼 ⓐ, ⓑ, ⓒ의 서술어에서 '-었-'을 '-고 있-'으로 바꾸면 어떤 의미를 나타낼까요? ⓐ와 ⓑ의 차이점이나 ⓐ와 ⓒ의 공통점을 말해 볼까요?

| 학생: | ㉢ |

선생님: '-고 있-'의 의미가 어떻게 나타나는지도 잘 이해하고 있군요.

① ㉠: ⓐ에서는 서술어에 '-으시-'를 넣어야 하지만, ⓑ에서는 '-시-'를 넣지 않습니다.
② ㉡: ⓒ에서는 '동생에게'를 '할머니께'로 바꾸고, '읽혔다'에 '-시-'를 넣어야 합니다.
③ ㉡: ⓓ에서는 '동생이'를 '할머니께서'로 바꾸고, '읽게'에 '-으시-'를 넣어야 합니다.
④ ㉢: ⓐ는 동작의 완료 후 상태 지속의 의미를 나타낼 수 있지만, ⓑ는 그럴 수 없습니다.
⑤ ㉢: ⓐ와 ⓒ는 모두 동작의 진행 의미를 나타낼 수 있습니다.

44 ▶ 24103-0044
2022학년도 9월 모의평가 38번

〈학습 활동〉의 ㉠에 들어갈 예로 적절한 것은?

상**중**하

• 학습 활동 •

높임 표현이 홑문장에서 실현될 수도 있지만, 겹문장의 안긴문장 속에서도 실현될 수 있다. 다음 조건에 해당하는 예문을 만들어 보자.

조건	예문
안긴문장에서의 주체 높임의 대상이 안은문장에서 주어로 실현된 겹문장	공원에서 산책하시던 할아버지께서 활짝 웃으셨다.
안긴문장에서의 객체 높임의 대상이 안은문장에서 목적어로 실현된 겹문장	㉠
⋮	⋮

① 편찮으시던 어르신께서는 좀 건강해지셨나요?
② 오빠는 고향에 계신 부모님을 집으로 모시고 갔다.
③ 나는 할아버지께서 선물을 주신 날짜를 아직도 기억해.
④ 누나는 다음 주에 인사를 드릴 할머니께 편지를 썼어요.
⑤ 형은 동생이 찾아뵈려던 선생님을 학교에서 만났습니다.

45 ▶ 24103-0045
2023학년도 9월 모의평가 38번

〈보기〉의 ㉠, ㉡에 해당하는 예끼리 묶인 것으로 적절한 것은?

상**중**하

• 보기 •

국어의 부정에는 '안'이나 '-지 않다'를 사용하는 '의지 부정'과 '못'이나 '-지 못하다'를 사용하는 '능력 부정'이 있다고 알려져 있다. 그러나 '안'이나 '-지 않다'가 사용된 부정문이 주어의 의지와 무관한 '단순 부정'을 나타내는 경우도 많다. ㉠형용사가 서술어로 쓰이면 '안'이나 '-지 않다'는 단순 부정을 나타낸다. 형용사가 나타내는 성질이나 상태에는 주어의 의지가 작용할 수 없기 때문이다. ㉡동사가 서술어로 쓰이는 경우에도 주어가 의지를 가지지 못하는 무정물이면 '안'이나 '-지 않다'가 단순 부정을 나타낸다. 또한 동사가 서술어로 쓰이고 주어가 유정물이더라도 '나는 깜빡 잊고 약을 안 먹었다.'에서와 같이 '안'이 단순 부정을 나타낼 수 있다.

① ┌ ㉠: 옛날엔 통신 기술이 발달하지 않았다.
　 └ ㉡: 주문한 옷이 아직도 도착하지 않았다.

② ┌ ㉠: 이 문제집은 별로 어렵지 않더라.
　 └ ㉡: 저는 이 은혜를 잊지 않겠습니다.

③ ┌ ㉠: 나는 그 이야기가 궁금하지 않아.
　 └ ㉡: 동생이 오늘 우산을 안 가져갔어.

④ ┌ ㉠: 내 얘기에 고모는 놀라지 않았다.
　 └ ㉡: 이 물질은 전기가 통하지 않는다.

⑤ ┌ ㉠: 밤바다가 그리 고요하지는 않네.
　 └ ㉡: 아주 오래간만에 비가 안 온다.

〈보기〉의 ㉠~㉤에 해당하는 문장으로 적절하지 <u>않은</u> 것은?

● 보기 ●

[학습 활동]

    겹문장은 홑문장보다 복잡한 생각을 효과적으로 표현할 수 있는 장점이 있다. 〈자료〉에 제시된 홑문장을 활용하여 〈조건〉에 해당하는 겹문장을 만들어 보자.

〈자료〉	〈조건〉
• 날씨가 춥다. • 형은 물을 마셨다. • 동생은 얼음을 먹었다. • 동생은 추위와 상관없다. • 형은 동생에게 불평을 했다.	㉠ 명사절을 안은 문장 ㉡ 관형절을 안은 문장 ㉢ 부사절을 안은 문장 ㉣ 인용절을 안은 문장 ㉤ 대등하게 이어진 문장

① ㉠: 동생은 추운 날씨에도 얼음을 먹었다.
② ㉡: 형은 얼음을 먹는 동생에게 불평을 했다.
③ ㉢: 동생은 추위와 상관없이 얼음을 먹었다.
④ ㉣: 형은 동생에게 날씨가 춥다고 불평을 했다.
⑤ ㉤: 형은 물을 마셨지만 동생은 얼음을 먹었다.

〈보기〉의 ㄱ~ㄷ을 이해한 내용으로 적절한 것은?

● 보기 ●

    주체 높임은 화자가 문장의 주체, 곧 주어가 지시하는 대상에 대해 높임의 태도를 나타내는 표현으로, 선어말 어미, 조사나 특수한 어휘 등을 통해 실현된다. 그리고 상대 높임은 화자가 청자, 곧 말을 듣는 상대에게 높임이나 낮춤의 태도를 나타내는 표현으로, 주로 종결 어미를 통해 실현된다. 또한 객체 높임은 화자가 문장의 객체, 곧 목적어나 부사어가 지시하는 대상에 대해 높임의 태도를 나타내는 표현으로, 조사나 특수한 어휘를 통해 실현된다.

ㄱ. (아버지가 아들에게) 네가 할머니께 여쭈러 가거라.
ㄴ. (점원이 손님에게) 제가 손님을 모시고 가겠습니다.
ㄷ. (동생이 형님에게) 저 기다리지 마시고 형님은 먼저 주무십시오.

① ㄱ에서는 부사어가 지시하는 대상을 높이기 위해, 조사와 특수한 어휘가 사용되었다.
② ㄷ에서는 주어가 지시하는 대상을 높이기 위해, 조사와 선어말 어미가 사용되었다.
③ ㄱ과 ㄴ에서는 모두 주어가 지시하는 대상을 높이기 위해, 특수한 어휘가 사용되었다.
④ ㄴ과 ㄷ에서는 모두 말을 듣는 상대를 높이기 위해, 조사와 종결 어미가 사용되었다.
⑤ ㄱ~ㄷ에서는 모두 목적어가 지시하는 대상을 높이기 위해, 특수한 어휘가 사용되었다.

48 다음 글을 읽고 물음에 답하시오.

담화는 하나 이상의 발화나 문장으로 이루어진다. 담화가 그 내용 면에서 완결성을 갖추기 위해서는 담화를 이루는 발화나 문장들이 일관된 주제 속에 내용상 유기적인 관련을 맺고 있어야 한다. 이때 각 발화나 문장 간의 관련성을 보여 주는 형식적 장치가 필요하다. 이러한 장치에는 지시, 대용, 접속 표현이 있다.

우선 지시 표현은 담화 장면을 구성하는 화자, 청자, 사물, 시간, 장소 등의 요소를 직접 가리키는 표현이다. 그리고 대용 표현은 담화에서 언급된 말, 혹은 뒤에서 언급될 말을 대신하는 표현이다. 대표적인 지시 표현으로는 '이, 그, 저' 등이 있다. 이들이 담화에서 언급되는 말을 대신할 때는 대용 표현이 된다. 가령 친구가 든 꽃을 보면서 화자가 "이 꽃 예쁘네."라고 말했다면, '꽃'을 직접 가리키는 '이'는 지시 표현이다. 그러나 화자가 "그런데 지난번 꽃도 예쁘던데, 그때 그거는 어디서 샀어?"라고 발화를 곧장 이어 간다면 이때의 '그거'는 앞선 발화의 '지난번 꽃'이라는 말을 대신하는 대용 표현이다. 끝으로 접속 표현은 문장과 문장, 발화와 발화를 연결해 주는 표현으로, '그리고' 등과 같은 접속 부사가 대표적인 예이다. 앞서 언급된 두 번째 발화의 '그런데'도 앞의 발화를 뒤의 발화와 이어 주는 접속 표현에 속한다.

한편, 담화 전개 과정에서 화자는 청자 및 맥락을 고려하면서 발화나 문장을 통해 자신의 의도를 효과적으로 구현한다. 이때 여러 문법 요소가 활용된다. 가령 화자는 "아버지! 진지 드세요."라는 발화에서 '드세요'의 '드시-'를 통해 문장의 주체인 '아버지'를, 종결 어미 '-어요'를 통해 청자인 '아버지'를 높이고 있다. 이와 같이 화자는 특정 어휘나 조사, 어미 등을 사용하여 어떤 대상에 대해 높이거나 낮추는 태도를 드러낸다. 아울러 위의 '드세요'의 '-어요'는 화자가 청자에게 어떠한 행동을 요구하고 있음도 보여 준다. 즉, 종결 어미는 청자에게 답변을 요구하거나, 어떠한 사실을 새롭게 알게 되었다는 점을 두드러지게 나타내는 등 화자의 의도를 구현할 때도 쓰인다. 화자, 청자 및 맥락이 발화나 문장에서 문법 요소와 맺고 있는 관련성은 ㉠"할아버지께서 마침 방에 계셨구나! 과일 좀 드리고 오렴."과 같이 연속된 발화로 이루어진 담화에서 더욱 다양하게 나타날 수 있다.

48 ▶24103-0048
(상)(중)(하)

㉠에 대한 이해로 적절하지 <u>않은</u> 것은?

① '할아버지께서'의 '께서'를 통해 화자가 문장의 주체인 '할아버지'를 높이고 있다.
② '계셨구나'의 '계시-'를 통해 화자가 문장의 주체인 '할아버지'를 높이고 있다.
③ '계셨구나'의 '-구나'를 통해 화자가 문장의 주체인 '할아버지'에 관한 사실을 새롭게 알게 되었음을 부각하고 있다.
④ '드리고'의 '드리-'를 통해 화자가 문장의 주체인 '할아버지'를 높이고 있다.
⑤ '오렴'의 '-렴'을 통해 화자가 청자에게 어떠한 행동을 요구하고 있다.

▶ 24103-0049
2023학년도 6월 모의평가 39번   상 **중** 하

〈보기〉의 ㉠~㉤에 해당하는 예로 적절한 것은? [3점]

● 보기 ●

피동문은 대응하는 능동문과 일정한 문법적 관련을 맺는다. 그중 피동문의 서술어는 능동문의 서술어에 피동의 문법 요소를 결부하여 만드는데, 국어에서는 ㉠ 동사 어근에 피동 접사 '-이-', '-히-', '-리-', '-기-'를 결합하는 방법(접-/접히-), ㉡ 접사 '-하-'를 접사 '-받-', '-되-', '-당하-' 등으로 교체하는 방법(사랑하-/사랑받-), ㉢ 동사 어간에 '-아지-/-어지-'를 결합하는 방법(주-/주어지-) 등이 쓰인다. 단, '날씨가 풀리다'에서처럼 ㉣ 자연적으로 발생하는 사태를 표현할 때에는 피동문에 대응하는 능동문을 상정하기 어려운 경우가 있다.

한편 '없어지다'나 '거긴 잘 가지지 않는다.'처럼 ㉤ '-아지-/-어지-'는 형용사나 자동사에 변화의 의미를 더하는 데 쓰이기도 하는데 이런 용법일 때는 피동문을 이루지 않는다.

① ㉠: 아버지가 아이에게 두터운 점퍼를 <u>입혔다</u>.
② ㉡: 내 몫의 일거리는 형에게 <u>건네받았다</u>.
③ ㉢: 언론에 의해 사건의 전모가 자세히 <u>밝혀졌다</u>.
④ ㉣: 그 사람은 많은 사람들에게 <u>존경받는다</u>.
⑤ ㉤: 모두가 바라던 소원이 드디어 <u>이루어졌다</u>.

▶ 24103-0050
2022학년도 10월 학력평가 38번   상 **중** 하

〈보기〉의 ㉠~㉢에 대한 설명으로 적절하지 <u>않은</u> 것은?

● 보기 ●

㉠ 어머니는 아들이 비로소 대학생이 되었음을 실감했다.
㉡ 파수꾼이 경계 초소에서 본 동물은 늑대는 아니었다.
㉢ 감독이 그 선수를 야구부 주장으로 삼기로 결심했다.

① ㉠에는 안긴문장에 보어가 있고, ㉡에는 안은문장에 보어가 있다.
② ㉠은 안긴문장이 안은문장의 목적어로 사용되고, ㉢은 안긴문장이 안은문장의 부사어로 사용된다.
③ ㉡과 달리 ㉢의 안긴문장의 서술어는 부사어를 필수 성분으로 요구한다.
④ ㉢과 달리 ㉡의 안긴문장에는 목적어가 생략되어 있다.
⑤ ㉠~㉢은 모두 안긴문장의 주어와 안은문장의 주어가 다르다.

51

▸24103-0051
2022학년도 6월 모의평가 37번

상 **중** 하

〈학습 활동〉을 수행한 결과로 적절한 것은? [3점]

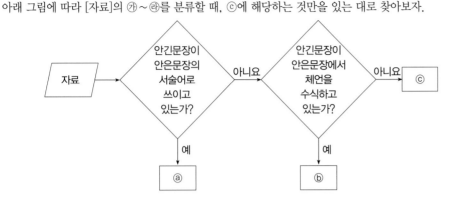

● 학습 활동 ●

아래 그림에 따라 [자료]의 ㉮~㉱를 분류할 때, ⓒ에 해당하는 것만을 있는 대로 찾아보자.

[자료]

㉮ <u>노래를 부르기</u>가 쉽지가 않다.
㉯ 마당에 <u>아무도 모르게</u> 꽃이 피었다.
㉰ 나는 <u>동생이 오기</u> 전에 학교에 갔다.
㉱ 내 동생은 <u>누구보다 마음씨가</u> 착하다.

① ㉮
② ㉮, ㉯
③ ㉰, ㉱
④ ㉮, ㉯, ㉰
⑤ ㉯, ㉰, ㉱

52

▸24103-0052
2021학년도 9월 모의평가 14번

상 **중** 하

〈학습 활동〉을 수행한 결과로 적절한 것은?

● 학습 활동 ●

품사는 다양한 방식을 통해 문장 성분으로 실현된다. 품사가 어떻게 문장 성분으로 실현되는지 다음 밑줄 친 부분을 중심으로 알아보자.

ⓐ <u>빵은</u> 동생이 간식으로 제일 좋아한다.
ⓑ 형은 <u>아주</u> 옛 물건만 항상 찾곤 했다.
ⓒ 나중에 <u>어른</u> 돼서 우리 다시 만나자.
ⓓ 친구가 내게 준 선물은 <u>장미였다</u>.
ⓔ 다람쥐 <u>세</u> 마리가 나무를 오른다.

① ⓐ: 명사가 격 조사와 결합해 목적어로 쓰였다.
② ⓑ: 부사가 관형사를 수식하는 부사어로 쓰였다.
③ ⓒ: 명사가 조사와 결합 없이 주어로 쓰였다.
④ ⓓ: 명사가 어미와 직접 결합해 서술어로 쓰였다.
⑤ ⓔ: 수사가 명사를 수식하는 관형어로 쓰였다.

〈보기〉의 ㉠, ㉡에 해당하는 예끼리 묶인 것으로 적절한 것은? [3점]

● 보기 ●

[선생님의 설명]

여러분, '쓰이다'라는 단어를 어떻게 해석해야 할까요? 우선 '쓰이다'는 피동사이기도 하고 사동사이기도 하므로 이를 구별해야겠죠? 또한 '쓰다'는 동음이의어나 다의어이므로 그 의미에도 유의해야 합니다. 단어를 이해할 때, 이러한 점들을 모두 고려해야 해요. 그럼 이와 관련된 학습 활동을 해 볼까요?

[학습 활동]

다음은 국어사전의 일부이다. 제시된 단어의 의미에 유의하여 각각의 피동사와 사동사가 포함된 예를 들어 보자.

갈다¹ 동 【…을 …으로】 ② 어떤 직책에 있는 사람을 다른 사람으로 바꾸다.

깎다 동 Ⅰ【…을】 ③ 값이나 금액을 낮추어서 줄이다.

묻다¹ 동 【…에】 ① 가루, 풀, 물 따위가 그보다 큰 다른 물체에 들러붙거나 흔적이 남게 되다.

물다² 동 Ⅰ【…을】 ② 윗니와 아랫니 사이에 끼운 상태로 상처가 날 만큼 세게 누르다.

쓸다² 동 【…을】 ① 비로 쓰레기 따위를 밀어내거나 한데 모아서 버리다.

피동문	사동문
㉠	㉡

---

① ┌ ㉠: 학생회 인원이 새 친구로 갈렸다.
   └ ㉡: 삼촌이 형에게 그 텃밭을 갈렸다.

② ┌ ㉠: 용돈이 이달에 만 원이나 깎였다.
   └ ㉡: 나는 저번 실수로 점수를 깎였다.

③ ┌ ㉠: 내 친구는 가래떡에 꿀만 묻혔다.
   └ ㉡: 누나는 붓에 먹물을 듬뿍 묻혔다.

④ ┌ ㉠: 아빠가 아이 입에 사탕을 물렸다.
   └ ㉡: 큰형이 동네 개에게 발을 물렸다.

⑤ ┌ ㉠: 큰 마당의 눈이 빗자루에 쓸렸다.
   └ ㉡: 내 동생에게 거실 바닥만 쓸렸다.

54 ▶ 24103-0054
2024학년도 6월 모의평가 37번

상중하

〈학습 활동〉의 ㉠~㉢에 들어갈 예문으로 적절한 것은?

● 학습 활동 ●

〈보기〉의 조건이 실현된 예문을 만들어 보자.

● 보기 ●

ⓐ 현재 시제만 쓰일 것.

ⓑ 서술어의 자릿수가 둘일 것.

ⓒ 안긴문장이 부사어로 기능할 것.

실현 조건	예문
ⓐ, ⓑ	㉠
ⓐ, ⓒ	㉡
ⓑ, ⓒ	㉢

① ㉠: 그 집 마당에는 감나무 한 그루가 자란다.

② ㉠: 선생님께서는 여전히 학교 근처에 사시는지요?

③ ㉡: 산중에 있으므로 여기는 도시보다 조용합니다.

④ ㉡: 오늘부터 아침으로 과일만 먹기로 마음먹었니?

⑤ ㉢: 오래전 큰아버지께 받은 책에 곰팡이가 슬었어.

55 ▶ 24103-0055
2024학년도 수능 39번

<상>중>하

〈학습 활동〉을 수행한 결과로 적절한 것은? [3점]

● 학습 활동 ●

　부사어는 부사, 체언+조사, 용언 활용형 등으로 실현된다. 부사어로써 수식하는 문장 성분은 부사어, 관형어, 서술어 등이다. 일례로 '차가 간다.'의 서술어 '간다'를 수식하기 위해 부사 '잘'을 부사어로 쓰면 '차가 잘 간다.'가 된다. [조건] 중 두 가지를 만족하도록, 주어진 문장에 부사어를 넣어 수정해 보자.

[조건]
㉠ 부사어를 수식하기 위해 부사를 부사어로 쓴 문장
㉡ 관형어를 수식하기 위해 용언 활용형을 부사어로 쓴 문장
㉢ 관형어를 수식하기 위해 부사를 부사어로 쓴 문장
㉣ 서술어를 수식하기 위해 '체언+조사'를 부사어로 쓴 문장
㉤ 서술어를 수식하기 위해 용언 활용형을 부사어로 쓴 문장
⋮

	조건	수정 전 ⇨ 수정 후
①	㉠, ㉡	웃는 아기가 귀엽게 걷는다.
		⇨ 방긋이 웃는 아기가 참 귀엽게 걷는다.
②	㉠, ㉢	화가가 굵은 선을 쭉 그었다.
		⇨ 화가가 조금 굵은 선을 세로로 쭉 그었다.
③	㉡, ㉤	그를 싫어하는 사람이 있다.
		⇨ 그를 무턱대고 싫어하는 사람이 많이 있다.
④	㉢, ㉣	딴 사람이 그 문제를 해결했다.
		⇨ 전혀 딴 사람이 그 문제를 한순간에 해결했다.
⑤	㉣, ㉤	영미는 그 일을 처리했다.
		⇨ 영미는 그 일을 원칙대로 깔끔히 처리했다.

56 ▶ 24103-0056
2021학년도 6월 모의평가 14번

상<중>하

〈보기〉의 ㉠~㉤과 관련된 설명으로 적절한 것은? [3점]

● 보기 ●

　주기적으로 운동하기가 ㉠ 건강의 첫걸음이다. 그것을 꾸준하게 ㉡ 실천하기 ㉢ 원한다면 제대로 ㉣ 된 계획 세우기가 ㉤ 선행되어야 한다.

① ㉠이 서술어인 문장에서 명사절이 주어 기능을 하고 있다.
② ㉡이 서술어인 문장에서 명사절이 목적어 기능을 하고 있다.
③ ㉢이 서술어인 문장에서 명사절이 부사어 기능을 하고 있다.
④ ㉣이 서술어인 문장에서 명사절이 보어 기능을 하고 있다.
⑤ ㉤이 서술어인 문장에서 명사절이 관형어 기능을 하고 있다.

57

▶ 24103-0057
2022학년도 수능 38번

상**중**하

밑줄 친 서술어가 요구하는 필수 성분의 개수와 종류가 〈보기〉의 문장과 같은 것은?

● **보기** ●

이곳의 지형은 외적의 침입을 막기에 **유리하다**.

① 그 광물이 원래는 귀금속에 **속했다**.

② 그는 바람이 불기에 옷깃을 **여몄다**.

③ 우리는 원두막을 하루 만에 **지었다**.

④ 나는 시간이 남았기에 그와 **걸었다**.

⑤ 나는 구호품을 수해 지역에 **보냈다**.

58

▶ 24103-0058
2023학년도 수능 39번

상**중**하

㉠~㉣의 문장 성분과 문장 구조에 대한 설명으로 적절한 것은?

㉠ 나는 내 친구가 보낸 책을 제시간에 받기를 바란다.

㉡ 나는 테니스 배우기가 재미있다고 친구에게 말했다.

㉢ 이 식당은 우리 가족이 점심을 먹은 식당이 아니다.

㉣ 그녀는 아름다운 관광지를 신이 닳도록 돌아다녔다.

① ㉠에는 필수적 부사어가 생략된 안긴문장이 있고, ㉡에는 주어가 생략된 안긴문장이 있다.

② ㉠과 ㉡에는 모두, 주어 기능을 하는 명사절이 있다.

③ ㉠과 ㉢에는 모두, 주어가 생략된 안긴문장이 있다.

④ ㉢에는 보어 기능을 하는 안긴문장이 있고, ㉣에는 부사어 기능을 하는 안긴문장이 있다.

⑤ ㉢과 ㉣에는 모두, 목적어가 생략된 관형사절이 있다.

〈학습 활동〉을 해결한 내용으로 적절한 것은?

● 학습 활동 ●

관형사형 어미의 형태는 시제 및 단어의 품사에 의해 결정된다. [자료]에서 밑줄 친 단어의 품사와 시제를 분석하여 그 단어에 쓰인 어미가 [표]의 ㉠~㉢ 중 어느 것에 해당하는지 확인해 보자.

[자료]

ⓐ 하늘에 뜬 태양
ⓑ 우리가 즐겨 부르던 노래
ⓒ 늘 푸르던 하늘
ⓓ 운동장에 남은 아이들
ⓔ 네가 읽는 소설
ⓕ 이미 아이들로 가득 찬 교실
ⓖ 달리기가 제일 빠른 친구

[표] 관형사형 어미 체계

	동사	형용사
현재	-는	㉠
과거	㉡	㉢
	-던	
미래	-(으)ㄹ	-(으)ㄹ

① ⓐ의 '뜬'에 쓰인 어미 '-(으)ㄴ'은 ㉠에 해당한다.
② ⓑ의 '부르던'과 ⓒ의 '푸르던'에 쓰인 어미 '-던'은 ㉢에 해당한다.
③ ⓓ의 '남은'과 ⓕ의 '찬'에 쓰인 어미 '-(으)ㄴ'은 ㉡에 해당한다.
④ ⓔ의 '읽는'에 쓰인 어미 '-는'은 ㉡에 해당한다.
⑤ ⓖ의 '빠른'에 쓰인 어미 '-(으)ㄴ'은 ㉢에 해당한다.

〈학습 활동〉을 수행한 결과로 적절하지 <u>않은</u> 것은? [3점]

● 학습 활동 ●

겹문장은 다른 문장 속에 들어가 안긴문장으로 쓰일 수 있다. 또한 겹문장은 안은문장에서 다양한 문장 성분으로도 쓰인다. 다음 밑줄 친 겹문장 ⓐ~ⓔ의 쓰임을 설명해 보자.

○ 기상청은 ⓐ <u>내일은 따뜻하지만 비가 온다는</u> 예보를 했다.
○ 시민들은 ⓑ <u>공원이 많고 거리가 깨끗한</u> 도시를 만들었다.
○ ⓒ <u>바람이 거세지고 어둠이 내리기</u> 전에 산에서 내려갔다.
○ 나는 나중에야 ⓓ <u>그녀는 왔으나 그가 안 왔음을</u> 깨달았다.
○ 삼촌은 주말에 ⓔ <u>꽃이 피고 새가 지저귀는</u> 들판을 거닐었다.

① ⓐ는 인용절로 쓰이고 있다.
② ⓑ는 관형절로 쓰이고 있다.
③ ⓒ는 명사절로 쓰이고 있다.
④ ⓓ는 조사와 결합하여 주성분으로 쓰이고 있다.
⑤ ⓔ는 조사와 결합 없이 부속 성분으로 쓰이고 있다.

04 담화

61 ▶ 24103-0061
2022학년도 수능 37번
〈상〉〈중〉〈하〉

〈보기〉의 ㉠~㉤에 대한 설명으로 적절한 것은?

─● 보기 ●─

(두 사람이 공원에서 만난 상황)

민수: 영이야, ㉠우리 둘이 뭐 하고 놀까? 이 강아지랑 놀까?

영이: (민수 품에 안겨 있는 강아지를 가리키며) 아, 얘?

민수: 응, 얘가 전에 말했던 봄이야. 봄이 동생 솜이는 집에 있고.

영이: 봄이랑 뭐 하고 놀까? 우리 강아지 별이는 실뭉치를 좋아해서 ㉡우리 둘은 실뭉치를 자주 가지고 놀아. 너네 강아지들도 그래?

민수: 실뭉치는 ㉢둘 다 안 좋아해. 그런데 공은 좋아해서 ㉣우리 셋은 공을 갖고 자주 놀아. 그래서 공을 챙겨 오긴 했어.

영이: 그렇구나. 별이는 실뭉치를 좋아하니까, 다음에 네가 혼자 나오고 내가 별이랑 나오면 그때 ㉤우리 셋은 실뭉치를 갖고 놀면 되겠다.

민수: 그러자. 그럼 오늘 ㉥우리 셋은 공을 가지고 놀자.

① ㉠과 ㉡은 가리키는 대상이 동일하다.
② ㉡이 가리키는 대상은 ㉤이 가리키는 대상에 포함된다.
③ ㉢이 가리키는 대상은 ㉥이 가리키는 대상에 포함된다.
④ ㉣과 ㉤은 가리키는 대상이 동일하다.
⑤ ㉣과 ㉥은 가리키는 대상이 동일하다.

62 ▶ 24103-0062
2024학년도 수능 38번
〈상〉〈중〉〈하〉

〈보기〉의 ㉠~㉨에 대한 설명으로 적절한 것은?

─● 보기 ●─

(영민, 평화가 학교 앞에 함께 있다가 지혜를 만난 상황)

영민: 너희들, 오늘 같이 영화 보기로 한 거 잊지 않았지?

평화: 응, ㉠6시 걸로 세 장 예매했어. 근데 너, 어디서 와?

지혜: 진로 상담 받고 오는 길이야. 너흰 안 가?

평화: 나는 어제 ㉡미리 받았어.

영민: 나는 4시 반이야. 그거 마치고 영화관으로 직접 갈게.

지혜: 알겠어. 그럼 우리 둘이는 1시간 ㉢앞서 만나자. 간단하게 저녁이라도 먹고 거기서 바로 ㉣가지 뭐.

평화: 좋아. 근데 ㉤미리 먹는 건 좋은데 어디서 볼까?

지혜: 5시까지 영화관 정문 ㉥왼쪽에 있는 분식집으로 와.

평화: 왼쪽이면 편의점 아냐? 아, 영화관을 등지고 보면 그렇다는 거구나. 영화관을 마주볼 때는 ㉦오른쪽 맞지?

지혜: 그러네. 아참! 영민아, 너 상담 시간 됐다. 이따 늦지 않게 영화 ㉧시간 맞춰서 ㉨와.

① ㉠과 ㉧은 가리키는 시간이 상이하다.
② ㉡과 ㉤은 발화 시점을 기준으로 과거를 가리킨다.
③ ㉢과 ㉥이 가리키는 시간대는 ㉧을 기준으로 정해진다.
④ ㉣과 ㉨은 이동의 출발 장소가 동일하다.
⑤ ㉥과 ㉦은 기준으로 삼은 방향이 달라 다른 곳을 의미한다.

〈보기〉의 ㉠~㉐에 대한 이해로 적절하지 **않은** 것은?

● 보기 ●

(같은 동아리에 소속된 후배 부원 둘과 선배 부원의 대화 장면)

선 배: ㉠학교에서 열린 회의는 잘 끝났니?

후배1: 네. 조금 전에 끝났어요.

선 배: 수고했어. ㉡학교에서 우리 동아리 활동 지원 예산안에 대해 뭐라고 해?

후배2: 지난번에 저희가 선배님과 함께 제안했던 예산안은 수용하기 힘들다고 했어요.

선 배: ㉢우리가 제안한 예산안이 그렇게 무리한 건 아니었을 텐데.

후배1: 그런데 학교에서는 ㉣자신의 형편을 감안해 달라는 동아리가 한둘이 아니라면서, ㉤우리의 제안을 수용하기 쉽지 않다고 했어요.

선 배: ㉥서로 만족할 만한 결과를 얻기가 쉽지 않겠구나. 고생했어. 지도 선생님께 말씀드려 볼게.

후배2: 네. 그럼 ㉦저희도 그렇게 알고 있을게요.

① ㉠과 ㉡은 문장 성분이 서로 다르군.

② ㉢에는 화자와 청자가 모두 포함되어 있군.

③ ㉣은 뒤에 있는 '동아리'를 가리키는 말이군.

④ ㉥은 ㉡의 '학교'와 ㉤의 '우리'를 모두 포함해서 가리키는 말이군.

⑤ ㉦은 화자가 청자와 자신을 모두 낮추기 위해 쓰는 말이군.

〈보기〉의 ㉠~㉛에 대한 이해로 적절한 것은?

● 보기 ●

(희철, 민수, 기영이 ○○ 서점 근처에서 만난 상황)

희철: 얘들아, 잘 지냈어? 3일 만에 보니 반갑다.

민수: 동해안으로 체험 학습 다녀왔다며? ㉠내일은 도서관에 가서 발표 준비하자. 기영인 어떻게 생각해?

기영: ㉡네 말대로 하는 게 좋겠다. 그럼 정수도 부를까?

희철: 그러자. ㉢저기 저 ○○ 서점에서 오전 10시에 만나서 다 같이 도서관으로 가자. ㉣정수한테 전할 때 서점 위치 링크도 보내 줘. 전에도 헤맸잖아.

민수: 이제 아냐. ㉤어제 나랑 저기서 만났는데 잘 ㉥왔어.

희철: 그렇구나. 어제 잘 ㉦왔었구나.

민수: 아, 기영아! ㉧우리는 회의 가야 돼. ㉨네가 ㉩우리 셋을 대표해서 정수에게 연락을 좀 해 줘.

① ㉠은 ㉤과 달리 발화 시점과 관계없이 언제인지가 정해진다.

② ㉢은 ㉡과 달리 지시 표현이 이전 발화를 직접 가리킨다.

③ ㉣은 ㉨과 달리 담화 참여자에 따라 지시 대상이 달라진다.

④ ㉥은 ㉦과 달리 화자가 있던 장소로의 이동을 나타낸다.

⑤ ㉧은 ㉩과 달리 담화에 참여한 모든 사람들을 가리킨다.

65   다음 글을 읽고 물음에 답하시오.

담화는 하나 이상의 발화나 문장으로 이루어진다. 담화가 그 내용 면에서 완결성을 갖추기 위해서는 담화를 이루는 발화나 문장들이 일관된 주제 속에 내용상 유기적인 관련을 맺고 있어야 한다. 이때 각 발화나 문장 간의 관련성을 보여 주는 형식적 장치가 필요하다. 이러한 장치에는 지시, 대용, 접속 표현이 있다.

우선 지시 표현은 담화 장면을 구성하는 화자, 청자, 사물, 시간, 장소 등의 요소를 직접 가리키는 표현이다. 그리고 대용 표현은 담화에서 언급된 말, 혹은 뒤에서 언급될 말을 대신하는 표현이다. 대표적인 지시 표현으로는 '이, 그, 저' 등이 있다. 이들이 담화에서 언급되는 말을 대신할 때는 대용 표현이 된다. 가령 친구가 든 꽃을 보면서 화자가 "이 꽃 예쁘네."라고 말했다면, '꽃'을 직접 가리키는 '이'는 지시 표현이다. 그러나 화자가 "그런데 지난번 꽃도 예쁘던데, 그때 그거는 어디서 샀어?"라고 발화를 곧장 이어 간다면 이때의 '그거'는 앞선 발화의 '지난번 꽃'이라는 말을 대신하는 대용 표현이다. 끝으로 접속 표현은 문장과 문장, 발화와 발화를 연결해 주는 표현으로, '그리고' 등과 같은 접속 부사가 대표적인 예이다. 앞서 언급된 두 번째 발화의 '그런데'도 앞의 발화를 뒤의 발화와 이어 주는 접속 표현에 속한다.

한편, 담화 전개 과정에서 화자는 청자 및 맥락을 고려하면서 발화나 문장을 통해 자신의 의도를 효과적으로 구현한다. 이때 여러 문법 요소가 활용된다. 가령 화자는 "아버지! 진지 드세요."라는 발화에서 '드세요'의 '드시–'를 통해 문장의 주체인 '아버지'를, 종결 어미 '–어요'를 통해 청자인 '아버지'를 높이고 있다. 이와 같이 화자는 특정 어휘나 조사, 어미 등을 사용하여 어떤 대상에 대해 높이거나 낮추는 태도를 드러낸다. 아울러 위의 '드세요'의 '–어요'는 화자가 청자에게 어떠한 행동을 요구하고 있음도 보여 준다. 즉, 종결 어미는 청자에게 답변을 요구하거나, 어떠한 사실을 새롭게 알게 되었다는 점을 두드러지게 나타내는 등 화자의 의도를 구현할 때도 쓰인다. 화자, 청자 및 맥락이 발화나 문장에서 문법 요소와 맺고 있는 관련성은 "할아버지께서 마침 방에 계셨구나! 과일 좀 드리고 오렴."과 같이 연속된 발화로 이루어진 담화에서 더욱 다양하게 나타날 수 있다.

65   ▶ 24103-0065
상**중**하

윗글을 바탕으로 〈보기〉의 ⓐ~ⓕ에 대해 설명한 내용으로 적절하지 <u>않은</u> 것은?

● 보기 ●

(두 친구가 만나서 주말 나들이 장소를 정하는 상황)

선희: 우리, 이번 주말 나들이 장소로 어디가 좋을까?

영선: (딴생각을 하다가) ⓐ지금 저녁 먹으러 가자.

선희: 그게 뭔 소리야? 주말 나들이로 어디 갈 거냐고.

영선: (머쓱해하며) 아, 그럼 놀이동산 갈까?

선희: 음, ⓑ거기 말고, (사진을 보여 주며) ⓒ여기는 어때?

영선: ⓓ거기? 해수욕장은 아직 좀 춥잖아. ⓔ그리고 너무 멀잖아. (선희를 바라보며) 아, 작년에 같이 갔던 수목원은 어때?

선희: 그래, ⓕ거기가 좋겠다. 그럼, 토요일에 보자. 안녕.

① ⓐ는 '주말 나들이 장소 정하기'라는 내용에 부합하지 않아서 담화의 완결성을 떨어뜨리고 있다.

② ⓑ는 '영선'이 발화한 '놀이동산'을 대신하는 대용 표현이다.

③ ⓒ, ⓓ는 발화 간의 관련성을 높이는 형식적 장치로서 형태가 다른 표현이지만 동일한 장소를 나타내고 있다.

④ ⓔ는 '해수욕장은 아직 좀 춥잖아.'와 '너무 멀잖아.'를 대등하게 이어 주는 접속 표현이다.

⑤ ⓕ는 '작년에 같이 갔던 수목원'을 직접 가리키는 지시 표현이다.

66 ▶ 24103-0066
2022학년도 9월 모의평가 39번

상 **중** 하

〈보기〉의 ⊙~⑩에 해당하는 예로 적절하지 <u>않은</u> 것은?

● 보기 ●

[중세 국어 조사의 쓰임]

⊙ 주격 조사 'ㅣ'는 모음 '이'나 반모음 'ㅣ' 이외의 모음으로 끝난 체언 뒤에 쓰였다.
ⓒ 목적격 조사 '올' 또는 '을'은 자음으로 끝나는 체언 뒤에 쓰였다.
ⓒ 관형격 조사 'ㅅ'은 사물이나 존대 대상인 체언 뒤에 쓰였다.
ⓔ 부사격 조사 '로'는 모음이나 'ㄹ'로 끝나는 체언 뒤에 쓰였다.
ⓜ 호격 조사 '하'는 존대 대상인 체언 뒤에 쓰였다.

① ⊙: 드리 즈믄 ᄀᆞ르매 비취요미 [달이 천 개의 강에 비치는 것이]
② ⓒ: 바볼 머긇 대로 혜여 머굼과 [밥을 먹을 만큼 헤아려 먹음과]
③ ⓒ: 그 나못 불휘롤 쌔혀 [그 나무의 뿌리를 빼어]
④ ⓔ: 물ᄀᆞᆫ 믈로 모솔 밍ᄀᆞ노라 [맑은 물로 못을 만드노라]
⑤ ⓜ: 님금하 아르쇼셔 [임금이시여, 아십시오]

2023학년도 10월 학력평가 35, 36번

67 다음 글을 읽고 물음에 답하시오.

어떤 말의 앞이나 뒤에 다른 말이 올 수 있는 말들의 관계를 결합 관계라 한다. 현대 국어의 의존 명사와 결합하는 선행 요소의 유형에는 관형사, 체언, 체언에 관형격 조사가 붙은 것, 용언의 관형사형 등이 있다. 의존 명사 중에는 다양한 유형의 선행 요소와 결합하는 것도 있으나, 그렇지 않은 것도 있다. 즉 '것'과 같이 '어느 것, 언니 것, 생각한 것' 등 다양한 유형의 선행 요소와 두루 결합하는 의존 명사가 있는 반면, '가 본 데'의 '데'나, '요리할 줄'의 '줄'과 같이 선행 요소로 용언의 관형사형만 결합하는 의존 명사도 있다.

의존 명사와 결합하는 후행 요소로는 격 조사와 용언 등이 있다. 의존 명사 중에는 다양한 격 조사와 결합하여 여러 문장 성분으로 쓰이는 것도 있으나, 특정 격 조사와만 결합하는 것도 있다. 예를 들어, '데'는 다양한 격 조사와 결합하여 여러 문장 성분으로 두루 쓰이지만, '만난 지(가) 오래되었다'의 '지'는 주격 조사와만 결합하여 주어로 쓰인다. '요리할 줄(을) 몰랐다', '그런 줄(로) 알았다'의 '줄'은 주로 목적격 조사나 부사격 조사와 결합하여 목적어나 부사어로 쓰이고 주어로는 쓰이지 않는다. 또한 '뿐'은 '읽을 뿐이다'처럼 서술격 조사 '이다'와 결합하거나 '그럴 뿐(이) 아니라'처럼 보격 조사와만 결합하여 쓰인다. 한편 의존 명사가 용언과 결합할 때는 다양한 용언과 결합하여 쓰일 수 있는 것과 특정 용언과만 결합하는 것이 있다. 예를 들어, '것'은 다양한 용언과 두루 결합하지만, '줄'은 주로 '알다, 모르다'와 결합한다.

중세 국어에서도 선행 요소나 후행 요소와 결합할 때 제약 없이 두루 결합하는 의존 명사와 그렇지 않은 의존 명사가 있었다. 가령 중세 국어 '것'은 '어느 거시 이 가온ᄃᆡ 가ᄆᆞᆯ[어느 것이 이 가운데 감을]', '奇異ᄒᆞᆫ 거슬 머구머[기이한 것을 머금어]' 등과 같이 여러 유형의 선행 요소 및 후행 요소와 두루 결합하여 쓰였다. 반면 현대 국어의 '지'에 해당하는 중세 국어 'ᄃᆡ'는 선행 요소 및 후행 요소와의 결합에 제약이 있었다. 즉 'ᄆᆞᆯ ᄃᆞᆯ여 ᄃᆞ니건 디 스믈 ᄒᆡ니[말 달려 다닌 지 스물 해니]', '여희연 디 ᄒᆞ마 다ᄉᆞᆺ ᄒᆡ로ᄃᆡ[헤어진 지 벌써 다섯 해로되]'와 같이 'ᄃᆡ'는 선행 요소로 용언의 관형사형과만 결합할 수 있었고, 문장에서는 주어로만 쓰였다.

67 ▶24103-0067
2023학년도 10월 학력평가 36번

상중하

윗글과 〈보기〉의 중세 국어 자료를 이해한 내용으로 적절하지 <u>않은</u> 것은?

● 보기 ●

○ 달옳 ⓐ주리 업스시니이다
　　[다를 줄이 없으십니다]

○ 眞光이 어드우며 ᄇᆞᆯ근 ⓑᄃᆡᆯ 다 비취샤
　　[진광이 어두우며 밝은 데를 다 비추시어]

○ 부텻 일훔 念홀 ⓒᄲᅢ네 이런 功德 됴ᄒᆞᆫ 체ᄅᆞᆯ 어드리오
　　[부처님의 이름을 생각할 뿐에 이런 공덕 좋은 이로움을 얻으리오]

① ⓐ의 '줄'은 현대 국어 '줄'과 달리, 주격 조사와 결합할 수 있었군.

② ⓐ의 '줄'은 중세 국어 '것'과 달리, 선행 요소로 용언의 관형사형과 결합할 수 있었군.

③ ⓑ의 'ᄃᆡ'는 현대 국어 '데'와 같이, 선행 요소로 용언의 관형사형과 결합할 수 있었군.

④ ⓑ의 'ᄃᆡ'는 중세 국어 'ᄃᆡ'와 달리, 목적격 조사와 결합할 수 있었군.

⑤ ⓒ의 'ᄲᅢ'은 현대 국어 '뿐'과 달리, 부사격 조사와 결합할 수 있었군.

68

상**중**하

〈보기 1〉의 ㉠~㉢에 해당하는 예만을 〈보기 2〉에서 고른 것은?

●보기 1●

중세 국어의 주격 조사는 음운 조건에 따라 '이', '∅(영형태)', 'ㅣ'로 실현되었다.

• 자음 다음에는 '이'가 나타났다. ·······㉠
 예) 바비(밥+이) [밥이]
• 모음 '이'나 반모음 'ㅣ' 다음에는 '∅(영형태)'로 실현되어, 나타나지 않았다. ·······㉡
 예) 활 쏘리(활 쏠 이+∅) [활 쏠 이가], 새(새+∅) [새가]
• 모음 '이'와 반모음 'ㅣ' 이외의 모음 다음에는 'ㅣ'가 나타났다. 예) 쇠(쇼+ㅣ) [소가]
• 음운 조건에 관계없이 생략되기도 했다. ·······㉢
 예) 곳 됴코 [꽃 좋고], 나모 셧는 [나무 서 있는]

●보기 2●

ⓐ: **나리** 져므러　　　　　　[날이 저물어]
ⓑ: **太子** 오ᄂᆞ다 드르시고　　[태자 온다 들으시고]
ⓒ: 내해 **두리** 업도다　　　　[개천에 다리가 없도다]
ⓓ: **아두리** 孝道ᄒᆞ고　　　　[아들이 효도하고]
ⓔ: **孔子**ㅣ 드르시고　　　　　[공자가 들으시고]

① ㉠: ⓐ, ⓓ　　　② ㉠: ⓐ, ⓔ　　　③ ㉡: ⓑ, ⓒ
④ ㉡: ⓑ, ⓓ　　　⑤ ㉢: ⓒ, ⓔ

69

상**중**하

〈학습 활동〉을 수행한 결과로 적절하지 <u>않은</u> 것은?

●학습 활동●

다음은 중세 국어의 문자 및 표기와 관련된 내용이다. 자료에서 ⓐ~ⓔ를 확인할 수 있는 예를 모두 골라 묶어 보자.

ⓐ 乃ᄂᆡᆼ終즁ㄱ소리ᄂᆞᆫ 다시 첫소리ᄅᆞᆯ 쓰ᄂᆞ니라
　[종성 글자는 따로 만들지 않고 다시 초성 글자를 사용한다]
ⓑ ㅇᄅᆞᆯ 입시울쏘리 아래 니서 쓰면 입시울 가ᄇᆡ야ᄫᆞᆫ 소리 두외ᄂᆞ니라
　[ㅇ을 순음 글자 아래 이어 쓰면 순경음 글자가 된다]
ⓒ 첫소리ᄅᆞᆯ 어울워 ᄡᅳᆯ디면 글바 ᄡᅳ라 乃ᄂᆡᆼ終즁ㄱ소리도 ᄒᆞᆫ가지라
　[초성 글자를 합하여 사용하려면 옆으로 나란히 쓰라 종성 글자도 마찬가지이다]
ⓓ ㆍ와 ㅡ와 ㅗ와 ㅜ와 ㅛ와 ㅠ와란 첫소리 아래 브텨 쓰고
　['ㆍ, ㅡ, ㅗ, ㅜ, ㅛ, ㅠ'는 초성 글자 아래에 붙여 쓰고]
ⓔ ㅣ와 ㅏ와 ㅓ와 ㅑ와 ㅕ와란 올ᄒᆞ녀긔 브텨 쓰라
　['ㅣ, ㅏ, ㅓ, ㅑ, ㅕ'는 초성 글자 오른쪽에 붙여 쓰라]

자료 ᄢᅵ니, 분, 사ᄫᅵ, 스ᄀᆞᄫᆞᆯ, ᄣᅡ, 훍

① ⓐ: 분, ᄣᅡ, 훍　　　　② ⓑ: 사ᄫᅵ, 스ᄀᆞᄫᆞᆯ
③ ⓒ: ᄢᅵ니, ᄣᅡ, 훍　　　④ ⓓ: 분, 스ᄀᆞᄫᆞᆯ, 훍
⑤ ⓔ: ᄢᅵ니, 사ᄫᅵ, ᄣᅡ

70 ▶ 24103-0070
2021학년도 6월 모의평가 13번

상**중**하

〈학습 활동〉을 수행한 결과로 적절하지 않은 것은?

● 학습 활동 ●

　현대 국어와 달리 중세 국어의 관형격 조사에는 여러 형태가 있다. 선행 체언이 무정물일 때는 'ㅅ'이 쓰이고, 유정물일 때는 모음 조화에 따라 '이', '의' 등이 쓰인다. 다만 유정물이라도 존칭의 대상일 때는 이들 대신 'ㅅ'이 쓰인다. 이를 참고하여 선행 체언과 후행 체언이 관형격 조사로 연결되었을 때의 모습을 아래 표의 ㉠~㉤에 채워 보자.

선행 체언	아바님 (아버님)	그력 (기러기)	아둘 (아들)	수플 (수풀)	둥잔 (등잔)
후행 체언	곁 (곁)	목 (목)	나ㅎ (나이)	가온디 (가운데)	기름 (기름)
적용 모습	㉠	㉡	㉢	㉣	㉤

① ㉠: 아바니믜(아바님 + 의) 곁

② ㉡: 그려긔(그력 + 의) 목

③ ㉢: 아두리(아둘 + 이) 나ㅎ

④ ㉣: 수픐(수플 + ㅅ) 가온디

⑤ ㉤: 둥잦(둥잔 + ㅅ) 기름

71~72 다음 글을 읽고 물음에 답하시오.

국어에서는 일반 어휘처럼 문법 형태소에서도 하나의 형태가 여러 의미로 쓰이거나 여러 형태가 하나의 의미로 쓰이는 현상을 발견할 수 있다. 가령, 전자로는 현대 국어에서 명사 '높이'에 쓰인 명사 파생 접사 '-이'와 부사 '높이'에 쓰인 부사 파생 접사 '-이'를 예로 들 수 있다. 명사 파생 접사 '-이'는 여러 의미로 쓰인다. 예컨대 '놀이'에서는 '…하는 행위'의 의미를, '구두닦이'에서는 '…하는 사람'의 의미를, '연필깎이'에서는 '…하는 데 쓰이는 도구'의 의미를 나타낸다. 후자로는 현대 국어의 명사 파생 접사 '-이'와 '-음'을 예로 들 수 있다.

중세 국어에서도 명사 파생 접사 '-이'와 부사 파생 접사 '-이'가 존재하였다. 가령, 현대 국어의 '길이'와 마찬가지로 '기리(길-+-이)'의 '-이'는 형용사 어간에 붙어 명사도 만들고 부사도 만들었다. 또한 '-이'는 '사리(살-+-이)'처럼 동사 어간에 붙어 '…하는 행위'의 의미를 나타내기도 하였으나, '…하는 사람', '…하는 데 쓰이는 도구'의 의미를 나타내지는 않았다.

중세 국어에서 명사 파생 접사 '-이'처럼 용언 어간에 붙는 명사 파생 접사 '-의'도 쓰였는데, 이 '-의'는 '-이'와 달리 부사는 파생하지 않았다. 또한 접사 '-의'는 모음 조화에 따라 양성 모음 뒤에서는 '-이'로 쓰였는데, 접사 '-이'는 중세 국어에서 'ㅣ' 모음이 양성 모음도 아니고 음성 모음도 아니어서 모음 조화와는 무관하게 결합하였다.

```
┌ 너븨(넙-+-의)도 ㄱ티 ㅎ고 [넓이도 같이 하고]
└ 노픠(높-+-이) 다숫 자히러라 [높이가 다섯 자였다]
```

한편, 중세 국어에서는 '의'가 앞 체언에 붙어 관형격 조사와 부사격 조사로 쓰이기도 했다. 관형격 조사는 평칭의 유정 체언 뒤에 쓰였고, 부사격 조사는 서술어와 호응하여 장소나 시간을 나타내는 부사어에서 쓰였다. 그런데 이들 '의'도 모음 조화에 따라 양성 모음 뒤에서는 '이'로 쓰였다.

```
┌ 버믜(범+의) 쎠나 [범의 뼈나]
└ 사ᄅᆞ믜(사ᄅᆞᆷ+이) 무레 [사람의 무리에]

┌ 무틔(뭍+의) ᄃᆞ니는 [뭍에 다니는]
└ 바믜(밤+이) 나디 아니ᄒᆞᄂᆞ니 [밤에 나가지 아니하니]
```

71
▶ 24103-0071
(상)(중)(하)

윗글을 바탕으로 추론한 내용으로 적절한 것은?

① 현대 국어의 '책꽂이'에서 '-이'는 '…하는 행위'의 의미를 나타내는 접사이다.
② 현대 국어 '놀이'에서의 '-이'는 중세 국어 '사리'에서의 '-이'와 달리 '…하는 사람'의 의미로 쓰인다.
③ 현대 국어 '길이'처럼 중세 국어 '기릐'도 명사와 부사로 쓰였다.
④ 중세 국어에서 접사 '-이'가 붙어 파생된 단어는 두 가지 품사로 쓰였다.
⑤ 중세 국어에서 체언에 조사 '의'가 붙은 말은 관형어나 부사어로 쓰였다.

72 ▶ 24103-0072
2022학년도 수능 36번 · 상 **중** 하

윗글을 바탕으로 〈보기〉의 중세 국어 자료를 이해한 내용으로 적절하지 <u>않은</u> 것은?

● 보기 ●

ㄱ 王ㅅ **겨틔** 안잿다가 [왕의 곁에 앉아 있다가]
ㄴ 曲江ㅅ **구븨**예 ㄱ마니 ᄃ니노라 [곡강의 굽이에 가만히 다니노라]
ㄷ 光明이 **ᄇᆞᆯ기** 비취여 [광명이 밝히 비치어]
ㄹ 글지ᅀᅵ예 위두ᄒᆞ고 [글짓기에 으뜸이고]
ㅁ ᄯᆞ**릭** 일후믄 [딸의 이름은]

① ㄱ에서 '겨틔'의 '의'는 모음 조화에 따라 결합한 부사격 조사이군.
② ㄴ에서 '구븨'의 '−의'는 모음 조화에 따라 결합한 부사 파생 접사이군.
③ ㄷ에서 'ᄇᆞᆯ기'의 '−이'는 모음 조화와 무관하게 결합한 부사 파생 접사이군.
④ ㄹ에서 '글지ᅀᅵ'의 '−이'는 모음 조화와 무관하게 결합한 명사 파생 접사이군.
⑤ ㅁ에서 'ᄯᆞ릭'의 '익'는 모음 조화에 따라 결합한 관형격 조사이군.

73 ▶ 24103-0073
2023학년도 3월 학력평가 39번 · 상 **중** 하

〈학습 활동〉을 수행한 결과로 적절한 것은?

● 학습 활동 ●

ㄱ~ㅁ을 통해 중세 국어의 격 조사가 실현된 양상을 탐구해 보자.

ㄱ 太子ㅅ(태자+ㅅ) 버들 사ᄆᆞ샤 時常 (곁+의) 이셔
（현대어 풀이: 태자의 벗을 삼으시어 늘 곁에 있어）
ㄴ 衆生이(중생+이) ᄆᆞᅀᆞᄆᆞᆯ(ᄆᆞᅀᆞᆷ+ᄋᆞᆯ) 조차
（현대어 풀이: 중생의 마음을 따라）
ㄷ 니르고져 홇 배(바+ㅣ) 이셔도 ᄆᆞᄎᆞᆷ내 제 ᄠᅳ들(ᄠᅳᆮ+을)
（현대어 풀이: 이르고자 하는 바가 있어도 마침내 제 뜻을）
ㄹ 바ᄅᆞ래(바ᄅᆞᆯ+애) ᄇᆞᄅᆞ미(ᄇᆞᄅᆞᆷ+이) 자고
（현대어 풀이: 바다에 바람이 자고）
ㅁ 그르세(그릇+에) 담고 버믜 고기란 도기(독+이) 다마
（현대어 풀이: 그릇에 담고 범의 고기는 독에 담아）

	비교 자료	탐구 결과
①	ㄱ의 '太子ㅅ' ㄴ의 '衆生이'	체언이 무정 명사냐 유정 명사냐에 따라 관형격 조사의 형태가 다르게 나타난다고 볼 수 있겠군.
②	ㄱ의 '겨틔' ㅁ의 '도기'	체언 끝이 자음이냐 모음이냐에 따라 부사격 조사의 형태가 다르게 나타난다고 볼 수 있겠군.
③	ㄴ의 'ᄆᆞᅀᆞᄆᆞᆯ' ㄷ의 'ᄠᅳ들'	체언 끝이 자음이냐 모음이냐에 따라 목적격 조사의 형태가 다르게 나타난다고 볼 수 있겠군.
④	ㄷ의 '배' ㄹ의 'ᄇᆞᄅᆞ미'	체언의 모음이 양성 모음이냐 음성 모음이냐에 따라 주격 조사의 형태가 다르게 나타난다고 볼 수 있겠군.
⑤	ㄹ의 '바ᄅᆞ래' ㅁ의 '그르세'	체언의 모음이 양성 모음이냐 음성 모음이냐에 따라 부사격 조사의 형태가 다르게 나타난다고 볼 수 있겠군.

74~75 다음 글을 읽고 물음에 답하시오.

[A] '나의 살던 고향'은 '내가 살던 고향'과 같은 의미로 '나'에 관형격 조사 '의'가 결합하여 '살던'의 의미상 주어를 나타내는 특이한 구조이다. 이처럼 관형격 조사 '의'가 주격 조사처럼 해석되는 경우가 중세 국어에서도 확인된다. 예를 들어, '聖人의(聖人+의) ᄀᆞᄅ치샨 法[성인의 가르치신 법]'의 경우, '聖人'은 관형격 조사 '의'와 결합하고 있지만 후행하는 용언인 'ᄀᆞᄅ치샨'의 의미상 주어로 기능하고 있다. 그런데 이러한 '의'는 중세 국어 관형격 조사 결합 원칙의 예외에 해당한다. 중세 국어의 관형격 조사는 평칭의 유정 체언에는 모음 조화에 따라 '이/의'가, 무정 체언 또는 존칭의 유정 체언에는 'ㅅ'이 결합하는 원칙이 있었는데, 'ㅅ'이 쓰일 자리에 '의'가 쓰였기 때문이다.

중세 국어 격조사 결합 원칙의 또 다른 예외는 부사격 조사에서도 확인된다. 시간이나 장소를 나타내는 부사격 조사는 결합하는 선행 체언의 끝음절을 기준으로, 모음 조화에 따라 '나종애'(나종+애), '므레'(믈+에)에서처럼 '애/에'가 쓰인다. 단, 끝음절이 모음 '이'나 반모음 'ㅣ'로 끝날 때에는 ㉠'뉘예'(뉘+예)에서처럼 '예'가 쓰였다. 그런데 '애/에/예'가 쓰일 위치에 부사격 조사인 '이/의'가 쓰이는 경우도 있다. 이러한 예외는 '봄', '나조ㅎ'[저녁], ㉡'우ㅎ'[위], '밑' 등의 일부 특수한 체언들에서 확인된다. 가령, '나조ㅎ'에는 '이'가 결합하여 ㉢'나조희'(나조ㅎ+이)로, '밑'에는 '의'가 결합하여 '미틔'(밑+의)로 나타났다.

중세 국어의 부사격 조사 가운데 관형격 조사가 그 구성 성분으로 분석되는 독특한 경우도 있다. 가령, '이그에'는 관형격 조사 '이'에 '그에'가 결합된 형태이고 'ㅅ긔' 역시 관형격 조사 'ㅅ'에 '긔'가 결합된 부사격 조사다. 이들은 ㉣'ᄂᆞ미그에'(놈+이그에)나 '어마닚긔'(어마님+ㅅ긔)와 같이 사용되었는데 평칭의 유정 명사 '놈'에는 '이그에'가, 존칭의 유정 명사 '어마님'에는 'ㅅ긔'가 쓰인다. 중세 국어의 '이그에'와 'ㅅ긔'는 각각 현대 국어의 '에게'와 ㉤'께'로 이어진다.

74

▶ 24103-0074

상 중 하

윗글의 ㉠～㉤을 이해한 내용으로 적절하지 않은 것은?

① ㉠은 부사격 조사 '예'와 결합하는 선행 체언의 끝음절에서 반모음 'ㅣ'가 확인된다.

② ㉡에 시간이나 장소를 나타내는 부사격 조사가 결합하면 '우희'가 된다.

③ ㉢은 현대 국어로 '저녁의'로 해석되어 관형격 조사의 쓰임이 확인된다.

④ ㉣의 '이그에'에서는 관형격 조사 '이'가 분석된다.

⑤ ㉤이 현대 국어에서 존칭 체언에 사용되는 것은 중세 국어 관형격 조사 'ㅅ'과 관련된다.

75 ▶ 24103-0075
2024학년도 6월 모의평가 36번

상**중**하

[A]를 바탕으로 〈자료〉를 탐구한 내용으로 적절한 것은? [3점]

● 자료 ●

ⓐ 수픐(수플＋ㅅ) 神靈이 길헤 나아
  [현대어 풀이: 수풀의 신령이 길에 나와]

ⓑ ᄂᆞ미(ᄂᆞᆷ＋ᄋᆡ) 말 드러ᅀᅡ 알 씨라
  [현대어 풀이: 남의 말 들어야 아는 것이다]

ⓒ 世界ㅅ(世界＋ㅅ) 일을 보샤
  [현대어 풀이: 세계의 일을 보시어]

ⓓ 이 사ᄅᆞ미(사ᄅᆞᆷ＋ᄋᆡ) 잇ᄂᆞᆫ 方面을
  [현대어 풀이: 이 사람의 있는 방면을]

ⓔ 孔子ᄋᆡ(孔子＋ᄋᆡ) 기티신 글워리라
  [현대어 풀이: 공자의 남기신 글이다]

① ⓐ: '神靈(신령)'이 존칭의 유정 명사이므로 '수플'에 'ㅅ'이 결합한 것이군.

② ⓑ: 'ᄂᆞᆷ'이 유정 명사이고 끝음절 모음이 음성 모음이므로 'ᄋᆡ'가 결합한 것이군.

③ ⓒ: '世界(세계)ㅅ'이 '보샤'의 의미상 주어이고, 'ㅅ'은 예외적 결합이군.

④ ⓓ: '이 사ᄅᆞ미'가 '잇ᄂᆞᆫ'의 의미상 주어이고, 'ᄋᆡ'는 예외적 결합이군.

⑤ ⓔ: '孔子(공자)ᄋᆡ'가 '기티신'의 의미상 주어이고, 'ᄋᆡ'는 예외적 결합이군.

76 ▶ 24103-0076
2021학년도 수능 15번

상**중**하

〈보기〉의 ㉠과 ㉡에 들어갈 말로 적절한 것은?

● 보기 ●

학생: 현대 국어와는 달리 중세 국어의 'ㅔ', 'ㅐ'가 이중 모음이었다는 근거가 궁금해요.

선생님: 'ㅔ', 'ㅐ'로 끝나는 체언과 결합하는 조사의 형태가 무엇인지 (가)를 참고하여 (나)를 살펴보면 알 수 있단다.

(가)

체언의 끝소리	조사의 형태	예
자음	이라	지비라 [집이다]
단모음 '이'나 반모음 'ㅣ'	∅라	스싀라 [스싀(사이)이다] 불휘라 [불휘(뿌리)이다]
그 밖의 모음	ㅣ라	젼ᄎᆞ라 [젼ᄎᆞ(까닭)이다] 곡되라 [곡도(꼭두각시)이다]

(나)

今(금)은 이제라 [이제이다], 下(하)ᄂᆞᆫ 아래라 [아래이다]

학생: (가)의 ⟦ ㉠ ⟧에서처럼 (나)의 '이제'와 '아래'가 ⟦ ㉡ ⟧ 형태의 조사를 취하는 것을 보니 'ㅔ', 'ㅐ'가 반모음 'ㅣ'로 끝나는 이중 모음이었음을 알 수 있어요.

	㉠	㉡		㉠	㉡
①	지비라	이라	②	스싀라	∅라
③	불휘라	∅라	④	젼ᄎᆞ라	ㅣ라
⑤	곡되라	ㅣ라			

〈자료〉를 바탕으로 〈보기〉의 ⓐ~ⓔ 중 체언과 조사가 결합하여 이루어진 부속 성분이 있는 것만을 고른 것은?

● 보기 ●

ⓐ 내히 이러 바르래 가느니 [내가 이루어져 바다에 가니]

ⓑ 나랏 말쓰미 中國에 달아 [우리나라의 말이 중국과 달라]

ⓒ 生人이 소리 잇도소니 [생인(산 사람)의 소리가 있으니]

ⓓ 나혼 子息이 양지 端正ᄒ야 [낳은 자식이 모습이 단정하여]

ⓔ 내 닐오리니 네 이대 드르라 [내가 이르리니 네가 잘 들어라]

● 자료 ●

〈보기〉에 나타난 체언과 조사

• 체언: 내ㅎ, 바를, 나라ㅎ, 말쏨, 中國, 生人, 소리, 子息, 양즈, 나, 너

• 조사: 주격(이, ㅣ, ∅), 관형격(ㅅ, 의), 부사격(애, 에)

① ⓐ, ⓑ, ⓒ ② ⓐ, ⓑ, ⓓ ③ ⓐ, ⓓ, ⓔ

④ ⓑ, ⓒ, ⓔ ⑤ ⓒ, ⓓ, ⓔ

〈보기 1〉을 참고하여 〈보기 2〉에서 밑줄 친 부분을 중심으로 ㉠~㉤을 이해한 내용으로 적절하지 <u>않은</u> 것은?

● 보기 1 ●

객체 높임은 일반적으로 주체가 목적어나 부사어로 지시되는 대상인 객체보다 지위가 낮을 때 어휘적 수단이나 문법적 수단으로써 객체를 높이 대우하는 것이다. 전자는 **객체 높임의 동사**('숣-', '아뢰-' 등)를 쓰는 방법이고, 후자는 **객체 높임의 조사**('씌', '께')를 쓰는 방법과 **객체 높임의 선어말 어미**('-ᅀᆞᆸ-' 등)를 쓰는 방법이다. 중세 국어에서는 이 세 가지 방법을 다 썼으나 현대 국어에서는 객체 높임의 선어말 어미를 쓰지 않는다. 다음에서 중세 국어와 현대 국어를 비교해 보면 이를 확인할 수 있다.

이 말 다 **숣고** 부텨**씌** 禮數ᄒ**ᅀᆸ**고

[이 말 다 **아뢰고** 부처**께** 절 올리고]

● 보기 2 ●

㉠ 나도 이제 너희 스승니믈 <u>보ᅀᆸ고져</u> ᄒ노니 [나도 이제 너희 스승님을 뵙고자 하니]

㉡ 須達이 <u>舍利弗씌</u> 가 [수달이 사리불께 가서]

㉢ 내 이제 <u>世尊씌</u> <u>숣노니</u> [내가 이제 세존께 아뢰니]

㉣ 여보, 당신이 <u>이모님께</u> 어머님 <u>모시고</u> 갔었어?

㉤ 선생님께서 그 아이에게 다친 덴 없는지 <u>여쭤</u>보셨다.

① ㉠: 어휘적 수단으로 객체인 '너희 스승님'을 높이 대우하고 있다.

② ㉡: 문법적 수단으로 객체인 '舍利弗(사리불)'을 높이 대우하고 있다.

③ ㉢: 조사 '씌'와 동사 '숣노니'는 같은 대상을 높이기 위해 쓰이고 있다.

④ ㉣: 조사 '께'와 동사 '모시고'는 서로 다른 대상을 높이기 위해 쓰이고 있다.

⑤ ㉤: 주체와 객체의 관계를 고려하면 동사 '여쭤'의 사용은 부적절하다.

79 ▶ 24103-0079
2020학년도 6월 모의평가 13번

상**중**하

〈보기〉의 ㉠~㉢에 들어갈 말로 적절한 것은?

● 보기 ●

　　중세 국어에서는 의문문의 종류에 따라 종결 어미나 보조사가 달리 쓰인다. 예를 들면 용언의 어간에 어미가 결합하여 서술어가 될 때 판정 의문문에서는 종결 어미 '-녀', 설명 의문문에서는 종결 어미 '-뇨'가 쓰인다. 반면, 체언에 보조사가 결합하여 서술어가 될 때 판정 의문문에서는 보조사 '가', 설명 의문문에서는 보조사 '고'가 쓰인다. 그런데 주어가 2인칭일 때에는 의문문의 종류와 관계없이 종결 어미 '-ㄴ다'가 쓰인다. 중세 국어 의문문의 예는 아래와 같다.

○ 이 일후미 (　　㉠　　)
　　[이 이름이 무엇인가?]
○ 네 엇뎨 아니 (　　㉡　　)
　　[네가 어찌 안 가는가?]
○ 그듸는 보디 (　　㉢　　)
　　[그대는 보지 않는가?]

	㉠	㉡	㉢
①	므스고	가ᄂ뇨	아니ᄒᄂ다
②	므스고	가ᄂ다	아니ᄒᄂ다
③	므스고	가ᄂ뇨	아니ᄒᄂ녀
④	므스가	가ᄂ다	아니ᄒᄂ다
⑤	므스가	가ᄂ뇨	아니ᄒᄂ녀

80 다음 글을 읽고 물음에 답하시오.

음운 변동은 음운이 환경에 따라 바뀌는 현상이다. 음운 변동 중에는 음절의 끝소리 규칙, 비음화, 경음화가 있는데, 이들은 현대 국어와 15세기 국어에서 적용 양상의 차이가 있다.

우선 현대 국어에서 음절의 끝소리 규칙은 음절의 끝에 'ㄱ, ㄴ, ㄷ, ㄹ, ㅁ, ㅂ, ㅇ' 이외의 다른 하나의 자음이 오면 평파열음인 'ㄱ, ㄷ, ㅂ' 중 하나로 바뀌는 현상을 말한다. '밖 → [박]', '꽃 → [꼳]', '잎 → [입]'이 그 예이다. 한편 15세기 국어의 음절의 끝소리 규칙은 음절의 끝에서 발음될 수 없는 자음이 음절의 끝에 오면 'ㄱ, ㄷ, ㅂ, ㅅ' 중 하나로 바뀌는 현상으로, '곶 → 곳', '빛 → 빗'이 그 예이다. 이는 음절 끝에서 발음될 수 있는 자음이 'ㄱ, ㄴ, ㄷ, ㄹ, ㅁ, ㅂ, ㅅ, ㅇ'으로 제한된 것과 관련이 있다.

다음으로 비음화는 평파열음이 비음 앞에서 동일한 조음 위치의 비음으로 바뀌는 현상이다. '국물 → [궁물]', '받는 → [반는]', '입는 → [임는]'은 현대 국어에서 비음화가 일어난 예이다. 15세기 국어에서 비음화는 현대 국어에서만큼 활발하게 일어나지 않았고, 'ㄷ'의 비음화가 일어난 경우가 대부분이었다. '묻노라 → 문노라'는 용언의 활용형에서 'ㄷ'의 비음화가 일어난 예이다. 한편 15세기 국어에서 비음화는 현대 국어에서와 마찬가지로 음절의 끝소리 규칙이 일어난 후 실현되기도 했다. '븥는 → 븓는 → 븐는', '낳느니 → 낟느니 → 난느니'는 음절의 끝소리 규칙으로 'ㅌ', 'ㅎ'이 'ㄷ'으로 바뀐 후 비음화가 실현된 예이다. 그런데 현대 국어에서와 달리 15세기 국어에서는 'ㅂ'의 비음화는 드물게 확인되고, 'ㄱ'의 비음화는 일어나지 않았다.

마지막으로 경음화는 평음이 일정한 조건에서 경음으로 바뀌는 현상이다. 현대 국어의 경음화에는 평파열음 뒤의 경음화, 어간 끝 'ㄴ, ㅁ' 뒤의 경음화, 'ㄹ'로 끝나는 한자와 'ㄷ, ㅅ, ㅈ'으로 시작하는 한자가 결합할 때 'ㄹ' 뒤의 경음화, 관형사형 어미 '-(으)ㄹ' 뒤의 경음화 등이 있다. '국밥 → [국빱]', '더듬지 → [더듬찌]', '발달 → [발딸]', '할 것을 → [할꺼슬]'이 그 예이다. 한편 15세기 국어에서는 '갈 딕 → 갈 띡'에서처럼 관형사형 어미 '-(ᄋᆞ/으)ㄹ' 뒤에서의 경음화가 흔히 일어났다. 평파열음 뒤의 경음화는 일어났을 것이라고 추측되나 표기에 잘 나타나지는 않는다. 또한 비음으로 끝나는 용언 어간 뒤에서 일어나는 경음화는 나타나지 않았고, 한자어에서 유음 뒤의 경음화는 확인되지 않는다.

80 ▶ 24103-0080
2022학년도 10월 학력평가 35번   상 중 하

윗글을 통해 알 수 있는 내용으로 적절하지 않은 것은?

① 15세기 국어의 '걷는 → 건는'은 'ㄷ'의 비음화가 일어난 예일 것이다.

② 현대 국어와 달리 15세기 국어의 '막-+-노라'에서는 비음화가 일어나지 않았을 것이다.

③ 현대 국어의 'ㄱ-ㅇ', 'ㄷ-ㄴ', 'ㅂ-ㅁ'은 동일한 조음 위치의 '평파열음-비음'에 해당하는 쌍일 것이다.

④ 15세기 국어의 '안-+-게', '곰-+-고'에서는 모두 어미의 평음 'ㄱ'이 경음 'ㄲ'으로 바뀌지 않았을 것이다.

⑤ 15세기 국어의 '좇-+-노라', '빛+나다'에서는 모두 음절의 끝소리 규칙과 비음화가 순차적으로 일어났을 것이다.

81

▶ 24103-0081
2021학년도 9월 모의평가 15번

상중하

〈보기〉에 대한 이해로 적절한 것은?

● 보기 ●

　나·랏 :말쓰·미 中듕國·귁·에 달·아 文문字·쭝·와·로 서르 ᄉᆞᆷᆺ·디 아·니ᄒᆞᆯ·씨 ·이런 젼·ᄎ·로 어·린 百·빅姓·셩·이 니르·고·져 ·홇 ·배 이·셔·도 ᄆᆞ·ᄎᆞᆷ:내 제 ·ᄠᅳ·들 시·러 펴·디 :몯홇 ·노·미 **하·니·라** 내 ·이·를 爲·윙·ᄒᆞ·야 :어엿·비 너·겨 **새·로** ·스·믈여·듧 字·쭝·ᄅᆞᆯ 밍·ᄀᆞ노·니 :사름:마·다 **:히·여** :수·비 니·겨 ·날·로 **·ᄡᅮ·메** 便뼌安한·킈 ᄒᆞ·고·져 홇 ᄯᆞᄅᆞ·미니·라

– 『훈민정음』 언해, 세조 5년(1459) –

[현대어 풀이]

　우리나라의 말이 중국과 달라 문자와 서로 통하지 아니하여서 이런 까닭으로 어리석은 백성이 말하고자 하는 바가 있어도 마침내 제 뜻을 능히 펴지 못하는 사람이 많다. 내가 이를 위하여 가엾게 여겨 새로 스물여덟 자를 만드니, 모든 사람들로 하여금 쉽게 익혀 날마다 쓰는 데 편하게 하고자 할 따름이다.

① ‘:말쓰·미’와 ‘·홇·배’에 쓰인 주격 조사는 그 형태가 동일하군.
② ‘하·니·라’의 ‘하다’는 현대 국어의 동사 ‘하다’와 품사가 동일하군.
③ ‘·이·를’과 ‘·새·로’에는 동일한 강약을 표시하는 방점이 쓰였군.
④ ‘:히·여’와 ‘便뼌安한·킈 ᄒᆞ·고·져’에는 모두 피동 표현이 쓰였군.
⑤ ‘·ᄡᅮ·메’에는 ‘사용하다’라는 의미를 지닌 동사 ‘쓰다’가 쓰였군.

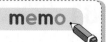

82~83 다음 글을 읽고 물음에 답하시오.

훈민정음 초성자는 발음 기관을 본떠서 만든 기본자 5자가 있고 이를 바탕으로 가획의 원리(예: ㄱ → ㅋ)에 따라 만든 가획자 9자와 그렇지 않은 이체자 3자가 있다. 중성자는 하늘, 땅, 사람의 모습을 본떠서 만든 기본자 3자가 있고 이를 토대로 한 초출자, 재출자가 각 4자가 있다. 종성자는 초성자를 다시 쓰되 종성에서 실제 발음되는 소리에 대응되는 8자만으로 충분하다 보았는데, 이는 『훈민정음』(해례본) 용자례에서 확인된다.

용자례에서는 이들 글자를 위주로 하여 실제 단어를 예로 들고 있다. 예컨대, 용자례에 쓰인 '콩'은 초성자 아음 가획자인 'ㅋ'의 예시 단어이다. 이 방식을 응용하면 '콩'은 중성자 초출자 'ㅗ'와 종성자 아음 이체자 'ㆁ'의 예시로도 쓸 수 있다. 용자례의 예시 단어 일부를 정리하여 제시하면 다음과 같다.

〈초성자 용자례〉

	아음	설음	순음	치음	후음	반설음	반치음
기본자	글	노로	뫼(산)	셤	부얌(뱀)		
가획자	콩	뒤(띠)	벌	죠히(종이)			
		고티	파	채	부형		
이체자	러울(너구리)					어름	아ᅀᅳ(아우)

〈중성자 용자례〉

기본자	톡/ᄃᆞ리	ᄀᆞ믈/그력(기러기)	깃
초출자	논/벼로	밥	누에	브섭
재출자	쇼	남샹(거북의 일종)	슈룹(우산)	뎔

〈종성자 용자례〉

8종성자	독	굼벙(굼벵이)	반되(반딧불이)	갇(갓)
	범	섭(섶)	잣	별

이 중 일부 단어들은 오랜 시간이 지나면서 다양한 변화를 겪었다. 여기에는 표기법상의 변화라고 할 수 있는 예와 실제 소리가 변한 예, 그리고 다른 말이 덧붙어 같은 의미의 새 단어가 만들어진 예들이 포함된다. 예를 들어, '어름'을 '얼음'으로 적게 된 것은 표기법상의 변화로 볼 수 있다. 소리의 변화 중 자음이 변화한 경우로는 ⓐ'고티'(>고치)나 '뎔'(>절)처럼 구개음화를 겪은 유형이 있다. 모음이 변화한 경우에는, ⓑ'셤'(>섬)이나 '쇼'(>소)처럼 단모음화한 유형, 'ᄃᆞ리'(>다리)나 '톡'(>턱)처럼 'ㆍ'가 변한 유형, ⓒ'ᄀᆞ믈'(>가물)이나 '브섭'(>부엌)처럼 원순 모음화를 겪은 유형, '노로'(>노루)나 '벼로'(>벼루)처럼 끝음절에서 'ㅗ>ㅜ' 변화를 겪은 유형 등이 있다. 다른 말이 덧붙어 같은 의미의 새 단어가 만들어진 경우로는 ⓓ'부형'(>부엉이)처럼 접사가 결합한 유형과 ⓔ'글'(>갈대)처럼 단어가 결합한 유형이 있다.

※ 본문 예시에서 후음 기본자는 'ㅇ', 아음 이체자는 'ㆁ'으로 표기함.

82 ▸ 24103-0082
2024학년도 수능 35번

상**중**하

윗글에 대한 이해로 적절한 것은?

① 훈민정음의 모든 기본자는 발음 기관을 본떠 만든 것이다.

② 초성자 기본자는 모두 용자례 예시 단어의 종성에 쓰인다.

③ 〈초성자 용자례〉의 가획자 중 단어가 예시되지 않은 자음자 하나는 아음에 속한다.

④ 〈초성자 용자례〉 중 아음 이체자의 예시 단어는, 초성자의 반설음자와 종성자의 반설음자의 예시 단어로 쓸 수 있다.

⑤ 〈중성자 용자례〉 중 초출자 'ㅓ'의 예시 단어는, 반치음 이체자와 종성자 순음 기본자의 예시 단어로 쓸 수 있다.

83 ▸ 24103-0083
2024학년도 수능 36번

상**중**하

윗글을 바탕으로 중세 국어 단어의 변화 양상을 이해한 내용으로 적절하지 않은 것은?

① '벼리 딘'(>별이 진)의 '딘'은 ⓐ에 해당한다.

② '셔울 겨샤'(>서울 계셔)의 '셔울'은 ⓑ에 해당한다.

③ '플 우희'(>풀 위에)의 '플'은 ⓒ에 해당한다.

④ '산 거믜'(>산 거미)의 '거믜'는 ⓓ에 해당한다.

⑤ '닥 닙'(>닥나무 잎)의 '닥'은 ⓔ에 해당한다.

84~85 다음 글을 읽고 물음에 답하시오.

(1) 영수는 서울에서 / 서울에 산다.

(2) 민수는 방에서 / *방에 공부하고 있다.

(3) 학교에서 체육 대회를 열었다.

(1)에서는 '에'와 '에서'를 다 쓸 수 있는데, 왜 (2)에서는 '에서'를 쓰고 '에'는 쓸 수 없을까? 또 왜 (3)에서는 '에서'를 주격 조사로 쓸 수 있을까?

'에'와 '에서'는 모두 '장소'를 의미하는 말에 붙지만, (1)에서 '서울'은 '에'가 붙어 위치를 나타내는 [지점]의 의미가 되고, '에서'가 붙어 행위를 하거나 일이 발생하는 [공간]의 의미가 된다. 즉, 똑같은 장소라도 지점으로 인식되면 '에'를 쓰고, 공간으로 인식되면 '에서'를 쓴다. (2)에서 '방에'를 쓸 수 없는 이유는 '공부'라는 행위를 하는 장소인 '방'은 지점이 아니라 공간의 의미를 가져야 하기 때문이다. 이렇듯 '에'와 '에서'의 쓰임이 구분되는 것은 '에서'의 중세 국어 형태인 '에셔'의 형성 과정에 기인한다.

중세 국어에서는 부사격 조사 '애/에/예, 이/의'와 '이시다(현대 국어 '있다')'의 활용형인 '이셔'가 결합된 말들이 줄어서 '애셔/에셔/예셔, 이셔/의셔'가 되었다. 그런데 이들은 본래 '이시다'를 포함하므로, 그 의미상 어떤 공간 속에 있음을 전제한다. 따라서 '애셔/에셔/예셔, 이셔/의셔' 앞의 명사는 공간으로 인식되었다. 그런데 이렇게 새로운 형태가 만들어졌지만 중세 국어에서는 현대 국어와 달리 이 새로운 형태가 쓰일 자리에 '애/에/예, 이/의'가 쓰이는 경우가 많았다. 이는 '애/에/예, 이/의'가 현대 국어의 '에'와 '에서'의 쓰임을 모두 지니고 있었음을 의미한다.

한편, '애셔/에셔/예셔, 이셔/의셔' 앞의 명사가 어떤 구성원으로 이루어진 공간이나 집단을 나타내면, 그 공간이나 집단 속에 있는 구성원의 행위를 그 공간이나 집단의 행위로 표현하는 것이 가능해진다. 그에 따라 중세 국어에서 '애셔/에셔/예셔, 이셔/의셔'가 주격 조사로도 쓰인 경우가 있다. 이들은 현대 국어의 '에서'로 이어지는데 (3)과 같은 예에서 그러한 쓰임을 확인할 수 있다.

현대 국어의 '에서'가 주격 조사로 쓰일 때에는 '에서' 앞에 공간이나 집단을 나타내는 명사가 오고 유정 명사는 올 수 없다. 부사격 조사 '에'에 '서'가 붙은 '에서'가 주격 조사로 쓰인 것처럼 부사격 조사 '께'에 '서'가 붙은 '께서'도 주격 조사로 쓰인다. '께서'의 중세 국어 형태인 부사격 조사 '끠셔' 역시 '끠'와 '셔'가 결합하여 형성되었는데, 근대 국어를 거치면서 주격 조사로 변화하여 현대 국어의 '께서'로 이어졌다. 중세 국어의 '에셔', 현대 국어의 '에서'와 달리 중세 국어의 '끠셔', 현대 국어의 '께서'는 높임의 유정 명사 뒤에 나타난다.

84 ▶ 24103-0084
2020학년도 9월 모의평가 11번

(상)(중)(하)

윗글의 내용과 일치하는 것은?

① 중세 국어에서 '에' 앞의 명사는 공간의 의미를 나타낼 수 있었다.

② 현대 국어에서 '에' 앞에 붙을 수 있는 명사는 '에서' 앞에 붙을 수 없다.

③ 중세 국어의 '애/에/예'는 '이/의'와 달리 주격 조사로 쓰일 수 있었다.

④ 현대 국어 '에서'의 중세 국어 형태인 '에셔'에서 '셔'는 지점의 의미를 나타냈다.

⑤ 중세 국어 '에셔'가 주격 조사로 쓰일 수 있었던 이유는 '에셔' 앞에 유정 명사가 오기 때문이다.

85

▶ 24103-0085
2020학년도 9월 모의평가 12번

상中하

윗글을 바탕으로 〈보기〉를 이해한 내용으로 적절하지 <u>않은</u> 것은?

● 보기 ●

현대 국어의 예

㉠ 그 지역에서 공룡 화석이 발견되었다.
㉡ 정부에서 홍수 대책안을 발표하였다.
㉢ 할머니께서 저녁 늦게 식사를 하셨다.

중세 국어의 예

㉣ 一物이라도 그위예셔 다 아소물 슬노라
　(물건 하나라도 관청에서 다 빼앗음을 슬퍼하노라.)
㉤ 부텨끠셔 十二部經이 나시고
　(부처님으로부터 12부의 경전이 나오고)

① ㉠: 공간을 의미하는 '그 지역'에 주격 조사 '에서'가 붙었군.
② ㉡: 집단을 의미하는 '정부'에 주격 조사 '에서'가 붙었군.
③ ㉢: 높임의 유정 명사인 '할머니'에 주격 조사 '께서'가 붙었군.
④ ㉣: '그위예셔'는 '그위'에 주격 조사 '예셔'가 붙었군.
⑤ ㉤: 높임의 유정 명사인 '부텨'에 부사격 조사 '끠셔'가 붙었군.

06   국어의 규범과 국어 생활

2023학년도 3월 학력평가 35, 36번

86~87 다음 글을 읽고 물음에 답하시오.

준말은 본말 중 일부가 줄어들어 만들어진 말이다. 한글 맞춤법은 준말과 관련된 여러 규정을 담고 있는데, 그중 제34항에서는 모음 'ㅏ, ㅓ'로 끝난 어간에 어미 '-아/-어, -았-/-었-'이 어울릴 적에는 준 대로 적는 것을 다루고 있다. '(열매를) 따-+-아 → 따/*따아', '따-+-았-+-다 → 땄다/*따았다' 등이 그 예에 해당한다. 하지만 어간 끝 자음이 불규칙적으로 탈락되는 경우에는, 원래 자음이 있었음이 고려되어 'ㅏ, ㅓ'가 줄어들지 않는다. '(꿀물을) 젓-+-어 → 저어/*저' 등이 그 예이다. 한편 제34항 [붙임 1]에서는 어간 끝모음 'ㅐ, ㅔ' 뒤에 '-어, -었-'이 어울려 줄 적에는 준 대로 적는 것을 다루고 있다. 그렇지만 이때는 반드시 준 대로 적지 않아도 된다. 예를 들어 '(손을) 떼-+-어 → 떼어/떼'에서 보듯이 본말과 준말 모두로 적을 수 있다. 다만 모음이 줄어들어서 'ㅐ'가 된 경우에는 '-어'가 결합하더라도 다시 줄어들지는 않는다. 예컨대 '차-'와 '-이-'의 모음이 줄어든 '채-'의 경우 '(발에) 채-+-어 → 채어/*채'에서 보듯이 모음이 다시 줄어들지 않는다.

한글 맞춤법에서는 모음이 줄어들고 자음만 남는 경우 그 자음을 앞 음절의 받침으로 적는다는 것도 다루고 있다. 이와 관련한 표준어 규정 제14항에서는 준말이 널리 쓰이고 본말이 잘 쓰이지 않는 경우에는 준말만을 표준어로 삼음을, 제16항에서는 준말과 본말이 다 같이 널리 쓰이면서 준말의 효용이 뚜렷이 인정되는 것은 두 가지를 다 표준어로 삼음을 제시하고 있다. '온갖/*온가지'는 전자의 예이고, '(일을) 서두르다/서둘다'는 후자의 예이다. 다만 후자에서 용언의 어간이 줄어든 일부 준말의 경우, 준말이 표준어로 인정되더라도 준말의 활용형은 제한되는 예도 있다. 모음 어미가 연결될 때 준말의 활용형이 표준어로 인정되지 않는 준말도 있나는 것이다. 예컨대 '시두르다'의 준말 '서둘다'는 자음 어미 '-고, -지'가 결합된 형태의 활용형 '서둘고', '서둘지'가 표준어로 인정되지만, 모음 어미 '-어, -었-'이 결합된 형태의 활용형 '*서둘어', '*서둘었다'는 표준어로 인정되지 않는다.

*는 규정에 맞지 않음을 나타냄.

86
▶ 24103-0086
2023학년도 3월 학력평가 35번
(상 **중** 하)

윗글을 이해한 내용으로 적절하지 않은 것은?

① '(밭을) 매다'의 어간에 '-어'가 결합된 형태인 '매어'의 경우, 준말인 '매'로 적어도 한글 맞춤법에 어긋나지 않는다.

② '(병이) 낫-+-아'의 경우, 'ㅅ'이 불규칙적으로 탈락되므로 '나아'로만 적고, '나'로 적으면 한글 맞춤법에 어긋난다.

③ '(땅이) 패다'의 어간에 '-어'가 결합될 경우, '패다'의 'ㅐ'가 모음이 줄어든 형태이므로 '패'로 적으면 한글 맞춤법에 어긋난다.

④ '(잡초를) 베-+-었-+-다'와 '(베개를) 베-+-었-+-다'의 경우, 준말의 형태인 '벴다'로 적으면 한글 맞춤법에 어긋난다.

⑤ '(강을) 건너-+-어'와 '(줄을) 서-+-어'의 경우, 'ㅓ'로 끝난 어간에 '-어'가 어울리므로 본말로 적으면 한글 맞춤법에 어긋난다.

87 ▶ 24103-0087
2023학년도 3월 학력평가 36번 상**중**하

윗글을 바탕으로 ㉠~㉣을 '탐구 과정'에 따라 분류할 때, [A]에 들어갈 예만을 있는 대로 고른 것은? [3점]

[탐구 과정]

○ 답지를 ㉠<u>걷다</u>(← 거두다)
○ 가사를 ㉡<u>외다</u>(← 외우다)
○ 일에 ㉢<u>서툴다</u>(← 서투르다)
○ 집에 ㉣<u>머물다</u>(← 머무르다)

⇩

| 모음이 줄어들고 남은 자음을 앞 음절의 받침으로 적은 준말입니까? | 아니요 → ☐ |

↓ 예

| 모음 어미 '-어, -었-'이 결합된 형태의 활용형이 표준어로 인정되지 않는 준말입니까? | 아니요 → ☐ |

↓ 예

[A]

① ㉠, ㉢   ② ㉡, ㉣   ③ ㉢, ㉣
④ ㉠, ㉡, ㉢   ⑤ ㉠, ㉡, ㉣

88 다음 글을 읽고 물음에 답하시오.

memo

한글 맞춤법 제15항과 제18항은 용언이 활용할 때의 표기 원칙을 규정하고 있다. 제15항은 '웃다, 웃고, 웃으니'처럼 규칙적으로 활용하는 용언의 표기 원칙을, 제18항은 '긋다, 그어, 그으니'처럼 ㉠불규칙적으로 활용하는 용언의 표기 원칙을 밝히고 있다. 한글 맞춤법의 이러한 내용들은 국어사전의 활용 의 표기에 반영되어 있다. 아래는 국어사전의 일부를 간추려 제시한 것이다.

웃다
발음 [욷ː따]
활용 웃어[우ː서], 웃으니[우ː스니], 웃는[운ː는]

긋다
발음 [귿ː따]
활용 그어[그어], 그으니[그으니], 긋는[근ː는]

동사 '웃다'와 '긋다'의 활용 에서 각각 '웃다'와 '긋다'의 활용형과 그 표준 발음을 확인할 수 있다. 활용 에 제시되어 있는 정보, 즉 '활용 정보'를 통하여 ㉡활용 양상이 동일한 용언들을 알아볼 수 있다. 예를 들어 규칙 활용 용언 중 동사 '벗다'는 '벗어, 벗으니, 벗는'처럼 활용하므로 '웃다'와 활용 양상이 동일하고, 불규칙 활용 용언 중 '짓다'는 '지어, 지으니, 짓는'처럼 활용하므로 '긋다'와 활용 양상이 동일하다.

88 ▶24103-0088
2022학년도 6월 모의평가 35번
상중하

㉠과 ㉡을 모두 만족하는 용언의 짝으로 적절한 것은?

① 구르다 – 잠그다
② 흐르다 – 푸르다
③ 뒤집다 – 껴입다
④ 붙잡다 – 정답다
⑤ 캐묻다 – 엿듣다

89
▶ 24103-0089
2022학년도 수능 39번
상 중 하

〈보기〉는 준말에 관한 한글 맞춤법의 일부이다. 이를 적용한 내용으로 적절하지 <u>않은</u> 것은? [3점]

● 보기 ●

제34항 [붙임 1] 'ㅐ, ㅔ' 뒤에 '-어, -었-'이 어울려 줄 적에는 준 대로 적는다. ·············· ㉠

제35항 모음 'ㅗ, ㅜ'로 끝난 어간에 '-아/-어, -았-/-었-'이 어울려 'ㅘ/ㅝ, ㅘ/ㅝ'으로 될 적에는 준 대로 적는다. ·············· ㉡

제35항 [붙임 2] 'ㅚ' 뒤에 '-어, -었-'이 어울려 'ㅙ, ㅙ'으로 될 적에도 준 대로 적는다. ·············· ㉢

제36항 'ㅣ' 뒤에 '-어'가 와서 'ㅕ'로 줄 적에는 준 대로 적는다. ·············· ㉣

제37항 'ㅏ, ㅓ, ㅗ, ㅜ, ㅡ'로 끝난 어간에 '-이-'가 와서 각각 'ㅐ, ㅔ, ㅚ, ㅟ, ㅢ'로 줄 적에는 준 대로 적는다. ·············· ㉤

① ㉠을 적용하면 '(날이) 개었다'와 '(나무를) 베어'는 각각 '갰다'와 '베'로 적을 수 있다.

② ㉡을 적용하면 '(다리를) 꼬아'와 '(죽을) 쑤었다'는 각각 '꽈'와 '쑀다'로 적을 수 있다.

③ ㉤을 적용할 때, 어간 '(발로) 차-'에 '-이-'가 붙은 '(발에) 차이-'에 '-었다'가 붙으면 '채었다'로 적을 수 있다.

④ ㉤을 적용한 후 ㉢을 적용할 때, 어간 '(벌이) 쏘-'에 '-이-'가 붙은 '(벌에) 쏘이-'에 '-어'가 붙으면 '쐐'로 적을 수 있다.

⑤ ㉤을 적용한 후 ㉣을 적용할 때, 어간 '(오줌을) 누-'에 '-이-'가 붙은 '(오줌을) 누이-'에 '-어'가 붙으면 '뉘여'로 적을 수 있다.

90
▶ 24103-0090
2021학년도 6월 모의평가 15번
상 중 하

〈보기〉의 [A]에 들어갈 말로 적절한 것만을 있는 대로 고른 것은?

● 보기 ●

학생: 선생님, 자기 소개서를 써 봤는데, 띄어쓰기가 맞는지 가르쳐 주시겠어요? 헷갈리는 부분을 표시해 왔어요.

　양로원에 가서 봉사 활동을 했습니다. 사실 그 시간에 ㉠봉사 보다는 게임을 하고 싶었습니다. 그저 작은 일을 ㉡도울 뿐이었는데 ㉢너 밖에 없다며 행복해하시는 어르신들의 말씀을 들을 ㉣때 만큼은 마음이 뿌듯해졌습니다.

선생님: 한글 맞춤법에 따르면, 문장의 각 단어는 띄어 써야 하지만, 조사는 예외적으로 그 앞말에 붙여 쓴단다.

학생: 아, 그럼 ▭▭▭ [A] ▭▭▭ 은/는 앞말에 붙여 써야 하는군요.

① ㉠의 '보다', ㉢의 '밖에'
② ㉡의 '뿐', ㉢의 '밖에'
③ ㉡의 '뿐', ㉣의 '만큼'
④ ㉠의 '보다', ㉡의 '뿐', ㉣의 '만큼'
⑤ ㉠의 '보다', ㉢의 '밖에', ㉣의 '만큼'

II

매체

'매체' 영역은 기존 '화법과 작문'에서 출제되던 문제 유형에 다양한 매체를 접목시켜 출제한 것으로, 기존에 접하던 문제의 틀에서 크게 벗어나지 않는다. '언어' 영역에 비해 난이도가 낮은 편이므로 '매체' 영역에 자주 언급되는 용어들을 숙지하고 기출 문제 등 다양한 문제를 풀어 보는 훈련을 한다면 문제 풀이에 큰 어려움은 없을 것이다. '매체' 영역은 지문 1개에 문제가 2~4개인 세트 2개가 출제되어 총 6문제가 출제된다. '매체' 영역에서 출제되는 문제 유형은 매체의 유형과 특성, 매체의 정보 구성과 유통 방식, 매체 언어의 특성, 매체 언어의 표현 방법, 매체 자료의 수용과 생산에 관한 것이 골고루 출제된다. 언어(문법)와 융합된 문제가 하나씩 포함되지만 난이도가 높은 편은 아니므로, 문법 기본 개념을 공부한 학생들이라면 해당 문제를 접할 때 크게 긴장할 필요는 없다. 매체 지문의 유형은 기사, 뉴스, 방송, 누리집 화면, 단체 대화방, 게시판 등에서 점점 확장되어 최근에는 앱 화면, 전자 문서(사용 설명서), 온라인 화상 회의, 온라인 카페 및 게시물, 전자책, 실시간 방송(인터넷, 라디오), 휴대 전화 메신저 대화, 인터넷 블로그 등으로 다양하게 구성되고 있다. 다양한 매체에 대한 이해를 바탕으로 각각의 특징을 잘 파악하고, 해당 유형의 문제에 자주 나오는 선지의 내용을 많이 접해 문제 해결 능력을 기를 필요가 있다. 또 지문이나 〈보기〉 자료에 사용된 이미지, 그래프, 표 등을 정확하게 해석하고 파악한 정보들을 선지의 내용과 결부시켜 비교해 볼 수 있는 추론 능력을 키우는 연습 또한 필요하다.

한눈에 보는 출제 빈도

기출 문제	출제 유형		매체의 유형과 특성	매체의 정보 구성과 유통 방식	매체 언어의 특성 및 표현 방법	매체 자료의 수용과 생산
2024 학년도	수능	3점		1		
		2점	1	1	2	1
	9월	3점			1	
		2점	1	1	2	1
	6월	3점		1		
		2점	1	2	1	1
2023 학년도	수능	3점			1	
		2점	1	1	2	1
	9월	3점			1	
		2점	2		2	1
	6월	3점				1
		2점	1	2	2	
2022 학년도	수능	3점				1
		2점	1		3	1
	9월	3점		1		
		2점	1		2	2
	6월	3점				1
		2점	1	1	3	

기출 문제로 유형 확인하기

01~04 (가)는 텔레비전 방송 프로그램이고, (나)는 동아리 누리집이다. 물음에 답하시오.

(가)

진행자: 시청자 여러분, 안녕하세요? '오늘, 상식' 열 번째 시간입니다. 이번 시간에는 20여 년간 대학에서 어문 규범을 가르쳐 오신 김◇◇ 교수님을 모셨습니다.

전문가: 안녕하세요?

진행자: 오늘 짜장면에 대해 말씀해 주신다고 들었는데요, 어떤 이야기인지 궁금합니다.

전문가: 우리가 맛있게 먹는 짜장면이, 한때는 자장면만 표준어로 인정됐다는 사실을 알고 계신가요?

진행자: ㉠아, 예전에 그런 내용을 본 적 있어요.

전문가: 네, 전에는 자장면만 표준어였죠. ㉡짜장면은 2011년 8월 31일에서야 복수 표준어로 인정되었습니다.

진행자: 그런데 표준어로 인정되기 전에도 짜장면이 흔히 쓰이지 않았나요?

전문가: 그렇습니다. 과거의 신문 기사를 보시죠.

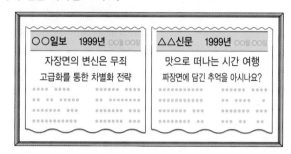

진행자: 음, 화면을 보니 같은 해에 나온 기사인데도 자장면과 짜장면이 둘 다 쓰이고 있네요?

전문가: 네, 보시는 자료 이외에 다른 신문 기사에도 짜장면이라는 표기가 나타납니다. 비교적 어문 규범이 정확하게 적용되는 신문에서 짜장면을 사용할 정도로, 일상에서 짜장면이 널리 쓰였다는 것을 알 수 있습니다. 이 무렵에 복수 표준어 선정을 위해 실시한 발음 실태 조사에서도, 비표준어였던 짜장면이 표준어인 자장면에 비해 세 배 이상 많이 사용된다고 나타났습니다.

진행자: ㉢그렇다면 어문 규범이 언어 현실을 충분히 반영하지 못한 측면이 있군요.

전문가: 당시 언중들이 일상에서는 어문 규범과 달리 짜장면을 흔하게 사용하고 있었던 거죠.

진행자: 그러면 사람들의 언어 사용 실태를 반영하여 짜장면을 복수 표준어로 인정하게 된 거네요. 시청자 여러분께서 내용을 잘 파악하실 수 있도록 간략하게 말씀해 주시겠어요?

전문가: 네, 많은 사람들이 오랜 시간 짜장면을 자연스럽게 사용해 왔고 자장이라 표기하면서도 짜장으로 발음해 온 언어 현실을 반영하여 짜장면이 자장면의 복수 표준어로 인정되었다고 할 수 있습니다.

진행자: 그럼 짜장면처럼 지금 우리가 사용하는 말 중에서도 현재는 표준어가 아니어도 언젠가 표준어로 인정받을 수 있는 말이 있겠군요.

전문가: 맞습니다. ㉣표준어가 아닌 말도 많은 사람들이 일상에서 자주 사용하다 보면 표준어가 될 수 있는 거죠.

진행자: ㉤말씀을 듣고 보니 짜장면이 표준어가 된 나름의 이유가 있었네요. 이렇게 오늘은 우리말에 대한 상식을 하나 더 배웠습니다. 말씀 감사합니다.

전문가: 고맙습니다.

진행자: 오늘 방송은 공식 누리집에서 언제든 다시 시청하실 수 있습니다. 그럼 다음 시간에 또 다른 이야기로 찾아오겠습니다.

(나)

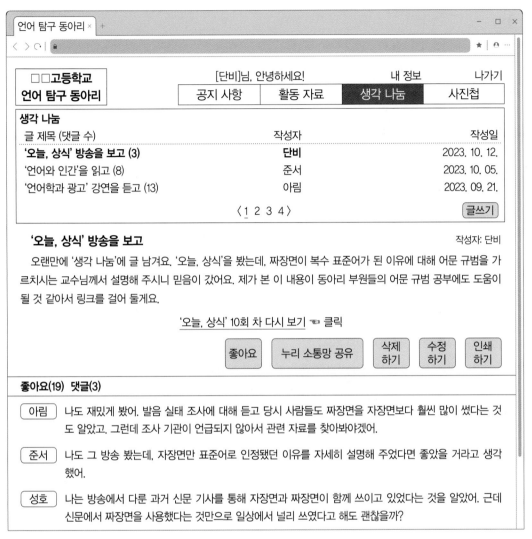

01
▶ 24103-0091
2024학년도 수능 40번

상**중**하

(가)에 나타난 정보 전달 방식으로 가장 적절한 것은?

① '전문가'는 시청자에게 정보가 일방적으로 전달되는 상황에서 방송 내용과 관련된 정보를 방송 이후에 추가적으로 확인할 수 있는 방법을 안내하였다.

② '전문가'는 방송 내용에 대한 시청자의 이해를 돕기 위해 앞서 제시한 정보를 정리하여 전달하였다.

③ '전문가'는 방송의 첫머리에 '진행자'와 문답을 이어 가는 방식으로 주요 용어의 개념을 설명하였다.

④ '진행자'는 방송 내용이 시청자에게 미칠 영향을 언급하며 방송 내용을 재확인할 때 주목해야 할 부분을 안내하였다.

⑤ '진행자'는 방송의 취지를 밝히며 방송에서 소개될 내용의 순서를 안내하였다.

02 ▶ 24103-0092
2024학년도 수능 41번　　　　　　　상중**하**

(나)에 대한 설명으로 적절하지 않은 것은?

① 게시물 수정 이력을 확인할 수 있는 기능이 제공되고 있다.

② 게시물에 반응할 수 있는 공감 표시 기능이 제공되고 있다.

③ 게시물을 누리 소통망으로 가져갈 수 있는 기능이 제공되고 있다.

④ 게시물을 작성하여 올릴 수 있는 범주가 항목별로 설정되어 있다.

⑤ 게시물에는 다른 누리집에 있는 정보로 연결되는 하이퍼링크가 포함되어 있다.

03 ▶ 24103-0093
2024학년도 수능 42번　　　　　　　상중**하**

(가)에 대해 (나)의 학생들이 보인 수용 태도에 대한 설명으로 적절하지 않은 것은?

① '단비'는 정보 전달자의 전문성에 주목하여 방송에서 다룬 내용이 신뢰할 만한 것이라고 판단하였다.

② '단비'는 짜장면이 복수 표준어로 인정된 이유에 주목하여 방송에서 언급된 내용이 다른 사람들에게도 유용할 것이라고 판단하였다.

③ '아림'은 발음 실태 조사에 주목하여 방송에서 제시된 정보의 출처를 확인할 수 없다고 판단하였다.

④ '준서'는 자장면만 표준어로 인정됐던 사실에 주목하여 그 사실과 관련된 내용이 충분히 다루어지지 않았다고 판단하였다.

⑤ '성호'는 과거의 신문 기사를 다룬 내용에 주목하여 방송에서 다루는 정보가 최근의 상황을 반영하지 않았다고 판단하였다.

04 ▶ 24103-0094
2024학년도 수능 43번　　　　　　　상중**하**

㉠~㉤에 대한 설명으로 적절하지 않은 것은?

① ㉠: 관형사형 어미 '-ㄴ'을 사용하여, '전문가'의 직전 발화와 관련된 '진행자' 자신의 과거 경험을 드러내고 있다.

② ㉡: 피동 접사 '-되다'를 사용하여, 행위의 주체를 드러내지 않으면서 행위의 대상인 짜장면에 초점을 두고 있다.

③ ㉢: 보조 용언 '못하다'를 사용하여, 어문 규범이 언어 현실을 반영하는 일이 지속될 수 없음을 나타내고 있다.

④ ㉣: '-ㄹ 수 있다'를 사용하여, 표준어가 아닌 말이 표준어가 될 가능성이 있음을 나타내고 있다.

⑤ ㉤: '-고 보다'를 사용하여, '진행자'가 특정 사실을 알게 된 것이 '전문가'의 말을 듣고 난 후임을 드러내고 있다.

05~06 (가)는 '학교생활 안내 앱'을 최초 실행할 때의 화면이고, (나)는 학생회 누리 소통망 대화이다. 물음에 답하시오.

(가)

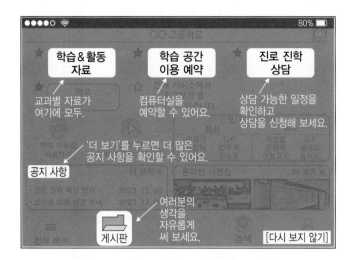

(나)

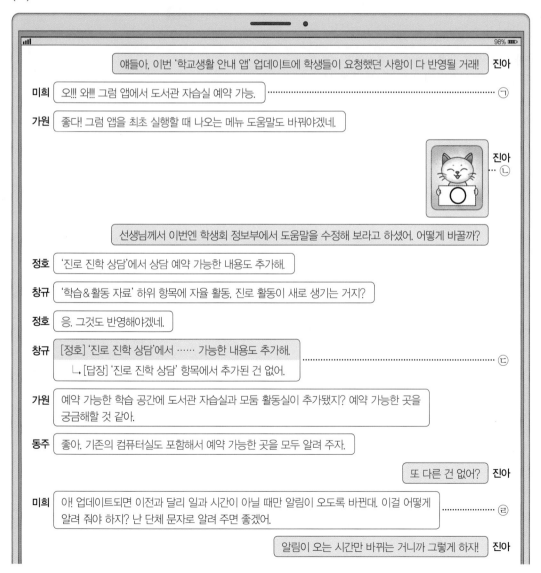

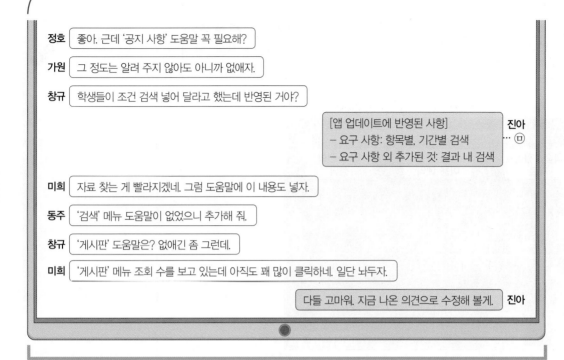

정호 좋아. 근데 '공지 사항' 도움말 꼭 필요해?

가원 그 정도는 알려 주지 않아도 아니까 없애자.

창규 학생들이 조건 검색 넣어 달라고 했는데 반영된 거야?

[앱 업데이트에 반영된 사항]
– 요구 사항: 항목별, 기간별 검색
– 요구 사항 외 추가된 것: 결과 내 검색

진아 … ⓜ

미희 자료 찾는 게 빨라지겠네. 그럼 도움말에 이 내용도 넣자.

동주 '검색' 메뉴 도움말이 없었으니 추가해 줘.

창규 '게시판' 도움말은? 없애긴 좀 그런데.

미희 '게시판' 메뉴 조회 수를 보고 있는데 아직도 꽤 많이 클릭하네. 일단 놔두자.

진아 다들 고마워. 지금 나온 의견으로 수정해 볼게.

05 ▶ 24103-0095
2024학년도 수능 44번 (상)(중)**하**

⊙~ⓜ에 드러난 의사소통 방식에 대한 이해로 적절하지 **않은** 것은?

① ⊙: 느낌표를 반복적으로 사용하여, 자신의 감정 상태를 표현하였다.

② ⓛ: 시각적 이미지를 활용하여, 상대방이 제시한 의견에 동의를 표현하였다.

③ ⓒ: 대화 내용을 복사하는 기능을 활용하여, 상대방의 질문에 답하였다.

④ ⓔ: 묻고 답하는 방식을 활용하여, 변경된 알림 전송 시간대를 안내하는 방법에 대한 자신의 의견을 제시하였다.

⑤ ⓜ: 줄을 바꾸는 방식으로 글을 입력하여, 변동 사항을 구분하여 안내하였다.

06 ▶ 24103-0096
2024학년도 수능 45번 상중하

(나)의 대화 내용을 반영하여 (가)를 아래와 같이 수정했다고 할 때, 수정한 화면에 대한 설명으로 적절하지 <u>않은</u> 것은? [3점]

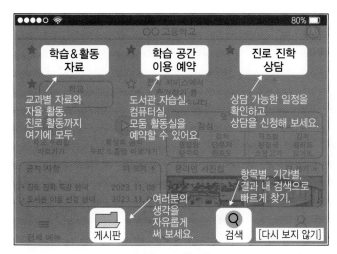

① '학습&활동 자료'에 대한 도움말은 메뉴 항목의 변화에 대한 '창규'와 '정호'의 대화를 반영하여 새로운 내용이 추가되었다.

② '학습 공간 이용 예약'에 대한 도움말은 이용 예약이 가능한 공간 추가에 대한 '가원'과 '동주'의 대화를 반영하여 수정되었다.

③ '공지 사항'에 대한 도움말은 메뉴 도움말의 필요성에 대한 '정호'와 '가원'의 대화를 반영하여 삭제되었다.

④ '게시판'에 대한 도움말은 메뉴 이용 빈도에 대한 '창규'와 '미희'의 대화를 반영하여 그대로 유지되었다.

⑤ '검색'에 대한 도움말은 검색 자료의 변화에 대한 '미희'와 '동주'의 대화를 반영하여 새로운 내용이 추가되었다.

07~10 (가)는 학생회 소식을 알리는 실시간 방송이고, (나)는 이를 본 학생이 누리 소통망에 올린 게시물이다. 물음에 답하시오.

(가)

□□고 학생회 소식

접속자 수: 253명

진행자: □□고 학생들, 안녕하세요? '지켰다, 공약!' 세 번째 시간이죠. 현재 접속자 수가 253명인데요, 두 번째 방송보다 100명 더 입장했네요. ⓐ오늘은 학습실 사용 원칙을 정하겠다는 공약에 관해 학생회장이 출연해 직접 알리기로 했습니다.

학생회장: 네, ⓑ우리 학교 학습실은 개별 및 조별 학습이 가능하고 다양한 기자재를 쓸 수 있어서 인기가 많죠. 근데 자리가 많지 않고 특별한 원칙 없이 사용하다 보니 불편함이 많았죠. 실시간 대화 창 볼까요?

[A]
> 🙂 **동주** 맞아. 자리 맡고 오느라 종례에 늦을 뻔한 적도 있었는데. 다른 학년하고 같이 쓰려니 눈치도 보였고,

동주 학생과 같은 경우가 많을 거예요. ⓒ여러분도 이런 상황에 공감하시겠죠? 그래서 학생회가 나섰습니다.

□□고 학생회 소식

1. 학습실 사용 시 학년 구분이 필요한가?

구분	필요하다	필요없다	모르겠다	합계	전교생
응답 수(명)	512	10	14	536	617

2. 학년 구분이 필요하다면 어떻게 구분하는 것이 좋은가?

구분	합계	3학년	2학년	1학년
요일별 구분(명)	256	174	68	14
시간별 구분(명)	256	14	96	146

지금 화면에 나오는 설문 조사 결과를 바탕으로 학생회 내부 회의를 통해 사용 원칙을 마련했습니다.

[B]
> 🙂 **다예** 설문 조사에 근거해 원칙을 마련하려고 한 것을 보니까, 학생회가 마련한 원칙은 객관적이고 합리적일 것 같아. 학생회, 힘내세요!
>
> 🙂 **재호** 다들 학년 구분은 필요하다고 생각하는데, 학년별로 선호하는 방법은 다른 게 신기해. 이유가 뭘까?

다예 학생, 감사합니다. 원칙은 다음과 같습니다. 첫째, 학습실 사용은 학생회에 신청을 한 학생을 대상으로 합니다. 둘째, 학습실 사용은 학년별로 구분하되 3학년은 월·목, 2학년은 화·수, 1학년은 금요일에 사용합니다.

[C]
> 🙂 **현지** 저는 1학년인데요, 금요일엔 일찍 집에 가고 싶은데, 금요일만 사용해야 하는 것은 좀 그래요.
>
> 🙂 **연수** 학생회장님, 열심히 하는 모습이 보기 좋은데요, 설문 결과만으로 끌어내기 어려운 원칙은 어떻게 마련했나요?

진행자: 그럼 ⓓ언제부터 새로운 사용 원칙에 따라 학습실 사용을 신청할 수 있나요?

학생회장: ⓔ네, 다음 대의원회에서 안건이 통과되면 신청을 받을 계획입니다. 학생 여러분께서는 이번 원칙에 대한 의견을 저희 학생회 공식 카페로 보내 주시면, 참고하여 대의원회에서 논의하겠습니다. 화면에 자막으로 나가고 있는 카페 주소를 참고해 주세요!

진행자: □□고 학생들, 다음에 만나요!

(나)

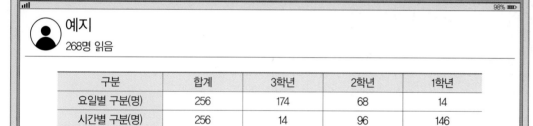

구분	합계	3학년	2학년	1학년
요일별 구분(명)	256	174	68	14
시간별 구분(명)	256	14	96	146

　　□□고 친구들 방송 봤어요? 제가 캡처해 둔 화면을 보면 학생회가 '요일별 구분'을 선택한 이유가 의아한 친구도 있을 것 같아요. 내부 회의 과정과 내용이 방송에 나오지 않아 궁금해할 친구도 있을 거고요. 내부 회의뿐 아니라 설문 조사를 통해 학년별로 사용할 요일을 정하면 더 좋지 않을까요? 그리고 학생회장이 어떤 친구의 말에 반응한 건 좋았지만, 다른 친구가 궁금해하는 내용에는 답을 하지 않은 건 아쉬웠어요.

학생회 공식 카페 가기 (👆클릭: 학생회에 전할 의견은 여기로)

댓글 창 열었으니 학습실 사용 원칙에 대해 의견 나눠요.

👍99　댓글 [　　　　　　　　　　　　　　　] [입력]

😀 유선 2학년도 월요일에 쓰고 싶어요.　　　　　21:37

ㄴ 😀 태민 나도.　　　　　21:51

(가)에 나타난 의사소통 방식으로 적절하지 <u>않은</u> 것은?

① 진행자는 방송의 시작에 학교명을 언급하며, 소식을 들을 수용자를 밝히고 있다.

② 진행자는 접속자 수를 언급하며, 두 번째 방송과의 접속자 수 차이를 알려 주고 있다.

③ 학생회장은 학생의 이름을 언급하며, 수용자의 실시간 반응을 살펴보고 있다는 것을 보여 주고 있다.

④ 학생회장은 발화와 관련한 보충 자료로 표를 제시하며, 수용자에게 구체적인 정보를 전달하고 있다.

⑤ 학생회장은 자신의 발언 내용을 요약한 화면을 설명하며, 수용자가 요구한 정보를 강조하고 있다.

[A]~[C]에서 알 수 있는 학생들의 수용 태도에 대한 설명으로 가장 적절한 것은?

① [A]: 동주는 자신의 경험을 근거로 학생회장의 이야기가 사실에 부합하지 않는다고 판단하였다.

② [B]: 다예는 학생회장의 직전 발화를 듣고 학생회의 결정이 타당할 것 같다고 판단하였다.

③ [B]: 재호는 방송에서 제시된 자료를 보고 학생회의 설문 조사 결과가 잘못되었다고 판단하였다.

④ [C]: 현지는 학생회장의 직전 발화를 듣고 발언 내용의 논리적 오류를 점검하였다.

⑤ [C]: 연수는 방송에서 제시된 자료를 보고 학생회가 마련한 원칙의 실행 가능성을 점검하였다.

09 ▶ 24103-0099
2024학년도 9월 모의평가 42번
상**중**하

다음은 (나)를 작성하기 위한 메모이다. ㉠~㉢이 (나)에 반영된 양상으로 적절하지 **않은** 것은? [3점]

> 방송에서 학생회가 놓친 부분이 있는 것 같네. 일단 ㉠학생회장이 방송에서 보인 아쉬운 점과 사용 원칙 마련에 ㉡친구들의 의견이 반영될 수 있는 방법을 언급해야지. 또 ㉢친구들이 학생회에 의견을 보내거나 서로 생각을 나눌 수 있는 기능을 활용해야지.

① ㉠: '요일별 구분'을 원칙으로 정한 이유를 밝히지 않아 미흡했다는 점을 언급하기 위해, 저장한 방송 화면의 일부를 보여 주었다.

② ㉠: 실시간 대화 창에서 학생회를 응원하는 말에는 호응하며 답을 들려주었지만 질문에는 답변이 없었던 모습을 이야기하였다.

③ ㉡: 내부 회의에 대한 정보가 충분하지 않았다는 점을 언급하며, 학년별 사용 요일 결정에 대해 학생들의 의견을 반영할 수 있는 방법을 제안하였다.

④ ㉢: 자막으로 제공된 주소는 바로 연결하기가 어려우니, 의견을 전달할 수 있도록 학생회 공식 카페로 연결하는 하이퍼링크를 제공하였다.

⑤ ㉢: 학생회가 선정한 학습실 사용자들이 사용 원칙에 대해 제시한 의견을 학생회에 보낼 수 있도록 댓글 기능을 활성화하였다.

10 ▶ 24103-0100
2024학년도 9월 모의평가 43번
상**중**하

ⓐ~ⓔ에 대한 설명으로 적절하지 **않은** 것은?

① ⓐ: 부사 '직접'을 사용하여, 학생회장이 자신의 방송 출연 사실을 학생들에게 전달할 것임을 나타내고 있다.

② ⓑ: 어미 '-어서'를 사용하여, 학습실이 인기가 많은 이유를 밝히고 있다.

③ ⓒ: 어미 '-겠-'을 사용하여, 학생들이 학습실 사용의 불편에 공감할 것이라는 추측을 드러내고 있다.

④ ⓓ: 보조사 '부터'를 사용하여, 이 질문은 학습실 사용 신청이 시작되는 시점이 언제인지 묻고 있음을 드러내고 있다.

⑤ ⓔ: 어미 '-면'을 사용하여, 사용 원칙이 적용되기 전에 갖춰져야 할 조건을 언급하고 있다.

11~12 (가)는 ○○ 도서관 앱의 첫 화면이고, (나)는 이 앱을 사용한 학생이 도서관 누리집 게시판에 올린 글과 사서의 답변이다. 물음에 답하시오.

(가)

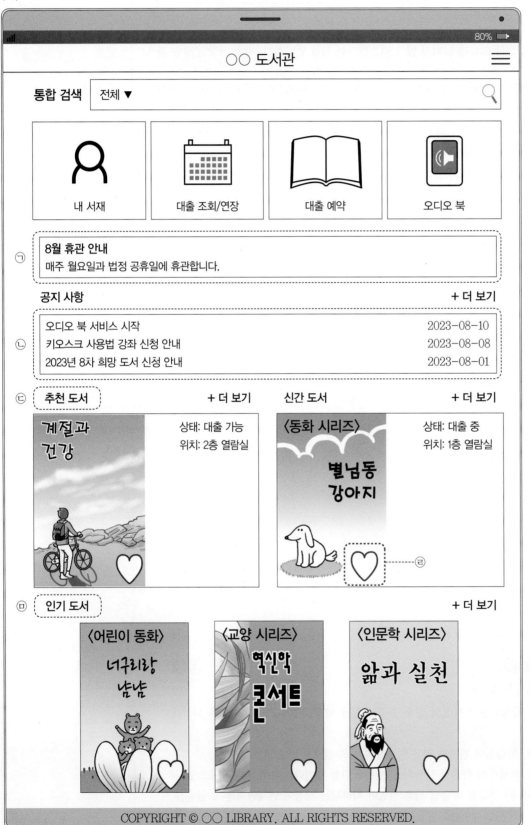

(나)

질문과 답변 × +

< > ○ ⌂

도서관 앱 이용과 관련해 요청 사항과 질문이 있어요.

답변 상태: 완료　　작성자: 김＊＊　　작성일: 2023. 08. 11. 09:45　　조회 수 53

안녕하세요. ○○ 도서관을 자주 이용하는 학생입니다. 도서관 앱 이용과 관련해 요청 사항과 질문이 있습니다.

첫 화면에 휴관 안내 설명이 있긴 한데 휴관 날짜를 함께 안내해 주시면 좋겠어요. 그리고 공지 사항에서 '+ 더 보기'를 누르지 않고도 공지 사항을 더 많이 볼 수 있으면 좋겠습니다. 또 도서를 살펴보다가 관심 도서로 저장하는 기능도 앱에 추가되면 좋겠어요. 인터넷 서점 앱에 있는 기능인데 도서관 앱에서도 그 기능을 사용할 수 있으면 더 편리할 것 같아요.

그런데 '추천 도서'는 어떻게 선정되나요? 또 '인기 도서'는 월별 통계인지, 연도별 통계인지 궁금합니다! 답변 기다리겠습니다.

🗑 삭제　📝 수정　🖨 인쇄　≡ 목록으로

답변: 도서관 앱 이용과 관련해 요청 사항과 질문이 있어요.

작성자: 박＊＊　　작성일: 2023. 08. 11. 15:53

안녕하세요. ○○ 도서관 사서입니다.

먼저 요청 사항에 대해 답변드립니다. 휴관 안내에 대한 요청 사항이 타당하다고 판단해 날짜도 함께 안내하기로 했습니다. 그리고 공지 사항 목록이 늘어나면 앱의 특성상 첫 화면이 너무 길어져 이용에 불편을 드릴 것 같아 현재 상태를 유지하기로 했으니 양해 바랍니다. 또 관심 도서 기능은 도서 이미지의 오른쪽 하단에 있는 ♡ 를 눌러 사용하실 수 있습니다.

다음으로 질문에 대해 답변드립니다. 앱의 '추천 도서'는 국립중앙도서관이 운영하는 도서관 정보나루의 자료를 토대로 우리 도서관 사서들이 의논하여 선정합니다. '인기 도서'는 기간을 한정하지 않고 누적 대출 건수를 기준으로 제시되는 것입니다. 또 '인기 도서'의 '+ 더 보기'를 누르면, 기간, 연령, 분야 중 하나를 선택하여 순위에 따라 배열된 도서 목록을 볼 수 있다는 것도 추가로 알려드립니다.

고맙습니다.

---

11 ▶ 24103-0101
2024학년도 9월 모의평가 44번　　　　상중**하**

(가)와 (나)에 대한 설명으로 가장 적절한 것은?

① (가)에서는 (나)와 달리 게시물의 조회 수가 화면에 표시된다.
② (가)에서는 (나)와 달리 게시물을 수정할 수 있는 기능이 제공된다.
③ (가)에서는 (나)와 달리 도서 이용과 관련된 여러 기능이 제공된다.
④ (나)에서는 (가)와 달리 도서 대출 상태에 관한 정보가 표시된다.
⑤ (나)에서는 (가)와 달리 도서를 검색할 수 있는 기능이 제공된다.

12
▶ 24103-0102
2024학년도 9월 모의평가 45번
상중**하**

㉠~㉤과 관련하여 (나)를 이해한 것으로 적절하지 **않은** 것은?

① 학생은 정보의 구체성을 고려하여 ㉠에 추가 정보를 게시해 줄 것을 요청하고 있다.

② 사서는 앱 화면의 구성을 고려하여 ㉡에서 보이는 정보의 양을 늘리지 않겠다며 학생의 요청을 수용하지 않고 있다.

③ 사서는 정보 선정에 활용된 자료를 고려하여 ㉢의 선정 방식을 알려 주고 있다.

④ 학생은 앱 이용자의 편의를 고려하여 ㉣의 기능에 새로운 기능을 추가해 줄 것을 요구하고 있다.

⑤ 사서는 정보의 추가 제공을 고려하여 ㉤을 여러 조건으로 정렬하여 확인할 수 있는 기능을 안내하고 있다.

2024학년도 6월 모의평가 40~43번

13~16
(가)는 보이는 라디오의 본방송이고, (나)는 이 방송을 들은 학생의 메모이다. 물음에 답하시오.

(가)

진행자: ⓐ매주 수요일, 여행 정보를 제공하는 '여행과 함께'를 시작합니다. 앱이나 문자로 언제든 방송에 참여하실 수 있고요, 보이는 라디오 시청자는 실시간 댓글도 이용하실 수 있습니다. ⓑ오늘도 여행가 안○○ 님을 모셨습니다.

여행가: 안녕하세요. 안○○입니다.

진행자: 지난주부터 등대 스탬프 여행을 소개하고 있습니다. 저번에는 그중 '재미있는 등대'라는 주제를 소개하셨는데요, 오늘은 어떤 주제인가요?

여행가: 네, 오늘은 '풍요의 등대'입니다. 서해안에 위치한 16개 등대와 □□ 생물 자원관을 돌아보면서 풍요로운 해산물도 즐길 수 있는 여행 코스입니다.

진행자: 이제부터 '풍요의 등대'에 속한 등대들을 알아볼 텐데요, 그중에서 가장 선호하시는 곳이 있나요?

여행가: 저는 천사의 섬이라는 모티브를 살려 천사의 날개와 선박을 형상화한 △△ 등대가 가장 좋았습니다. 등대에 설치된 LED 조명이 켜지면 주변 경관과 어우러져 이국적인 경관을 연출하는 곳인데, 그 모습을 바라보면서 먹는 전복 라면은 정말 맛있죠.

진행자: 정말 맛있겠네요. 많은 분들이 실시간 문자로 지난주에 안내했던 등대 스탬프 여행의 순서를 물으시네요. 예정된 건 아니지만 다시 안내해 주시겠어요?

여행가: ⓒ우선 모바일 여권과 종이 여권 중 하나를 선택하셔서 참가 신청을 해야 하는데요, 모바일 여권은 앱을 이용하시면 되고, 종이 여권은 '등대와 바다' 누리집에서 신청하시면 됩니다. 그러고 나서 등대들을 돌아다니면서 스탬프를 찍고 사진을 촬영하시는 겁니다. 사진을 다 모으시면 누리집에서 완주 인증을 하시는 거죠.

진행자: ⓓ실시간 댓글로 6789 님께서 스탬프 여행의 주의 사항에 대해 궁금증이 있으시답니다. 함께 알아볼까요?

여행가: ⓔ네, 앞에서 말씀드린 완주 인증은 날짜가 기록된 사진으로만 가능합니다. 처음엔 스탬프로 완주 인증을 했지만 지금은 그렇게 바뀐 거죠. 하지만 스탬프를 찍기 원하는 여행자들이 많아 여전히 스탬프를 유지하고 있습니다. 그런데 행복도 등대나 기쁨항 등대처럼 등대 주변에 스탬프가 없는 경우가 있으니 미리 확인하시는 것이 좋겠습니다.

진행자: 스탬프가 등대 주변이 아닌 다른 곳에 위치한 경우도 있다는 거군요. 잠시만요, 나머지 등대를 소개하기에는 시간이 부족할 것 같으니 2부에서 계속하고요, 남은 시간 동안 '풍요의 등대'의 완주 기념품에 대해 이야기해 볼까요?

여행가: (테이블에 오르골을 올리며) 바로 이 등대 오르골입니다.

진행자: 실시간 댓글 창에 오르골이 귀엽다는 반응이 많네요. 라디오로만 들으시는 분들은 실제 모양이 궁금하시죠? 작고 예쁜 등대가 나무 상자 안에 있고, 오른쪽에 태엽을 감는 손잡이가 있습니다. 아쉽지만 약속된 시간이 다 되어 1부는 여기서 마치고 2부에서 뵐게요.

(나)

> 등대 스탬프 여행을 여행 지리 수업 시간에 발표해야겠어. ㉠여행의 순서와 주의 사항에 대한 슬라이드는 여행가의 말을 정리하되 여행의 순서가 잘 나타날 수 있게 표현하고, 시각적 이미지를 활용해야지. ㉡'△△ 등대'에 대한 슬라이드는 여행에 유용한 정보를 추가하고, 슬라이드의 내용을 포괄할 수 있는 제목을 넣어야지.

13

▶ 24103-0103
2024학년도 6월 모의평가 40번

상 중 **하**

(가)에 나타난 정보 전달 방식으로 적절하지 않은 것은?

① 수용자에게 일정한 주기로 새로운 정보가 제공되므로 지난주 방송과 현재 진행되는 방송의 연관성을 제시한다.

② 본방송을 중간부터 청취한 수용자는 흐름을 따라가지 못할 수 있으므로 앞부분의 정보를 정리해서 전달한다.

③ 수용자에게 정보를 제공할 수 있는 시간상의 제약이 있으므로 방송에서 전달하려는 정보를 선택하여 조절한다.

④ 청각적 정보만 접할 수 있는 수용자가 있으므로 방송 중에 제공한 시각적 정보를 음성 언어로 풀어서 설명한다.

⑤ 수용자들이 방송에 실시간으로 참여하는 것이 가능하므로 실시간 댓글과 문자를 바탕으로 이어질 정보를 조정한다.

14

▶ 24103-0104
2024학년도 6월 모의평가 41번

상 **중** 하

다음은 (가)가 끝난 후의 청취자 게시판이다. 참여자들의 소통 양상으로 가장 적절한 것은?

청취자 게시판 × +   － □ ×

새달: 행복도 등대나 기쁨항 등대와 같이 등대 스탬프가 없는 곳도 있다는데요. 그 등대는 스탬프를 찍을 수 없군요.

┗ **알콩**: 저는 일반적인 등대와는 달리 등대 주변이 아닌 다른 곳에 스탬프가 있다고 들었는데요.

┗ **사슴**: 알콩 님 말씀과 같이 스탬프가 있긴 해요. 행복도 등대는 행복도 역사관 내에, 기쁨항 등대는 선착장 앞에 있어요. 모두 찾기 어렵지 않더라고요.

┗ **새달**: 사슴 님 좋은 정보 감사해요.

① 방송 내용에 대한 '새달'의 잘못된 이해가 '알콩'과 '사슴'의 댓글에 의해 수정되고 있다.

② 방송 내용에 대하여 가지고 있던 '새달'과 '알콩'의 공통된 생각에 '사슴'이 동조하고 있다.

③ 방송을 듣고 '새달'이 느낀 감정을 '알콩' 및 '사슴'과 공유하여 정서적인 공감을 형성하고 있다.

④ 방송 내용에 대해 가지고 있던 '새달'과 '알콩'의 서로 다른 생각이 '사슴'에 의해 절충되고 있다.

⑤ 방송 내용에 대한 '새달'과 '알콩'의 긍정적 감정이 '사슴'의 댓글로 인해 부정적 감정으로 전환되고 있다.

15

▶ 24103-0105
2024학년도 6월 모의평가 42번

상**중**하

다음은 (나)에 따라 제작한 발표 자료이다. 제작 과정에서 고려한 내용으로 적절하지 <u>않은</u> 것은? [3점]

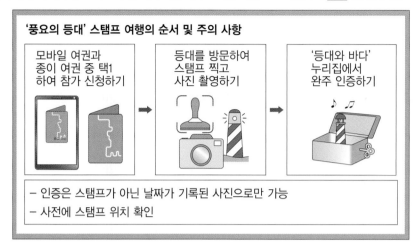

'풍요의 등대' 스탬프 여행의 순서 및 주의 사항

모바일 여권과 종이 여권 중 택1 하여 참가 신청하기 → 등대를 방문하여 스탬프 찍고 사진 촬영하기 → '등대와 바다' 누리집에서 완주 인증하기

- 인증은 스탬프가 아닌 날짜가 기록된 사진으로만 가능
- 사전에 스탬프 위치 확인

△△ 등대 – 천사의 날개와 선박을 형상화한 등대

특징: LED 조명이 만드는 이국적인 경관

주소: ▽▽도 ◇◇군 △△면

스탬프 위치: 등대 앞

볼거리: ◇◇ 철새 전시관, ◇◇산 전망대

먹을거리: 전복 라면, 복어 튀김, 소금 사탕

재밌거리: 자전거 여행, 조개 잡기 체험

① 여행가의 말을 정리하기로 한 ㉠은 여행가가 제시한 여행의 순서와 주의 사항을 모아 하나의 슬라이드로 구성하자.

② 여행의 순서를 나타내기로 한 ㉠에는 여행가가 제시한 여행 순서를 구분하고 차례가 드러나게 화살표를 사용하자.

③ 시각적 이미지를 활용하기로 한 ㉠에는 여행가가 소개한 여행의 순서와 관련된 주요 소재를 그림 자료로 보여 주자.

④ 여행에 유용한 정보를 추가하기로 한 ㉡에는 여행가가 언급한 먹을거리 이외에도 다양한 정보를 추가하자.

⑤ 내용을 포괄할 수 있는 제목을 넣기로 한 ㉡은 여행가의 말을 가져와 슬라이드의 내용을 요약할 수 있는 제목을 달자.

16

▶ 24103-0106
2024학년도 6월 모의평가 43번

상중**하**

ⓐ~ⓔ의 높임 표현에 대한 설명으로 적절하지 <u>않은</u> 것은?

① ⓐ: 종결 어미 '-ㅂ니다'를 사용하여, 방송을 듣고 있는 불특정 다수의 청자를 높이고 있다.

② ⓑ: 특수 어휘 '모시다'를 사용하여, 객체인 여행가를 높이고 있다.

③ ⓒ: 선어말 어미 '-시-'를 사용하여, 여권 선택의 주체인 청자를 높이고 있다.

④ ⓓ: '있으시다'를 사용하여, 궁금증이 있는 주체인 '6789 님'을 간접적으로 높이고 있다.

⑤ ⓔ: '말씀'을 사용하여, 화자인 여행가의 말을 높이고 있다.

17~18 (가)는 전자 문서로 된 사용 설명서의 일부이고, (나)는 이를 바탕으로 나눈 누리 소통망 대화이다. 물음에 답하시오.

(가)

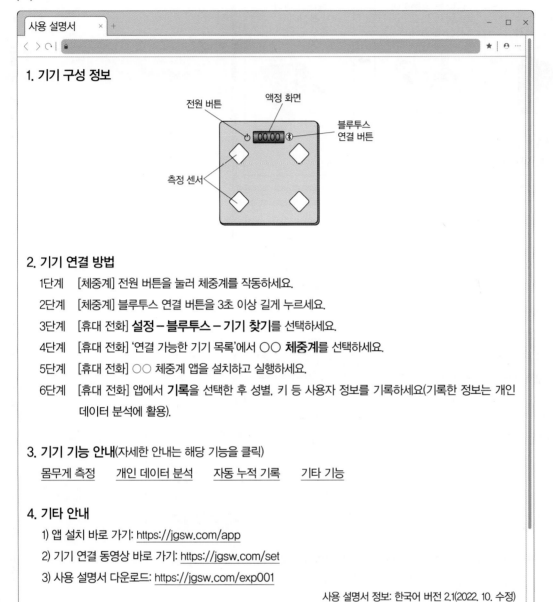

사용 설명서

1. 기기 구성 정보

2. 기기 연결 방법

1단계   [체중계] 전원 버튼을 눌러 체중계를 작동하세요.

2단계   [체중계] 블루투스 연결 버튼을 3초 이상 길게 누르세요.

3단계   [휴대 전화] **설정 – 블루투스 – 기기 찾기**를 선택하세요.

4단계   [휴대 전화] '연결 가능한 기기 목록'에서 ○○ **체중계**를 선택하세요.

5단계   [휴대 전화] ○○ 체중계 앱을 설치하고 실행하세요.

6단계   [휴대 전화] 앱에서 **기록**을 선택한 후 성별, 키 등 사용자 정보를 기록하세요(기록한 정보는 개인 데이터 분석에 활용).

3. 기기 기능 안내(자세한 안내는 해당 기능을 클릭)

몸무게 측정   개인 데이터 분석   자동 누적 기록   기타 기능

4. 기타 안내

1) 앱 설치 바로 가기: https://jgsw.com/app

2) 기기 연결 동영상 바로 가기: https://jgsw.com/set

3) 사용 설명서 다운로드: https://jgsw.com/exp001

사용 설명서 정보: 한국어 버전 2.1(2022. 10. 수정)

memo

(나)

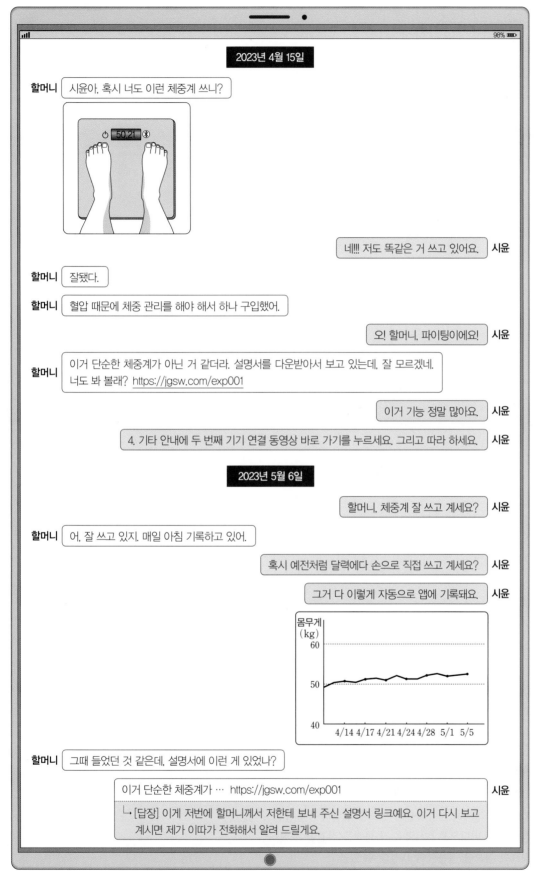

2023년 4월 15일

할머니 시윤아, 혹시 너도 이런 체중계 쓰니?

시윤 네!!! 저도 똑같은 거 쓰고 있어요.

할머니 잘됐다.

할머니 혈압 때문에 체중 관리를 해야 해서 하나 구입했어.

시윤 오! 할머니, 파이팅이에요!

할머니 이거 단순한 체중계가 아닌 거 같더라. 설명서를 다운받아서 보고 있는데, 잘 모르겠네. 너도 봐 볼래? https://jgsw.com/exp001

시윤 이거 기능 정말 많아요.

시윤 4. 기타 안내에 두 번째 기기 연결 동영상 바로 가기를 누르세요. 그리고 따라 하세요.

2023년 5월 6일

시윤 할머니, 체중계 잘 쓰고 계세요?

할머니 어, 잘 쓰고 있지. 매일 아침 기록하고 있어.

시윤 혹시 예전처럼 달력에다 손으로 직접 쓰고 계세요?

시윤 그거 다 이렇게 자동으로 앱에 기록돼요.

할머니 그때 들었던 것 같은데, 설명서에 이런 게 있나?

시윤 이거 단순한 체중계가 … https://jgsw.com/exp001

┗ [답장] 이게 저번에 할머니께서 저한테 보내 주신 설명서 링크예요. 이거 다시 보고 계시면 제가 이따가 전화해서 알려 드릴게요.

17 ▶ 24103-0107
2024학년도 6월 모의평가 44번 상중**하**

(가)의 정보 구성 및 제시 방식으로 적절하지 않은 것은?

① 기기 구성 정보는 시각 자료를 활용하여 전달했다.

② 기기를 휴대 전화와 연결하는 방법을 조작 순서에 맞추어 안내했다.

③ 기기 연결 방법에서 앱에 기록할 정보는 글자의 크기와 굵기를 다르게 표시했다.

④ 기기 기능 안내에서는 안내받을 수 있는 기능의 항목을 나열하여 배치했다.

⑤ 사용 설명서의 버전 정보를 수정 시점과 함께 제공했다.

18 ▶ 24103-0108
2024학년도 6월 모의평가 45번 상중**하**

(가)와 (나)에서 확인할 수 있는 매체 활용에 대한 이해로 가장 적절한 것은?

① (가)의 내용이 (나)를 통해 전달되는 과정에서 사용자들이 정보를 선별하여 유통할 수 있군.

② (나)의 사용자들이 서로 교환한 정보를 바탕으로 (가)의 수정 과정을 점검할 수 있군.

③ (가)는 (나)와 달리 사용자가 필요한 정보를 질문하여 요청할 수 있군.

④ (나)는 (가)와 달리 사용자가 하이퍼링크를 통해 외부의 정보에 접근할 수 있군.

⑤ (가)와 (나)는 모두 정보를 교류한 이력에서 사용자가 필요한 부분을 불러와 상대방에게 이전 내용을 환기할 수 있군.

2023학년도 10월 학력평가 40~43번

19~22 (가)는 실시간 인터넷 방송의 일부이고, (나)는 이 방송을 시청한 학생의 메모이다. 물음에 답하시오.

(가)

수요일마다 마을을 탐방하는 '뚜벅뚜벅 마을 여행'의 뚜벅입니다. 지난주에는 □□궁의 동쪽에 있는 ▽▽ 마을에 다녀왔는데요, 오늘은 □□궁의 서쪽에 있는 △△ 마을에 가 보겠습니다. 여러분도 실시간 채팅을 통해 함께해 주세요.

여기가 △△ 마을 입구입니다. △△역에서 딱 5분 걸렸어요. (실시간 채팅 창을 보고) 제 목소리가 잘 안 들린다는 분들이 많네요. 주변이 시끄러워서 그런 것 같은데, 제가 카메라에 있는 소음 제거 장치를 조절해 볼게요. (방송 장비를 조작하며) 이제 잘 들리죠? (실시간 채팅 창을 보고) 네, 다행이네요.

마을 입구에 이렇게 밑동만 남은 나무가 있네요. 무슨 사연이 있나 알아볼게요. 여기 안내문이 있는데, 글씨가 너무 작아서 여러분이 보기에 불편할 것 같으니까 제가 읽어 드릴게요. "이 나무는 수령이 300년 된 백송으로 △△ 마을을 지키는 당산나무의 역할을 해 왔으나, 20XX년 태풍에 그만 쓰러지고 말았다." 아! 이런 사연이 있었군요. ⓐ300년 동안이나 한결같이 이 자리에서 △△ 마을을 지켜 주었는데, 태풍에 쓰러져 이렇게 밑동만 남은 걸 보니 안타깝네요.

자, 이제 골목길로 들어가 볼게요. 여기 작은 문방구도 있고, 예쁜 카페도 있고……. 저기 예쁜 한옥이 한 채 있는데 가까이 가서 볼게요. (잠시 두리번거리다가) 여기 안내 표지판을 보니까 1930년대에 지어진 것으로 지금은 민속 문화재로 지정된 한옥이래요. 잠깐 들어가 볼게요. 행랑채를 지나 사랑채로 들어섰는데요, 여러분, 보이시죠? 마당이 정말 예뻐요. 이 문을 지나면 안채가 나오는데, 별로 크지는 않아도 한옥의 아름다움을 아주 잘 간직한 곳이네요. 아, ⓑ그런데 벌써 배가 고파졌어요. ⓒ우선 뭐 좀 먹어야겠어요. 제가 미리 알아봤는데, △△ 시장에는 맛있는 먹거리가 많다고 하더라고요. (두리번거리며) 어디로 가야 할까요? 이 길이 맞는 것 같은데……. 표지판을 보니까 이 길로 가라고 되어 있네요. 아, 저기 보여요. (한참 걸어간 후) 그런데 여기 와서 보니까 아까 우리가 처음에 갔던 백송 바로 옆인데요. 괜히 뼹 돌아서 왔네요. 여러분은 저처럼 고생하지 말고 백송을 보고 △△ 시장을 먼저 들러 본 다음에 한옥으로 가는 게 좋겠어요. ⓓ백송에서 시장까지는 5분, 시장에서 한옥까지는 10분 정도 걸리겠어요.

드디어 시장에 도착했어요. 전통 시장이라 그런지 과거의 시간이 머무는 곳 같아요. 참 정겹네요. 그리고 먹거리도 참 많네요. 여러분은 어떤 게 제일 먹고 싶으세요? (실시간 채팅창을 보고) 떡볶이가 어떤 맛인지 알려 달라는 분들이 많네요. ⓔ제가 먹어 보고 맛이 어떤지 알려 드릴게요. (떡볶이 맛을 보고) 다른 떡볶이보다 훨씬 쫄깃해서 식감이 좋고 매콤달콤하네요.

(나)

지역 문화 탐구 동아리에서 △△ 마을을 탐방하기 전에 뚜벅 님 방송을 참고해 사전 안내용 슬라이드를 제작해야겠어. ㉠탐방 경로를 안내하는 슬라이드에서는 탐방 경로를 한눈에 볼 수 있도록 안내하되, 이동의 편의성을 고려한 순서로 제시하고 각 장소로 이동하는 소요 시간도 제시해야지. ㉡△△ 시장을 안내하는 슬라이드에서는 대상의 특징이 드러나는 문구를 넣어 주고 시장 이용에 유용한 정보도 함께 제시해야겠어.

19 ▶ 24103-0109
2023학년도 10월 학력평가 40번   상 중 **하**

(가)에 나타난 정보 전달 방식으로 적절하지 않은 것은?

① 실시간으로 방송이 진행되므로 현장의 상황에 맞추어 음질의 문제를 즉각적으로 개선해 정보를 전달한다.

② 수용자 이탈을 막으려면 흥미를 유지해야 하므로 사전에 제작된 자료 화면을 활용하여 흥미를 유발한다.

③ 수용자가 실시간으로 참여하는 것이 가능하므로 방송 진행자가 수용자의 요구에 따라 정보를 구성하여 전달한다.

④ 방송은 시각과 음성의 사용이 모두 가능하므로 안내문의 텍스트 정보를 방송 진행자가 읽어서 음성 언어로 전달한다.

⑤ 일정한 주기로 정보가 제공되고 있으므로 방송 진행자가 지난주에 했던 방송과 현재 진행되는 방송의 연관성을 제시한다.

20
▶ 24103-0110
2023학년도 10월 학력평가 41번
상중**하**

다음은 (가)가 끝난 후의 댓글 창이다. 참여자들의 소통 양상으로 가장 적절한 것은?

낮달 1일 전

방송 잘 봤어요. 그런데 300년 된 백송이 쓰러진 걸 보니 대단한 태풍이었나 봐요. 그게 무슨 태풍이었나요?

👍 👎 댓글

　└ **뚜벅** 1일 전

　20XX년에 있었던 태풍 '○○'였대요. 우리나라에서 기상을 관측한 이래 가장 강력한 것으로 기록된 태풍이에요.

　👍 👎 댓글

　　└ **낮달** 1일 전

　　아! 고마워요.

　　👍 👎 댓글

별총 1일 전

어렸을 적에 그 마을에서 살았는데, 이제는 백송을 다시는 볼 수 없다니 너무 아쉽네요.

👍 👎 댓글

　└ **뚜벅** 1일 전

　그 백송의 씨앗을 발아시켜서 지금 어린 백송이 자라고 있어요. 그러니 너무 아쉬워 마시길……

　👍 👎 댓글

　　└ **별총** 1일 전

　　그렇군요. 좋은 정보 감사해요.

　　👍 👎 댓글

---

① '낮달'과 '별총'은 '뚜벅'의 댓글을 통해 방송에서 언급된 내용과 관련된 정보를 추가로 얻고 있다.

② '뚜벅'은 방송에서 자신이 잘못 전달한 정보를 바로잡아 '낮달'에게 댓글로 전달하고 있다.

③ '뚜벅'과 '별총'은 '낮달'의 생각에 동조함으로써 세 사람이 공통의 관심사를 형성하고 있다.

④ '별총'은 자신이 겪은 개인적인 경험을 언급함으로써 '뚜벅'이 제공한 정보에 대해 의문을 드러내고 있다.

⑤ '별총'은 더 알고 싶은 내용을 질문함으로써 '뚜벅'이 추가적인 설명을 하도록 유도하고 있다.

다음은 (나)에 따라 제작한 사전 안내용 슬라이드이다. 제작 과정에서 고려한 내용으로 적절하지 <u>않은</u> 것은? [3점]

〈△△ 마을 탐방 경로〉

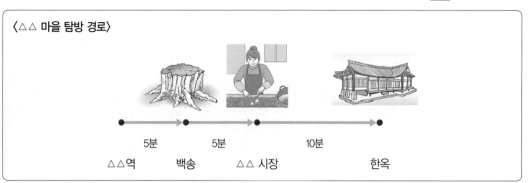

| 5분 | 5분 | 10분 | |
| △△역 | 백송 | △△ 시장 | 한옥 |

〈△△ 시장〉

과거의 시간이 머무는 정겨운 △△ 시장

◆ **교통편**
• 지하철: X호선 △△역
• 버스: 6X, 4X 백송 앞 하차

◆ **이용 시간**
• 08 : 00 ～ 21 : 00
• 매주 화요일 정기 휴업

① 탐방 경로를 한눈에 볼 수 있게 하자고 한 ㉠에는 뚜벅 님이 언급하지 않은 소재를 추가하여 그림 자료로 보여 주자.

② 이동의 편의성을 고려해 탐방 순서를 정하기로 한 ㉠에는 뚜벅 님이 추천한 경로를 제시하자.

③ 각 장소로 이동하는 소요 시간을 제시하기로 한 ㉠에는 뚜벅 님이 안내해 준 이동 시간을 구간별로 나타내 주자.

④ 대상의 특징을 보여 주는 문구를 넣기로 한 ㉡에는 뚜벅 님이 방송에서 언급한 말을 활용하여 만든 문구를 넣어 주자.

⑤ 시장 이용에 유용한 정보를 넣어 주기로 한 ㉡에는 뚜벅 님이 방송에서 언급하지 않은 교통편과 이용 시간에 대한 정보를 넣어 주자.

ⓐ～ⓔ에 대한 설명으로 적절하지 <u>않은</u> 것은?

① ⓐ: 보조사 '이나'를 사용하여 백송이 △△ 마을을 지켜 주었던 긴 시간을 강조하고 있다.

② ⓑ: 접속 부사 '그런데'를 사용하여 한옥에 대한 화제를 먹거리에 대한 화제로 전환하고 있다.

③ ⓒ: 지시 대명사 '뭐'를 사용하여 수용자에게 먹거리에 대한 정보를 요청하고 있다.

④ ⓓ: 선어말 어미 '-겠-'을 사용하여 이동 소요 시간에 대한 추측을 드러내고 있다.

⑤ ⓔ: 인칭 대명사 '제'를 사용하여 수용자에게 공손한 태도로 말하고 있다.

2023학년도 10월 학력평가 44, 45번

23~24 (가)는 전자 문서로 된 사용 설명서이고, (나)는 이와 관련하여 나눈 누리 소통망 대화이다. 물음에 답하시오.

(가)

(나)

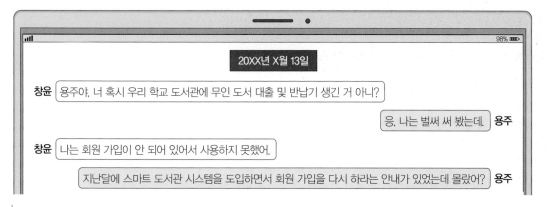

창윤 내가 지난달에 다리 수술을 받고 입원해 있어서 그 안내를 받지 못했어. 회원 가입은 어떻게 하는 거야?

용주 내가 전자 사용 설명서 링크 주소를 공유할게. 여기 보면 '회원 가입 바로 가기'가 있으니까 그걸 누르면 돼. https://mdlib.co.kr/service/digital02.asp

창윤 응, 고마워.

20XX년 X월 15일

용주 창윤아, 회원 가입은 했니?

창윤 응, 네 덕분에. 그런데 오늘 무인 도서 대출기로 빌린 책을 떨어뜨리는 바람에 책이 손상되었어. 이를 어쩌지?

용주 손상된 책은 변상 처리를 해야 한다고 하던데.

창윤 변상 처리? 그거 어떻게 해야 하는건데?

용주 내가 전에 보내 준 사용 설명서 중 '기타 안내' 항목에 '훼손 도서 변상 처리' 안내가 있어.

창윤 13일에 보내 준 자료에 있다는 거지? 내가 찾아볼게.

창윤 찾았다. 이 전자 사용 설명서 링크 주소를 말하는 거지? https://mdlib.co.kr/service/digital02.asp

용주 맞아, 거기 보면 자세한 안내가 있으니까 참고해.

23

▶ 24103-0113
2023학년도 10월 학력평가 44번

상 중 **하**

(가)의 정보 구성 및 제작 방식으로 적절하지 않은 것은?

① 사용 설명서는 특정한 파일의 형태로 다운로드할 수 있도록 했다.

② 기기 사용 안내는 사용 목적에 따라 크게 두 항목으로 나누어 구성했다.

③ 기기 사용 안내는 화살표를 활용하여 조작 순서가 드러나도록 안내했다.

④ 유의 사항은 회원 가입 후 관리자의 승인 절차를 거친 후에만 열람이 가능하도록 했다.

⑤ 기타 안내는 관련 정보를 안내받을 수 있는 페이지로 이동할 수 있도록 했다.

24

▶ 24103-0114
2023학년도 10월 학력평가 45번

상 중 **하**

(가)와 (나)에서 확인할 수 있는 매체 활용에 대한 이해로 가장 적절한 것은?

① (가)에 제시된 정보를 (나)의 사용자들이 하이퍼링크를 활용하여 내용을 수정하여 유통하고 있군.

② (나)의 사용자들이 정보를 교환하는 과정에서 (가)에서 제시된 정보의 정확성을 점검하고 있군.

③ (가)는 (나)와 달리 정보를 수용한 사용자가 추가로 필요한 정보를 요청하고 있군.

④ (나)는 (가)와 달리 사용자가 필요한 정보를 과거에 소통한 이력에서 가져와 활용하고 있군.

⑤ (가)와 (나)는 모두 사용자가 원하는 시간에 정보를 수용하기 위해서 시간 예약 기능을 활용하고 있군.

2023학년도 3월 학력평가 40~42번

25~27 다음은 실시간 인터넷 방송의 일부이다. 물음에 답하시오.

진행자: 계속해서 전문가와 함께 다음 화제인 쇼트폼(short-form)에 대해 이야기를 나눠 보겠습니다. 필요하신 분은 자막 기능을 켜 주세요. 쇼트폼은 무엇인가요?

전문가: 쇼트폼은 짧게는 15초에서 60초, ⓐ<u>길어도 최대 10분을 넘지 않는</u> 짧은 영상 콘텐츠를 말합니다. 쇼트폼을 하나 준비했는데, 함께 보시죠.

진행자: (시청 후) 현재 기준으로 무려 조회 수가 100만 회 가까이 되는데, ⓑ<u>지금도 조회 수가 올라가고 있군요.</u> 이렇게 쇼트폼이 인기인 이유가 무엇일까요?

전문가: ⓒ<u>쇼트폼은 짧고 재미있고 부담이 없습니다.</u> 그게 이유지요. 이는 콘텐츠를 효율적으로 소비하려는 현대인의 성향에 잘 부합한다고 생각합니다.

진행자: '실시간 채팅'에 '샛별' 님이 '1분짜리 요리 과정 영상을 자주 보는데, 이것도 쇼트폼인가요?'라는 질문을 방금 올려 주셨네요.

전문가: 예, 쇼트폼입니다. 쇼트폼을 통해 요리뿐 아니라 패션, 경제, 과학 등 각종 분야의 정보를 얻을 수 있죠. 기존 미디어를 대신하는 경우도 있는데, 한 설문에서 쇼트폼을 통해 뉴스를 시청한다고 28%나 응답했습니다.

진행자: 최근 기업들이 쇼트폼을 마케팅 수단으로 적극 활용하고 있다고 들었습니다. 이에 대해 설명해 주시겠어요?

전문가: 쇼트폼을 활용하면 사람들의 참여를 자연스럽게 유도할 수도 있습니다. 그래서 비교적 비용이 적게 들면서도 파급력이 있고 소비자 반응을 빠르게 확인할 수 있어 기업들이 쇼트폼을 마케팅에 적극적으로 이용하는 것이지요. 제 블로그에 쇼트폼 마케팅 사례를 정리한 글이 있습니다. 화면 아래의 '더 보기'를 클릭하면 블로그에 접속할 수 있는 링크가 보일 테니 필요하시면 참고해 주세요.

진행자: ⓓ<u>쇼트폼을 시청할 때 유의할 점은 무엇인가요?</u>

전문가: 아무래도 짧은 시간 내 사람들의 이목을 끌어 조회 수를 높이려다 보니, 쇼트폼에는 자극적인 장면이나 과장된 정보가 포함된 경우가 많습니다. 이런 점에서 쇼트폼의 장면을 섣불리 따라하거나 정보를 맹목적으로 수용하기보다 비판적 시각으로 판단하려는 태도를 가져야 합니다. '실시간 채팅' 아래에 관련 영상이 있는데, 필요하신 분은 시청해 보셔도 좋겠네요.

진행자: 말씀 감사합니다. 오늘 영상은 누구나 시청하실 수 있도록 공개해 두겠습니다. 혹시 의견이 있으신 분은 ⓔ<u>영상 게시물에 댓글을 남겨 주시면</u> 답변을 드리겠습니다.

25

▶ 24103-0115
2023학년도 3월 학력평가 40번

상 중 **하**

㉠~㉤에 대한 이해로 적절하지 <u>않은</u> 것은?

① ㉠: 글자의 크기와 글꼴을 달리하여 방송에서 다루는 중심 화제를 부각하고 있군.

② ㉡: 전문가의 발언에 비판적 의문을 제기하는 시청자의 의견을 실시간으로 보여 주고 있군.

③ ㉢: 방송에서 다룬 내용과 관련 있는 영상을 제시하고 있군.

④ ㉣: 방송 중 언급된 블로그에 필요에 따라 선택적으로 접근할 수 있도록 하고 있군.

⑤ ㉤: 방송에서 송출되는 음성 언어를 문자 언어로 보여 주는 기능을 제공하고 있군.

26

▶ 24103-0116
2023학년도 3월 학력평가 41번

상 중 **하**

다음은 시청자들이 올린 댓글의 일부이다. 시청자의 수용 태도에 대한 설명으로 가장 적절한 것은?

영상 게시물 댓글 × + — □ ×

시청자 1: 쇼트폼에 대한 설문의 출처도 제시되지 않았고, 내용도 확실한지 의문이네요. 게다가 쇼트폼에 과장된 내용이 포함된 사례가 제시되지 않아 아쉬워요.

시청자 2: 쇼트폼에 대한 글쓰기 과제를 해야 하는데, 방송에서 필요한 내용을 얻을 수 있어서 좋았어요. 하지만 쇼트폼 제작자의 입장에서 유의할 점은 다루지 않아 아쉽습니다.

시청자 3: 비판 의식 없이 쇼트폼을 소비하던 사람들에게 도움이 되는 방송 같아요. 쇼트폼을 즐기는 사람들이 많아지고 있는 이때, 유의할 점을 알려 주셔서 의미 있었습니다.

---

① 시청자 1과 시청자 2는 모두 방송에 제시된 정보의 정확성에 대해 긍정적으로 판단하였다.

② 시청자 1과 시청자 3은 모두 방송에 제시된 정보의 신뢰성에 대해 부정적으로 판단하였다.

③ 시청자 1과 달리, 시청자 2는 방송에 제시된 정보의 충분성에 대해 부정적으로 판단하였다.

④ 시청자 1과 달리, 시청자 3은 방송에 제시된 정보의 유용성에 대해 긍정적으로 판단하였다.

⑤ 시청자 2와 달리, 시청자 3은 방송에 제시된 정보의 시의성에 대해 부정적으로 판단하였다.

27

▶ 24103-0117
2023학년도 3월 학력평가 42번

상 중 **하**

ⓐ~ⓔ에 대한 설명으로 적절하지 <u>않은</u> 것은?

① ⓐ: 부정 표현을 활용해 쇼트폼의 재생 시간의 특징을 언급하고 있다.

② ⓑ: 진행상을 활용해 현재 쇼트폼의 조회 수가 계속해서 증가하는 중임을 드러내고 있다.

③ ⓒ: 대등적 연결 어미를 연속적으로 활용해 쇼트폼이 인기인 이유를 설명하고 있다.

④ ⓓ: 설명 의문문을 활용해 쇼트폼 시청 시 유의할 점에 대한 정보를 요구하고 있다.

⑤ ⓔ: 간접 인용을 나타내는 조사를 활용해 쇼트폼에 대한 의견을 제시하는 방법을 안내하고 있다.

28~30 (가)는 학생회 누리 소통망[SNS]의 게시물이고, (나)는 학생회 학생들의 온라인 화상 회의이다. 물음에 답하시오.

(가)

위에 있는 사진과 같이 우리 학교에 친환경 정원이 조성되었습니다! 정원의 벤치, 테이블, 화단 틀 등을 보셨나요? 그것들은 모두 폐현수막과 폐의류를 재활용한 자재로 만들어졌습니다. 학생회에서는 친환경 정원 조성의 취지를 알리고 친환경 의식을 높이기 위한 체험 행사를 개최합니다. 친환경의 의미를 담은 시화 관람, 물품 나눔, 친환경 생활을 위한 한 줄 다짐 쓰기, 재활용품으로 물품 만들기 등 다채로운 활동이 준비되어 있으니 많이 참여해 주세요. 자세한 내용은 링크를 눌러 확인해 주세요!

☞ https://○○○.hs.kr/66193/subMenu.do

★ 참여 신청 및 문의 사항은 학생회 계정으로 메시지를 보내 주세요.

 좋아요　 댓글 읽기　 메시지 보내기

　　□□_art 님 외 67명이 좋아합니다.
17시간 전

　댓글 달기...　　　　　　　　　　　　　　　　　　　　게시

(나)

보민: 지난 회의에서 친환경 체험 행사의 다양한 활동을 학생들에게 효과적으로 홍보하기 위해 행사 안내도를 만들기로 했잖아. 회의를 시작해 볼까?

아준: 정원의 조감도를 이용해 안내도 초안을 만들면서 활동에 따라 공간을 구획해 봤어. 화면을 봐 줘.

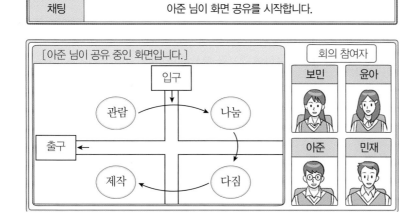

윤아: 화면에서는 시화 관람, 물품 나눔, 한 줄 다짐 쓰기, 재활용품으로 물품 만들기 순으로 체험 순서를 제시했는데, 체험 순서를 정하면 학생들의 활동 참여에 제약이 있겠어.

민재: '관람', '나눔', '제작'에서의 활동은 학생들이 자유롭게 참여하게 하고, '다짐'은 최대한 많은 학생들이 참여할 수 있게 안내하면 좋겠어. 아준이가 안내도 초안을 만들기로 했잖아. 그걸 보면서 얘기해 볼까?

아준: 모두 첨부 파일을 확인해 줘.

채팅	아준 님이 파일을 전송했습니다. 파일명: ⊙학교 체험 행사 안내도.pdf

민재: 안내도 초안에도 화살표가 있네. 체험 순서와 출입 방향을 나타내는 화살표는 모두 지우면 좋겠어.

보민: 한 줄 다짐 쓰기에 학생들이 많이 참여하도록 하려면 '제작'과 '다짐'의 활동 공간을 서로 바꾸면 좋겠어. 이에 대한 의견 줘.

아준: '다짐'의 활동 공간을 출구 가까이에 배치해 학생들이 그 활동에 참여한 후 나가도록 하기 위한 것이구나.

윤아: 나도 그게 좋아. 그런데 '제작'이 활동의 의미를 제대로 드러내지 못하는 것 같아. '재생'으로 바꾸면 어떨까? 동의하는 사람들은 손을 들어 줘.

보민: 모두 동의하는구나. 그럼 이제는 환경 단체에서 주최한 체험 행사 안내도를 참고해서 안내도의 구성에 대해서 이야기해 보자. 파일을 전송할게.

채팅	보민 님이 파일을 전송했습니다. 파일명: ⓒ환경 단체 체험 행사 안내도.pdf

민재: 환경 단체의 안내도에서는 조감도에 각 공간의 이름을 번호와 함께 표시하고 그에 대한 범례를 따로 두어 활동을 안내했네. 이에 비해 우리 초안은 조감도에 글자가 많아 복잡해 보이는 것 같아.

아준: 우리도 범례를 환경 단체의 안내도처럼 따로 두는 것이 좋겠어. 그리고 행사 일시와 장소도 추가하는 것이 어때?

윤아: 행사명도 추가하는 것이 좋겠어. 행사명을 안내도 상단에 제시하고 그 아래 행사 일시와 장소를 안내하자.

보민: 좋은 의견들을 줘서 고마워. 오늘 회의 내용을 모두 반영하여 함께 안내도를 완성해 보자.

28 ▶24103-0118
2023학년도 3월 학력평가 43번 (상)(중)하

(가), (나)에 대한 이해로 가장 적절한 것은?

① (가)는 수용자의 반응을 숫자로 제시하여 매체 자료에 대한 수용자의 선호 정도를 드러내고 있다.

② (나)는 정보의 생산자와 수용자가 분리되어 정보 전달이 한 방향으로 이루어지고 있다.

③ (가)와 달리, (나)는 하이퍼링크 기능을 통해 추가적인 정보를 제공하고 있다.

④ (나)와 달리, (가)는 정보를 전달할 수 있는 시간의 제약을 고려하여 정보의 양을 조절하고 있다.

⑤ (가)와 (나)는 모두 음성 언어와 시각 자료를 결합한 복합 양식을 활용하여 정보를 생산하고 있다.

29 ▶ 24103-0119
2023학년도 3월 학력평가 44번 　　　　　　　　　　　상 중 **하**

㉠, ㉡과 관련하여 (나)에 대해 설명한 내용으로 가장 적절한 것은?

① ㉠의 안내 효과를 바탕으로 ㉡의 장점을 극대화하기 위한 방법을 모색했다.

② ㉡의 구성 방식을 참고하여 ㉠을 개선하기 위한 방안을 마련했다.

③ ㉡의 구성 요소를 고려하여 ㉠의 불필요한 구성 요소를 삭제했다.

④ ㉠과 ㉡의 차이점을 근거로 ㉡의 구성상의 문제점을 비판했다.

⑤ ㉠과 ㉡을 비교하여 안내 효과 측면에서 각각의 장단점을 분석했다.

30 ▶ 24103-0120
2023학년도 3월 학력평가 45번 　　　　　　　　　　　상 중 **하**

(나)를 바탕으로 다음과 같은 '안내도'를 만들었다고 할 때, 이에 대해 이해한 내용으로 적절하지 <u>않은</u> 것은? [3점]

△△ 고등학교 친환경 체험 행사 안내도

○ 일시: 20XX년 3월 23일 14:00
○ 장소: 친환경 정원

〈범례〉
1 관람: 친환경의 의미를 담은 시화 관람하기
2 나눔: 물품 서로 나누기
3 재생: 재활용품으로 물품 만들기
4 다짐: 친환경 생활을 위한 한 줄 다짐 쓰기

① 윤아의 의견을 바탕으로, 안내도 상단에 행사명을 제시했다.

② 보민의 의견을 바탕으로, '다짐'의 활동 공간을 출구 가까이 배치했다.

③ 민재의 의견을 바탕으로, 입구와 출구에 출입 방향을 화살표로 표시했다.

④ 아준의 의견을 바탕으로, 각 공간에서 이루어지는 활동 내용을 범례로 안내했다.

⑤ 윤아의 의견을 바탕으로, 재활용품으로 물품을 만드는 활동 공간의 이름을 '재생'으로 정했다.

memo

Ⅱ
매체

31~34 (가)는 ○○군 공식 누리집 화면의 일부이고, (나)는 학생들의 온라인 화상 회의이다. 물음에 답하시오.

(가)

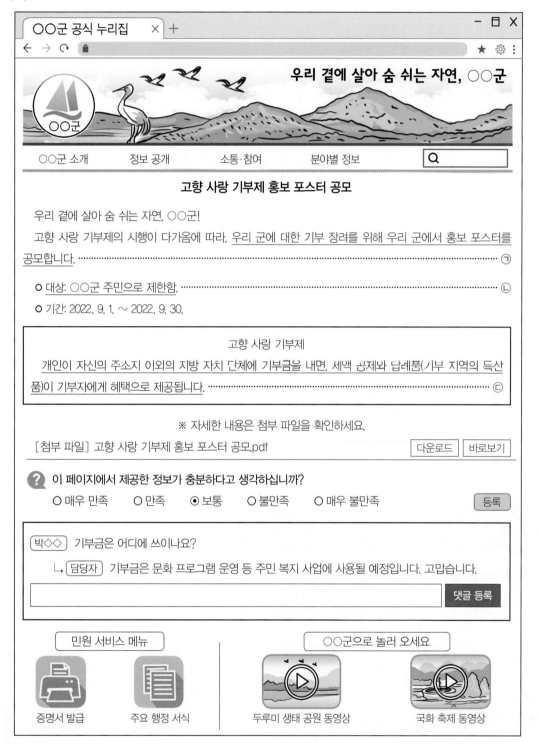

(나)

해윤: 이제 화상 회의 시작하자. 내 말 잘 들리지?

설아: 해윤아, 소리가 너무 작아. 마이크 좀 확인해 줄래?

해윤: 어? 내 마이크 음량을 키워 볼게. 이제 잘 들리지?

설아: 응. 근데 오늘 나연이는 참석 못 한대. 내가 회의를 녹화해서 나중에 보내 주려고 해. 동의하지?

해윤, 종서, 수영: 응, 그래.

채팅	설아 님이 회의 녹화를 시작합니다.

해윤: 오늘 고향 사랑 기부제 홍보 포스터를 어떻게 만들지 논의하기로 했잖아. 우리 ○○군 누리집에서 관련 정보 봤니?

종서: 미안해. 나는 아직 못 봤어.

수영: 음, 직접 말로 설명하려면 회의가 길어지니까 첨부 파일 보내 줄게. 파일에 자세히 설명돼 있으니까 읽으면서 들어.

채팅	수영 님이 종서 님에게 파일을 전송했습니다. 파일명: 고향 사랑 기부제 홍보 포스터 공모.pdf

종서: 고마워.

해윤: 그럼 이어서 얘기할게. 내가 만들어 온 그래픽 자료를 보면서 포스터를 어떻게 구성할지 이야기하자.

채팅	해윤 님이 화면 공유를 시작합니다.

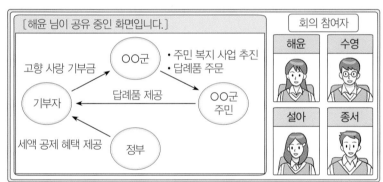

해윤: 정부, 기부자, ○○군, ○○군 주민으로 구분해서 고향 사랑 기부제가 어떻게 운영되는지 나타낸 거야.

수영: 좋은데, 포스터에 정부까지 그려 넣으면 너무 복잡할 거 같으니까, 나머지 셋으로만 구성하자.

설아: 그리고 제도가 활성화되려면 많은 사람들이 기부에 동참하도록 하는 게 중요하니까, 기부자가 부각되도록 기부자를 가운데에 두자.

수영: 화살표를 곡선으로 해서 하트 모양으로 하면 기부자가 기부에 참여함으로써 사랑을 전할 수 있다는 걸 포스터에 드러낼 수 있을 거 같아.

해윤: 좋아. 그런데 포스터에 정부가 없으면, 정부가 제공하는 세액 공제 혜택은 어떻게 나타내지?

종서: 음, 고민해 보자. 그리고 첨부 파일을 읽어 보니 기부자의 현재 주소지가 아니면 어디든 기부할 수 있대. 우리 지역에 기부하게 하려면 답례품을 알려 줘야 할 거 같은데?

해윤: 답례품 정보가 있는 누리집 주소 불러 줄게. 디, 에이, 엠…. 아, 그냥 채팅 창에 링크로 올리는 게 편하겠다.

채팅	해윤 https://damnyepum.□□□□.go.kr 종서 고마워.

종서: 찾아보니 인삼이 우리 지역 답례품이네. 이걸 그려 넣자.

해윤: 그리고 우리 지역은 철새 도래지로 유명하니까, ○○군을 두루미 캐릭터로 나타내 보자.

수영: 응, 좋아. 그러면 아까 말했던 세액 공제는 두루미가 말을 전해 주듯 설명하면 되겠다.

해윤: 좋아. 그러면 지금까지 나온 의견대로 만들기로 하고, 오늘 회의는 마무리하자.

31 ▶ 24103-0121
2023학년도 수능 40번　　　　상중**하**

(가)에 대한 이해로 적절하지 <u>않은</u> 것은?

① 댓글 기능을 활용하여 누리집 이용자가 작성한 질문에 대해 정보를 제공하고 있군.

② 지역에 대한 만족도 표시 기능을 활용하여 지역 정책에 대한 주민들의 반응을 확인하고 있군.

③ 민원 서비스 메뉴를 제공하여 증명서나 행정 서식이 필요한 사람들의 편의를 도모하고 있군.

④ 누리집 상단에 홍보 문구와 풍경 그림을 제시하여 지역이 부각하고자 하는 특징을 강조하고 있군.

⑤ 지역의 관광 명소와 축제를 홍보하는 동영상을 볼 수 있도록 하여 관광객을 유치하려고 노력하고 있군.

32 ▶ 24103-0122
2023학년도 수능 41번　　　　상중**하**

㉠~㉢에 대한 설명으로 가장 적절한 것은?

① ㉠은 격 조사 '에서'를 사용하여 포스터를 공모하는 주체가 단체임을 드러내고 있다.

② ㉠은 종결 어미 '-ㅂ니다'를 사용하여 ○○군 기부에 동참한 기부자를 공손하게 높이고 있다.

③ ㉡은 명사형 어미 '-ㅁ'을 사용하여 포스터에서 제외해야 할 내용 항목을 간결하게 드러내고 있다.

④ ㉢은 연결 어미 '-면'을 사용하여 기부 대상 지역에서 제공하는 혜택 중 하나를 선택하는 조건을 제시하고 있다.

⑤ ㉢은 피동 접사 '-되다'를 사용하여 혜택을 제공하는 주체를 명확하게 밝히고 있다.

33
▶ 24103-0123
2023학년도 수능 42번
상중**하**

(나)에 나타난 매체 활용 방식으로 가장 적절한 것은?

① '해윤'은 음성 언어 사용이 불가능한 상황에서 채팅 기능을 활용하여 정보를 전달하였다.

② '해윤'은 화면 공유 기능을 활용하여 참여자들의 의견을 반영하며 그래픽 자료의 오류를 수정하였다.

③ '수영'은 회의 시간을 절약하기 위해 회의 중에 참고할 수 있는 파일을 '종서'에게 전송하였다.

④ '설아'는 회의에 참여하지 못하고 있는 '나연'에게 문자 메시지를 이용해 회의 내용을 실시간으로 전달하였다.

⑤ '설아'는 특정 참여자에게 발언권을 부여하기 위해 해당 참여자의 음량을 조절하였다.

34
▶ 24103-0124
2023학년도 수능 43번
상중**하**

(나)를 바탕으로 다음과 같은 포스터를 만들었다고 할 때, 포스터에 대해 이해한 내용으로 적절하지 <u>않은</u> 것은? [3점]

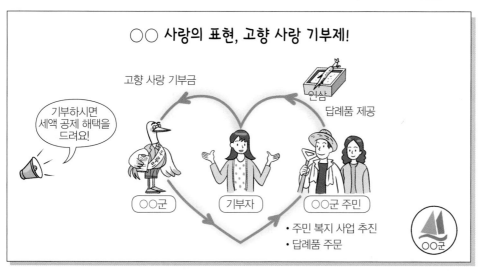

① '설아'의 의견을 바탕으로, 제도를 활성화하는 데 중요한 역할을 하는 기부자를 중심에 배치했다.

② '수영'의 의견을 바탕으로, 기부 행위에 담긴 긍정적인 마음을 연상시키는 기호의 모양을 사용했다.

③ '종서'의 의견을 바탕으로, ○○군에 기부했을 때 기부자가 받을 수 있는 답례품을 그려 넣었다.

④ '해윤'의 의견을 바탕으로, ○○군이 철새 도래지로 유명하다는 점을 활용하여 ○○군을 두루미 캐릭터로 표현했다.

⑤ '수영'의 의견을 바탕으로, 세액 공제 혜택을 제공하는 주체가 내용을 직접 알려 주듯이 말풍선을 제시했다.

35~36 다음은 온라인 카페 화면의 일부이다. 물음에 답하시오.

[화면 1] (【게시판】에서 '1인 미디어 방송'을 클릭한 화면)

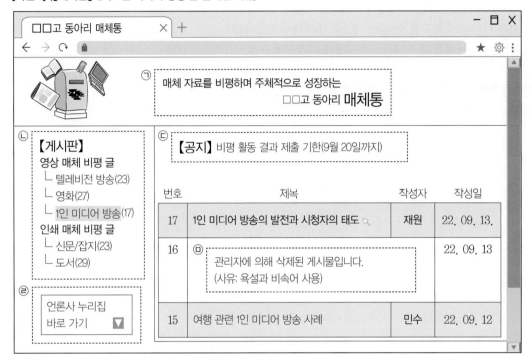

[화면 2] ([화면 1]에서 17번 게시물을 클릭한 화면)

1인 미디어 방송의 발전과 시청자의 태도

작성자: 재원

최근 많은 사람들이 1인 미디어 방송 제작에 나서고 있다. 그러면서 기존 매체들이 주목하지 않았던 다양한 소재들을 다루는 1인 미디어 방송들이 등장하고 있다. 내가 즐겨 보는 여행 관련 1인 미디어 방송 역시 밀림을 혼자 돌아다닌다든가 현지인들과 같이 생활하는 모습을 보여 주는 등 참신함이 돋보인다.

1인 미디어 방송은 여러 가지 정보를 쉽고 재미있게 제공하여 시청자의 욕구를 만족시킨다. 그래서 나처럼 여행 탐험가라는 직업을 꿈꾸는 사람들은 1인 미디어 방송을 통해 어디서도 얻지 못했던 새로운 정보를 얻을 수 있게 되었다.

그런데 요즘 1인 미디어 방송 가운데 신뢰성이 부족한 정보를 담은 방송이 늘고 있다. 이러한 성격이 드러나는 1인 미디어 방송을 시청할 때에는 비판적으로 수용하는 주체적 태도가 중요하다.

└ (민수) 나도 그 방송 봤어. 내가 모르던 낯선 문화에 대한 다양한 정보가 많이 나와서 좋았어. 그런데 갑자기 특정 상표를 언급하며 칭찬할 때에는 상업성이 짙어 보이더라. 그런 상업적인 의도에 현혹되지 않도록 조심해야 해.

└ (혜원) 어떤 1인 미디어 방송인은 특정 성분이 건강에 좋다고 강조했는데, 알고 보니 성분의 효과가 입증된 것이 아니었어. 방송에 나오는 정보라도 믿을 수 있는지 잘 따져 봐야 해.

└ (영진) 1인 미디어 방송들은 소재가 한정적이고 다 비슷비슷하지. 그리고 내가 보는 1인 미디어 방송은 사회적으로 의미 있는 내용을 다루는데도, 고정 시청자 수가 적고 어느 순간부터는 더 이상 늘지도 않더라. 그래서 1인 미디어 방송이 발전해도 사회적 파급력은 제한적이라고 생각해.

memo

> ┗ 지수 난 1인 미디어 방송이 우리 사회에 큰 변화를 가져올 수 있다고 생각해. 예를 들어, '독립운동가의 발자취 따라가기' 방송이 인기를 많이 끌어서 독립운동가에 대한 국민들의 관심이 높아졌잖아.

댓글 등록

▶ 24103-0125
2023학년도 수능 44번

35

상 중 하

〈보기〉를 바탕으로 [화면 1]을 이해한 내용으로 적절하지 <u>않은</u> 것은?

● 보기 ●

'매체통' 동아리 카페 활동 규칙

개설 목적: '매체통' 동아리원들이 다양한 매체 자료 비평 활동을 통해 매체 자료를 주체적으로 수용하는 능력과 태도를 기른다.

규칙 1. 동아리 활동 계획을 성실하게 이행하고 동아리 활동에 적극적으로 참여한다.

2. 매체 자료 비평을 위한 글만 작성하고 각 게시판의 성격에 맞게 올린다.

3. 불필요한 갈등을 유발하지 않도록 무례한 표현을 사용하지 않는다.

① ㉠을 보니, '개설 목적'을 고려하여 동아리 성격이 드러나도록 카페의 활동 주체와 활동 내용을 제시하였군.

② ㉡을 보니, '규칙 2'를 고려하여 매체 자료 유형에 따라 게시판을 항목별로 나누어 게시물을 체계적으로 분류하였군.

③ ㉢을 보니, '규칙 1'을 고려하여 동아리 활동 계획을 상기할 수 있도록 비평 활동 결과의 제출 기한을 제시하였군.

④ ㉣을 보니, '규칙 2'를 고려하여 사건 보도 기사를 작성하는 능력을 기르게 하기 위해 링크를 제시하였군.

⑤ ㉤을 보니, '규칙 3'을 고려하여 예의를 지키지 않은 글이 동아리원에게 공개되지 않도록 게시물을 삭제하였군.

▶ 24103-0126
2023학년도 수능 45번

36

상 중 하

[화면 2]를 바탕으로 '1인 미디어 방송'에 대한 학생들의 수용 양상을 이해한 내용으로 적절하지 <u>않은</u> 것은?

① '재원'은 자신의 진로와 관련된 새로운 정보를 얻은 경험을 근거로 1인 미디어 방송이 유용하다고 판단하였다.

② '혜원'은 증명되지 않은 정보를 접했던 경험을 근거로 1인 미디어 방송이 제공하는 정보에 대한 신뢰성을 점검해야 한다고 판단하였다.

③ '재원'과 '민수'는 모두, 1인 미디어 방송의 상업적 의도를 알아차린 경험을 근거로 1인 미디어 방송을 시청할 때 주의가 필요하다고 판단하였다.

④ '재원'은 '영진'과 달리, 자신이 본 여행 관련 1인 미디어 방송을 근거로 1인 미디어 방송의 소재가 다양하다고 판단하였다.

⑤ '영진'은 '지수'와 달리, 고정 시청자 수가 늘지 않는 1인 미디어 방송 사례를 근거로 1인 미디어 방송이 사회에 미치는 영향력에는 한계가 있다고 판단하였다.

37~39 (가)는 학습 활동이고, (나)는 학생이 (가)를 수행하기 위해 활용한 전자책의 일부이다. 물음에 답하시오.

memo

(가)

[학습 활동] 다음 상황을 바탕으로, ○○구청 관계자의 입장에서 효과적인 광고 방안을 발표해 봅시다.

○○구청에서 '청소년 문화 한마당'을 기획하면서, ○○구 고등학생들을 대상으로 한 홍보 방안을 마련하고자 한다. 대중교통 광고의 효과를 바탕으로 학생들이 주로 이용하는 버스를 활용하여 광고 계획을 수립하기로 한다.

(나)

[화면 1]

| 목차 | **즐겨찾기 목록** | |
-------- ⊙

★ 1장.　광고와 소비자
★ 3장.　대중교통과 광고

[화면 2]

-------- ㉡

⭐ 즐겨찾기 ⊖⊕ 100% 화면 　✎형광펜 🔍 [　　　　　]

3장. 대중교통과 광고

대중교통을 이용한 광고는 일정 기간에 특정 공간을 이용하는 수용자들에게 광고 메시지를 전달할 수 있기 때문에 효과적이다.✎ 특히, 버스 정류장 광고, 지하철역 광고, 버스 내·외부 광고 ⓐ등은 대중교통을 자주 이용하는 사람에게 반복적으로 노출되는 효과가 있다.

광고 효과를 높이기 위해서는 무엇보다 목표 수용자의 관심과 흥미에 대한 분석이 선행되어야 한다. 대중교통 광고에서 자주 ⓑ보이는 게임 광고는 대중교통을 이용하는 젊은 층의 관심과 흥미를 감안한 것이다.

사전
감안 「명사」 여러 사정을 참고하며 생각함. ----- ㉢

[화면 3]

-------- ㉣ 　　 -------- ㉤

⭐ 즐겨찾기 ⊖⊕ 120% 화면 　✎ 형광펜 🔍 버스 광고

ⓒ다음으로 목표 수용자들의 주 이용 노선과 같은 대중교통 이용 패턴을 분석하는 것이 필요하다. 예를 들어, 20대를 주 관객층으로 하는 영화 광고가 대학가를 지나는 노선버스에 많은 것은, 목표 수용자의 주 이용 노선을 고려한 것이다. 또한 목표 수용자의 대중교통 이용 시간대도 고려할 필요가 있다. 목표 수용자의 대중교통 주 이용 시간대가 다른 시간대에 비해 광고 효과가 높기 때문이다.

ⓓ한편, 대표적인 대중교통 광고인 버스 광고 는 여러 규격의 인쇄 광고, 시간대 설정이 가능한 내부 모니터 영상 광고 등 ⓔ그 형태가 다양하다. 지하철과 달리 지상에서 운행하기 때문에 버스를 이용하지 않는 사람들 역시 버스 외부 광고의 목표 수용자가 될 수 있다는 것이 버스 광고 의 장점이다.

37

▶ 24103-0127
2023학년도 9월 모의평가 40번

상**중**하

〈보기〉는 (나)의 전자책을 활용한 학생의 반응이다. 이를 바탕으로 (나)를 이해한 내용으로 적절하지 <u>않은</u> 것은?

• 보기 •

전자책은 중요한 부분에 강조 표시를 할 수 있다는 점이 종이 책과 비슷했어. 하지만 다시 봐야 할 내용을 선택해 별도의 목록으로 만들거나 어구를 검색해 원하는 정보에 더 쉽게 접근할 수 있다는 점은 종이 책과 달랐어. 책에서 모르는 단어가 나왔을 때, 사전을 찾아본 결과를 한 화면에서 바로 확인할 수 있어서 내용을 빠르게 이해했어. 또 화면 배율을 조정해 글자 크기를 조절하니 읽기에 편했어.

① ㉠에 1, 3장이 포함된 것은 학생이 해당 장의 내용을 다시 볼 필요가 있다고 판단했기 때문이군.

② ㉡을 통해 대중교통을 이용한 광고가 효과적인 이유를 언급한 부분에 강조 표시가 된 것은 학생이 해당 문장을 중요하다고 판단했기 때문이군.

③ ㉢의 '감안'에 대한 사전 찾기 결과는 [화면 2]에서 본문과 함께 제시되어 학생의 글 읽기에 도움을 주었군.

④ ㉣을 통해 [화면 3]의 글자 크기가 [화면 2]보다 커진 것은 학생의 읽기 편의성을 높여 주었군.

⑤ ㉤의 결과가 [화면 3]에 표시된 것은 학생이 '버스 광고'를 쉽게 찾아 버스 광고의 제작 기간을 확인하는 데 도움을 주었군.

38

▶ 24103-0128
2023학년도 9월 모의평가 41번

상**중**하

다음은 학생이 (가)를 수행하는 과정에서 (나)를 바탕으로 작성한 메모이다. 이에 대한 이해로 적절하지 <u>않은</u> 것은?

메모 1: '청소년 문화 한마당'에 ○○구 고등학생들이 좋아할 공연 프로그램이 많이 준비되어 있음을 광고에서 강조하면 효과적이겠다.

메모 2: 버스 정류장이 아니라 버스 내·외부에 광고물을 부착하고, ○○구 고등학생들이 주로 이용하는 10번 이나 12번 버스에 광고를 게시하면 효과적이겠다.

메모 3: 등·하교 시간에 집중적으로 광고를 하기 위해 버스 내부의 모니터 영상 광고를 이용하고, 도보 통학 학생들에게도 홍보하기 위해 버스 외부의 옆면과 뒷면에도 광고를 게시하면 효과적이겠다.

① '메모 1'에서, 광고에서 부각할 내용을 선정한 것은 (나)에 제시된 목표 수용자와 관련하여 우선적으로 분석해야 할 요소를 고려한 것이겠군.

② '메모 2'에서, 정류장 광고와 버스 내·외부 광고 중 후자를 선택한 것은 (나)에 제시된 반복 노출 효과의 유무라는 기준을 고려한 것이겠군.

③ '메모 2'에서, 버스 노선 중에서 특정 노선을 선택한 것은 (나)에 제시된 영화 광고의 예처럼 목표 수용자의 대중교통 이용 패턴을 고려한 것이겠군.

④ '메모 3'에서, 광고 게시 시간대를 설정할 수 있는 광고 형태를 제안하려는 것은 (나)에 제시된 목표 수용자의 대중교통 이용 시간이라는 기준을 고려한 것이겠군.

⑤ '메모 3'에서, 버스 옆면과 뒷면 광고가 필요하다고 판단한 것은 (나)에 제시된 버스 외부 광고의 장점을 고려한 것이겠군.

상중**하**

ⓐ~ⓔ에 대한 설명으로 적절하지 않은 것은?

① ⓐ: 대중교통을 이용한 광고의 종류가 여럿임을 명시하기 위해 사용하였다.

② ⓑ: 젊은 층의 게임 광고 수용에 대한 자발적 의지를 나타내기 위해 사용하였다.

③ ⓒ: 광고의 효과를 높이기 위해 분석해야 할 요소가 더 존재함을 드러내기 위해 사용하였다.

④ ⓓ: 목표 수용자 분석과는 다른 내용으로 전환됨을 나타내기 위해 사용하였다.

⑤ ⓔ: 앞에 나온 표현을 그대로 반복하지 않고 대신하기 위해 사용하였다.

2023학년도 9월 모의평가 43~45번

40~42 (가)는 교내 방송의 일부이고, (나)는 (가)를 들은 학생들이 휴대 전화 메신저로 나눈 대화의 일부이다. 물음에 답하시오.

(가)

진행자: 방송을 듣고 계신 ○○고 여러분, 매주 수요일 마지막 순서는 청취자의 사연을 소개하는 시간이죠. 어제까지 많은 사연이 왔는데요, 시간 관계상 하나만 읽어 드릴게요. (잔잔한 배경 음악) "3학년 1반 이민지입니다. 제가 며칠 전 운동장에서 다쳤을 때 우리 반 지혜가 응급 처치를 해 줬어요. 우리 반에서 인기가 많은 친구인데, 이 친구가 곧 전학을 가요. 헤어지기 아쉬운 마음을 담아 □□의 노래 〈다시 만날 우리들〉을 신청합니다."라고 하셨네요. 신청곡 들려드리면서 오늘 방송 마무리할게요.

(나)

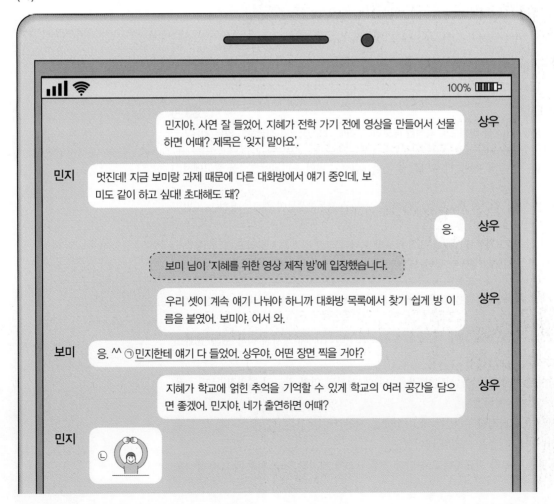

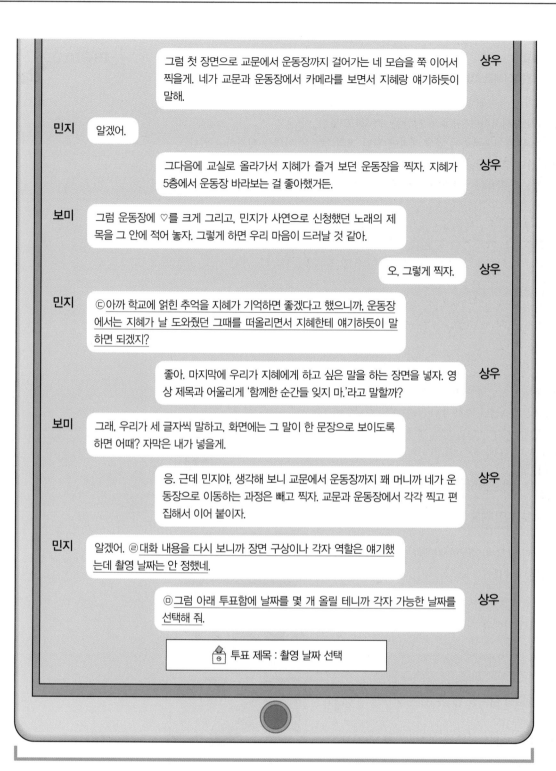

상우: 그럼 첫 장면으로 교문에서 운동장까지 걸어가는 네 모습을 쭉 이어서 찍을게. 네가 교문과 운동장에서 카메라를 보면서 지혜랑 얘기하듯이 말해.

민지: 알겠어.

상우: 그다음에 교실로 올라가서 지혜가 즐겨 보던 운동장을 찍자. 지혜가 5층에서 운동장 바라보는 걸 좋아했거든.

보미: 그럼 운동장에 ♡를 크게 그리고, 민지가 사연으로 신청했던 노래의 제목을 그 안에 적어 놓자. 그렇게 하면 우리 마음이 드러날 것 같아.

상우: 오, 그렇게 찍자.

민지: ⓒ아까 학교에 얽힌 추억을 지혜가 기억하면 좋겠다고 했으니까, 운동장에서는 지혜가 날 도와줬던 그때를 떠올리면서 지혜한테 얘기하듯이 말하면 되겠지?

상우: 좋아. 마지막에 우리가 지혜에게 하고 싶은 말을 하는 장면을 넣자. 영상 제목과 어울리게 '함께한 순간들 잊지 마.'라고 말할까?

보미: 그래, 우리가 세 글자씩 말하고, 화면에는 그 말이 한 문장으로 보이도록 하면 어때? 자막은 내가 넣을게.

상우: 응. 근데 민지야, 생각해 보니 교문에서 운동장까지 꽤 머니까 네가 운동장으로 이동하는 과정은 빼고 찍자. 교문과 운동장에서 각각 찍고 편집해서 이어 붙이자.

민지: 알겠어. ⓔ대화 내용을 다시 보니까 장면 구상이나 각자 역할은 얘기했는데 촬영 날짜는 안 정했네.

상우: ⓜ그럼 아래 투표함에 날짜를 몇 개 올릴 테니까 각자 가능한 날짜를 선택해 줘.

> 📮 투표 제목 : 촬영 날짜 선택

40 ▶ 24103-0130
2023학년도 9월 모의평가 43번 　　　　　　　　상중**하**

(가), (나)에 드러나 있는 매체의 특성을 이해한 것으로 가장 적절한 것은?

① (가)에서는 정보를 전달할 수 있는 시간의 제약을 고려하여 정보의 양을 조절하고 있다.

② (나)에서는 불특정 다수의 수용자에게 정보를 제공하고 있다.

③ (가)에서는 (나)와 달리 대화 목적에 따라 또 다른 온라인 대화 공간을 설정하고 있다.

④ (나)에서는 (가)와 달리 음성 언어에 음향을 결합하여 정보를 생산하고 있다.

⑤ (가)와 (나)에서는 모두 정보 생산자가 정보 수용자의 반응에 따라 정보 제시 순서를 바꾸고 있다.

41
▶ 24103-0131
2023학년도 9월 모의평가 44번

상**중**하

㉠~㉤에 드러난 의사소통 방식에 대한 이해로 적절하지 <u>않은</u> 것은?

① ㉠: 새롭게 대화에 참여한 '보미'는 공유된 맥락을 기반으로 '상우'에게 질문하고 있다.

② ㉡: 동의의 뜻을 시각적 이미지로 제시하여 '상우'의 제안을 수락하고 있다.

③ ㉢: '상우'의 이전 발화 중 일부를 재진술하면서 영상 제작에 관한 그의 의견에 이의를 제기하고 있다.

④ ㉣: 진행된 대화 내용을 점검하여 영상 촬영과 관련해서 추가적으로 논의할 내용을 언급하고 있다.

⑤ ㉤: 의견을 취합할 수 있는 기능을 활용하여 촬영 날짜를 선택하기 위한 의사 결정에 참여해 줄 것을 요청하고 있다.

42
▶ 24103-0132
2023학년도 9월 모의평가 45번

상**중**하

(나)의 대화 내용을 반영한 '영상 제작 계획'으로 적절하지 <u>않은</u> 것은? [3점]

영상 제작 계획	장면 스케치
① 교문에서부터 운동장까지 끊지 않고 촬영하여 지혜가 여러 공간에 얽힌 추억을 떠올릴 수 있도록 연출해야겠어.	(학교 건물과 교문, 손을 흔드는 학생 그림, ○○고등학교)
② 학교 공간을 촬영할 때, 민지가 지혜와 대화하는 듯한 느낌을 드러내야겠어.	
③ 지혜가 바라보던 운동장을 위에서 아래로 내려다보는 각도로 교실에서 촬영해야겠어.	(운동장 풍경 그림)
④ 운동장에 그린 하트 모양의 그림에 '다시 만날 우리들'이라는 글자가 적힌 장면을 촬영하여 영상을 제작하는 우리의 마음을 드러내야겠어.	(하트 모양 그림)
⑤ 우리가 다 같이 등장해서 '함께한', '순간들', '잊지 마'라고 나눠서 말한 내용이 하나의 문장처럼 보이게 자막을 삽입해야겠어.	함께한 순간들 잊지 마. (세 학생 그림)

43~46 (가)는 텔레비전 뉴스이고, (나)는 이를 바탕으로 교내에 게시하기 위해 동아리에서 만든 포스터이다. 물음에 답하시오.

(가)

진행자: 생활 속 유용한 경제 뉴스를 알려 드리는 시간이죠. 경제 뉴스 콕, 김 기자. ⓐ요즘 화제가 되고 있는 제도에 대해 알려 주신다면서요?

기자: 네. 한국○○공단에서 실시하는 '탄소 중립 실천 포인트 제도'를 소개해 드리겠습니다. ⓑ일상 속 작은 노력으로 탄소 중립을 실천하고 포인트도 받을 수 있는 제도인데요,

제도 실시 후 석 달 만에 가입자 십만 명을 돌파했습니다. 기후 위기를 심각하게 여기고 친환경 생활을 실천하려는 국민들이 그만큼 많았단 뜻이겠죠. ⓒ자, 그럼 구체적으로 어떻게, 얼마나 받을 수 있는지 궁금하실 텐데요. 일단 이 포인트를 받으려면 누리집에 가입해야 합니다.

누리집에 가입해서 각종 탄소 중립 활동을 실천하면 연간 최대 칠만 원까지 포인트를 받을 수 있습니다. 대형 마트에서 종이 영수증 대신 전자 영수증으로 받으면 백 원, 배달 음식 주문할 때 일회용기 대신 다회용기를 선택하면 천 원, 세제나 화장품 살 때 빈 통을 가져가 다시 채우면 이천 원, 무공해차를 대여하면 오천 원이 적립됩니다. ⓓ한국○○공단 관계자의 말을 들어 보겠습니다.

관계자: 정산 시스템 구축이 완료될 다음 달부터 월별로 정산해 지급할 예정입니다. 많은 국민이 동참할 수 있도록…

기자: 기존의 탄소 포인트 제도와 더불어 이 제도가 국민들의 탄소 줄이기 생활화에 이바지할 수 있을지 주목됩니다.

진행자: 그렇군요. ⓒ많은 국민이 동참해야 효과가 있는 제도인 만큼 참여도를 높이는 게 중요하겠네요. 오늘 준비한 소식은 여기까지입니다. 시청자 여러분, 고맙습니다.

잠시 후 9시, 여자 배구 결승전 중계(대한민국 : 터키)————ⓜ

(나)

◇◇고등학교 환경 동아리

누리집 주소 point.□□.kr

누리집 접속 QR 코드

◇◇고 친구들 여기 주목!

탄소 중립 실천 포인트
누리집 가입하면 돈이 되지!

배달 음식 주문할 때 다회용기 선택!

세제나 화장품의 용기는 다시 채워 쓰기!

물건 살 때 전자 영수증 받기!

43 ▶ 24103-0133
2023학년도 6월 모의평가 40번
상 중 하

ⓐ~ⓜ에 대한 이해로 적절하지 않은 것은?

① ⓐ은 글자의 크기와 굵기를 달리하여 보도의 주요 제재를 부각하였다.
② ⓑ은 기자의 발화 내용을 의문형으로 요약 진술하여 시청자의 이해를 돕고자 하였다.
③ ⓒ은 기자의 발화와 관련된 내용을 보충하여 정보의 구체성을 강화하였다.
④ ⓓ은 관계자의 발화에서 생략된 내용을 보완하여 의미를 정확하게 전달하였다.
⑤ ⓜ은 이후에 방영될 프로그램에 대한 정보를 제시하여 이에 대한 시청자의 관심을 유도하였다.

44 ▶ 24103-0134
2023학년도 6월 모의평가 41번 상 **중** 하

ⓐ~ⓔ에 대한 설명으로 가장 적절한 것은?

① ⓐ: 보조 용언 '있다'를 사용해 제도가 지속적으로 진행됨을 표현하였다.

② ⓑ: 보조사 '도'를 사용해 제도의 장단점을 아우르고자 하는 의도를 표현하였다.

③ ⓒ: 감탄사 '자'를 사용해 시청자의 해당 누리집 가입을 재촉하려는 의도를 표현하였다.

④ ⓓ: 선어말 어미 '-겠-'을 사용해 제도 시행 관련 정보를 관계자가 언급할 것이라는 추측을 표현하였다.

⑤ ⓔ: 의존 명사 '만큼'을 사용해 많은 국민이 동참해야 효과가 있는 제도라는 점이 이어지는 내용의 근거임을 표현하였다.

45 ▶ 24103-0135
2023학년도 6월 모의평가 42번 상 **중** 하

(가)를 시청한 학생들의 휴대 전화 대화방의 내용이다. 학생들의 수용 태도에 대한 설명으로 적절하지 <u>않은</u> 것은? [3점]

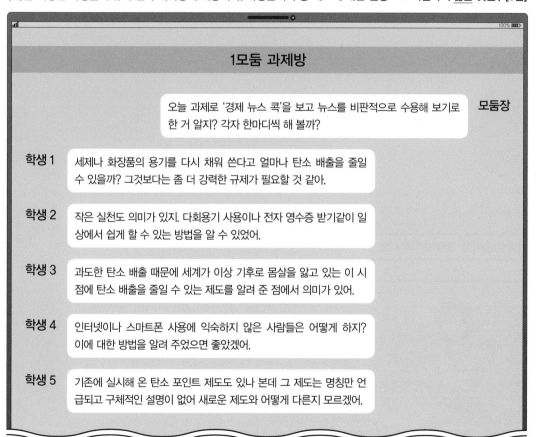

1모둠 과제방

> 오늘 과제로 '경제 뉴스 콕'을 보고 뉴스를 비판적으로 수용해 보기로 한 거 알지? 각자 한마디씩 해 볼까? **모둠장**

학생 1 세제나 화장품의 용기를 다시 채워 쓴다고 얼마나 탄소 배출을 줄일 수 있을까? 그것보다는 좀 더 강력한 규제가 필요할 것 같아.

학생 2 작은 실천도 의미가 있지. 다회용기 사용이나 전자 영수증 받기같이 일상에서 쉽게 할 수 있는 방법을 알 수 있었어.

학생 3 과도한 탄소 배출 때문에 세계가 이상 기후로 몸살을 앓고 있는 이 시점에 탄소 배출을 줄일 수 있는 제도를 알려 준 점에서 의미가 있어.

학생 4 인터넷이나 스마트폰 사용에 익숙하지 않은 사람들은 어떻게 하지? 이에 대한 방법을 알려 주었으면 좋았겠어.

학생 5 기존에 실시해 온 탄소 포인트 제도도 있나 본데 그 제도는 명칭만 언급되고 구체적인 설명이 없어 새로운 제도와 어떻게 다른지 모르겠어.

① 학생 1은 보도에서 제시한 실천 항목의 효과에 주목해 제도의 실효성 측면을 부정적으로 판단하였다.

② 학생 2는 일상에서 쉽게 할 수 있는 방법을 제시한 점에 주목해 제도의 실천 용이성 측면을 긍정적으로 판단하였다.

③ 학생 3은 제도의 시행이 현재의 문제 해결에 필요하다는 점에 주목해 보도의 시의성 측면을 긍정적으로 판단하였다.

④ 학생 4는 누리집 접근에 어려움을 겪는 사람에 주목해 제도의 실현 가능성 측면을 부정적으로 판단하였다.

⑤ 학생 5는 기존 제도의 세부 내용을 설명하지 않은 점에 주목해 보도 내용의 충분성 측면을 부정적으로 판단하였다.

(나)의 정보 구성 및 제시 방식에 대한 이해로 적절하지 않은 것은?

① (가)에 제시된 제도의 실천 항목 중 청소년이 일상에서 실천할 수 있는 것을 선별하여 제시하였군.

② (가)에 제시된 누리집 주소와 함께 QR 코드를 제시하여 누리집에 접속할 수 있는 경로를 추가하였군.

③ (가)에 제시된 제도의 개인적 혜택을 시각적으로 표현하기 위해 돈과 저금통의 이미지를 활용하였군.

④ (가)에 제시된 가입자 증가 현황 이외에 증가 원인을 추가하여 제도 가입자가 지닌 환경 의식을 표현하였군.

⑤ (가)에 제시된 수용자보다 수용자 범위를 한정하고 생산자를 명시하여 메시지 전달의 주체와 대상을 표현하였군.

47~48 다음은 실시간 인터넷 방송이다. 물음에 답하시오.

우리 문화 지킴이들, 안녕! 우리 전통문화를 소개하고 체험하는 문화 지킴이 방송의 진행자, 역사임당입니다. 오늘은 과거 궁중 연회에서 장식 용도로 사용되었던 조화인 궁중 채화를 만들어 보려고 해요. 여러분도 실시간 채팅으로 참여해 주세요.

> 😊 빛세종: 채화? '화'는 꽃인데 '채'는 어떤 뜻이죠?

[A]
　빛세종 님, 좋은 질문! 채화의 '채'가 무슨 뜻인지 물으셨네요. 여기서 '채'는 비단을 뜻해요. 궁중 채화를 만드는 재료로 비단을 비롯한 옷감이 주로 쓰였기 때문이죠.

Ⅱ 매체

(사진을 보여 주며) 주로 복사꽃, 연꽃, 월계화 등을 만들었대요. 자, 이 중에서 오늘 어떤 꽃을 만들어 볼까요? 여러분이 골라 주세요.

[B]
> 🙂 햇살가득: 월계화? 월계화 만들어 주세요!
>
> 좋아요! 햇살가득 님이 말씀하신 월계화로 결정!

그럼 꽃잎 마름질부터 해 보겠습니다. 먼저 비단을 두 겹으로 겹쳐서 이렇게 꽃잎 모양으로 잘라 줍니다. 꽃잎을 자를 때 가위는 그대로 두고 비단만 움직이며 잘라야 해요. 보이시죠? 이렇게, 비단만, 움직여서. 그래야 곡선은 곱게 나오면서 가위 자국이 안 남아요. 이런 식으로 다양한 크기의 꽃잎을 여러 장 만들어요. 자, 다음은 뜨거운 인두에 밀랍을 묻힌 후, 마름질한 꽃잎에 대고 이렇게 살짝 눌러 주세요. 보셨나요? 녹인 밀랍을 찍어서 꽃잎에 입혀 주면 이렇게 부피감이 생기죠.

[C]
> 🙂 꼼꼬미: 방금 그거 다시 보여 주실 수 있어요?
>
> 물론이죠, 꼼꼬미 님! 자, 다시 갑니다. 뜨거운 인두에 밀랍을 묻혀서 꽃잎 하나하나에, 이렇게, 누르기. 아시겠죠?

필요한 꽃잎 숫자만큼 반복해야 하는데 여기서 이걸 계속하면 정말 지루하겠죠? (미리 준비해 둔 꽃잎들을 꺼내며) 짜잔! 그래서 꽃잎을 이만큼 미리 만들어 뒀지요! 이제 작은 꽃잎부터 큰 꽃잎 순서로 겹겹이 붙여 주면 완성! 다들 박수! 참고로 궁중 채화 전시회가 다음 주에 ○○시에서 열릴 예정이니 가 보셔도 좋을 것 같네요.

[D]
> 🙂 아은맘: ○○시에 사는데, 전시회 지난주에 이미 시작했어요. 아이랑 다녀왔는데 정말 좋았어요. ㅎㅎㅎ
>
> 아, 전시회가 이미 시작되었다고 하네요. 아은맘 님 감사!

자, 이제 마칠 시간이에요. 혼자서 설명하고 시범까지 보이려니 미흡한 점이 많았겠지만 끝까지 함께해 주셔서 감사합니다. 오늘 방송 어떠셨나요?

[E]
> 🙂 영롱이: 저 오늘 진짜 우울했는데 ㅠㅠ 언니 방송 보면서 기분이 좋아졌어요. 저 오늘부터 언니 팬 할래요. 사랑해요 ♥
>
> 와, 영롱이 님께서 제 팬이 되어 주신다니 정말 힘이 납니다. (손가락 하트를 만들며) 저도 사랑해요!

다음 시간에는 궁중 채화를 장식하는 나비를 만들어 볼게요. 지금까지 우리 문화 지킴이, 역사임당이었습니다. 여러분, 안녕!

47 ▶ 24103-0137
2023학년도 6월 모의평가 44번 상 중 하

위 방송에 반영된 기획 내용으로 가장 적절한 것은?

① 접속자 이탈을 막으려면 흥미를 유지해야 하니, 꽃잎을 미리 준비해 반복적인 과정을 생략해야겠군.

② 소규모 개인 방송으로 자원에 한계가 있으니, 제작진을 출연시켜 인두로 밀랍을 묻히는 과정을 함께해야겠군.

③ 실시간으로 진행되어 편집을 할 수 없으니, 마름질 과정에서 실수가 나올 것에 대비하여 미리 양해를 구해야겠군.

④ 텔레비전 방송에 비해 비공식적이고 사적인 매체이니, 방송에 대한 긍정적 평가와 고정 시청자 등록을 부탁해야겠군.

⑤ 방송 도중 접속한 사람은 이전 내용을 볼 수 없으니, 마무리 인사 전에 채화 만드는 과정을 요약해서 다시 설명해야겠군.

〈보기〉를 바탕으로, [A]~[E]에서 파악할 수 있는 수용자의 특징에 대한 이해로 적절하지 <u>않은</u> 것은?

━━━━● 보기 ●━━━━

　　실시간 인터넷 방송은 영상과 채팅의 결합을 통해 방송 내용의 생산과 수용이 쌍방향으로 이뤄진다. 예컨대 수용자는 방송 중 채팅을 통해 이어질 방송의 내용과 순서를 정하는 데 영향을 미치고, 이미 제시된 방송의 내용을 추가, 보충, 정정하게 하는 등 능동적인 역할을 수행할 수 있다. 또 생산자와 정서적인 유대를 형성하기도 한다.

① [A]: '빛세종'은 더 알고 싶은 내용을 질문함으로써 진행자가 방송 내용을 보충하여 제시하도록 하고 있다.

② [B]: '햇살가득'은 자신이 원하는 바를 밝힘으로써 진행자가 생산할 내용을 선정하는 데 관여하고 있다.

③ [C]: '꼼꼬미'는 제시되지 않은 부분을 추가하도록 요청함으로써 진행자가 방송의 순서를 정하는 데 영향을 미치고 있다.

④ [D]: '아은맘'은 제시된 내용 중 잘못된 부분을 언급함으로써 진행자가 오류를 인지하고 정정하도록 하고 있다.

⑤ [E]: '영롱이'는 자신의 감정 변화를 제시함으로써 진행자와 정서적인 유대를 형성하고 있다.

49~51 (가)는 지역 신문사의 웹 페이지 화면이고, (나)는 (가)를 바탕으로 학생이 만든 홍보 인쇄물이다. 물음에 답하시오.

(가)

○○ 군민일보

🔊) 본문 듣기   ⟨ SNS로 전달

○○군청, 못난이 배 소비 활성화를 위한 캠페인 개최

(최초 입력 2022. 09. 16. 09:37:53 / 수정 2022. 09. 16. 10:12:34)

김△△ 기자

㉠○○군청에서 지역에 있는 배 재배 농가를 지원하기 위한 사업을 시작했다. ○○군청은 사업의 일환으로 다음 달 1일부터 '○○군 배 소비 활성화 캠페인'을 개최한다고 밝혔다. 이 행사는 한 달간 진행되며, ○○군 소재 배 재배 농가의 70%가 참여할 예정이다.

올해는 태풍과 이상 기온 현상으로 ○○군에서 수확한 배 중 규격 외 배(이하 못난이 배)의 비율이 특히 높았다. ㉡못난이 배는 크기나 모양이 기준에 도달하지 못하거나 흠집이 있어 상품성이 다소 떨어지는 배를 말한다. 일반 상품과 비교하여 맛에는 큰 차이가 없음에도, ㉢이것은 판매가 어려워 폐기되는 경우가 많았다. 이러한 문제를 해결하기 위해 ○○군청에서는 일반 배뿐 아니라 못난이 배와 못난이 배로 만든 가공식품의 소비 활성화에 중점을 두고 캠페인을 벌이기로 하였다.

캠페인을 앞두고 ○○군 내 배 재배 농가에서는 기대감을 드러냈다. 배 재배 농민 최□□ 씨는 "좀 못나도 다 제 자식 같은 배입니다. ㉣맛에는 전혀 차이가 없으니 안심하고 못난이 배도 많이 사 주세요."라고 말했다. ㉤○○군수는 배의 소비 활성화를 위해 온라인 판매처인 '○○ 온라인 알뜰 장터' 운영 지원을 시작할 예정이며, 특히 이곳에서는 못난이 배를 일반 상품의 절반 가격에 구입할 수 있어 소비자에게도 이익이 될 것이라고 말했다. ○○군 배와 배 가공식품은 특산물 직판장과 온라인 판매처에서 구입할 수 있다.

·············· 〈 기사에 대한 독자 반응 〉 ··············

 좋아요 27   유용해요 17   슬퍼요 1   후속 기사 원해요 9

▎관련된 기사로 바로 가기(클릭)

– 기관지염, 고혈압 등에 효능이 좋은 배

– [현장 스케치] ○○군 배 공동 선별 센터 작업 현장에 가다

(나)

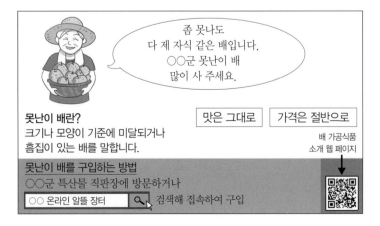

49
▶ 24103-0139
2022학년도 10월 학력평가 40번
상 중 하

(가)의 매체 자료에 대한 이해로 적절하지 않은 것은?

① '본문 듣기'가 있는 것을 보니, 수용자가 기사의 내용을 음성 언어로도 수용할 수 있을 것이다.

② 'SNS로 전달'이 있는 것을 보니, 수용자가 기사의 내용을 다른 사람과 온라인으로 공유할 수 있을 것이다.

③ '최초 입력'과 '수정' 시간이 있는 것을 보니, 생산자가 기사를 입력한 이후에도 기사를 수정할 수 있을 것이다.

④ '기사에 대한 독자 반응'이 있는 것을 보니, 생산자가 자신이 생산한 기사의 유통 범위를 확인할 수 있을 것이다.

⑤ '관련된 기사로 바로 가기'가 있는 것을 보니, 수용자가 기사 내용과 관련된 추가 정보를 얻을 수 있을 것이다.

50
▶ 24103-0140
2022학년도 10월 학력평가 41번
상 중 하

(나)를 제작하는 과정에서 반영된 학생의 계획으로 적절하지 않은 것은?

① 상품의 온라인 판매처를 소개하기 위해, (가)에 언급된 못난이 배의 온라인 판매처 이름을 인터넷 검색 창 이미지를 활용하여 제시해야지.

② 상품의 특성을 강조하기 위해, (가)에 언급된 못난이 배의 맛과 영양에 대한 정보를 배의 모양을 활용하여 도안된 그림으로 제시해야지.

③ 상품에 대한 추가 정보를 안내하기 위해, (가)에 언급된 배 가공식품을 소개하는 웹 페이지 주소를 QR 코드로 제시해야지.

④ 상품의 소비를 촉구하기 위해, (가)에 제시된 농민의 인터뷰 내용의 일부를 말풍선의 문구로 제시해야지.

⑤ 상품의 의미를 밝혀 주기 위해, (가)에 제시된 못난이 배의 뜻을 물음에 답하는 방식으로 제시해야지.

51
▶ 24103-0141
2022학년도 10월 학력평가 42번
상 중 하

㉠~㉤에 대한 이해로 가장 적절한 것은?

① ㉠: 격 조사 '에서'를 활용해 배 재배 농가를 지원하는 사업의 주체가 '○○군청'임을 나타냈다.

② ㉡: 연결 어미 '-거나'를 활용해 못난이 배의 판정 기준과 흠집에 관한 내용이 인과적으로 연결됨을 나타냈다.

③ ㉢: 지시 대명사 '이것'을 활용해 앞에서 언급한 '일반 상품'을 가리키고 있음을 나타냈다.

④ ㉣: 보조사 '도'를 활용해 판매하는 상품이 못난이 배로 한정됨을 나타냈다.

⑤ ㉤: 관형사형 어미 '-ㄹ'을 활용해 ○○군수가 오래전부터 온라인 알뜰 장터의 운영을 지원해 왔음을 나타냈다.

2022학년도 10월 학력평가 43~45번

52~54 다음은 안전 교육을 위한 교내 방송의 일부이다. 물음에 답하시오.

진행자: 얼마 전 우리 학교에서 실험실 안전사고가 발생했습니다. 그래서 오늘은 실험실 안전 교육을 위해 △△ 안전 연구소의 김○○ 연구원을 모셨습니다. 교육을 잘 듣고 앞으로는 안전한 실험을 할 수 있기를 바랍니다.

연구원: 학생 여러분, 안녕하세요. 최근 우리 연구소에서 조사한 통계 자료를 보면 학교 실험실에서 일어난 안전사고의 76%는 학생들의 안전 불감증으로 인한 부주의에서 발생한 것이었습니다. 어떤 사고가 있었는지 먼저 영상을 보시죠.

이 영상은 어느 대학 실험실에서 안전 장비를 제대로 착용하지 않고 실험을 하다가 얼굴에 부상을 입은 학생의 사례를 보여 주고 있습니다. 실험복, 보안경, 보호 장갑, 마스크 등의 안전 장비를 제대로 착용하지 않으면 다칠 수 있으므로 안전 장비를 잘 갖추어야 합니다. 다음 영상은 실험실에서의 부주의한 행동이 큰 화재로까지 이어진 사례를 보도한 뉴스의 한 장면입니다.

잘 보셨나요? 이 사례는 학생이 실험 중에 서로 섞이면 안 되는 두 화학 물질을 임의로 섞다가 폭발이 일어난 사고입니다. 실험실에서의 안전 수칙을 지키지 않아 생긴 것이지요. 지금 제가 들고 있는 이 병 안에 든 것은 실험실에서 흔히 사용되는 화학 물질인데, 이렇게 아주 적은 양이라도 격렬한 화학 반응을 일으킬 수 있으므로 주의해야 합니다. 두 사례에서 알 수 있듯이, 실험실에서는 작은 실수나 방심도 큰 피해로 이어질 수 있으니 실험을 할 때는 항상 경각심을 갖고 안전 수칙을 준수하기 바랍니다.

진행자: 알려 주신 내용이 학생들에게 많은 도움이 되었을 것 같아요. 그럼 안전사고와 관련해 학생들이 궁금해하는 점이 있는지도 들어볼까요? 학생들의 질문은 채팅방을 통해 들어보겠습니다. 화면의 주소를 입력하거나, 누리 소통망의 검색창에 '□□고 안전 교육방'을 검색하여 참여해 주세요.

□□고 안전 교육방   ─ □ ×

간콩: 실험실에서 알코올램프를 사용하다가 불이 났을 때 물을 부으면 안 된다고 들었는데, 왜 그런 건가요?

삐약: 실험실 안전사고는 보통 1년에 몇 건이나 발생하나요?

꽃채: 서로 섞이면 안 되는 화학 물질에는 어떤 것들이 있나요?

많은 분이 채팅방을 통해 참여하고 계시네요. '간콩' 님이 알코올램프 화재와 관련해 질문하셨는데 답변 부탁드려요.

연구원: 불이 붙은 알코올에 물을 부으면 두 물질이 섞여 불이 더 확산될 염려가 있기 때문입니다. 그래서 알코올에 불이 붙으면 모래나 소화기를 이용해서 끄는 것이 원칙입니다.

진행자: 그렇군요. 그럼 '삐약' 님의 질문으로 넘어가 볼까요?

52 ▶ 24103-0142
2022학년도 10월 학력평가 43번 · 상 중 하

위 방송에 대한 설명으로 적절하지 않은 것은?

① 영상 자료를 활용하며 실험실 안전사고의 실제 사례를 보여 주고 있다.

② 통계 자료를 활용하며 학교 실험실 안전사고의 주요 원인을 제시하고 있다.

③ 뉴스에 보도된 내용을 활용하며 안전사고 유형별 대처 방안을 안내하고 있다.

④ 채팅방을 활용하며 대화에 참여한 학생들이 가진 의문을 실시간으로 공유하고 있다.

⑤ 안전사고 위험성이 있는 화학 물질을 활용하며 경각심을 갖고 안전 수칙을 준수해야 함을 당부하고 있다.

53 ▶ 24103-0143
2022학년도 10월 학력평가 44번 · 상 중 하

다음은 위 방송을 시청한 학생들이 메신저로 나눈 대화이다. 학생들의 수용 태도에 대한 설명으로 가장 적절한 것은?

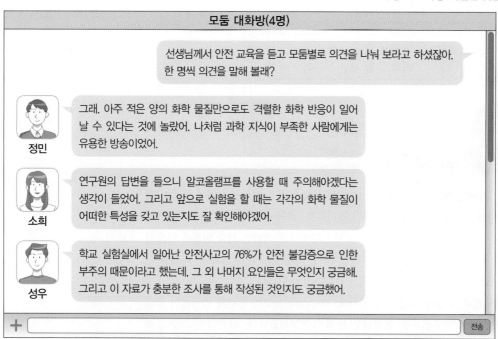

모둠 대화방(4명)

> 선생님께서 안전 교육을 듣고 모둠별로 의견을 나눠 보라고 하셨잖아. 한 명씩 의견을 말해 볼래?

정민: 그래. 아주 적은 양의 화학 물질만으로도 격렬한 화학 반응이 일어날 수 있다는 것에 놀랐어. 나처럼 과학 지식이 부족한 사람에게는 유용한 방송이었어.

소희: 연구원의 답변을 들으니 알코올램프를 사용할 때 주의해야겠다는 생각이 들었어. 그리고 앞으로 실험을 할 때는 각각의 화학 물질이 어떠한 특성을 갖고 있는지도 잘 확인해야겠어.

성우: 학교 실험실에서 일어난 안전사고의 76%가 안전 불감증으로 인한 부주의 때문이라고 했는데, 그 외 나머지 요인들은 무엇인지 궁금해. 그리고 이 자료가 충분한 조사를 통해 작성된 것인지도 궁금했어.

전송

① '정민'은 연구원이 언급한 사례와 관련하여, 응급 상황에서의 조치 방법이 어떤 사람에게 유용한지 점검하였다.

② '소희'는 연구원이 답변한 내용과 관련하여, 실험할 때의 유의 사항에 관한 정보가 충분한지 점검하였다.

③ '소희'는 연구원이 답변한 내용과 관련하여, 안전 교육의 필요성을 뒷받침할 수 있는 자료가 타당한지 점검하였다.

④ '성우'는 연구원이 제시한 자료와 관련하여, 실험실 안전사고에 대한 조사 자료가 믿을 만한지 점검하였다.

⑤ '성우'는 연구원이 활용한 자료와 관련하여, 학생을 위주로 한 예방 대책의 장단점을 공평하게 다루고 있는지 점검하였다.

54 ▶ 24103-0144
2022학년도 10월 학력평가 45번

상중**하**

다음은 위 방송을 본 후 과학 실험 동아리 학생이 신입생 교육용으로 만든 발표 자료의 초안이다. 검토 의견을 바탕으로 제시한 수정 방안으로 적절하지 <u>않은</u> 것은? [3점]

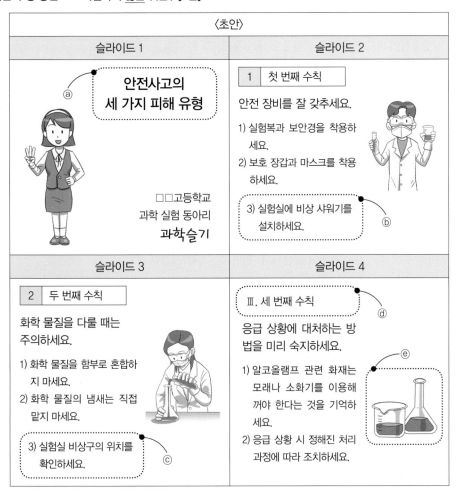

<memo>

① 슬라이드 1에 대한 검토 의견을 고려하여 ⓐ를 '안전한 실험을 위한 세 가지 수칙'으로 수정해야겠군.

② 슬라이드 2에 대한 검토 의견을 고려하여 ⓑ를 삭제해야겠군.

③ 슬라이드 3에 대한 검토 의견을 고려하여 ⓒ를 슬라이드 2로 이동해야겠군.

④ 슬라이드 4에 대한 검토 의견을 고려하여 ⓓ를 슬라이드 2, 3의 형식과 통일하여 제시해야겠군.

⑤ 슬라이드 4에 대한 검토 의견을 고려하여 ⓔ를 응급 상황에 대처하는 방법과 관련된 이미지로 교체해야겠군.

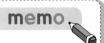

진행자: 오늘 방송할 내용은 지난해 7월 공포된 폐기물관리법 시행규칙과 관련된 내용입니다. 먼저 김 기자, 폐기물관리법 시행규칙에는 어떤 내용이 있나요?

김 기자: 환경부에서 발표한 폐기물관리법 시행규칙에 따르면 수도권 지역은 2026년부터, 그 외 지역은 2030년부터 종량제 봉투에 담긴 생활 폐기물을 땅에 바로 묻을 수 없습니다. 생활 폐기물 중에서 일부를 소각하고 남은 재만 매립해야 합니다.

진행자: 제가 얼마 전에 수도권 여러 매립지의 포화 시점이 멀지 않았다는 내용을 보도한 적이 있었는데 이 시행규칙은 그것과 관련이 있겠네요?

김 기자: 그렇습니다. 바뀐 시행규칙에 맞추어 원활한 소각 처리가 가능해진다면 매립지에 묻히는 생활 폐기물의 양을 지금의 20% 이하로 줄일 수 있다고 합니다.

진행자: 감소하는 양이 크군요. 제가 볼 때는 매립지의 포화 시점을 늦추는 데 상당히 도움이 되겠네요. 그런데 현재 운영 중인 소각 시설은 충분한 편인가요?

김 기자: 그렇지 않습니다. 새로운 시행규칙을 따르기 위해서는 여러 지방 자치 단체에서 소각 시설을 확충해야 하지만, 시작 단계에서부터 주민들과 마찰이 생기고 있는 지역이 많습니다. 얼마 전, 소각 시설의 후보지로 선정된 △△ 지역 주민의 얘기를 먼저 들어 보겠습니다.

주민: 이렇게 갑자기 우리 지역이 소각 시설의 후보지로 선정되다니 너무 화가 납니다.

김 기자: 그리고 ⓐ주민들이 "이 지역을 위해 끝까지 맞서 싸우겠습니다."라고 성토했습니다.

진행자: 후보지로 선정된 지역 주민들의 반발이 크네요. 이번에는 박 기자가 취재한 내용 들어 보겠습니다. 이런 상황을 슬기롭게 해결한 사례가 있을까요?

박 기자: 네, 먼저 준비된 동영상을 보시죠.

진행자: 주민들이 산책도 하고 운동도 하고 있는 모습이 보이네요. 저곳은 공원이 아닌가요?

박 기자: 네, 맞습니다. 지상은 이렇게 주민들이 여가를 즐기는 공원으로 조성되어 있습니다. 계속 동영상을 보시죠. 보시는 것처럼 공원의 지하에는 생활 폐기물 소각 시설이 있습니다. 소각 시설의 지하화로 주민들이 우려했던 위화감을 최소화하고 주민들을 위한 편의 시설을 제공하여 소각 시설의 설치가 가능했습니다.

진행자: 그래도 제 생각에 추진 과정에서 갈등이 적지 않았을 것 같은데요, 어떠한 과정을 거쳤나요?

박 기자: 처음에는 반대 의견이 우세했지만, ○○시에서는 주민들을 설득하기 위해 수차례 협의회를 열어 주민들의 의견을 경청했고 주민들의 요구 사항을 적극적으로 수용하고자 했습니다.

진행자: 그래도 주민들에게는 소각 시설 설치가 건강과 직결되는 문제인 것 같아요. 어떤 주민들이 소각할 때 생기는 대기 오염 물질에 대해 걱정하지 않았어요?

박 기자: ○○시 소각 시설은 폐기물을 소각하는 과정에서 생기는 대기 오염 물질을 정화할 수 있도록 했기 때문에 배출되는 대기 오염 물질의 농도는 현저히 낮습니다. 또한 ○○시는 소각 시설과 관련한 앱을 만들어 주민들의 우려를 해소해 주고 있습니다.

진행자: 그렇군요. 지금 그 앱을 확인할 수 있나요?

박 기자: 네, 화면 보시죠. 이렇게 ㉠앱 메인 화면에서는 여러 메뉴를 한눈에 확인할 수 있는데, 그중 하나를 선택하면 원하는 내용과 손쉽게 연결될 수 있습니다.

우선 ⓒ처리 공정을 누르면, 생활 폐기물을 소각 처리하는 과정을 애니메이션으로 제작한 동영상이 나옵니다. ⓒ대기 오염 농도를 누르면, 수시로 바뀌는 대기 오염 물질의 농도 변화를 바로바로 확인할 수 있습니다. 그리고 ○○시 소각 시설에 방문하여 둘러보고 싶다면 ⓔ시설 견학 신청을, 제안하려는 의견이 있다면 로그인을 한 후 ⓜ의견 보내기를 누르면 됩니다.

55 ▶ 24103-0145
2022학년도 3월 학력평가 40번   상中하

위 프로그램을 시청한 반응으로 적절하지 않은 것은?

① 진행자는 김 기자가 언급한 정보를 자신이 과거에 보도한 내용과 관련지어 이해하고 있군.

② 김 기자는 인터뷰를 제시하여 문제 상황에 대한 주민들의 반응을 전달하고 있군.

③ 박 기자는 동영상을 활용하여 언급된 문제 상황이 해결된 사례를 제시하고 있군.

④ 진행자는 김 기자와 박 기자가 전달한 내용에 대해 자신의 의견을 덧붙이고 있군.

⑤ 진행자는 김 기자와 박 기자가 전달한 정보를 종합하여 해결 방안에 내재한 문제점 위주로 방송을 진행하고 있군.

56 ▶ 24103-0146
2022학년도 3월 학력평가 41번   상中하

위 프로그램을 바탕으로 할 때, ㉠~㉤에서 확인할 수 있는 의사소통의 특징으로 가장 적절한 것은?

① ㉠에서 여러 메뉴를 한눈에 확인할 수 있는 것으로 보아, 수용자는 생산자가 미리 정해 놓은 메뉴의 순서에 따라서만 정보 탐색이 가능함을 알 수 있다.

② ㉡에서 생활 폐기물의 처리 공정을 애니메이션으로 볼 수 있는 것으로 보아, 생산자와 수용자가 쌍방향적 소통을 통해 정보를 생산할 수 있음을 알 수 있다.

③ ㉢에서 수시로 바뀌는 대기 오염 물질의 농도를 바로 알 수 있는 것으로 보아, 변화하는 정보에 수용자가 실시간으로 접근할 수 있음을 알 수 있다.

④ ㉣에서 시설을 견학하고 싶다는 의사를 전달할 수 있는 것으로 보아, 수용자가 미리 등록된 정보를 수정하여 배포할 수 있음을 알 수 있다.

⑤ ㉤에서 소각 시설에 대한 의견 제안이 누구나 가능한 것으로 보아, 수용자가 별도의 인증 절차 없이도 자유롭게 의견을 개진할 수 있음을 알 수 있다.

57

▶ 24103-0147
2022학년도 3월 학력평가 42번

상중**하**

다음은 위 프로그램이 보도된 이후의 시청자 게시판 내용이다. 시청자의 수용 태도에 대한 설명으로 적절하지 <u>않은</u> 것은? [3점]

시청자 게시판

시청자 1 방송에서는 시행규칙에 따라 생활 폐기물 중 일부만 소각한다고 했는데, 어떤 기준으로 소각 여부를 구분하는지까지 알려 줘야 하지 않을까요? 또 생활 폐기물을 소각하면 매립되는 양을 지금의 20% 이하로 줄일 수 있다고 했는데, 그 자료의 출처가 어디인가요?

시청자 2 이 방송은 같은 문제로 갈등을 겪고 있는 우리 지역에서 참고할 만한 좋은 내용이네요. 생활 폐기물을 소각하는 과정에서 생기는 대기 오염 물질을 정화하여 배출한다는 것은 알겠습니다. 그런데 구체적인 수치와 기준까지 제시해 주어야 시청자들도 ○○시 주민들이 왜 소각 시설의 설치에 찬성했는지 이해할 수 있을 것 같아요.

시청자 3 제가 알기로는 소각 처리 시설을 지하화하는 데에 무조건 찬성하는 입장만 있지는 않을 것 같아요. 지상에 짓는 것보다 비용이 더 많이 들어서 난색을 표하는 지방 자치 단체도 있더라고요. 이러한 점을 균형 있게 다루어 주었으면 더 좋았을 것 같아요.

---

① 시청자 1은 폐기물관리법 시행규칙의 효과와 관련하여 방송에서 활용한 정보의 신뢰성을 점검하였다.

② 시청자 2는 지역 주민들의 갈등 해소와 관련하여 방송 내용의 유용성을 점검하였다.

③ 시청자 3은 소각 처리 시설의 지하화와 관련하여 방송 내용의 공정성을 점검하였다.

④ 시청자 1은 폐기물관리법 시행규칙의 내용과 관련하여, 시청자 2는 대기 오염 물질을 정화하여 배출하는 것과 관련하여 방송에서 제시한 정보가 충분한지 점검하였다.

⑤ 시청자 2는 지역 주민들의 갈등 해소 과정과 관련하여, 시청자 3은 소각 처리 시설 지하화의 비용과 관련하여, 방송에서 활용한 정보가 사실인지 점검하였다.

58

▶ 24103-0148
2022학년도 3월 학력평가 43번

상중**하**

〈보기〉를 참고할 때, [A]에 들어갈 내용으로 적절한 것은?

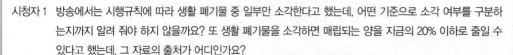

• 보기 •

직접 인용은 간접 인용으로 바꾸어 표현하면 지시 표현, 종결 표현 등에 변화가 일어난다. 가령 ⓐ를 간접 인용이 포함된 문장으로 바꾸어 표현하면 다음과 같이 달라진다.

→ 주민들이 [[A]   ] 성토했습니다.

① 그 지역을 위해 끝까지 맞서 싸웠다고

② 저 지역을 위해 끝까지 맞서 싸웠다고

③ 그 지역을 위해 끝까지 맞서 싸우겠다고

④ 그 지역을 위해 끝까지 맞서 싸웠다라고

⑤ 저 지역을 위해 끝까지 맞서 싸우겠다고

59~60 (가)는 사진 동아리 학생들이 진행한 온라인 화상 회의의 일부이고, (나)는 (가)를 바탕으로 '준영'이 만든 발표 자료의 초안이다. 물음에 답하시오.

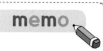

(가)

현수: 드디어 다 모였네. 모일 공간이 마땅치 않았는데 이렇게 온라인 공간에서 의견을 나눌 수 있다니 참 편리하다.

가람: 맞아. 그런데 현수는 카메라를 안 켰네? 대면 회의 대신에 온라인으로 화상 회의를 하기로 한 것이니 모두 카메라를 켜고 참여하는 게 좋지 않을까?

현수: 앗, 그렇네. 지금 바로 카메라를 켤게.

준영: 좋아. 내 목소리 잘 들려? (화면 속 학생들을 살피며) 다들 잘 들리는 것 같네. 오늘은 축제에서 사용할 동아리 활동 소개 자료에 대해 논의하자. 혹시 일정표 갖고 있니?

예나: 내가 파일로 가지고 있어. 지금 바로 파일 전송할게.

> **파일 전송:** 동아리_활동_발표회_일정표.hwp (256KB)

준영: 고마워. 예나가 보낸 파일을 보니 발표 시간이 짧아서 올해 진행한 행사들만 슬라이드로 간단히 소개하면 될 것 같아.

예나: 그럼 계절에 따라 진행한 행사 사진을 각 슬라이드에 넣으면 어때?

현수: 좋은 생각인데, 나한테 봄에 '○○ 공원 사진 촬영'에서 찍은 동영상이 있어. 잠시 내 화면을 공유해서 보여 줄게. (화면을 공유한다.) 이게 괜찮으면 슬라이드에 사진 대신 삽입하면 어떨까?

가람: 오, 난 좋은데? 이걸 삽입하면 행사 모습을 사진보다 생생하게 전달할 수 있겠어. 여름 행사는 '사진 강연'이지?

현수: 맞아. 아까 예나가 이야기한 것처럼 이 행사부터는 사진을 슬라이드에 넣어서 청중에게 보여 주면 될 것 같아.

가람: 근데 그것만으로는 어떤 강연이었는지를 알 수 없잖아. 강연 일시와 장소뿐만 아니라 무슨 주제로 강연했는지를 제시해야 하지 않을까?

예나: 좋아. 나도 동의해. 그럼 가을에 한 '옛날 사진관' 행사도 설명을 간단히 제시하자.

준영: 근데 그 행사는 촬영한 사진들을 궁금해하는 친구들이 많더라. 동아리 블로그에 사진이 많이 있으니 블로그에 바로 접속할 수 있는 QR 코드도 삽입하면 어떨까?

예나: 그게 좋겠다. 마지막 행사는 '장수 사진 봉사 활동'인데, 우리에게 의미 있는 행사였으니 슬라이드에 행사의 취지를 밝히고 행사에서 느낀 점을 간단히 제시하는 것이 좋겠어.

가람: 그렇게 하면 슬라이드에 담긴 설명이 너무 많아서 읽기 힘들 것 같아. 느낀 점은 발표자가 따로 언급만 하는 것으로 하자.

준영: 그러자. 내가 초안을 만들 테니 나중에 함께 검토해 줘.

(나)

슬라이드 1	슬라이드 2
사진 동아리 △△의 봄 △△ 부원 모두가 함께한 '○○ 공원 사진 촬영'	**사진 동아리 △△의 여름** 김□□ 작가의 '사진 강연' • 강연 일시: 20××.××.××. • 강연 장소: 본교 소강당
슬라이드 3	슬라이드 4
사진 동아리 △△의 가을 복고를 주제로 많은 학생들을 촬영한 '옛날 사진관' ← 사진 더 보기 (동아리 블로그로 이동)	**사진 동아리 △△의 겨울** '장수 사진 봉사 활동' 마을 어르신들의 장수를 기원하며 건강한 미소를 사진에 담아낸 재능 기부 활동

59 ▶ 24103-0149
2022학년도 3월 학력평가 44번

(가)에 대한 설명으로 적절하지 않은 것은?

① '현수'는 대면 회의보다 공간의 제약이 덜하다는 장점을 들어 온라인 화상 회의에 대해 긍정적으로 평가하고 있다.

② '가람'은 회의가 제한된 시간 안에 이루어진다는 점을 들어 회의의 규칙을 제안하고 있다.

③ '준영'은 화면을 살피며 참여자들에게 자신의 음성이 잘 전달되는지를 점검하고 있다.

④ '예나'는 파일 전송 기능을 활용하여 회의에 필요한 자료를 참여자에게 제공하고 있다.

⑤ '현수'는 자신의 화면을 공유하며 슬라이드에 동영상을 삽입할 것을 제안하고 있다.

60 ▶ 24103-0150
2022학년도 3월 학력평가 45번

(가)를 바탕으로 (나)를 수정한다고 할 때, 이에 대한 방안으로 가장 적절한 것은?

① '○○ 공원 사진 촬영' 행사 모습을 청중에게 생생하게 전달하기 위해 '슬라이드 1'에 행사 사진을 추가한다.

② '사진 강연'의 내용을 청중이 알 수 있도록 '슬라이드 2'에 강연 주제에 대한 정보를 추가한다.

③ 진행한 행사를 청중에게 계절 순서에 맞게 제시하기 위해 '슬라이드 2'와 '슬라이드 3'에 제시된 행사를 맞바꾼다.

④ '옛날 사진관' 행사와 관련하여 청중이 필요로 하는 정보만을 제시하기 위해 '슬라이드 3'에 제시된 사진을 삭제한다.

⑤ '장수 사진 봉사 활동'이 동아리 부원들에게 주는 의미를 청중이 알 수 있도록 '슬라이드 4'에 행사에서 느낀 점을 추가한다.

61~64 다음은 '지문 등 사전등록제'에 대한 신문 기사를 다루는 텔레비전 방송 프로그램의 일부이다. 물음에 답하시오.

진행자: ㉠시청자 여러분, 안녕하십니까! 며칠 전 김 모 군이 가족의 품으로 돌아온 사실, 다들 알고 계실 겁니다. 김 군이 돌아온 데는 '지문 등 사전등록제'의 역할이 컸습니다. ㉡그래서 오늘은 '지문 등 사전등록제'에 대한 기사들이 많습니다. 먼저 △△ 신문, 함께 보시죠.

진행자: 표제가 '실종 신고 느는데 저조한 지문 등록률'인데요, 기사 내용 일부를 확대해 보겠습니다. 18세 미만 아동은 55.0%, 치매 환자는 25.8%만 지문 등을 등록했다고 하는데요. 그러면 '지문 등 사전등록제'가 무엇이고, 왜 이렇게 등록률이 저조한지 말씀해 주시겠습니까?

전문가: △△ 신문에서 언급한 대로 '지문 등 사전등록제'란 18세 미만의 아동, 치매 환자 등을 대상으로 보호자의 신청을 받아 지문과 사진, 신상 정보 등을 사전에 등록하여, 실종 시에 이 자료를 활용해 신속하게 찾을 수 있게 하는 제도를 말합니다. △△ 신문에서는 홍보가 부족해 지문 등록률이 저조하다고 했는데요, 제가 볼 때는 개인 정보 유출에 대한 우려도 크게 작용했다고 생각합니다.

진행자: 개인 정보 유출은 민감한 사안이니 정보 관리가 중요하겠네요.

전문가: ㉢사전등록 정보는 암호화 과정을 거쳐 저장하고 있습니다. 또 이 정보는 ㉣아동이 18세에 도달하면 자동 폐기되고, 보호자가 원하면 언제든 폐기할 수 있습니다.

진행자: 네, 그래도 등록률을 높이려면 현재보다 강화된 개인 정보 보호 방안이 있어야겠네요. △△ 신문을 더 살펴볼까요? 지문 등을 사전등록하면 실종자를 신속하게 찾을 수 있다는 내용인데요, 시간이 얼마나 단축되나요?

전문가: 지문 등을 등록하지 않으면 실종자를 찾기까지 평균 56시간, 등록하면 평균 50여 분 정도 걸립니다.

진행자: 시간이 많이 단축되네요. 이제 다른 기사들도 살펴볼까요? □□ 신문인데요, 간단히 보면 '찾아가는 지문 등 사전등록제'를 실시하는 지역이 있다는 내용입니다. ○○ 신문에는 지문 등 사전등록 스마트폰 앱이 소개되어 있네요. 화면으로 만나 보시죠.

○○ 신문

'지문 등 사전등록 앱'의 ⓐ'첫 화면'은 메뉴가 그림과 문자로 표현되어 있어서, 고정된 메뉴 화면을 한눈에 보며 손쉽게 활용할 수 있다.

ⓑ'지문 등록' 메뉴를 누르면 대상자의 지문과 사진, 대상자와 보호자의 인적 사항 등을 언제 어디서든 등록할 수 있다.

ⓒ'함께 있어요' 메뉴에서는 게시판에 올라온 인적 사항과 사진들을 보면서 찾고 있는 사람이 있는지 알아볼 수 있다.

ⓓ'같이 찾아요' 메뉴에는 잃어버린 사람을 찾는 글을 올릴 수 있는데, 다른 사람의 글을 확인하거나 다른 사람의 글에 댓글을 다는 것도 가능하다.

ⓔ'보호소' 메뉴는 지도 앱과 연동되어 있어서 인근에 있는 보호소의 위치를 바로 확인할 수 있다.

진행자: ㉤필요하신 분들은 앱을 한번 사용해 보시면 좋겠습니다. 이번에는 실시간 시청자 게시판, 화면으로 보시죠.

61
▶ 24103-0151
2022학년도 수능 40번
상 중 **하**

위 방송 프로그램을 시청한 학생의 반응으로 적절하지 않은 것은?

① 진행자가 △△ 신문의 내용보다 □□ 신문의 내용을 간단히 언급함으로써 방송에서 어떤 기사에 더 비중을 두었는지 드러내고 있군.

② 시의성 있는 화제를 다룬 신문 기사들을 제시함으로써 사회적으로 주목할 만한 사안에 대한 다양한 정보를 전달하고 있군.

③ △△ 신문 기사의 일부를 화면에 확대하여 제시함으로써 신문 기사의 특정 부분을 방송에서 선별하여 보여 주고 있군.

④ 진행자가 △△ 신문과 ○○ 신문의 기사 내용을 종합함으로써 특정 화제에 대한 비판적 입장을 나타내고 있군.

⑤ 전문가가 진행자의 질문에 답함으로써 △△ 신문 기사의 내용에 대한 자신의 의견을 덧붙이고 있군.

62
▶ 24103-0152
2022학년도 수능 41번
상 **중** 하

㉠~㉤에 대한 설명으로 적절하지 않은 것은?

① ㉠: 하십시오체 종결 어미 '-ㅂ니까'를 통해 시청자를 높이며 방송의 시작을 알리는 인사를 하고 있다.

② ㉡: 접속 부사 '그래서'를 통해 앞 문장의 내용이 뒤에 이어지는 내용의 원인임을 드러내고 있다.

③ ㉢: 보조사 '는'을 통해 '사전등록 정보'가 문장의 화제임과 동시에 주어로 사용됨을 보여 주고 있다.

④ ㉣: 연결 어미 '-면'을 통해 앞 절의 내용이 '사전등록 정보'가 '자동 폐기'되는 조건임을 나타내고 있다.

⑤ ㉤: 보조 용언 '보다'를 통해 '앱'을 사용하는 것이 시험 삼아 하는 행동임을 나타내고 있다.

다음은 위 방송 프로그램 '시청자 게시판'의 내용이다. 시청자의 수용 태도에 대한 설명으로 가장 적절한 것은? [3점]

┌───┐
│ 시청자 게시판   × +   ─ □ × │
│   │
│ └ 시청자 1 제 주변에서는 많이 등록했던데요. 신문에 나온 등록률 현황은 어디에서 조사한 것인가요?
│ └ 시청자 2 방송에서 지문 등 사전등록의 필요성 위주로 이야기하고 개인 정보 유출 문제에 대해서는 별로 언급하지
│   않네요.
│ └ 시청자 3 미취학 아동만 대상자인 줄 알았는데 중학생도 해당되는군요. 누가 대상자인지 궁금했던 사람들은 방송을
│   통해 알게 되었겠어요.
│ └ 시청자 4 가족 중에 대상자가 있지만 저처럼 이런 제도가 있다는 것을 몰랐던 사람에게는 방송 내용이 도움이 될 것
│   같아요.
│ └ 시청자 5 인터넷에서는 지문 등 사전등록을 하지 않으면 실종자를 찾기까지 81시간이 걸린다던데요. 어떤 것이 맞는
│   지 궁금합니다.
└───┘

① 시청자 1과 2는 △△ 신문 기사의 내용과 관련하여, 지문 등 사전등록제의 등록률에 대한 정보의 출처가 믿을 만한지 점검하였다.

② 시청자 1과 4는 ○○ 신문 기사의 내용과 관련하여, 지문 등을 사전등록하는 방법에 대한 정보의 양이 충분한지 점검하였다.

③ 시청자 2와 5는 △△ 신문 기사의 내용과 관련하여, 지문 등 사전등록제의 장단점을 공평하게 다루고 있는지 점검하였다.

④ 시청자 3과 4는 △△ 신문 기사의 내용과 관련하여, 지문 등 사전등록제가 어떤 사람에게 유용한지 점검하였다.

⑤ 시청자 3과 5는 ○○ 신문 기사의 내용과 관련하여, 지문 등 사선등록제의 효과에 대한 정보가 사실인지 점검하였다.

'○○ 신문'을 바탕으로 할 때, ⓐ~ⓔ에서 확인할 수 있는 의사소통의 특징으로 가장 적절한 것은?

① ⓐ에서, 화면에서 필요한 정보를 찾아 사용할 수 있는 것으로 보아 수용자가 대량의 정보를 요약하여 비선형적으로 표현할 수 있음을 알 수 있다.

② ⓑ에서, 시·공간의 제약 없이 정보를 생산하는 것으로 보아 생산자가 등록한 정보를 수용자가 변형하여 배포할 수 있음을 알 수 있다.

③ ⓒ에서, 글과 이미지로 표현된 정보를 확인할 수 있는 것으로 보아 수용자가 둘 이상의 양식이 결합된 매체 자료에 접근하여 실시간으로 수정할 수 있음을 알 수 있다.

④ ⓓ에서, 글을 쓸 수도 있고 다른 사람의 글을 읽을 수도 있는 것으로 보아 매체 자료의 생산과 수용이 쌍방향적으로 이루어질 수 있음을 알 수 있다.

⑤ ⓔ에서, 서로 다른 앱을 연결하여 사용할 수 있는 것으로 보아 매체 자료의 수용자가 생산자도 될 수 있음을 알 수 있다.

memo

memo

65~66 (가)는 학생의 개인 블로그이고, (나)는 발표를 위해 (가)를 참고하여 만든 스토리보드의 일부이다. 물음에 답하시오.

(가)

재생 종이, 왜 사용해야 할까요?

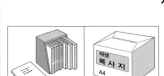

　　재생 종이를 아시나요? 재생 종이는 폐지를 활용하여 만든 종이인데요, 대체로 폐지가 40% 넘게 들어간 종이를 말합니다. 사진에서 보듯이 재생 종이는 책, 복사지 등으로 사용되고 있답니다.

　　재생 종이를 사용하면 **숲을 지킬 수 있어요.** 20××년 한 해에 국내에서 사용되는 종이를 만드는 데 2억 2천만 그루의 나무가 필요하다고 해요. 엄청난 면적의 숲이 종이를 만들기 위해 사라지고 있는 것이죠. 특히 일반 종이를 복사지로 사용하는 것이 가장 큰 문제인데요, 사무실에서 사용하는 복사지의 45%가 출력한 그날 버려지기 때문입니다. 복사지의 10%만 재생 종이로 바꿔도 1년에 27만 그루의 나무를 지킬 수 있다고 해요. 숲을 지켜야 하는 이유를 알고 싶으면 이전 글 숲의 힘(🖱클릭)을 참고해 주세요.

　　또 재생 종이는 일반 종이에 비해 생산 과정에서 **환경에 유해한 물질이 덜 발생해요.** 일반 종이 1톤을 생산하면 2,541kg의 이산화 탄소(CO_2)와 872kg의 폐기물이 발생하지만, 같은 양의 재생 종이를 생산하면 이산화 탄소는 2,166kg이, 폐기물은 735kg이 발생한다는 연구 결과가 있어요. 그러니 종이를 써야 할 때는 재생 종이를 사용하는 게 좋겠죠?

(나)

	화면 설명	화면	내레이션 및 배경 음악
#1	그림이 먼저 나오고 글이 나중에 덧붙여짐.	재생 종이란? 폐지 함량 40% 이상	재생 종이는 폐지를 활용해 만든 종이랍니다. 여기서 폐지는 한번 사용한 종이를 말해요. (배경 음악) 잔잔한 느낌의 음악
#2	잘린 나무 밑동이 서서히 사라지면서, 그 옆에 나무 그림이 나타남.		종이를 만들기 위해 숲이 사라져요. 하지만 복사지의 10%만 재생 종이로 바꿔도 1년에 27만 그루의 나무를 지킬 수 있어요. (배경 음악) 무거운 느낌에서 경쾌한 느낌의 음악으로 바뀜.
#3	그래프의 막대가 아래에서 위로 올라감.	에너지 투입량(kWh) 종이 / 발생량(kg) CO_2 폐기물 일반 종이 1톤을 생산할 때	일반 종이를 생산할 때 투입되는 에너지의 양과 발생하는 물질의 양입니다.

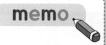

| #4 | 자막이 '재생 종이 1톤 생산할 때'로 바뀌면서 그래프의 막대가 아래로 내려옴. | 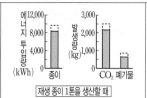 | 일반 종이 대신 재생 종이를 만들면 투입 에너지와 발생 물질의 양이 약 15% 정도 줄어들어요. |

65 ▶ 24103-0155
2022학년도 수능 44번 · 상 중 하

(가)에 나타난 표현 방식에 대한 설명으로 가장 적절한 것은?

① 재생 종이의 활용 사례를 글자의 굵기와 형태를 달리하여 강조했다.

② 재생 종이와 관련된 각 문단의 중심 내용을 소제목을 사용하여 부각했다.

③ 종이를 만들기 위해 사라지는 숲의 면적을 동영상 자료를 활용하여 보여 주었다.

④ 사무실에서 버려지는 일반 종이의 양을 글과 사진 자료를 함께 사용하여 제시했다.

⑤ 숲을 지켜야 하는 이유를 다룬 다른 게시물을 하이퍼링크 기능을 활용하여 안내했다.

66 ▶ 24103-0156
2022학년도 수능 45번 · 상 중 하

(가)를 참고하여 (나)를 만드는 과정에서 학생이 고려했을 내용으로 적절하지 않은 것은?

① 정보가 보강될 수 있도록 (가)에서 제시한 종이 생산 과정에서 발생하는 물질 외에도 생산 과정에 투입되는 에너지의 양도 조사하여 추가해야지.

② 정보가 복합 양식적으로 전달될 수 있도록 (가)에서 제시한 재생 종이의 정의를 시각 자료와 문자 언어를 결합한 화면으로 표현하면서 내레이션으로 보완해야지.

③ 정보 간의 유기적인 관계가 드러나도록 (가)에서 두 문단으로 제시한 재생 종이 사용의 필요성을 배경 음악과 내레이션을 모두 포함한 각각의 화면 두 개로 구성해야지.

④ 정보 간의 차이점이 드러나도록 (가)에서 제시한 일반 종이와 재생 종이의 생산으로 발생하는 물질의 양적 차이를 그래프로 제시하고 이를 설명하는 내레이션을 포함해야지.

⑤ 정보가 효과적으로 표현될 수 있도록 (가)에서 제시한 재생 종이 사용에 따른 나무 보존에 대한 내용을 화면과 내레이션으로 표현하면서 이에 어울리는 배경 음악을 사용하여 나타내야지.

67~70 (가)는 인쇄 매체의 기사이고, (나)는 (가)를 바탕으로 학생이 만든 카드 뉴스이다. 물음에 답하시오.

(가)

㉠청소년의 사회 참여, 현주소는 어디인가?

청소년 사회 참여는 청소년이 사회 문제나 정치 문제에 관심을 갖고 의사 결정 과정에 참여해 영향력을 행사하는 것을 말한다. 지난해 발표된 ○○ 기관 보고서에 따르면, ㉡'청소년도 사회 참여가 필요하다.'라고 응답한 청소년은 무려 88.3%에 달한다.

그렇다면 실제로 얼마나 많은 청소년에게 사회 참여 활동 경험이 있을까? ○○ 기관 통계 자료에 따르면, 사회 참여 활동 경험이 있다고 응답한 청소년은 21%에 그쳤다.

전문가들은 ㉢청소년이 주도하는 사회 참여 활동 기회가 부족하여 참여가 확산되지 못하고 있다고 지적한다. 현재의 청소년 사회 참여 활동이 기관을 중심으로 운영되기 때문에 활동을 확산해 나가는 데에 한계가 있다는 것이다. 따라서 청소년이 자신이 속한 공동체의 문제 해결을 위한 의사 결정 과정에 능동적으로 참여할수 있는 ㉣사회적 분위기가 만들어져야 한다고 주장한다. □□고 3학년 김 모 학생은 ㉤사회 참여 활동을 경험하면서 배운 것이 많지만 지속적으로 참여할 수 없어서 아쉬웠다고 하였다. 이에 덧붙여 앞으로는 스스로문제를 찾아 해결하는 활동을 해 보고 싶다고 말했다.

△△대 사회학과 김◇◇ 교수는 "청소년의 사회 참여 활동은 사회성을 향상하여 민주 시민으로서의 자질을 갖추는 데 도움이 될 수 있습니다."라고 강조하며, "사회 참여 활성화를 위해 기관 중심의 청소년 참여와청소년이 주도가 된 사회 참여가 함께 이루어지는 방향으로 나아가야 합니다."라고 하였다.

−박▽▽ 기자−

(나)

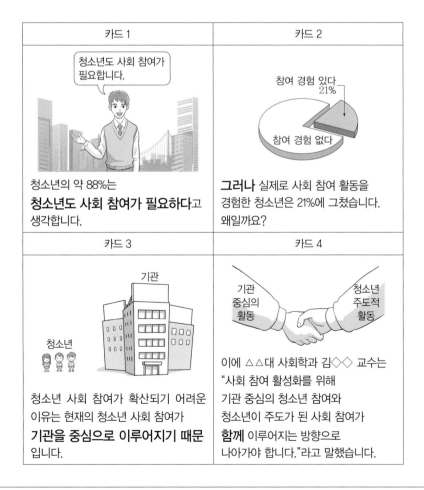

(가), (나)를 수용할 때 유의할 점으로 가장 적절한 것은?

① (가)는 다양한 이론을 종합하여 해결 방안을 마련하고 있으므로 이론에 대한 왜곡이 없는지 확인해야 한다.

② (나)는 제시된 정보 중 출처를 밝히지 않은 것이 있으므로 신뢰할 수 있는 정보인지 확인해야 한다.

③ (나)는 의견이 대립하고 있는 상황을 다루고 있으므로 편파적으로 서술되지 않았는지 확인해야 한다.

④ (가)와 (나)는 예상되는 반론에 반박하고 있으므로 논리적 타당성을 갖추었는지 확인해야 한다.

⑤ (가)와 (나)는 작성자의 주장이 나열되고 있으므로 납득할 만한 근거를 갖추고 있는지 확인해야 한다.

(나)를 제작하는 과정에서 반영된 학생의 계획으로 적절하지 않은 것은?

① '카드 1'에는 (가)의 보고서에 담긴 사회 참여 필요성에 대한 청소년의 인식을 보여 주기 위해 청소년이 말하는 이미지로 제시해야겠군.

② '카드 2'에는 (가)의 사회 참여 활동을 경험해 본 청소년의 비율을 그래프로 시각화하여 문제 상황을 드러내야겠군.

③ '카드 3'에는 (가)의 기관 중심의 사회 참여를 선호하는 청소년의 경향을 드러내기 위해 기관의 이미지를 더 크게 그려야겠군.

④ '카드 4'에는 (가)의 청소년 사회 참여 활동의 두 가지 유형이 서로 조화를 이루는 이미지를 제시해야겠군.

⑤ '카드 4'에는 (가)의 청소년 사회 참여에 관한 교수 인터뷰 내용 중 활성화의 방향에 해당하는 내용을 문구로 제시해야겠군.

69 ▶24103-0159
2022학년도 9월 모의평가 42번   상 중 **하**

⊙~⑩에 대한 설명으로 적절하지 <u>않은</u> 것은?

① ⊙: 의문형 종결 어미를 활용하여 글의 화제를 드러내는 제목을 질문의 형식으로 제시하고 있다.

② ⓒ: 부사 '무려'를 사용하여 청소년도 사회 참여가 필요하다고 응답한 청소년의 비율이 높음을 강조하고 있다.

③ ⓒ: 연결 어미 '–여'를 사용하여 사회 참여 활동 기회에 대한 앞 절의 내용이 뒤 절 내용의 목적에 해당함을 나타내고 있다.

④ ②: 피동 표현을 활용하여 행위의 주체보다는 행위의 대상인 '사회적 분위기'에 초점을 두어 서술하고 있다.

⑤ ⑩: 인용 표현을 활용하여 사회 참여 활동을 경험한 학생의 소감을 전달하고 있다.

70 ▶24103-0160
2022학년도 9월 모의평가 43번   상 중 **하**

다음의 '카드 뉴스 보완 방향'을 고려할 때, '카드 A', '카드 B'의 활용 방안으로 가장 적절한 것은? [3점]

○ 카드 뉴스 보완 방향: 우리 학교 학생을 대상으로 하는 캠페인에 활용하기 위해 (나)에 카드 A, B를 추가

카드 A	카드 B
왜 사회 참여 활동을 하지 않나요?	청소년 사회 참여 어렵지 않습니다. 주변의 문제부터 하나씩! 차근차근!

카드 A 표:

응답 내용	비율(%)
사회 참여가 어렵게 느껴져서	63
⋮	⋮

우리 학교 학생 중 사회 참여 경험이 없는 학생들에게 그 이유를 물었더니 위와 같은 결과가 나왔습니다.

카드 B: 우리 학교 쓰레기 분리배출 캠페인 / 우리 학교 앞 신호등 설치 건의

① (나)에서 청소년의 사회 참여가 필요한 이유는 언급하지 않았으므로 '카드 A'를 활용하여 그 이유를 보여 준다.

② (나)에서 청소년 주도의 사회 참여 기회가 부족함을 지적하였으므로 '카드 A'를 활용하여 우리 학교 학생들의 사회 참여 이유를 제시한다.

③ (나)에서 청소년 사회 참여 확산이 어려운 이유를 언급하지 않았으므로 '카드 A'를 활용하여 그에 대한 우리 학교 학생들의 생각을 보여 준다.

④ (나)에서 사회 참여가 청소년에게 미치는 영향을 강조하였으므로 '카드 B'를 활용하여 우리 학교 주변의 문제를 알려 준다.

⑤ (나)에서 청소년이 주도적으로 사회 참여를 할 수 있는 구체적 방법을 제시하지 않았으므로 '카드 B'를 활용하여 우리 학교 학생들이 실천할 수 있는 방법을 제안한다.

memo

Ⅱ 매체

71~72 (가)는 웹툰 동아리 학생들이 제작진 채팅방에서 나눈 대화이고, (나)는 (가)의 회의를 바탕으로 제작한 웹툰이 실린 누리집의 일부이다. 물음에 답하시오.

(가)

─────────────────── 20□□. 08. 01. ───────────────────

하진 '마음을 그려 드려요' 게시판에 다음 주에 올릴 웹툰에 대한 제작진 회의를 시작할게! 학생들 사연을 받아서 연재하니 우리 웹툰에 관심이 높아졌어! 이번 사연 내용이야.

> 웹툰을 챙겨 보는 독자입니다. 친구에게 미안한 마음을 어떻게 전할지 고민이라 사연을 올려요. 친구가 시험공부를 도와 달라 했는데, 바쁘니까 알아서 하라고 짜증을 냈거든요. 서운해하는 걸 보고 후회하다가 한 달이 지나고 사이는 더 멀어졌어요. 어떻게 말할지 많은 독자들의 조언을 들을 수 있게 잘 그려 주세요.

우주 한 달이나 시간이 지난 건 어떻게 드러내지?

주혁 장면이 세로로 이어지니까, 이걸 고려해서 시각적으로 표현하면 좋겠어.

하진 좋은 생각이야. 그리고 한 달 동안 두 사람이 느꼈을 감정을 비교하기 좋게 양쪽으로 배치해 보면 어떨까?

우주 좋아. 친구 사이가 점점 멀어지는 건 둘 사이의 간격으로 보여 줄게.

하진 그러자. 대화는 말풍선에 쓰고, 속마음은 표정이나 몸짓에서 드러나게 해야겠지?

주혁 응. 그래도 사연을 보낸 학생이 느낀 감정들은 다른 방법으로 좀 더 분명하게 표현해 줘.

하진 그리고 많은 독자들의 조언을 듣고 싶다고 했으니 마지막 부분에 말풍선과 문구를 활용해서 유도해 줘.

우주 그래. 회의한 걸 토대로 그려 볼게! 아, 웹툰 끝에 사연 게시판 주소 링크도 올릴게.

─────────────────── 20□□. 08. 12. ───────────────────

하진 댓글 봤어? 친구 입장에서 말해 보라는 의견도 있어.

우주 별점이 높은 것을 보니 독자들의 평가가 좋네.

주혁 그러게. 난 '좋은날' 님 댓글 보니 뿌듯했어. 수고했어.

전송

memo

(나)

동아리 소식 | **마음을 그려 드려요** | 사연 게시판

[열두 번째 사연]   20□□. 08. 08. 13:00

'아, 후회돼.'

'미안해서 어쩌지.'

"여러분이라면 친구에게 미안한 마음을 어떤 말로 전하겠어요?
댓글로 적어 주세요."

여러분의 사연으로 제작됩니다. 아래를 클릭하면 '사연 게시판'으로 이동!
'http://www.○○○.com/board_03'

공감 ♥ 125   ★★★★☆ 4.5

냥냥이: "많이 서운했지? 미안해."라고 친구 입장에서 말하기.   20□□. 08. 08. 15:32 👍 87

파 도: "정말 후회되고 미안하더라."라고 감정을 솔직히 말하는 것을 추천! 난 그렇게 해서 화해했어요.
                                                        20□□. 08. 09. 17:20 👍 55

  ↳ **솜사탕**: 맞아요. 먼저 말 걸기가 어려워도 솔직한 게 중요해요.   20□□. 08. 09. 17:53

     ↳ **파 도**: 그것도 맞는 말!   20□□. 08. 10. 19:12

좋은날: 작가님! 독자들의 고민 사연을 그려서 공유하는 것이 너무 좋아요! 왠지 제 얘기 같기도 하고.
                                                        20□□. 08. 11. 18:05 👍 33

memo

(가), (나)에 대한 이해로 적절하지 않은 것은?

① (가)는 웹툰 제작자가 웹툰을 제작하기 위해 사연 신청자의 요청을 반영할 수 있음을 보여 준다.

② (가)는 웹툰 제작자가 (나)의 댓글이나 별점을 통해 웹툰의 독자가 보인 반응을 확인할 수 있음을 보여 준다.

③ (나)는 웹툰의 독자가 댓글로 서로 공감하며 상호 작용하고 있음을 보여 준다.

④ (나)는 웹툰의 독자가 하이퍼링크를 통해 웹툰 제작자가 지정한 곳으로 이동할 수 있음을 보여 준다.

⑤ (나)는 웹툰의 독자가 이미지에 담긴 의미에 대해 웹툰 제작자에게 직접 묻고 답을 얻고 있음을 보여 준다.

(가)의 웹툰 제작 계획을 (나)에 반영한 내용으로 적절하지 않은 것은?

① 시간의 경과를 드러내기 위해 장면이 제시되는 방향을 고려하여 숫자를 세로로 배열해 날짜 변화를 표현했다.

② 한 인물이 겪는 두 가지 사건을 비교하기 위해 화면을 세로로 분할하여 인물의 행동 변화를 나란히 보여 주었다.

③ 멀어지는 친구 사이를 시각적으로 보여 주기 위해 인물들 사이에 여백을 두어 점차 간격이 벌어지게 그렸다.

④ 속마음을 분명하게 표현하기 위해 표정이나 몸짓으로 드러내는 것뿐만 아니라 글로도 적어 감정을 명시적으로 드러냈다.

⑤ 많은 독자들의 조언을 유도하기 위해 말풍선을 의도적으로 비우고 댓글 참여를 권유하는 문구를 제시했다.

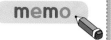

73~75 다음은 학생이 과제 수행을 위해 인터넷에서 열람한 지역 신문사의 웹 페이지 화면이다. 물음에 답하시오.

memo

Ⅱ 매체

△△군민신문

○○초등학교, 특색 있는 숙박 시설로 다시 태어난다
폐교가 지역 관광 거점으로… 지역 경제 활성화 기대

사진: ○○초등학교 시설 전경

지난 1일 △△군은 폐교된 ○○초등학교 시설을 '△△군 특색 숙박 시설'로 조성하겠다고 밝혔다. 지역 내 유휴 시설을 활용해 지역만의 특색을 살린 숙박 시설을 조성하고, 지역을 대표하는 관광 자원으로 활용하겠다는 것이다.

이번 사업을 통해 ○○초등학교 시설은 ☆☆마을 등 주변 관광 자원과 연계해 지역의 새로운 관광 거점으로 조성될 계획이다. 건물 내부는 객실·식당·카페·지역 역사관 등으로 꾸미고, 운동장에는 캠핑장·물놀이장을 조성한다. △△군은 내년 상반기까지 시설 조성을 완료하고 내년 하반기부터 운영을 시작할 예정이다.

[A]

해당 시설에 인접한 ☆☆마을은 2015년부터 캐릭터 동산, 어린이 열차 등 체험 관광 시설을 조성하여 특색 있는 지역 관광지로서 인기를 끌고 있으나 인근에 숙박 시설이 거의 없어 체류형 관광객을 유인하는 데 한계가 있다는 평가를 받아 왔다.

△△군 관광객 및 숙박 시설 수 추이
※ 자료: △△군 문화관광체육과(2019)

여행 유형
여행 1회당 지출액(2018년 기준)
※ 자료: 문화체육관광부(2019)

이번 사업을 둘러싼 우려가 전혀 없는 것은 아니지만 대다수 지역 주민들은 이를 반기는 분위기다. 지역 경제 전문가 오□□ 박사는 "당일 관광보다 체류형 관광에서 여행비 지출이 더 많다"며 "인근 수목원과 벚꽃 축제, 빙어 축제 등 주변 관광지 및 지역 축제와 연계한 시너지 효과로 지역 경제 활성화에 도움이 될 것"이라고 말했다.

2021. 06. 02. 06:53:01 최초 작성 / 2021. 06. 03. 08:21:10 수정

△△군민신문 이◇◇ 기자

👍 좋아요(213)　　👎 싫어요(3)　　↪ SNS에 공유　　📝 스크랩

관련 기사(아래를 눌러 바로 가기)
• 학령 인구 감소로 폐교 증가… 인근 주민들, "유휴 시설로 방치되어 골칫거리"
　👆
• [여행 전문가가 추천하는 지역 명소 ①] ☆☆마을… 다섯 가지 매력이 넘치는 어린이 세상

댓글
방랑자: 가족 여행으로 놀러 가면 좋을 것 같아요.
　↳ **나들이:** 맞아요. 우리 아이가 물놀이를 좋아해서 재밌게 놀 수 있을 것 같아요. 캠핑도 즐기고요.
　　↳ **방랑자:** 카페에서 이야기도 나눌 수 있고요.

위 화면을 통해 매체의 특성을 이해한 학생의 반응으로 가장 적절한 것은?

① 기사를 누리 소통망[SNS]에 공유할 수 있으니, 기사 내용을 직접 수정할 수 있겠군.

② 기사에 대한 수용자들의 선호를 확인할 수 있으니, 기사에 제시된 정보의 신뢰도를 검증할 수 있겠군.

③ 기사와 연관된 다른 기사를 열람할 수 있으니, 수용자의 선택에 따라 정보를 추가로 확인할 수 있겠군.

④ 기사가 문자, 사진 등 복합 양식으로 구성되어 있으니, 시각과 청각을 결합하여 기사 내용을 이해할 수 있겠군.

⑤ 기사의 최초 작성 시간과 수정 시간이 명시되어 있으니, 다른 수용자들이 기사를 열람한 시간을 확인할 수 있겠군.

〈보기〉를 참고할 때, [A]에 대한 반응으로 적절하지 않은 것은? [3점]

● 보기 ●

　기자는 취재한 내용을 단순히 나열하는 것이 아니라, 전달하고자 하는 바를 효과적으로 드러내기 위해 취재 내용 중 일부를 선별하고 그중 특정 내용을 부각하는 방식으로 기사를 구성한다. 따라서 기사를 분석할 때에는 기사 자체의 내용뿐 아니라 정보를 배치하는 방식, 시각 자료의 이미지 활용 방식 등 정보가 제시되는 양상도 살펴봐야 한다.

① 사업을 추진하게 된 배경을 부각하기 위해 체류형 관광이 어려운 실정이라는 내용에 이어 시각 자료를 배치한 것이겠군.

② 지역 관광객의 증가 추세를 부각하기 위해 △△군 관광객 수 추이를 제시할 때 화살표 모양의 이미지를 활용한 것이겠군.

③ 체류형 관광의 경제적 효과를 부각하기 위해 여행 유형에 따른 지출액의 차이를 이미지로 강조하여 제시한 것이겠군.

④ 체류형 관광 지출액의 증가 현상을 부각하기 위해 관광객 수와 여행 지출액에 대한 시각 자료를 나란히 배치한 것이겠군.

⑤ 지역 경제에 끼칠 긍정적 영향을 부각하기 위해 사업에 우호적인 의견을 선별하여 구체적으로 제시한 것이겠군.

75 ▶ 24103-0165
2022학년도 6월 모의평가 42번　　　　　　　　　　상 중 **하**

다음은 학생이 과제 수행을 위해 작성한 메모이다. 메모를 반영한 영상 제작 계획으로 적절하지 <u>않은</u> 것은?

> 수행 과제: 우리 지역 소식을 영상으로 제작하기
> 바탕 자료: '○○초등학교, 특색 있는 숙박 시설로 다시 태어난다' 인터넷 기사와 댓글
> 영상 내용: 새로 조성될 숙박 시설 소개
> • 첫째 장면(#1): 기사의 제목을 활용한 영상 제목으로 시작
> • 둘째 장면(#2): 시설 조성으로 달라질 전후 상황을 시각·청각적으로 대비시켜 표현
> • 셋째 장면(#3): 건물 내부와 외부에 조성될 공간의 구체적 모습을 방문객의 동선에 따라 순차적으로 제시
> • 넷째 장면(#4): 지역 관광 거점으로서의 지리적 위치와 이를 통한 기대 효과를 한 화면에 제시
> • 다섯째 장면(#5): 기사의 댓글을 참고해서 시설을 이용할 방문객들의 모습을 그림으로 그려 연속적으로 제시

영상 제작 계획

장면 스케치	장면 구상
① **OO초등학교, 폐교의 재탄생** (OO초등학교 건물 그림)	#1 ○○초등학교의 모습 위에 영상의 제목이 나타나도록 도입 장면을 구성.
② 무겁고 어두운 음악 → 밝고 경쾌한 음악 (건물 그림 전환)	#2 무겁고 어두운 음악을 배경으로 텅 빈 폐교의 모습을 제시한 후, 밝고 경쾌한 음악으로 바뀌면서 사람들이 북적이는 모습으로 전환.
③ 건물 내부 공간: 객실, 식당, 카페, 지역 역사관 / 건물 외부 공간: 캠핑장, 물놀이장	#3 숙박 시설에 대한 정보를 건물 내·외부 공간으로 나누어 한 눈에 볼 수 있도록 항목화하여 제시.
④ 빙어 축제 4.5km, 수목원 9km, ☆☆마을 2km, 벚꽃 축제 1km / 지역 경제 활성화	#4 숙박 시설을 중심으로 인근 관광 자원의 위치를 표시하고, 관광 자원과의 연계로 기대되는 효과를 자막으로 구성.
⑤ (물놀이, 캠핑, 카페 이용 그림)	#5 가족 단위 관광객이 물놀이장, 캠핑장, 카페 등을 즐겁게 이용하는 모습을 제시. 앞의 그림이 사라지면서 다음 그림이 나타나도록 구성.

76~78 (가)는 텔레비전 방송 뉴스이고, (나)는 잡지에 실린 인쇄 광고이다. 물음에 답하시오.

(가)

[장면 1]

진행자: 더워지는 요즘, 판매량이 급증하고 있는 제품이 있습니다. 휴대용 선풍기인데요. ㉠어떤 제품을 선택하는 것이 좋을까요? 박○○ 기자가 전해 드립니다.

[장면 2]

박 기자: ㉡휴대하기 간편하면서도 힘들지 않게 시원한 바람을 선사해 인기가 높은 휴대용 선풍기. 시중에 판매되는 휴대용 선풍기 종류만도 수백 개가 넘습니다. 그러면 소비자들은 어떤 기준으로 휴대용 선풍기를 선택하고 있을까요?

[장면 3]

이△△: 좋아하는 연예인이 광고하는 제품을 살까 하다가, 이왕이면 성능도 좋고 디자인도 맘에 드는 제품을 선택했어요.

[장면 4]

박 기자: 대형 인터넷 쇼핑몰에서 소비자를 대상으로 휴대용 선풍기 구매 기준을 설문한 결과, 풍력, 배터리 용량과 같은 제품 성능이 1순위였습니다. 이어 디자인, 가격 등 다양한 응답이 뒤를 이었습니다. ㉢그런데 휴대용 선풍기는 안전사고의 위험도 있는 만큼 안전성을 고려하여 제품을 선택해야 합니다.

[장면 5]

박 기자: ㉣그러면 안전성은 어떻게 확인할 수 있을까요? 먼저, KC 마크가 부착되어 있는지 살펴보아야 합니다. KC 마크는 안전성을 인증받은 제품에만 부착됩니다. 간혹 광고로는 안전 인증 여부를 확인하기 힘든 경우도 있으므로 실물을 보지 않고 구매하는 경우 소비자들의 주의가 필요합니다. 다음으로, 보호망의 간격이 촘촘하고 날이 부드러운 재질로 된 제품을 선택해야 손이 끼어 다치는 사고를 막을 수 있습니다.

[장면 6]

박 기자: 휴대용 선풍기 사고가 빈번한 여름철, ㉤안전한 제품을 구매하기 위한 소비자들의 현명한 선택이 필요합니다.

(나)

76 ▶ 24103-0166
2022학년도 6월 모의평가 43번 상 **중** 하

(가), (나)에 대한 설명으로 가장 적절한 것은?

정보 구성의 주체	• (가)는 수용자의 설문 조사 결과를 다루고 있다는 점에서, 수용자들이 뉴스의 정보를 주체적으로 구성하고 있음을 알 수 있다. ·· ①
정보의 성격	• (가)는 제품의 판매량이 늘고 있는 시기에 소비자에게 필요한 정보를 제공한다는 점에서, 시의성 있는 정보로 구성되어 있음을 알 수 있다. ································· ②
• (나)는 제품의 주된 소비자층을 명시하고 있다는 점에서, 수용자의 특성을 고려한 정보로 구성되어 있음을 알 수 있다. ··· ③
정보의 양과 질	• (가)는 제품 구매 기준이 다양함을 여러 소비자와의 인터뷰 영상으로 보여 준다는 점에서, (나)에 비해 정보를 현장감 있게 전달하고 있음을 알 수 있다. ··············· ④
• (나)는 제품에 대해 소비자가 알고자 하는 점을 상세하게 밝히고 있다는 점에서, (가)에 비해 많은 양의 정보를 담고 있음을 알 수 있다. ······························· ⑤

77 ▶ 24103-0167
2022학년도 6월 모의평가 44번 상 중 **하**

(가)의 언어적 특성을 고려할 때, ㉠~㉤에 대한 설명으로 적절하지 <u>않은</u> 것은?

① ㉠: 의문형 어미를 사용하여 시청자에게 진행자 자신의 궁금한 점을 묻고 있다.

② ㉡: 명사로 문장을 종결함으로써 뉴스에서 다루고자 하는 대상에 주의를 집중하게 하고 있다.

③ ㉢: 접속 표현을 사용하여 뉴스의 중심 내용으로 화제를 전환하고 있다.

④ ㉣: 묻고 답하는 방식을 통해 뉴스의 핵심 정보를 제시하고 있다.

⑤ ㉤: 뉴스 내용에 따른 제품 선택을 '현명한 선택'이라고 표현함으로써 시청자들에게 기대하는 바를 전달하고 있다.

상 중 하

(가)를 본 학생이 (나)를 활용하여 다음의 학습 활동을 수행한 결과로 적절하지 <u>않은</u> 것은?

학습 활동 이미지, 문구 등을 활용한 표현 방법을 중심으로 잡지에 실린 두 개의 인쇄 광고 비교하기

자료

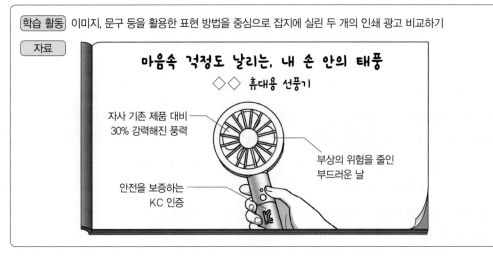

① (나)는 바람의 움직임을 연상하게 하는 곡선의 형태로 문구를 배치하여 제품의 쓰임새를 떠올리게 하고 있다.

② '자료'는 기존 제품과의 비교를 통해 제품이 소비자들이 중시하는 구매 기준에 부합한다는 점을 부각하고 있다.

③ '자료'는 (나)와 달리 제품의 안전 관련 정보를 이미지와 문구로 표시하여 제품의 안전성을 드러내고 있다.

④ (나)는 동일한 단어를 반복하여, '자료'는 비유적 표현을 활용하여 제품의 장점을 제시하고 있다.

⑤ (나)는 유명인의 이미지를, '자료'는 제품의 이미지를 제시하여 제품의 성능이 우수함을 강조하고 있다.

2021학년도 10월 학력평가 40~42번

79~81 (가)는 동아리 학생들이 휴대 전화 메신저로 나눈 대화이고, (나)는 (가)를 바탕으로 '채원'이 제작해 블로그에 올린 카드 뉴스의 초안이다. 물음에 답하시오.

(가)

동아리 대화방(4명)

채원: 학교에서 준 가정 통신문 봤어? 음식물 쓰레기를 줄이자는 거 말이야.

준형: 그거 잃어버렸어. 혹시 사진으로 찍어서 보내 줄 수 있어?

현진: 이거 말하는 거지?

사진 파일 전송: ○○고 가정 통신문(3MB)

채원: 응. 음식물 쓰레기 처리에 이렇게 많은 비용이 드는 줄 몰랐어.

수예: 그래. 나도 그거 보고 음식물 쓰레기의 양이 증가하는 문제가 심각하다고 생각했어. ㅠㅠ

준형: 이전에 내가 보낸 영상 봤니? 음식물 쓰레기 발생량과 그에 따른 사회적 비용에 대한 내용이야. 못 본 사람은 꼭 봐. 여기 주소 눌러 봐.
http://www.△△△.kr

수예: 나는 이미 봤는데 애니메이션이라 재미있더라.

현진: 나도 지금 보내 준 주소로 들어가서 봤어. 짧지만 강렬하군!

준형: 난 영상을 보면서 우리 학교 음식물 쓰레기 문제가 떠올랐어.

채원: 그래서 말인데, 이에 관한 카드 뉴스를 제작해 학교 누리 소통망에 올리자!

수예: 좋아. 👍 ⊙카드 뉴스는 사진, 이미지 등을 비중 있게 사용하여 정보의 전달력을 높인 뉴스니까, 그 특성에 맞게 구성해야겠네.

현진: 핵심 내용을 간단한 문구로 제시하고 다양한 이미지를 적절히 배치해야지.

채원: ⓒ카드 뉴스를 볼 사람들의 관심을 유도할 수 있는 방안도 필요해.

준형: 그리고 ⓒ우리 학교 학생들이 주로 볼 거니까, 학교생활과 관련된 내용을 다루면 좋을 것 같아.

채원: 좋아. 내가 카드 뉴스 초안 만들어서 동아리 블로그에 올릴게. 보고 댓글로 의견 줘.

(나)

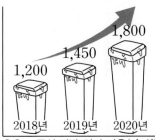줄이면 올라갑니다. 1/6	우리 학교 급식의 실태는? 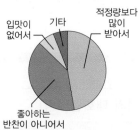 급식을 남기는 이유는 다양하게 나타났다. 2/6
우리 학교 급식 잔반 처리 비용은? 1,800 1,450 1,200 2018년　2019년　2020년 ○○고 급식 잔반 처리 비용(만 원) 3/6	우리 학교 급식 잔반을 30%만 줄여도? 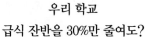 ○○고 영양사 "잔반을 30%만 줄여도 연 500만 원 이상을 절 감할 수 있어요." 4/6
급식 잔반을 줄이는 방안은?  딱 먹을 만큼만 받기! 편식하지 말고 골고루 먹기! 5/6	잔반을 줄이면 ○○고 급식의 질이 올라갑니다. 6/6

79 ▶ 24103-0169
2021학년도 10월 학력평가 40번 상중하

(가)의 대화에 대한 설명으로 가장 적절한 것은?

① '현진'은 자신이 직접 생산한 문서 파일을 다른 대화 참여자들에게 전달하고 있다.

② '수예'는 매체 자료의 성격을 고려하여 매체 자료의 전달 효과를 부정적으로 평가하고 있다.

③ '준형'은 하이퍼링크를 활용하여 대화 내용과 관련된 자료를 다른 대화 참여자들에게 제공하고 있다.

④ '채원'은 카드 뉴스의 제작을 제안하며 매체가 가지는 정보 전달의 파급력을 밝히고 있다.

⑤ '채원'과 '수예'는 그림말을 활용하여 상대방의 말에 대한 공감을 드러내고 있다.

80
▶ 24103-0170
2021학년도 10월 학력평가 41번

상중**하**

'채원'이 ㉠~㉢을 고려하여 세운 제작 계획 중 (나)에 반영되지 <u>않은</u> 것은?

① ㉠을 고려하여, 학생들이 선호하지 않는 급식 메뉴의 종류를 사진으로 제시해야겠어.

② ㉠을 고려하여, 변화의 추이를 한눈에 파악할 수 있는 이미지를 사용해 정보의 전달력을 높여야겠어.

③ ㉡을 고려하여, 이미지를 결합한 글자를 사용해 카드 내용에 대한 독자의 흥미를 끌어야겠어.

④ ㉢을 고려하여, 우리 학교의 급식 잔반 처리에 들어가는 비용을 자료로 제시해야겠어.

⑤ ㉢을 고려하여, 잔반을 줄였을 때의 혜택이 우리 학교 학생들에게 돌아간다는 점을 부각해야겠어.

81
▶ 24103-0171
2021학년도 10월 학력평가 42번

상중**하**

다음은 (나)에 달린 '댓글'이다. 다음을 바탕으로 (나)를 수정한 내용으로 적절하지 <u>않은</u> 것은?

현진: 두 번째 카드의 제목은 수정하는 게 좋을 것 같아.
↳ 준형: 맞아. 제목이 내용과 어울리지 않아. 그리고 그래프에 조사 대상의 인원과 각 항목에 응답한 학생들의 비율도 밝혀 주자.
↳ 현진: 그래프에서 특별히 강조할 내용은 따로 정리해 주자.
수예: 고생 많았어. 그런데 네 번째 카드의 삽화는 내용이 잘 드러날 수 있도록 바꾸는 게 좋지 않을까?
↳ 현진: 그게 좋겠다. 그리고 잔반 줄이기를 통해 큰 효과를 거둔 다른 학교의 사례를 제시하면 설득력을 높일 수 있을 거야.

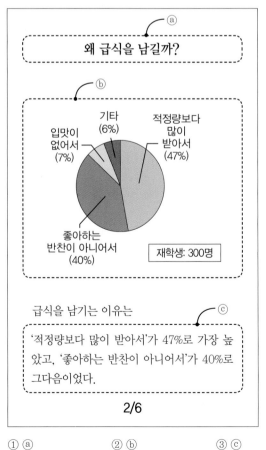

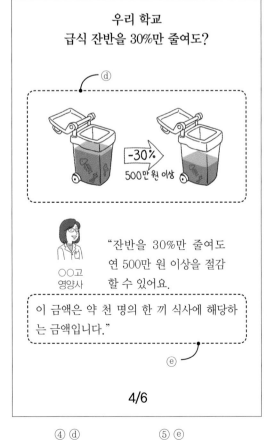

① ⓐ   ② ⓑ   ③ ⓒ   ④ ⓓ   ⑤ ⓔ

82~84 (가)는 텔레비전 방송 뉴스이고, (나)는 신문 기사이다. 물음에 답하시오.

memo

(가)

[장면 1]  포털의 '검색어 제안 기능', 의심 사례 제보 급증	진행자: 포털 사이트에서 정보를 검색하는 경우 많으시죠? 국내 유명 포털 사이트에서 제공하는 검색어 제안 기능이 본래 목적대로 이용되고 있지 않다는 제보가 최근 급증하고 있습니다. ㉠이 소식을 유□□ 기자가 전해 드립니다.
[장면 2]  검색어 제안 기능 악용 사례 발생 유□□ 기자	기자: 검색어 제안 기능은 전체 이용자의 검색 횟수를 기반으로 한 알고리즘에 바탕을 두고 있습니다. 그런데 이 점을 악용하는 사례가 있다고 합니다. ㉡어떤 방식인지 알아보겠습니다.
[장면 3]  검색어 제안 기능 악용 사례 발생 IT 전문가	IT 전문가: 이렇게 검색창에서 특정 단어를 검색한 후 특정 업체명을 검색하겠습니다. 이 작업을 수천 회 반복하면 특정 단어를 검색할 때 특정 업체가 검색어로 제안될 수 있습니다.
[장면 4]  검색어 제안 기능 악용 사례 발생 → 업무 방해죄	기자: 검색어 제안 기능은 이용자에게 편의를 제공하기 위한 포털 사이트의 서비스입니다. 하지만 최근 대가를 받고 검색어 제안 기능에 특정 업체명이 제시되도록 하여 업무 방해죄로 처벌받은 경우도 있었습니다.
[장면 5]  검색어 제안 기능 악용 사례 발생 포털 사이트 정보 검색 연구원	포털 사이트 관계자: 비정상적 방법에 의해 검색어가 제안되는 경우가 발생하지만, 차단 시스템을 주기적으로 업그레이드하여 해당 결과를 제외하고 있습니다.
[장면 6]  영상 편집 김◇◇	기자: 검색어 제안 기능이 본래 목적대로 운영되지 못하고 상업적인 목적으로 악용되고 있는 사례가 발생하고 있습니다. ㉢이용자들의 주의가 필요한 때입니다.

(나)

| 6면 2021년 ×월 ×일 화요일 | 사회 | 제1210호 ☆☆신문 |

'검색어 제안 기능'에 대한 토론회 열려
규제 강화에 대한 입장 차이 확인

'검색어 제안 기능' 방향성 모색 토론회

최근 포털 사이트의 '검색어 제안 기능'에 대한 사회적 논의가 필요하다는 목소리가 높다. 지난 9일 ◎◎ 기관의 주관으로 검색어 제안 기능에 대한 토론회가 열렸다.

토론회에 참여한 언론 정보 전문가는 검색어 제안 기능을 통해 이용자가 편리하게 자신이 원하는 정보에 접근할 수 있으므로 규제를 최소화해야 한다는 입장을 보였다. 법에 저촉되지 않는다면, 검색어 제안 기능의 운영은 그 주체인 포털 사이트가 자율적으로 결정할 수 있는 영역이라고 보았다.

한편 시민 단체 대표는 최근 부정한 방법에 의해 검색어가 제안됨으로써 이용자들이 피해를 입는 사례가 빈번하게 발생하고 있어 검색어 제안 기능에 대해 규제를 강화해야 한다는 입장을 보였다. ㉣또한 선량한 이용자가 입을 수 있는 피해를 예방할 필요가 있다고 말했다.

㉤토론회를 방청한 한 시민은 "자율성과 공익적 가치가 균형과 조화를 이룰 수 있도록 다양한 목소리가 고려되면 좋겠습니다."라고 의견을 밝혔다.

윤○○ 기자 oooo@OOO.co.kr

82
▶ 24103-0172
2021학년도 10월 학력평가 43번
상 중 **하**

(가)에 사용된 정보 제시 전략으로 적절하지 않은 것은?

① [장면 1]에서는 뉴스 수용자가 보도의 핵심 내용을 알 수 있도록, 화면의 하단에 자막으로 보도 내용의 요점을 제시한다.

② [장면 2]부터 [장면 5]까지는 뉴스 수용자가 중간부터 뉴스를 시청하더라도 보도 내용을 짐작할 수 있도록, 화면 상단 한쪽에 핵심 어구를 고정하여 제시한다.

③ [장면 3]에서는 뉴스 수용자의 이해를 도울 수 있도록, 검색어 제안 기능의 악용 사례를 전문가의 시연을 통해 보여 준다.

④ [장면 4]에서는 보도 내용에서 제시하는 사건의 흐름을 쉽게 파악할 수 있도록, 방향을 나타내는 기호를 활용하여 화면을 구성한다.

⑤ [장면 6]에서는 보도 내용에서 다룬 다양한 정보를 뉴스 수용자가 효과적으로 취사선택할 수 있도록, 보도 내용들을 요약한 화면을 보여 주며 마무리한다.

(가)와 (나)의 언어적 특성을 고려할 때, ㉠~㉤에 대한 설명으로 가장 적절한 것은?

① ㉠: 대용 표현을 사용하여 문제의 해결 가능성을 압축적으로 설명하고 있다.

② ㉡: 미래 시제를 나타내는 표현을 사용하여 기대 효과를 제시하고 있다.

③ ㉢: 청유형 문장을 사용하여 보도 내용과 관련한 수용자의 행동 변화를 유도하고 있다.

④ ㉣: 접속 표현을 사용하여 기사 내용의 흐름을 전환하고 있다.

⑤ ㉤: 인용 표현을 사용하여 토론회에 다녀온 시민의 견해를 직접 제시하고 있다.

〈보기〉를 바탕으로 (가)와 (나)에 대해 보인 반응으로 적절하지 않은 것은? [3점]

● 보기 ●

　뉴스 생산자는 여러 가지 정보 가운데서 수용자가 관심을 가질 만한 시의성 있는 정보를 선택한다. 그리고 뉴스 수용자가 문제 상황에 관심을 지니고 공감할 수 있도록 유도하고, 공공의 이익을 증진할 수 있는 방안을 제시하는 방향으로 뉴스를 구성한다. 그 과정에서 대중이 신뢰할 수 있는 출처에서 나온 정보를 활용한다. 또한 뉴스 생산자는 쟁점이 되는 화제를 다룰 때 공정성 있는 태도를 지닐 필요가 있다.

① (가)에서 뉴스 생산자가 화제와 관련된 전문가의 말을 제시했다는 점에서 정보의 신뢰성을 확인할 수 있겠군.

② (가)에서 뉴스 생산자가 보도를 시작하며 수용자의 경험을 환기했다는 점에서 수용자의 관심을 유도했다는 것을 확인할 수 있겠군.

③ (나)에서 뉴스 생산자가 특정 사안에 대해 대립하는 입장을 모두 보도했다는 점에서 기사의 공정성을 확인할 수 있겠군.

④ (나)에서 뉴스 생산자가 공공의 이익을 증진할 수 있는 방안을 직접 제안했다는 점에서 기사의 공공성을 확인할 수 있겠군.

⑤ (가)와 (나) 모두에서 뉴스 생산자가 최근 발생한 사건과 관련된 소식을 전달했다는 점에서 정보의 시의성을 확인할 수 있겠군.

85~87 (가)는 인터넷 블로그이고, (나)는 텔레비전 생방송 뉴스의 일부이다. 물음에 답하시오.

(가)

환경 파수꾼 '구르미'의 블로그 　　　　검색 ▢

| 읽을거리 | 생각 나누기 | 자료 더하기 | 일상 기록 |

북극곰은 지구 온난화가 싫어요

구르미
2021. 02. 06. 12:10

여러분은 '겨울' 하면 무엇이 떠오르시나요?

추위? 얼음? 북극?

오늘은 다큐멘터리 '북극곰의 오늘과 내일'을 보고 든 생각에 대해 여러분과 의견을 나누고자 해요.

지구 온난화로 북극곰의 삶의 터전이 줄어들고 있어요.

옆의 사진은 우리에게 충격적으로 다가와요. '북극곰의 오늘과 내일'에서는 옆의 사진과 같은 상황이 계속되면 북극곰이 멸종될 수 있다고 경고하고 있어요.

북극곰을 힘들게 하고 있는 지구 온난화는 왜 일어나는 것일까요? 그래프를 보시면 지구 평균 기온의 상승과 이산화 탄소 농도가 관계가 있음을 알 수 있어요.

우리가 일상에서 이산화 탄소의 배출을 줄여야 하지 않을까요? 일상에서 이산화 탄소 배출을 줄이는 방법으로는 대중교통 이용하기, 가까운 거리는 걸어 다니기, 플라스틱 사용 줄이기, 대체 에너지 개발하기 등이 있어요.

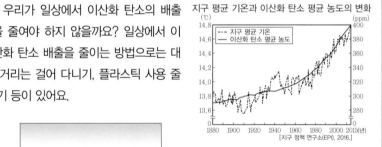

이 영상은 '북극곰의 오늘과 내일' 홍보 영상인데, 다큐멘터리를 찾아서 시청하시면 북극곰의 아픔을 실감하실 수 있을 거예요.

(혹시 자료 중에 잘못된 것이 있으면 알려 주세요. 수정하겠습니다.)

#지구_온난화　#북극곰_멸종_위기　#이산화_탄소_배출_줄이기

| 댓글 ✎ 7 | 공감 ♥ 16 |

사랑이 북극곰에게 미안하네요. 이제 가까운 거리는 걸어 다니는 게 좋겠죠? ⋯⋯⋯⋯⋯⋯ ㉠
➡**구르미** 그럼요. 저도 플라스틱의 사용을 줄이기로 결심했어요.
초록꿈 저도 이산화 탄소 배출을 줄이기 위한 노력이 필요하다고 생각해요. www.○○○.go.kr 여기서 이산화 탄소 배출 줄이기 캠페인을 벌이고 있어요. ⋯⋯⋯⋯⋯⋯ ㉡
➡**구르미** 방문 감사합니다. 저도 주변 분들과 공유할게요.
밤톨이 대체 에너지 개발하기는 우리가 일상에서 실천할 수 있는 방법이라고 보기 어려워요.
➡**구르미** 감사해요. 수정할게요.
몽돌이 그래프의 추세가 계속 이어지면 사진 속 작은 얼음 조각마저 사라져 북극곰은 살 곳이 없어지고 말겠어요. ㅠ.ㅠ

가뭄 장기화, 농작물 피해 심각

진행자: 지구 온난화의 영향으로 전국에 두 달째 가뭄이 이어지면서 여러 피해가 발생하고 있습니다. 현장을 취재한 윤○○ 기자 나와 있습니다. 상황이 심각하다면서요?

윤 기자: 네, 그렇습니다.

진행자: 현장 상황에 대해 구체적으로 말씀해 주시겠어요?

윤 기자: 취재한 자료 영상을 보시면 문제의 심각성을 확인하실 수 있습니다. 지금 영상에 보이고 있는 것이 저수지 바닥입니다. 이 영상을 보고 계시는 시청자분들께서도 문제의 심각성에 공감하실 것입니다.

진행자: 가뭄이 이렇게나 심각하군요. 그에 따라 피해도 상당할 것 같습니다.

윤 기자: 가뭄으로 인해 힘들어하는 농민 한 분을 만나 봤습니다. 인터뷰 영상 보시겠습니다.

김□□ | △△리 이장

마늘을 키우고 있는데, 씨알이 예전의 절반도 안 됩니다. 마늘 알맹이가 아예 껍질 속에서 말라 버려 수확을 포기하는 농민도 있습니다.

85
▶ 24103-0175
2021학년도 3월 학력평가 40번

상 中 하

(가)와 (나)에 대한 이해로 가장 적절한 것은?

① (가)는 (나)와 달리 정보 생산자 간에 면 대 면 소통을 통해 정보를 수정할 수 있다.

② (가)는 (나)와 달리 정보 수용자를 고려하여 격식을 갖춘 말투로 정보를 제시하고 있다.

③ (가)는 (나)와 달리 특정 기호를 앞에 붙여 열거한 말들을 통해 전달되는 정보의 핵심 어구를 파악할 수 있다.

④ (나)는 (가)와 달리 정보 수용자를 특정인으로 한정 지어 대량의 정보를 전달하고 있다.

⑤ (나)는 (가)와 달리 정보 생산자와 수용자의 상호 작용을 바탕으로 정보의 수정이 이루어지고 있다.

86
▶ 24103-0176
2021학년도 3월 학력평가 41번

〈보기〉를 참고하여 (가)와 (나)에 대해 보인 반응으로 적절하지 <u>않은</u> 것은? [3점]

──────── • 보기 • ────────

　　텔레비전 뉴스, 인터넷 블로그 등 매체를 통해 전달되는 정보의 구체적 형태를 매체 자료라고 한다. 매체 언어는 음성, 문자, 사진, 동영상 등의 양식이 복합적으로 사용되는 특성을 지닌다. 따라서 매체 자료의 수용자는 이러한 복합 양식적인 매체 언어의 특성을 고려하여 의미를 구성할 수 있다. 이때 그 의미는 생산자와 수용자가 놓여 있는 맥락 속에서 생성된다. 그렇기 때문에 매체 자료의 수용은 생산자의 의도나 관점, 수용자의 관점이나 이해관계 등을 고려하여 이루어진다. 이 과정에서 매체 자료의 수용자는 창의적 생산자가 되기도 하면서 사회적 소통에 참여할 수 있다.

① (가)에서 그래프와 동영상 등을, (나)에서 문자와 음성 등을 활용한 것은 매체 언어의 복합 양식적 특성을 보여 주는 것이겠군.

② (가)에서 '몽돌이'가 쓴 댓글은 수용자가 매체 언어의 복합 양식적 특성을 고려하여 의미를 구성할 수 있음을 보여 주는 것이겠군.

③ (가)에서 '구르미'가 다큐멘터리를 보고 든 생각을 블로그에 올려 다른 사람들과 의견을 나눈 것은 매체 자료의 수용자가 창의적 생산자로서 사회적 소통에 참여할 수 있음을 보여 주는 것이겠군.

④ (나)에서 진행자와 윤 기자가 가뭄의 심각성을 강조한 것은 문제의식을 수용자와 공유하고자 하는 의도를 가지고 매체 자료를 생산하였음을 보여 주는 것이겠군.

⑤ (나)에서 진행자가 윤 기자에게 현장 상황에 대한 구체적인 설명을 요청한 것은 생산자들 간에 놓여 있는 맥락이 같아도 관점이 서로 다를 수 있음을 보여 주는 것이겠군.

87
▶ 24103-0177
2021학년도 3월 학력평가 42번

㉠, ㉡에 대한 설명으로 가장 적절한 것은?

① ㉠: 매체 언어의 특성에 주목하여, 블로그를 통해 제시된 정보의 신뢰성에 대한 의문을 제기하고 있다.

② ㉠: 매체를 통한 의사소통의 목적과 관련하여, 블로그에 제시된 정보를 개인의 문제 해결을 위해 활용하고 있다.

③ ㉠: 매체의 사용 습관에 대한 성찰을 바탕으로, 블로그를 통해 이루어지는 의사소통에 대한 개선책을 제안하고 있다.

④ ㉡: 블로그에 제시된 의견에 동의를 나타내고 매체의 기능을 활용하여 관련 정보를 추가하고 있다.

⑤ ㉡: 블로그에 제시된 주장의 타당성을 비판하고 매체의 파급력을 고려하여 자신의 견해를 덧붙이고 있다.

88~90 (가)는 학생들이 학생회장 후보자 홍보 동영상 제작 준비를 위해 휴대 전화 메신저로 나눈 대화이고, (나)는 (가)를 바탕으로 작성한 이야기판이다. 물음에 답하시오.

(가)

〈뒤로   **학생회장 후보자 지원단 대화방(5명)**   ☰

> **경호**
> 얘들아, 대화방 열었어. 서로 즉각적으로 의견을 나눌 수 있고 대화 내용이 남아 있어 그 내용을 참고하며 의견을 나눌 수도 있어서 좋을 것 같아.

한신
> 학생회장 후보자 홍보 동영상 제작에 대해 이야기하자는 거지?

> **경호**
> 응, 맞아. 의견 줄래?

소희
> 누리 소통망에 올릴 홍보 동영상은 우리의 슬로건인 '소통과 화합'을 잘 강조할 수 있어야 할 것 같아. 전에 만든 포스터에서는 그게 잘 드러나지 않아서 아쉬웠어.

연주
> 좋은 생각이야.

한신
> 누가 이야기판 만들래? 나한테 이야기판 양식이 있어. 공유할게.

> 파일 전송: 이야기판 양식.hwp(15.0KB)

지섭
> 내가 이야기판을 만들어 볼게. 그럼 지금부터 동영상을 어떻게 구성할지 의견을 줘.

소희
> ㉠슬로건인 '소통과 화합'이 잘 드러나도록 소통에 관한 장면과 화합에 관한 장면을 하나씩 구성하자.

연주
> ㉡소통 장면에서는 경청하는 태도가 드러나도록 하고, 화합 장면에서는 여럿이 함께하는 모습을 보여 주도록 하자.

한신
> ㉢학교에 바라는 점을 말하는 인터뷰와 후보자를 지지하는 이유를 밝히는 인터뷰를 각각 다른 장면으로 제시하자.

지섭
> ㉣공약 사항을 자막으로 제시할 때 주의를 환기하기 위해 효과음을 넣자.

> **경호**
> 좋아. ㉤내레이션으로 자막 내용에 대해 설명해 주자.

지섭
> 😊 잘해 볼게. ┌(^^)┘

＋ [   ] 전송

memo

(나)

장면	장면 설명
S#1	(우측 상단에 슬로건 제시) 학생들과 함께, 후보자가 힘찬 발걸음으로 등교한다. [자막] 기호 ×번 김□□
S#2	후보자가 귀 옆에 양손을 가져다 댄다. [효과음] (자막이 나올 때) 빠밤 [자막] 학급별 소통함 제작 [내레이션] 여러분의 목소리를 귀 기울여 듣겠습니다.
S#3	세 학생이 어깨동무를 한다. [효과음] (자막이 나올 때) 빠밤 [자막] 한마음 축제 개최 [내레이션] 축제를 통해 하나가 되는 ○○고를 만들겠습니다.
S#4	학교에 바라는 점을 말하는 한 학생의 인터뷰를 제시한다.
S#5	투표하는 손을 보여 준다. [자막] 당신의 한 표를 기호 ×번에 행사하세요.

88 ▶ 24103-0178
2021학년도 3월 학력평가 43번 상 중 하

(가)의 대화에 대한 설명으로 가장 적절한 것은?

① '한신'은 동영상이 게재되는 매체의 정보 유통 방식을 언급하며 동영상의 구성 방향을 제안하고 있다.

② '소희'는 매체 언어의 표현 전략을 비교하여 매체 언어를 새롭게 표현하는 방법의 중요성을 설명하고 있다.

③ '연주'는 문자와 그림말이 어우러져 만들어 내는 의미를 제시하여 동영상 제작에 대한 공감을 나타내고 있다.

④ '경호'는 휴대 전화 메신저의 특성을 언급하며 해당 매체로 대화하는 것에 대한 긍정적인 태도를 나타내고 있다.

⑤ '지섭'은 대화가 이루어지는 매체의 정보 전달 효과를 고려하여 동영상 제작의 절차와 역할 분담 방안을 제시하고 있다.

89

▶ 24103-0179
2021학년도 3월 학력평가 44번

상중**하**

㉠~㉤ 중 (나)에 반영되지 <u>않은</u> 것은?

① ㉠   ② ㉡   ③ ㉢   ④ ㉣   ⑤ ㉤

90

▶ 24103-0180
2021학년도 3월 학력평가 45번

상중**하**

다음은 (나)에 대한 검토 내용을 정리한 것이다. 이를 바탕으로 (나)를 수정하기 위한 방안으로 적절하지 <u>않은</u> 것은?

〈이야기판 검토 결과〉

S#1	후보자의 힘찬 발걸음을 부각할 수 있는 배경 음악이 필요함.
	후보자와 함께 새로운 출발을 할 수 있다는 내용이 자막에 제시되어야 함.
S#2 ~S#4	슬로건을 일관되게 노출하여 강조할 필요가 있음.
S#4	인터뷰 내용의 전달 효과를 높여야 함.
S#5	공약의 실현 가능성을 인상적으로 제시하며 마무리해야 함.

① S#1에 밝고 역동적인 느낌의 음악을 배경 음악으로 제시한다.

② S#1의 자막을 '기호 ×번 김□□와 함께 새로운 학교생활이 시작됩니다.'로 수정한다.

③ S#2~S#4에 S#1처럼 화면 우측 상단에 '소통과 화합'이라는 문구를 추가한다.

④ S#4에 인터뷰의 핵심 내용을 나타내는 말들을 자막으로 제시한다.

⑤ S#5에 학생회장 후보자가 자막을 힘주어 읽는 내레이션을 추가한다.

산학협력 연구중심 대학
ERICA와 함께 갑시다

캠퍼스
혁신파크

여의도 공원 면적 규모
1조 5,000억 원 투자(2030년)
대한민국의 실리콘밸리

KAKAO DATA CENTER

BK21 10개
교육연구단(팀) 선정

· 전국 578개 연구단(팀)에
2020. 9. ~ 2027. 8.(7년)
총 2조 9천억 원 지원

중앙일보 대학평가
10년연속 10위권

· 현장의 문제를 해결하는
IC-PBL 수업 운영
· 창업 교육 비율 1위
· 현장 실습 비율 1위

여의도에서 25분

· 신안산선 개통 2025년

한양대에리카역   여으

광명역   영등포역
KTX   ITX

한양대학교 E
Education Research Industry Clu

2025학년도 수능 대비

수능
기출의 미래

All New

정답과 해설

국어영역 | 언어와 매체

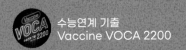

수능연계 기출
Vaccine VOCA 2200

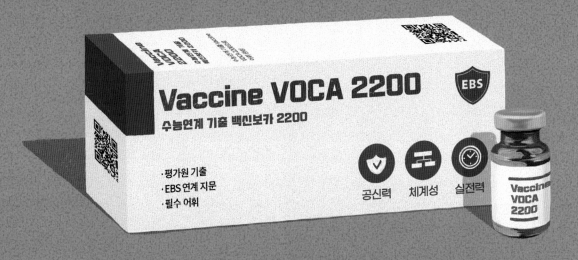

○ 수능 영단어장의 끝판왕!
10개년 수능 빈출 어휘 + 7개년 연계교재 핵심 어휘

○ 수능 적중 어휘 자동암기 3종 세트 제공
휴대용 포켓 단어장 / 표제어 & 예문 MP3 파일 / 수능형 어휘 문항 실전 테스트

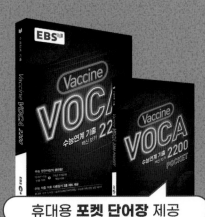

휴대용 **포켓 단어장** 제공

정답과 해설

I 언어

본문 8~18쪽

01 음운

01 ④	02 ④	03 ④	04 ④	05 ④	06 ④
07 ④	08 ②	09 ④	10 ③	11 ②	12 ④
13 ②	14 ⑤	15 ④	16 ④		

01 음절의 이해   정답률 85.0%

정오답 ☑체크

① '싫증'은 '싫은 생각이나 느낌. 또는 그런 반응.'의 뜻을 나타내어 '싫다'와 의미적으로 연관되어 있으므로, '싫증'의 '싫'은 의미를 효과적으로 전달하기 위해 하나의 의미를 하나의 형태로 고정하여 적은 사례에 해당한다.

② '북소리'와 '국물'은 각각 [북쏘리], [궁물]로 발음되므로, 표기가 실제 발음을 그대로 드러내지 않는 경우에 해당한다.

③ '나뭇잎', '잎새'는 각각 [나문닙], [입쌔]로 발음되어 발음을 기준으로 하면 '닙-입'이 연결되지 않지만, 표기된 글자 하나하나를 음절로 인식하는 관습에 따라 '잎-잎'으로 끝말잇기를 할 수 있다.

✓④ '강'과 '북'은 '[강]', '[북]'으로 발음되므로 '자음+모음+자음'의 같은 음절 유형이다. '목'과 '몫'은 모두 '[목]'으로 발음되므로 발음을 기준으로 할 때 '목'과 '몫'은 '자음+모음+자음'의 같은 음절 유형에 해당한다.

⑤ '북어'는 [부거]로 발음되어 표기 형태가 음절 유형을 그대로 나타내지 않는 경우이며, '강변'은 [강변]으로 발음되어 표기 형태가 음절 유형을 그대로 나타내는 경우이다.

답 ④

02 음운 변동 이해, 적용   정답률 84.3%

정오답 ☑체크

① '겉멋만'은 음절의 끝소리 규칙이 적용되어 [걷멋만]으로 바뀐 후, '걷'과 '멋'의 음절 끝의 자음 'ㄷ'이 'ㄴ'으로 바뀌는 비음화가 일어나 [건먼만]으로 바뀌었으므로 비음화가 두 번 일어난다.

② '꽃식물'은 음절의 끝소리 규칙이 적용되어 [꼳식물]로 바뀐 후 경음화를 거쳐 [꼳씩물]이 되고, '씩' 음절 끝의 자음 'ㄱ'이 'ㅁ'의 영향으로 'ㅇ'으로 바뀌는 비음화가 일어나 [꼳씽물]로 바뀐다.

③ '꽃식물'은 음절의 끝소리 규칙이 적용되어 [꼳식물]로 바뀌고, 평파열음 'ㄷ' 뒤에서 경음화가 일어나 [꼳씩물]이 된 후, 비음화가 일어나 [꼳씽물]이 된다. '낮잡는'은 음절의 끝소리 규칙이 적용되어 [낟잡는]이 된 후, 평파열음 'ㄷ' 뒤에서 경음화가 일어나 [낟짭는]이 되고, 비음화를 거쳐 [낟짬는]이 된다.

✓④ '겉멋만'은 음절의 끝소리 규칙과 비음화를 거쳐 [걷멋만] → [건먼만] → [건먼만]으로 발음되고, '꽃식물'은 음절의 끝소리 규칙과 경음화, 비음

화를 거쳐 [꼳식물] → [꼳씩물] → [꼳씽물]로 발음된다. '낮잡는'은 음절의 끝소리 규칙과 경음화, 비음화를 거쳐 [낟잡는] → [낟짭는] → [낟짬는]으로 발음되므로, ㉠, ㉡, ㉢ 모두에서 음절 끝의 자음이 'ㄷ'으로 바뀌는 음절의 끝소리 규칙이 일어난다.

⑤ '낮잡는'은 음절의 끝소리 규칙과 경음화로 [낟짭는]이 된 후, 뒷말 초성 'ㄴ'으로 인해 앞말 종성의 'ㅂ'이 'ㅁ'으로 바뀌어 [낟짬는]이 되었으므로 'ㄴ'으로 인한 비음화가 일어난 경우이다. 반면 '겉멋만'은 음절의 끝소리 규칙이 적용된 [걷멋만]이 뒷말 초성 'ㅁ'으로 인해 앞말 종성 'ㄷ'이 'ㄴ'으로 바뀌어 [건먼만]이 되고, '꽃식물'은 음절의 끝소리 규칙과 경음화가 적용된 [꼳씩물]이 뒷말 초성 'ㅁ'으로 인해 앞말 종성 'ㄱ'이 'ㅇ'으로 바뀌어 [꼳씽물]이 된 것이다. 따라서 ㉠, ㉡에서 'ㅁ'으로 인해 비음화가 일어났다는 설명은 적절하다.

답 ④

03 음운 변동 이해, 적용   정답률 81.0%

정오답 ☑체크

① '옷고름'의 음운 변동은 첫째 음절의 종성 위치에서 음절의 끝소리 규칙([옫고름])이, 둘째 음절의 초성 위치에서 경음화([옫꼬름])가 각각 한 번씩 일어난다. 음운의 개수가 변하지 않는 음운 변동은 교체(대치)를 뜻하는데, 옷고름의 음운의 개수는 음운 변동 전과 후 모두 7개로 동일하다.

② '색연필'의 음운 변동은 'ㄴ' 첨가([색년필])로 인해 첫째 음절 '색'의 종성 'ㄱ'이 'ㅇ'으로 바뀌는 비음화([생년필])가 일어난다. 'ㄱ'과 'ㅇ'의 조음 위치는 연구개음(여린입천장소리)으로 같지만, 'ㄱ'은 파열음, 'ㅇ'은 비음이므로 조음 방법이 변하였다.

③ '꽃망울'의 음운 변동은 첫째 음절의 종성 위치에서 'ㅊ'이 'ㄷ'으로 변하는 음절의 끝소리 규칙([꼳망울])이 먼저 일어난 후, 둘째 음절의 초성 'ㅁ'에 의해 첫음절의 종성 'ㄷ'이 'ㄴ'으로 변하는 비음화([꼰망울])가 일어난다.

✓④ '벽난로'의 음운 변동은 첫째 음절의 종성 위치에서 'ㄱ'이 'ㅇ'으로 바뀌는 비음화([병난로])가, 둘째 음절의 종성 위치에서 'ㄴ'이 'ㄹ'로 바뀌는 유음화([병날로])가 각각 일어난다.

⑤ '벼훑이'의 음운 변동은 둘째 음절의 종성인 'ㄾ'이 연음([벼훌티])된 후, 'ㅌ'이 문법 형태소인 모음 'ㅣ' 앞에서 'ㅊ'으로 바뀌는 구개음화([벼훌치])가 일어난다. 'ㅌ'의 조음 위치는 치조음(잇몸소리)이며, 조음 방법은 파열음이고, 'ㅊ'의 조음 위치는 경구개음(센입천장소리)이며 조음 방법은 마찰음이다. 따라서 조음 위치와 조음 방법이 모두 변하는 음운 변동이 일어난다.

답 ④

04 음운 변동 이해, 적용   정답률 77.1%

정오답 ☑체크

①, ②, ③, ⑤ '꽃향기[꼬턍기]'는 교체(음절의 끝소리 규칙)와 축약(거센소리되기)이 각각 한 번씩 일어나고, '똑같이[똑까치]'는 교체(된소리되기, 구개음화)만 두 번 일어난다. '흙냄새[흥냄새]'는 탈락(자음군 단순화)과 교체

(비음화)가 각각 한 번씩 일어나며, '넙죽하다[넙쭈카다]'는 교체(된소리되기)와 축약(거센소리되기)이 각각 한 번씩 일어난다.

✓ ❹ '첫여름[천녀름]'은 첨가('ㄴ' 첨가)가 한 번, 교체(음절의 끝소리 규칙, 비음화)가 두 번 일어나고, '읊조리다[읍쪼리다]'는 교체(음절의 끝소리 규칙, 된소리되기)가 두 번, 탈락(자음군 단순화)이 한 번 일어나므로 ㉠과 ㉡에 모두 해당한다.

답 ④

똑똑! 궁금해요

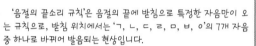

Q 국어의 음운 변동 유형인 교체, 탈락, 첨가, 축약 중 '교체'에는 어떤 것들이 있나요?

A 음운의 변동이란 음운이 놓이는 환경에 따라 다른 음운으로 바뀌어 소리 나는 것을 말하는데, 이는 발음을 편하게 하기 위해 발생하는 현상이에요. 음운의 변동에는 교체, 탈락, 첨가, 축약이 있습니다. 그 중 '교체'는 음운 변동의 결과에 따라 한 음운이 다른 음운으로 바뀌는 현상이에요. 교체의 종류에는 '음절의 끝소리 규칙', '자음 동화', '모음 동화', '구개음화', '된소리되기'가 있어요.

'음절의 끝소리 규칙'은 음절의 끝에 받침으로 특정한 자음만이 오는 규칙으로, 받침 위치에서는 'ㄱ, ㄴ, ㄷ, ㄹ, ㅁ, ㅂ, ㅇ'의 7개 자음 중 하나로 바뀌어 발음되는 현상입니다.

'자음 동화'는 자음 사이에 일어나는 동화로, '비음화'와 '유음화'가 있답니다. '비음화'는 비음이 아닌 자음 'ㄱ, ㄷ, ㅂ'이 비음 'ㄴ, ㅁ' 앞에서 비음인 'ㅇ, ㄴ, ㅁ'으로 바뀌는 현상이고, '유음화'는 'ㄴ'이 앞이나 뒤에 오는 유음 'ㄹ'의 영향을 받아 'ㄹ'로 바뀌는 현상입니다.

'모음 동화'는 모음 사이에 일어나는 동화로, 대표적인 것에는 '전설 모음화'가 있어요. '전설 모음화'는 앞 음절의 후설 모음 'ㅏ, ㅓ, ㅗ, ㅜ'가 뒤 음절에 오는 전설 모음 'ㅣ'의 영향을 받아, 전설 모음 'ㅐ, ㅔ, ㅚ, ㅟ'로 바뀌는 현상입니다.

'구개음화'는 자음과 모음 사이에 일어나는 동화로, 혀끝소리 'ㄷ, ㅌ'이 'ㅣ' 모음 앞에서 구개음인 'ㅈ, ㅊ'으로 바뀌어 소리가 나는 현상입니다.

'된소리되기'는 예사소리인 'ㄱ, ㄷ, ㅂ, ㅅ, ㅈ'이 된소리 'ㄲ, ㄸ, ㅃ, ㅆ, ㅉ'으로 바뀌는 현상입니다.

05 음운 변동 이해, 적용
정답률 **71.4%**

정오답 ☑ 체크

① ⓐ의 '푼다'는 용언의 어간 '풀-'에 종결 어미 '-ㄴ다'가 결합하여 'ㄹ'이 탈락해 '푼다'가 된 경우로, 'ㄴ'과 'ㄷ'이 모두 어미에 속하는 소리이기 때문에 된소리되기가 일어나지 않는다.

② ⓑ의 '여름도'는 체언 '여름'과 조사 '도'가 결합한 경우이기 때문에 된소리되기가 일어나지 않는다.

③ ⓒ의 '잠가'는 '잠그-+-아'로 형태소 분석이 되는데, 'ㅁ'과 'ㄱ'이 모두 '잠그-'라는 하나의 형태소 안에 속하는 소리이기 때문에 된소리되기가 일어나지 않는다.

✓ ❹ ⓓ의 '안겨라'는 '안-+-기-+-어라'로 형태소 분석이 되는데, 이때의 '-기-'는 피·사동 접사이다. 즉, 용언 어간에 피·사동 접사가 결합한 경우이기 때문에 'ㄱ'이 된소리로 발음되지 않는 것이다.

⑤ ⓔ의 '큰지'는 용언 어간 '크-'에 어미 '-ㄴ지'가 결합한 경우로, 'ㄴ'과

'ㅈ'이 모두 어미에 속하는 소리이기 때문에 된소리되기가 일어나지 않는다.

답 ④

06 음운 변동 이해, 적용
정답률 **66.0%**

정오답 ☑ 체크

✓ ❹ 제시된 단어들에서 일어나는 음운 변동을 정리하면 다음과 같다.

제시 단어[표준 발음]	ⓐ 음절의 끝소리 규칙	ⓑ 자음군 단순화	ⓒ 된소리되기
넓디넓다[널띠널따]	×	○	○
높푸르다[놉푸르다]	○	×	×
늦깎이[늗까끼]	○	×	×
닭갈비[닥깔비]	×	○	○
쑥대밭[쑥때받]	○	×	○
앞장서다[압짱서다]	○	×	○
읊다[읍따]	○	○	○
있다[읻따]	○	×	○
짓밟다[짇빱따]	○	○	○
흙빛[흑삗]	○	○	○

따라서 ⓐ, ⓑ, ⓒ가 모두 일어나는 ㉮로 분류되는 단어는 '읊다[읍따], 짓밟다[짇빱따], 흙빛[흑삗]'이고, ⓐ, ⓒ가 일어나는 ㉯로 분류되는 단어는 '쑥대밭[쑥때받], 앞장서다[압짱서다], 있다[읻따]'이다.

답 ④

07 음운 변동 이해, 적용
정답률 **66.0%**

정오답 ☑ 체크

① ⓐ '서-+-어'의 과정에서 동일 모음의 탈락이 일어난 경우로, 그 결과가 표기에 반영되어 '서'로 표기함을 보여 준다.

② ⓑ '끄-+-어'의 과정에서 모음 'ㅡ'의 탈락이 일어난 경우로, 그 결과가 표기에 반영되어 '꺼'로 표기함을 보여 준다.

③ ⓒ '풀-+-니'의 과정에서 'ㄹ'의 탈락이 일어난 경우로, 그 결과가 표기에 반영되어 '푸니'로 표기함을 보여 준다.

✓ ❹ ⓓ '쌓-+-으니'의 과정에서 'ㅎ'이 탈락하여 [싸으니]로 발음되는데 그 결과가 표기에 반영되지 않고 '쌓으니'로 표기함을 보여 준다. 따라서 교체가 나타난다는 설명은 적절하지 않다.

⑤ ⓔ '믿는'은 교체(비음화)가 일어나 [민는]으로 발음되는데, 그 결과가 표기에 반영되지 않고 '믿는'으로 표기함을 보여 준다.

답 ④

08 음운 변동 이해, 적용
정답률 **64.0%**

정오답 ☑ 체크

① '굳'의 'ㄷ'은 종성에 올 수 있으므로 '굳이[구지]'의 구개음화(교체)는 음절 구조 제약과 관련된 것이 아니다.

✓ ❷ '옷만 → [옫만] → [온만]'에서는, 'ㅅ → ㄷ'으로 음절 구조 제약과 관련

된 교체(음절의 끝소리 규칙)가 한 번, 'ㄷ→ㄴ'으로 음절 구조 제약과 무관한 교체(비음화)가 한 번 일어난다.

③ '물약 → [물냑] → [물략]'에서는 첨가('ㄴ' 첨가)와 교체(유음화)가 각각 한 번씩 일어나는데, 둘 다 음절 구조 제약과 관련된 것이 아니다.

④ '값도 → [갑도] → [갑또]'에서는 'ㅄ → ㅂ'으로 종성에 둘 이상의 자음이 올 수 없다는 음절 구조 제약과 관련된 탈락(자음군 단순화)이 한 번, 'ㄷ → ㄸ'으로 음절 구조 제약과 무관한 교체(된소리되기)가 한 번 일어난다.

⑤ '핥는 → [할는] → [할른]'에서는 'ㄾ → ㄹ'로 종성에 둘 이상의 자음이 올 수 없다는 음절 구조 제약과 관련된 탈락(자음군 단순화)이 한 번, 'ㄴ → ㄹ'로 음절 구조 제약과 무관한 교체(유음화)가 한 번 일어난다.

답 ②

09 음운 변동 이해, 적용 　　　　　정답률 57.4%

정오답 ✅ 체크

① '밥상[밥쌍]'에서의 [쌍]은 'ㅅ'이 'ㅆ'으로 교체된 결과이고, 음절 유형은 '상(④)', '쌍(④)'으로 변화가 없다.

② '집일[짐닐]'에서의 [닐]은 'ㄴ'이 첨가된 결과이고, 음절 유형은 '일(③)' → '닐(④)'로 달라졌다.

③ '의복함[의보캄]'에서의 [캄]은 'ㄱ'과 'ㅎ'이 'ㅋ'으로 축약된 결과이지만, 음절 유형은 '함(④)', '캄(④)'으로 변화가 없다.

✔❹ '국물[궁물]'에서의 [궁]은 'ㄱ'이 'ㅇ'으로 교체된 결과이고, 음절 유형은 '국(④)', '궁(④)'으로 변화가 없다.

⑤ '화살[화살]'에서의 [화]는 '활＋살'의 과정에서 'ㄹ'이 탈락된 결과이지만, 음절 유형은 '활(④)' → '화(②)'로 달라졌다.

답 ④

10 음운의 이해 　　　　　정답률 56.5%

정오답 ✅ 체크

① 1문단의 '국어는 한 음절 내에서 모음 앞이나 뒤에 각각 최대 하나의 자음을 둘 수 있지만'을 통해 '몫 → [목]'의 자음군 단순화를 추론할 수 있다.

② 2문단의 '음운은 그 자체로는 뜻이 없다. 음운이 하나 이상 모여 뜻을 가지면 의미의 최소 단위인 형태소가 된다.'라는 설명을 통해, 음운 'ㄹ'은 그 자체로는 뜻이 없지만 '갈 곳'의 'ㄹ'은 어간 '가-'에 붙어 관형사형 전성 어미로 쓰이고 있으므로 뜻을 가진 최소 단위인 형태소가 된다는 점을 추론할 수 있다.

✔❸ 3문단의 '국밥'은 된소리되기가 적용되어 늘 [국빱]으로 발음되지만, 우리는 이것을 '빱'이 아니라 '밥'과 관련된 것으로 인식한다. 그 이유는 [국빱]을 들을 때 된소리되기가 인식의 틀로 작동하여 된소리되기 이전의 음운 배열인 '국밥'으로 복원되기 때문이다.'라는 설명을 통해, '밥만 있어'의 [밤만]을 듣고 '밥만'으로 복원했다면 비음화 규칙이 인식의 틀로 작동한 것이겠지만, '밤만'으로 알았다면 음운 규칙이 인식의 틀로 작동한 것이 아님을 추론할 수 있다.

④ 3문단의 '국어의 음절 구조와 맞지 않는 소리를 듣는다면 국어의 음절 구조에 맞게 바꾸고'를 통해, 영어 'spring'의 모음 'i' 앞의 자음 'spr' 3절을 각각 하나의 음운으로 여겨 '스프링'으로 인식하는 과정에서 국어 음절 구조 인식의 틀이 작동하였음을 추론할 수 있다.

⑤ 3문단의 '국어에 없는 소리를 듣는다면 국어에서 가장 가까운 음운으로 바꾸어 인식하게 된다.'를 통해, 영어 'v'를 국어 'ㅂ'으로 인식하는 양상을 추론할 수 있다.

답 ③

11 음운 변동 이해, 적용 　　　　　정답률 58.6%

정오답 ✅ 체크

①, ③, ④, ⑤ ⓑ '장미꽃 → [장미꼳]'에서는 음절의 끝소리 규칙이 일어나는데, 이러한 음운 변동은 '장미'와 '꽃'이라는 형태소와 형태소가 만나는 경계에서 발생하는 것이 아니라 '꽃'이라는 형태소 내부에서 발생한다.

ⓓ '걱정 → [걱쩡]'에서는 된소리되기가 일어나지만, '걱정'은 단일어이므로 이러한 음운 변동이 형태소와 형태소가 만나는 경계에서 발생하는 것이 아니다.

✔❷ ⓐ '앞일 → [암닐]'에서는 음절의 끝소리 규칙, 'ㄴ' 첨가, 비음화가 일어난다. 음절의 끝소리 규칙은 '앞'이라는 형태소 내부에서 발생하고, 'ㄴ' 첨가와 비음화는 '앞'과 '일'이라는 형태소와 형태소가 만나는 경계에서 발생한다.

ⓒ '넣고 → [너코]'에서는 거센소리되기(자음 축약)가 일어나는데, '넣-'과 '-고'라는 형태소와 형태소가 만나는 경계에서 발생한다.

ⓔ '굳이 → [구지]'에서는 구개음화가 일어나는데, '굳-'과 '-이'라는 형태소와 형태소가 만나는 경계에서 발생한다.

답 ②

12 음운 변동 이해, 적용 　　　　　정답률 56.4%

정오답 ✅ 체크

① '밖만[방만]'에서는 '밖'의 'ㄲ'이 음절의 끝소리 규칙의 적용을 받아 'ㄱ'으로 바뀐 후 비음화 현상이 적용되어 'ㅇ'으로 발음된다.

② '폭넓다[퐁널따]'에서는 '폭'의 'ㄱ'이 뒤에 오는 'ㄴ'의 영향으로 비음화 현상이 일어나 'ㅇ'으로 발음된다.

③ '값만[감만]'에서는 '값'의 'ㅄ'이 자음군 단순화의 적용을 받아 'ㅂ'으로 바뀐 후 비음화 현상이 적용되어 'ㅁ'으로 발음된다.

✔❹ '겉늙다[건늑따]'에서는 '겉'의 'ㅌ'이 음절의 끝소리 규칙의 적용을 받아 'ㄷ'으로 바뀐 후 비음화 현상이 적용되어 'ㄴ'으로 발음된다.

⑤ '호박잎[호방닙]'에서는 '호박＋잎'의 과정에서 '잎'에 'ㄴ' 첨가가 일어난 후 'ㄴ'의 영향으로 '호박'의 'ㄱ'에 비음화 현상이 적용되어 'ㅇ'으로 발음된다.

답 ④

13 음운 변동 이해, 적용 　　　　　정답률 56.4%

정오답 ✅ 체크

① 겹받침을 가진 말 뒤에 모음으로 시작하는 조사가 결합할 때는 겹받침의 앞 자음은 음절의 종성에서 발음되고 겹받침의 뒤 자음은 다음 음절 초성으로 이동하여 발음된다. '찰흙이'는 자음군 단순화를 적용하지 않고 겹받침의 뒤 자음만 다음 음절 초성으로 이동하여 [찰흘기]로 발음해야 한다. [찰흐기]로 부정확하게 발음하는 것은 자음군 단순화를 먼저 적용하고

연음한 결과이다.

✓❷ 하나의 자음으로 끝나는 말 뒤에 모음으로 시작하는 조사가 결합할 때는 받침을 그대로 옮겨 뒤 음절 초성으로 발음해야 하는데, 이를 연음이라고 한다. 이에 따르면, '안팎을'을 [안파글]로 부정확하게 발음하는 것은 음절의 끝소리 규칙을 적용하여 'ㄲ'을 'ㄱ'으로 바꾼 뒤에 연음하였기 때문이다.

③ '넋이'는 자음군 단순화를 적용하지 않고 겹받침의 뒤 자음만 다음 음절 초성으로 이동하여 [넉씨]로 발음해야 한다. 이때, 'ㅅ'가 아닌 'ㅆ'로 발음되는 것은 '넉'의 'ㄱ'에 의한 된소리되기의 영향이다. [너기]로 부정확하게 발음하는 것은 자음군 단순화를 먼저 적용하고 연음한 결과이다.

④ '끝을'은 연음하여 [끄틀]로 발음해야 한다. 구개음화는 'ㅣ'나 반모음 'j'로 시작하는 형식 형태소와 결합할 때 발생되는 음운 현상이기 때문에 '끝을'과는 무관하다.

⑤ '숲에'는 연음하여 [수페]로 발음해야 한다. 이때 '숲에'를 [수베]로 부정확하게 발음하는 것은 음절의 끝소리 규칙을 적용한 뒤에 연음하였기 때문이다. 거센소리되기는 예사소리 'ㄱ', 'ㄷ', 'ㅂ', 'ㅈ'이 'ㅎ'을 만나 각각 거센소리 'ㅋ', 'ㅌ', 'ㅍ', 'ㅊ'으로 발음되는 현상이기 때문에 '숲에'와는 무관하다.

답 ②

똑똑! 궁금해요

Q 연음과 음절의 끝소리 규칙, 자음군 단순화 중 무엇을 먼저 적용해야 하나요? 그리고 어떨 때 이러한 현상이 일어나는 건가요?

A 연음과 음절의 끝소리 규칙, 자음군 단순화는 상호 배타적인 관계에 있습니다. 즉 연음이 일어나는 환경에서는 음절의 끝소리 규칙이나 자음군 단순화가 적용되지 않고, 반대로 연음이 일어나지 않는 환경에서는 음절의 끝소리 규칙이나 자음군 단순화가 적용되어야 한다는 것이죠. 연음은 '찰흙+이 → [찰흘기]'와 같이 자음으로 끝나는 형태소와 모음으로 시작하는 형식 형태소가 결합할 때 일어납니다. 그 외 환경, 가령 모음으로 시작하는 실질 형태소와 결합할 때에는 '헛+웃음 → [헌우슴]' → [허두슴], '흙+위 → [흑위] → [흐귀]'와 같이 음절의 끝소리 규칙이나 자음군 단순화가 적용된 후 연음이 적용됩니다.

14 음운 변동 이해, 적용
정답률 **54.4%**

정오답 ✓ 체크

① '재밌는 → [재믿는] → [재민는]'에서는 교체(음절의 끝소리 규칙, 비음화)가 두 번 일어난다. '얽매는 → [억매는] → [엉매는]'에서는 탈락(자음군 단순화)이 한 번, 교체(비음화)가 한 번 일어난다.

② '불이익 → [불니익] → [불리익]'에서는 첨가('ㄴ' 첨가)가 한 번, 교체(유음화)가 한 번 일어난다. '견인력 → [겨닌녁]'에서는 교체(비음화)가 한 번 일어난다.

③ '똑같이 → [똑같이] → [똑까치]'에서는 교체(된소리되기, 구개음화)가 두 번 일어난다. '파묻힌 → [파무틴] → [파무친]'에서는 축약(거센소리되기)이 한 번, 교체(구개음화)가 한 번 일어난다.

④ '읊조려 → [읊조려] → [읖쪼려] → [읍쪼려]'에서는 교체(음절의 끝소리 규칙, 된소리되기)가 두 번, 탈락(자음군 단순화)이 한 번 일어난다. '걷늙어 → [걷늙어] → [건늘거]'에서는 교체(음절의 끝소리 규칙, 비음화)가 두

번 일어난다.

✓⑤ '버들잎 → [버들립]'에서는 '버들'과 '잎' 사이에 'ㄴ'이 첨가되며, 첨가된 'ㄴ'이 'ㄹ'의 영향으로 'ㄹ'로 교체된다. 또한, 음절의 끝소리 규칙에 따라 'ㅍ'이 'ㅂ'으로 교체된다. 따라서 첨가('ㄴ' 첨가)가 한 번, 교체(음절의 끝소리 규칙, 유음화)가 두 번 일어난다. '덧입어 → [던니버]'에서는 '덧'과 '입어' 사이에 'ㄴ'이 첨가된다. 또한, 음절의 끝소리 규칙에 따라 'ㅅ'이 'ㄷ'으로 교체되며, 교체된 'ㄷ'은 'ㄴ'의 영향으로 'ㄴ'으로 교체된다. 따라서 첨가('ㄴ' 첨가)가 한 번, 교체(음절의 끝소리 규칙, 비음화)가 두 번 일어난다.

답 ⑤

15 음운 변동 이해, 적용
정답률 **52.7%**

정오답 ✓ 체크

① '뛰-+-어'가 [뛰여]로 발음될 때에는 반모음 'j'가 첨가되는 현상이 일어난다.

② '차-+-아도'가 [차도]로 발음될 때에는 단모음 'ㅏ'가 탈락되는 현상이 일어난다.

③ '잠그-+-아'가 [잠가]로 발음될 때에는 단모음 'ㅡ'가 탈락되는 현상이 일어난다.

✓④ '견디-+-어서'가 [견뎌서]로 발음될 때에는 'ㅣ + ㅓ → ㅕ(j + ㅓ)'의 음운 변동이 일어난다. 용언 어간의 단모음 'ㅣ'가 '-어'로 시작하는 어미와 결합할 때 반모음 'j'로 교체되는 것을 확인할 수 있다.

⑤ '키우-+-어라'가 [키워라]로 발음될 때에는 단모음 'ㅜ'가 반모음 'w'로 교체되는 현상이 일어난다.

답 ④

도전 1등급 ⑯ 음운 변동 이해, 적용
정답률 **42.5%**

정답 해설 PLUS

〈보기〉에 대한 이해로 적절하지 않은 것은?

읊네 → [읖네](자음군 단순화) → [읍네](음절의 끝소리 규칙) → [음네](비음화)

벼훑이 → [벼훌치](구개음화)

● 보기 ●

ⓐ 풀잎[풀립]   ⓑ 읊네[음네]   ⓒ 벼훑이[벼훌치]

풀잎 → [풀닙]('ㄴ' 첨가) → [풀립](유음화) → [풀립](음절의 끝소리 규칙)

① ⓐ, ⓑ에서는 음운 변동이 각각 세 번씩 일어났군.

② ⓐ, ⓑ에서는 인접한 자음과 조음 방법이 같아지는 음운 변동이 일어났군. → ⓐ: 유음화, ⓑ: 비음화

③ ⓐ에서 첨가된 음운과 ⓑ에서 탈락된 음운은 서로 다르군. ⓐ:ㄴ ⓑ:ㄹ

④ ⓐ, ⓒ에서는 음운 개수가 달라지는 음운 변동이 일어났군. ✗

⑤ ⓐ은 'ㄹ'로 인해, ⓒ은 모음 'ㅣ'로 인해 동화되는 음운 변동이 일어났군.

함정 탈출 음운 변동이 일어나는 조건과 음운 변동의 종류와 횟수. 음운 변동에 따른 음운 개수의 변화까지 종합적으로 이해할 수 있어야 풀 수 있는 문제이다. 특히 음운 변동 후의 음운의 개수는 표기 형태를 기준으로 삼지 않고 발음 형태를 기준으로 적용한다는 점에 유의할 필요가 있으며, 교체의 경우 음운의 개수는 변하지 않는다는 점을 기억해 두자.

정오답 ☑ 체크

① ㉠의 '풀잎[풀립]'은 '풀잎 → [풀닙] → [풀립] → [풀립]'과 같이 'ㄴ' 첨가, 유음화, 음절의 끝소리 규칙이 일어난다. ㉡의 '옳네[음네]'는 '옳네 → [옳네] → [옵네] → [음네]'와 같이 자음군 단순화, 음절의 끝소리 규칙, 비음화가 일어난다.

② ㉠에서 일어난 유음화와 ㉡에서 일어난 비음화는 둘 다 인접한 자음과 조음 방법이 같아지는 음운 변동이다.

③ ㉠에서 첨가된 음운은 'ㄴ'이고, ㉡에서 탈락된 음운은 'ㄹ'이다.

✓ ❹ ㉢의 '벼훑이[벼훌치]'에서는 구개음화가 일어난다. ㉠에서 일어나는 'ㄴ' 첨가는 음운 개수가 늘어나는 음운 변동이지만, ㉢에서 일어나는 구개음화는 음운 개수에 변화가 없는 음운 변동이다.

⑤ ㉠에서 일어난 유음화는 'ㄹ'로 인해 'ㄴ'이 'ㄹ'로 동화되는 음운 변동이고, ㉢에서 일어난 구개음화는 모음 'ㅣ'나 반모음 'j'로 인해 구개음이 아닌 음(ㄷ, ㅌ)이 특정 환경에서 경구개음(ㅈ, ㅊ)으로 동화되는 음운 변동이다.

🔲 ④

똑똑! 궁금해요

Q 음운 변동의 결과에 따라 음운의 개수가 어떻게 변하는지 파악하는 문제가 너무 어려워요. 좀 더 쉽게 파악할 수 있는 방법 없을까요?

A 먼저 음운 변동 후의 음운의 개수는 표기 형태를 기준으로 삼지 않고 발음 형태를 기준으로 파악해야 한다는 점에 유의해야겠죠? 그리고 교체는 몇 번이 일어나든 음운의 개수에 변동이 없고, 탈락이나 축약이 일어나면 그때마다 각각 한 개씩 줄어들고, 반면 첨가가 일어나면 한 개씩 늘어난다는 점을 기억하면 됩니다. 그럼 탈락, 축약, 첨가가 몇 번 일어났느냐에 따라 음운의 개수 변화를 파악할 수 있겠죠?

---

02 단어

17 ⑤	**18** ①	**19** ⑤	**20** ⑤	**21** ③	**22** ③
23 ⑤	**24** ④	**25** ③	**26** ①	**27** ①	**28** ③
29 ④	**30** ②	**31** ⑤	**32** ②	**33** ④	**34** ①
35 ②	**36** ④	**37** ④	**38** ④	**39** ③	**40** ④
41 ③					

17 단어의 의미 관계   정답률 88.0%

정오답 ☑ 체크

① '묽은 코'의 '코'는 '콧구멍에서 흘러나오는 액체.'의 의미로, ㉡에 해당한다.

② '어망의 코'의 '코'는 '그물이나 뜨개질한 물건의 눈마다의 매듭.'의 의미로, ㉢에 해당한다.

③ '긴 코'의 '코'는 '포유류의 얼굴 중앙에 튀어나온 부분.'의 의미로, ㉠에 해당한다.

④ '코를 다쳐서'의 '코'는 '포유류의 얼굴 중앙에 튀어나온 부분.'의 의미로, ㉠에 해당한다.

✓ ❺ '목도리를 한 코씩 떠 나가셨다'의 '코'는 '그물이나 뜨개질한 물건의 눈마다의 매듭.'의 의미로, ㉢에 해당한다.

🔲 ⑤

18 단어의 구성 방식과 형성 방법   정답률 82.3%

정오답 ☑ 체크

✓ ❶ '여닫다'는 '열다'와 '닫다' 두 어근으로 이루어진 합성어이다. '접히다'는 동사 '접다'의 어근 '접-'에 접미사 '-히-'가 결합하여 만들어진 동사이며, '높이다'는 형용사 '높다'의 어근 '높-'에 접미사 '-이-'가 결합하여 만들어진 동사로, 어근과 접사로 이루어진 파생어이다. 따라서 ⓐ에 들어갈 어근과 접사로 이루어지지 않은 단어는 '여닫다', ⓑ에 들어갈 접사가 결합하며 품사가 달라지지 않은 단어는 '접히다', ⓒ에 들어갈 접사가 결합하며 품사가 달라진 단어는 '높이다'이다.

🔲 ①

19 형태소의 종류   정답률 77.7%

정오답 ☑ 체크

① '우리는'의 '우리'는 대명사이고, '드디어'는 부사로, 실질 형태소이면서 자립 형태소이므로 ㉠에 속한다.

② '비를'과 '길을'에서 명사 '비', '길'은 실질 형태소이면서 자립 형태소이므로 ㉠에 속하고, 목적격 조사 '를', '을'은 형식 형태소이면서 의존 형태소이므로 ㉢에 속한다.

③ '맞고'의 어간 '맞-'은 용언의 어간으로 실질 형태소이면서 의존 형태소이므로 ㉡에 속하며, '맞서다가'의 '맞-'은 접두사로 형식 형태소이면서 의존 형태소이므로 ㉢에 속한다.

④ '바람에'의 명사 '바람'은 실질 형태소이면서 자립 형태소이므로 ㉠에 속하

고, 부사격 조사 '에'는 형식 형태소이면서 의존 형태소이므로 ⓒ에 속한다.
✓⑤ '찾아냈다'는 '찾-+-아+내-+-었-+-다'로 형태소 분석이 된다. 용언의 어간 '찾-'과 '내-'는 실질 형태소이면서 의존 형태소이므로 ⓛ에 속하고, 연결 어미 '-아', 과거 시제 선어말 어미 '-었-', 어말 어미 '-다'는 형식 형태소이면서 의존 형태소이므로 ⓒ에 속한다.

🈸 ⑤

Ｑ 실질/형식 형태소, 자립/의존 형태소는 어떻게 분류하나요? 〈학습 활동〉의 문장을 형태소 분석하고 이 기준에 따라 분류해 주세요.

Ａ 뜻을 가진 가장 작은 말의 단위를 '형태소'라고 합니다. 형태소는 자립할 수 있느냐, 즉 홀로 쓰일 수 있느냐 여부에 따라 자립 형태소/의존 형태소로 나뉘고, 실질적 의미를 갖느냐 여부에 따라 실질 형태소/의존 형태소로 나뉘어요.
조사, 어미, 접사는 대체로 문법적 의미만을 나타내므로 형식 형태소이며, 자립성이 없으므로 의존 형태소입니다. 자립할 수 있는 형태소는 모두 실질 형태소라고 할 수 있죠. 그런데 특이하게 자립이 안 되면서도 실질 형태소에 포함되는 것이 '어간'입니다. 어간은 실질 형태소이면서 의존 형태소라는 것을 기억해 두세요.
위 기준에 따라 '우리는 비를 맞고 바람에 맞서다가 드디어 길을 찾아냈다'라는 문장에 대한 형태소 분석과 분류를 하면 다음과 같아요.

'우리	+ 는'	'비	+ 를'	'맞-	+ -고'
실질	형식	실질	형식	실질	형식
자립	의존	자립	의존	의존	의존

'바람	+ 에'	'맞-	+ 서-	+ -다가'
실질	형식	형식	실질	형식
자립	의존	의존	의존	의존

'드디어'	'길	+ 을'	'찾-	+ -아	+ 내-	+ -었-	+ -다'
실질	실질	형식	실질	형식	실질	형식	형식
자립	자립	의존	의존	의존	의존	의존	의존

20 용언의 활용
정답률 70.4%

① ⓐ의 기본형은 '입다'로, 어간 '입-'과 어미 '-어'가 결합하여 어간과 어미 모두 형태가 유지되었다. ⓑ의 기본형 '아름답다'는 'ㅂ' 불규칙 활용을 하는 용언으로, 어간 '아름답-'에 어미 '-어'가 결합할 때 어간의 끝소리 'ㅂ'이 'ㅜ'로 바뀌었다.
② ⓐ의 기본형은 '쑤다'로, 어간 '쑤-'와 '-어'가 결합하여 어간과 어미 모두 형태가 유지되었다. ⓑ의 기본형 '푸다'는 'ㅜ' 불규칙 활용을 하는 용언으로, 어간 '푸-'와 어미 '-어'가 결합하여 어간의 'ㅜ'가 탈락하였다.
③ ⓐ의 기본형은 '걸다'로, 어간 '걸-'과 어미 '-어'가 결합하여 어간과 어미의 형태가 유지되었지만, ⓑ의 기본형 '걷다'는 'ㄷ' 불규칙 활용을 하는 용언으로, 어간 '걷-'과 어미 '-어'가 결합하여 어간의 'ㄷ'이 'ㄹ'로 바뀌었다.
④ ⓐ의 기본형은 '씻다'로, 어간 '씻-'과 어미 '-어'가 결합하여 어간과 어미의 형태가 유지되었지만, ⓑ의 기본형 '잇다'는 'ㅅ' 불규칙 활용을 하는 용언으로, 어간 '잇-'과 어미 '-어'가 결합하여 어간의 'ㅅ'이 탈락하였다.
✓⑤ ⓐ의 기본형은 '쌓다'로, 어간 '쌓-'과 어미 '-아'가 결합하여 어간과 어미 모두 형태가 유지되었다. ⓑ의 기본형 '파랗다'는 'ㅎ' 불규칙 활용을 하는 용언으로, 어간 '파랗-'이 어미 '-아'와 결합하여 어간의 'ㅎ'이 탈락하

고 어미가 '-애'로 바뀌므로 어미가 없어진 것이 아니다.

🈸 ⑤

Ｑ 용언의 규칙 활용과 불규칙 활용의 개념을 알고 싶어요. 또 둘을 쉽게 구분하는 방법이 있을까요?

Ａ 이 문제의 ⓐ에 나온 용언들 '입다, 쑤다, 걸다, 씻다, 쌓다'처럼 활용할 때 어간과 어미 모두 형태 변화가 없거나 변화가 있더라도 그 현상을 일정한 규칙으로 설명할 수 있을 때 규칙 활용이라고 해요. 반면에 ⓑ에 나온 용언들 '아름답다, 푸다, 걷다, 잇다, 파랗다'처럼 활용할 때 어간이나 어미의 형태가 유지되지 않고, 그 현상을 일정한 규칙으로 설명할 수 없을 때 불규칙 활용이라고 하지요.
규칙 활용과 불규칙 활용 두 가지를 구분하는 방법은 용언의 기본형을 찾은 뒤, 어간 뒤에 모음 어미 '-어/-아'를 결합하여 형태 변화를 확인해 규칙성을 찾아보면 쉽게 구분할 수 있답니다.

21 단어의 구성 요소
정답률 67.3%

① ⓐ의 '목말라'는 '목이 마르다.(물 따위가 몹시 먹고 싶다.)'라는 구성 요소의 의미를 벗어나 '어떠한 것을 간절히 원하다.'라는 새로운 의미를 획득했으며, '깨달음에'와 같은 필수 부사어를 요구한다.
② ⓑ의 '점찍어'는 '점을 찍다.'라는 구성 요소의 의미를 벗어나 '어떻게 될 것이라고 또는 어느 것이라고 마음속으로 정하다.'라는 새로운 의미를 획득했으며, '간식으로'와 같은 필수 부사어를 요구한다.
✓③ ⓒ의 '담쌓다'는 '담을 쌓다.'라는 구성 요소의 의미를 벗어나 '관계나 인연을 끊다.'라는 새로운 의미를 획득했으며, '야식과'와 같은 필수 부사어를 요구한다.
④ ⓓ의 '녹슬지'는 '녹이 슬다.(쇠붙이가 산화하여 빛이 변하다.)'라는 구성 요소의 의미를 벗어나 '오랫동안 쓰지 않고 버려두어 낡거나 무디어지다.'라는 새로운 의미를 획득했으며, '그녀는 노래 실력이 녹슬지 않았다.'가 성립하는 데에서 알 수 있듯이 필수 부사어를 요구하지 않는다.
⑤ ⓔ의 '눈뜨게'는 '눈을 뜨다.(감았던 눈을 벌리다.)'라는 구성 요소의 의미를 벗어나 '잘 알지 못했던 이치나 원리 따위를 깨달아 알게 되다.'라는 새로운 의미를 획득했으며, '최신 이론에'와 같은 필수 부사어를 요구한다.

🈸 ③

22 현대 국어의 의존 명사
정답률 66.6%

✓③ 의존 명사 '바'는 '나아갈', '생각한', '아는', '공헌한'에서 선행 요소로 용언의 관형사형과만 결합한 것을 확인할 수 있다(ⓛ). '나아갈 바를'에서 목적격 조사 '를'과 결합, '생각한 바이다'에서 서술격 조사 '이다'와 결합, '바와 다르다'에서 부사격 조사 '와'와 결합, '바가 없다'와 '바가 크다'에서 주격 조사 '가'와 결합한 것을 확인할 수 있다(ⓒ). 또한 후행 요소로 '밝혔다, 다르다, 없다, 크다' 등 다양한 용언과 두루 결합한 것을 확인할 수 있다(ⓜ).

🈸 ③

23 단어의 이해   정답률 63.5%

정오답 ✅ 체크

① '맨발'에서 분석되는 접두사는 '맨–'이다. 2문단에서 접사에는 다른 말과 결합하는 부분에 붙임표가 쓰여 표제어로 오른다는 점을 확인할 수 있다.

② '나만 비를 맞았다.'에서 쓰인 격 조사는 목적격 조사 '를'이다. 2문단에서 조사는 자립적으로 쓰이지 않지만 단어이므로 조사가 표제어로 오를 때에는 그 앞에 붙임표가 쓰이지 않는다는 점을 확인할 수 있다.

③ '저도 학교 앞에 삽니다.'에서 쓰인 동사는 '삽니다'이며, '삽니다'의 어간은 '살–'이다. 2문단에서 용언은 어간에 어미 '–다'가 결합한 기본형이 표제어가 되며, 용언 어간과 어미 '–다' 사이에는 붙임표가 쓰이지 않는다는 점을 확인할 수 있다.

④ 3문단에서 복합어의 붙임표는 구성 성분들을 반드시 붙여 써야 한다는 점도 알려 준다는 것을 확인할 수 있다.

✓❺ 3문단에서 '둘 이상의 구성 성분으로 이루어진 표제어에는 가장 나중에 결합한 구성 성분들 사이에 붙임표가 한 번만 쓰인다.'라는 진술을 확인할 수 있다. 따라서 '논둑길'의 표제어는 '논–둑–길'이 아니라 '논둑–길'임을 알 수 있다. 또한 이를 통해 '논둑'과 '길'이 가장 나중에 결합했다는 정보를 확인할 수 있다.

답 ⑤

24 단어의 이해   정답률 74.1%

정오답 ✅ 체크

✓④ 4~6문단에서는 기원적으로 두 구성 성분이 결합한 단어이지만 붙임표가 쓰이지 않는 경우를 '현대 국어에서 새로운 단어를 만들지 못하는 접미사(생산력이 낮은 접미사)가 결합한 경우'와 '단어의 의미가 어근이나 어간의 본뜻과 멀어진 경우'로 나누어 설명하고 있다. 〈보기〉의 '자주'는 '같은 일을 잇따라 잦게.'라는 뜻풀이에서도 알 수 있듯이 어원이 되는 용언 '잦다'와 의미적 연관성을 지니고 있으나 현대 국어에서 새로운 단어를 만들지 못하는 접미사 '–우(잦–+–우)'가 쓰인 경우이므로 전자에 해당한다. 〈보기〉의 '조차', '차마', '부터'는 각각 '좇다', '참다', '붙다'의 본뜻과 의미가 멀어진 것으로, ㉠에 해당하는 단어들이다.

답 ④

25 어휘의 변화 유형 파악   정답률 60.3%

정오답 ✅ 체크

① '예전'의 '도야지'에 해당하는 개념은 '돝(돼지)의 새끼'인데, 이 개념은 지금도 존재한다.

② '예전'의 '돝'은 '돼지'이고, '도야지'는 '돝(돼지)의 새끼'이기 때문에 '돝'이 '도야지'의 하의어라는 진술은 적절하지 않다.

✓❸ '예전'의 '도야지'는 '돝(돼지)의 새끼'를 나타내는 개념이고, 지금의 '돼지'는 돼지 전체를 나타내는 개념이다.

④ '예전'에는 '돝'과 '돝(돼지)의 새끼'를 의미하는 '도야지'가 모두 쓰였기 때문에 지금의 '어린 돼지'에 해당하는 어휘적 빈자리가 없었다.

⑤ '예전'의 '도야지'의 개념은 '돝(돼지)의 새끼'인데, 지금은 이를 나타내기

26 어휘의 변화 유형 파악   정답률 74.5%

정오답 ✅ 체크

✓❶ ㄱ. 두 번째 사위, 세 번째 사위를 구별하여 가리키는 단어가 없어 '둘째 사위, 셋째 사위'라고 입력하는 것은 단어가 아닌 구를 만들어 어휘적 빈자리를 채우는 첫 번째 방식의 사례로 적절하다.

ㄴ. '꿩의 새끼'를 나타내는 단어로 '꺼병이'가 존재하므로 이는 어휘적 빈자리가 존재하는 경우에 해당하지 않는다.

ㄷ. '금성'의 고유어인 '개밥바라기'와 '샛별' 중 '샛별'을 택한 것 역시 어휘적 빈자리를 보여 주는 사례로 적절하지 않다.

답 ①

27 단어의 구성 방식   정답률 60.2%

정오답 ✅ 체크

✓❶ ㉠은 둘 이상의 어근으로만 구성되어 있는 합성어이다. '어느새'는 어근 '어느'와 어근 '새'로 구성되어 있는 합성어이다. '꺾쇠'는 어간 '꺾–'과 어근 '쇠'로 구성되어 있는 (비통사적) 합성어이다.

㉡은 접미 파생어 중 어근의 품사를 바꿔 주는 것으로, '마음껏'은 어근 '마음'과 접미사 '–껏'으로 구성되어 있는 접미 파생어이다. 이때 접미사 '–껏'은 명사인 어근 뒤에 붙어서 품사를 부사로 바꾸어 준다. '지우개'는 어근 '지우–'와 접미사 '–개'로 구성되어 있는 접미 파생어이다. 이때 접미사 '–개'는 동사인 어근 뒤에 붙어서 품사를 명사로 바꾸어 준다.

②, ③, ④, ⑤ '헛수고'는 접두사 '헛–'과 어근 '수고'로 구성되어 있는 접두 파생어이다. '톱질'은 어근 '톱'과 접미사 '–질'로 구성되어 있는 접미 파생어이다. 이때 접미사 '–질'은 어근의 뒤에 붙지만 품사를 바꾸어 주지는 않는다.

답 ①

똑똑! 궁금해요

Q 〈보기〉는 복합어가 분류되어 있는데 용어가 나오지 않아서 체계적으로 이해하기 어려워요. 정확한 용어와 함께 복합어의 종류를 설명해 주세요.

단어는 하나의 어근만으로 이루어진 단어인 단일어와 둘 이상의 어근으로 이루어졌거나 어근과 접사로 이루어진 단어인 복합어로 나뉘어집니다. 그리고 복합어는 어근과 어근이 합쳐져서 만들어진 단어인 합성어와 어근에 파생 접사가 붙어서 만들어진 단어인 파생어가 있습니다.

합성어는 **통사적 합성어**(어근과 어근의 결합 방식이 국어의 어순이나 단어 배열 방식과 일치하는 합성어)와 **비통사적 합성어**(어근과 어근의 결합 방식이 국어의 어순이나 단어 배열 방식에 어긋나는 합성어)로 나뉩니다.

파생어는 **접두 파생어**(어근의 앞에 접두사가 붙어서 만들어진 파생어 – 접두사는 어근의 품사는 유지시키고 어근에 일정한 의미를 더해 줌.)와 **접미 파생어**(어근의 뒤에 접미사가 붙어서 만들어진 파생어 – 접미사는 어근의 품사를 바꾸거나 문법적인 변화를 일으키기도 하며 어근의 의미를 제한하기도 함.)로 나눌 수 있습니다.

28 단어의 구성 요소   정답률 58.9%

정오답 ✅ 체크

① '값싸게'는 '값이 싸다.'의 의미로, ㉠과 동일하게 주어와 서술어의 관계를 보여 준다.

② '눈부신'은 '눈이 부시다.'의 의미로, ㉠과 동일하게 주어와 서술어의 관계를 보여 준다.

✓ ③ '뒤돌아'는 '뒤로 돌다.'의 의미로, ㉢과 동일하게 부사어와 서술어의 관계를 보여 준다.

④ '밤새워'는 '밤을 새우다.'의 의미로, ㉡과 동일하게 목적어와 서술어의 관계를 보여 준다.

⑤ '앞서서'는 '앞에 서다.'의 의미로, ㉢과 동일하게 부사어와 서술어의 관계를 보여 준다.

답 ③

29 파생어의 형성   정답률 52.0%

정오답 ✅ 체크

① ㉠에 쓰인 접사는 '-이', '-음', '-기', '-개'이다. 형용사 어근 '넓-'에 접미사 '-이'가 결합하여 명사 '넓이'가, 동사 '믿-'에 접미사 '-음'이 결합하여 명사 '믿음'이 파생되었다. 형용사 어근 '크-'에 접미사 '-기'가 결합하여 명사 '크기'가, 동사 '지우-'에 접미사 '-개'가 결합하여 명사 '지우개'가 파생되었다. 따라서 접사 '-이', '-음', '-기', '-개'는 용언과 결합하여 명사를 만든다는 것을 확인할 수 있다.

② ㉡에 쓰인 접사는 '-이다', '-대다', '-거리다'이다. 부사 어근 '끄덕'에 접미사 '-이다'가 결합하여 동사 '끄덕이다'가, 부사 어근 '출렁'에 접미사 '-대다'가 결합하여 동사 '출렁대다'가, 부사 어근 '반짝'에 접미사 '-거리다'가 결합하여 동사 '반짝거리다'가 파생되었다. 따라서 접사 '-이다', '-대다', '-거리다'는 부사와 결합하여 동사를 만든다는 것을 확인할 수 있다.

③ ㉢에 쓰인 접사는 '-보', '-꾼', '-쟁이', '-꾸러기'이다. 동사의 어근 '울-'과 접미사 '-보'가 결합하여 명사 '울보'가, 명사 '낚시'에 접미사 '-꾼'이 결합하여 명사 '낚시꾼'이 파생되었다. 명사 '멋'에 접미사 '-쟁이'가 결합하여 명사 '멋쟁이'가, 명사 '장난'에 접미사 '-꾸러기'가 결합하여 명사 '장난꾸러기'가 파생되었다. 따라서 접사 '-보', '-꾼', '-쟁이', '-꾸러기'는 모두 사람을 가리키는 의미의 단어를 파생한다는 것을 확인할 수 있다.

✓ ④ ㉣에 쓰인 접사는 '-치-', '-리-', '-히-', '-뜨리-'이다. 동사의 어근 '밀-'에 접미사 '-치-'가 결합하여 동사 '밀치다'가, 동사의 어근 '살-'에 접미사 '-리-'가 결합하여 동사 '살리다'가 파생되었다. 동사의 어근 '입-'에 접미사 '-히-'가 결합하여 동사 '입히다'가, 동사의 어근 '깨-'에 접미사 '-뜨리-'가 결합하여 동사 '깨뜨리다'가 파생되었다. '살리다', '입히다'에 쓰인 접사 '-리-'와 '-히-'는 사동 접미사로, 주동사에 결합하여 사동사를 파생한다. 그러나 '-치-'와 '-뜨리-'는 사동 접미사가 아니다. '힘껏 밀다.'의 의미인 '밀치다'와 "'깨다'를 강조하여 이르는 말.'인 '깨뜨리다'에 쓰인 접사는 강조의 뜻을 더할 뿐 사동사를 파생하지 않는다.

⑤ ㉤에 쓰인 접사는 '-질', '풋-', '휘-', '-기-'이다. 명사 '부채'에 접미사 '-질'이 결합하여 명사 '부채질'이, 명사 '나물'에 접두사 '풋-'이 결합하여 명사 '풋나물'이 파생되었다. 동사 어근 '감-'에 접두사 '휘-'가 결합하여 동사 '휘감다'가, 동사 어근 '빼앗-'에 접미사 '-기-'가 결합하여 피동사 '빼앗기다'가 파생되었다. '부채질', '풋나물'에서는 접사가 명사 어근에 결합하여 명사를 파생하므로 어근과 파생어의 품사가 명사로 동일하고, '휘감다',

---

'빼앗기다'에서는 접사가 동사 어근에 결합하여 동사를 파생하므로 어근과 파생어의 품사가 동사로 동일하다는 것을 확인할 수 있다.

답 ④

똑똑! 궁금해요

Q 파생어는 어근과 접사가 결합하여 만들어진 단어로 알고 있어요. 어떤 접사들과 결합하여 어떤 파생어들을 만드는지 예를 들어 설명해 주세요.

A 파생어는 어근 앞에 접두사가 결합한 접두 파생어와 어근 뒤에 접미사가 결합한 접미 파생어로 나눌 수 있어요.

접두 파생어는 어근 앞에 뜻을 더하거나, 의미를 강조하는 접두사가 결합하여 형성된 단어예요. 예를 들어 '햇-'이라는 접두사는 '그 해에 난'의 뜻을 더해 '햇나물', '햇과일' 등의 파생어를 만들고, '맨-'이라는 접두사는 '다른 것이 없이 오직 그것뿐'이라는 뜻을 더해 '맨주먹', '맨몸' 등의 파생어를 만들어요.

접미 파생어는 접미사가 결합하여 뜻을 더해 주는 경우와 접미사가 결합되어 품사를 바꾸는 경우로 나뉘어요. 접미 파생어의 예는 표로 정리해 줄게요.

뜻을 더해 주는 경우	**예** 멋(어근) + -쟁이 → 멋쟁이, 장난(어근) + -꾸러기 → 장난꾸러기		
품사를 바꾸는 경우	명사	-(으)ㅁ, -이, -기, -개, -보	
		예 꾸-(동사 어근) + -ㅁ(접미사) → 꿈(명사)	
	동사	-하다, -추다, -거리다	
		예 출렁(부사) + -거리다(접미사) → 출렁거리다(동사)	
	형용사	-답다, -롭다, -스럽다	
		예 새(관형사) + -롭다(접미사) → 새롭다(형용사)	
	부사	-히, -이	
		예 깨끗-(형용사의 어근) + -이(접미사) → 깨끗이(부사)	

정답 해설 PLUS

ⓐ~ⓔ는 잘못된 표기를 바르게 고친 것이다. 고치는 과정에서 해당 단어에 적용된 용언 활용의 예로 적절하지 <u>않은</u> 것은?

> **'국물 떡볶이' 만드는 법**
>
> ○ 떡을 물에 (달궈) 둔다. → ⓐ 담가 → 담그-+-아 → 담가('ㅡ' 탈락)
>
> ○ 멸치를 물에 넣고 끓인 다음 체에 (거러서) 육수를 준비한다. → 거르-+-어서 → 걸러서('르' 불규칙 활용) ⓑ 걸러서
>
> ○ 육수에 고추장, (갈은) 마늘, 불린 떡, 어묵을 넣는다. → ⓒ 간 → 갈-+-(으)ㄴ → 간('ㄹ' 탈락)
>
> ○ (하얬던) 떡이 빨갛게 될 때까지 잘 (정어) 익힌다. → ⓓ 하얬던 → 하양-+-았-+-던 → 하얬던('ㅎ' 불규칙 활용) / 젓-+-어 → 저어('ㅅ' 불규칙 활용) → ⓔ 저어

① ⓐ: 예쁘- + -어도 → 예뻐도 'ㅡ' 탈락

② ⓑ: 푸르- + -어 → 푸르러 '러' 불규칙 활용

③ ⓒ: 살- + -니 → 사니 'ㄹ' 탈락

④ ⓓ: 동그랗- + -아 → 동그래 'ㅎ' 불규칙 활용

⑤ ⓔ: 긋- + -은 → 그은 'ㅅ' 불규칙 활용

> **함정 탈출 비법** 기본적으로 용언의 규칙 활용과 불규칙 활용에 대한 이해가 필요하고, 잘못된 표기를 바르게 고친 것을 보고 용언의 활용을 분석할 수 있어야 하는 다소 까다로운 문항이다. 용언의 활용은 우선 용언의 기본형을 바탕으로 용언의 어간을 파악한 후, 이에 어미가 결합하여 활용하는 모습을 분석적으로 이해할 수 있어야 한다.

정오답 체크

① ⓐ의 기본형은 '담그다'로, '담그-+-아→담가', '예쁘-+-어도→예뻐도'는 둘 다 'ㅡ' 탈락에 해당한다.

✓ **② ⓑ의 기본형은 '거르다'로, '거르-+-어서 → 걸러서'는 '르' 불규칙 활용에 해당하지만, '푸르-+-어→푸르러'는 '러' 불규칙 활용에 해당한다.**

③ ⓒ의 기본형은 '갈다'로, '갈-+-(으)ㄴ→간'과 '살-+-니→사니'는 둘 다 'ㄹ' 탈락에 해당한다.

④ ⓓ의 기본형은 '하얗다'로, '하얗-+-았-+-던 → 하얬던', '동그랗-+-아→동그래'는 둘 다 'ㅎ' 불규칙 활용에 해당한다.

⑤ ⓔ의 기본형은 '젓다'로, '젓-+-어→저어', '긋-+-은→그은'은 둘 다 'ㅅ' 불규칙 활용에 해당한다.

답 ②

정답 해설 PLUS

윗글을 참고하여 추론한 내용으로 적절하지 <u>않은</u> 것은?

① 대부분의 아이들이 '별'의 의미 중 '군인의 계급장'(주변 의미)이라는 의미보다 '천체의 일부'(중심 의미)라는 의미를 먼저 배우겠군.

② '앉다'의 의미 중 '착석하다'(중심 의미)의 의미로 쓰이는 빈도가 '요직에 앉다'처럼 '직위나 자리를 차지하다'(주변 의미)의 의미로 쓰이는 빈도보다 더 높겠군.

③ '결론에 이르다'(어떤 정도나 범위에 미치다)와 '포기하기에는 아직 이르다'(대중이나 기준을 잡은 때보다 앞서거나 빠르다)에서 '이르다'의 의미들은 서로 관련성이 없으니, 이 두 의미는 중심 의미와 주변 의미의 관계로 볼 수 없겠군.

④ '팽이를 돌리다'는 어법에 맞는데 '침이 생기다'(주변 의미)라는 의미의 '돌다'(('돌다'의 사동형))는 '군침을 돌리다'로 쓰이지 않으니, '군침이 돌다'의 '돌다'는 주변 의미로 사용된 것이겠군. (문법적 제약이 있음.)

⑤ 사람의 감각 기관을 뜻하는 '눈'의 의미(중심 의미)가 '눈이 나빠져서 안경의 도수를 올렸다'에서의 '눈'의 의미('물체의 존재나 형상을 인식하는 눈의 능력' - 주변 의미)로 확장되었으니, '눈'의 확장된 의미는 기존 의미보다 더 구체적이겠군. ✗ 추상성이 강화됨.

> **함정 탈출 비법** 많은 학생들이 ③을 답으로 착각하였는데, 이는 제시된 단어 '이르다'의 관계가 다의 관계인지, 동음이의어 관계인지를 제대로 파악하지 못했기 때문이다. 단어의 중심 의미에서 확장된 주변 의미인지, 의미적 관련성이 없는 동음이의어인지를 다양한 사례를 통해 파악하는 훈련을 할 필요가 있다.

정오답 체크

① 1문단에 따르면 중심 의미는 일반적으로 주변 의미보다 언어 습득의 시기가 빠르다. '별'은 중심 의미가 '천체의 일부'이고, 주변 의미가 '군인의 계급장'이므로 이와 같은 추론이 가능하다.

② 1문단에 따르면 중심 의미는 일반적으로 주변 의미보다 사용 빈도가 높다. '앉다'는 중심 의미가 '착석하다'이고, 주변 의미가 '직위나 자리를 차지하다'이므로 이와 같은 추론이 가능하다.

③ 4문단에 따르면 다의어의 중심 의미와 주변 의미는 서로 관련성을 갖는다. 그런데 '결론에 이르다'의 '이르다'는 '어떤 정도나 범위에 미치다'의 뜻을 지니는 동사이고, '포기하기에는 아직 이르다'의 '이르다'는 '대중이나 기준을 잡은 때보다 앞서거나 빠르다'의 뜻을 지니는 형용사로, 둘 사이에는 의미적 관련성이 없기 때문에 이 둘은 중심 의미와 주변 의미의 관계로 볼 수 없다. 두 단어는 동음이의어에 해당한다.

④ 2문단에 따르면 다의어가 주변 의미로 사용되었을 때는 문법적 제약이 나타나기도 한다. '팽이가 돌다/팽이를 돌리다'에 쓰인 '돌다'에 비해 '군침이 돌다'에 쓰인 '돌다'는 사동형 '군침을 돌리다*'가 불가능한 문법적 제약을 지닌다. 이를 감안할 때, '군침이 돌다'의 '돌다'는 주변 의미로 사용된 것이라는 추론이 가능하다.

✓ **⑤ '눈'의 중심 의미는 '감각 기관'이고, '눈이 나빠지다'의 '눈'은 '물체의 존재나 형상을 인식하는 눈의 능력', '시력'을 뜻하는 주변 의미이다. 기존의 의미가 확장되어 생긴 주변 의미는 기존의 의미보다 추상성이 강화되는 경향이 있다는 3문단의 진술을 고려할 때, '눈'의 기존 의미인 '감각 기관'**

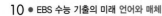

에 비해, 확장된 주변 의미인 '시력'이라는 의미가 '더 구체적'이라는 추론은 적절하지 않다.

답 ⑤

32 다의어의 의미

정답률 41.2%

정답 해설 PLUS

밑줄 친 단어들의 의미를 고려하여 ⊙의 예에 해당하는 것만을 〈보기〉에서 있는 대로 고른 것은? [3점]

● 보기 ●

영희: 자꾸 말해 미안한데 모둠 발표 자료 좀 줄래?
민수: 너 빚쟁이 같다. 나한테 자료 맡겨 놓은 거 같네.
　　　　 └남에게 돈을 빌려준 사람을 낮잡아 이르는 말
영희: 이틀 뒤에 발표 사전 모임이라고 금방 문자 메시지가 왔는데
　　　　 └시간이나 순서상으로 다음이나 나중. └말하고 있는 시점보다 바로 조금 전에.
지금 또 왔어. 근데 빚쟁이라니, 내가 언제 돈 빌린 것도 아니
고…….　　　　　　　└빚을 진 사람을 낮잡아 이르는 말.　└화폐
민수: 아니, 꼭 빌려준 돈 받으러 온 사람 같다고. 자료 여기 있어. 가
　　　　　　　　　　　　└화폐
현이랑 도서관에 같이 가자. 아까 출발했다니까 금방 올 거야.
　　　　　　　　　　　　　　　　　　　　 └말하고 있는 시점부터
영희: 그래. 발표 끝난 뒤에 다 같이 밥 먹자.　 바로 조금 후에.
　　　　　　　　　　└시간이나 순서상으로 다음이나 나중.

① 빚쟁이　　　　　　② 빚쟁이, 금방
③ 뒤, 돈　　　　　　 ④ 뒤, 금방, 돈
⑤ 빚쟁이, 뒤, 금방

함정 탈출 비법 담화 맥락 속에서 단어의 의미를 파악할 수 있어야 풀 수 있는 문제이다. 담화 맥락을 고려하여 동일한 단어가 어떤 의미로 쓰이고 있는지, 그 관계는 어떠한지를 파악할 수 있어야 한다.

정오답 체크

✓ ❷ 민수가 말한 '빚쟁이'는 '나한테 자료 맡겨 놓은 거 같네.', '꼭 빌려준 돈 받으러 온 사람 같다고.'에서 알 수 있듯이, '남에게 돈을 빌려준 사람'을 뜻하는 반면, 영희가 말한 '빚쟁이'는 '내가 언제 돈 빌린 것도 아니고…….'에서 알 수 있듯이, '빚을 진 사람'을 뜻한다. 즉 다의어 '빚쟁이'의 의미들이 서로 대립적 관계를 맺고 있는 것이다. 마찬가지로, 영희가 말한 '금방'은 '말하고 있는 시점보다 바로 조금 전에.'를 뜻하는 반면, 민수가 말한 '금방'은 '말하고 있는 시점부터 바로 조금 후에.'를 뜻한다. 즉 다의어 '금방'의 의미들이 서로 대립적 관계를 맺고 있는 것이다.

③, ④, ⑤ 영희가 말한 '돈'과 민수가 말한 '돈'은 둘 다 '화폐'를 뜻한다는 점에서 다의어의 의미들이 서로 대립적 관계를 맺는 경우의 예로 적절하지 않다. 마찬가지로, '이틀 뒤에'의 '뒤'와 '발표 끝난 뒤에'의 '뒤'는 둘 다 '시간이나 순서상으로 다음이나 나중.'을 뜻한다는 점에서 다의어의 의미들이 서로 대립적 관계를 맺는 경우의 예로 적절하지 않다.

답 ②

33 용언의 어미

정답률 40.3%

정답 해설 PLUS

〈보기〉의 ⓐ~ⓔ에 대한 이해로 적절한 것은? [3점]

● 보기 ●

국어의 어미는 용언 어간에 붙어 여러 가지 문법적인 기능을 수행한다. 어미는 선어말 어미와 어말 어미로 나누어진다. 선어말 어미는 용언 어간과 어말 어미 사이에 들어가는 것으로 시제나 높임과 같은 문법적 의미를 나타낸다. 선어말 어미는 하나 혹은 둘 이상이 쓰일 수도 있고 아예 쓰이지 않을 수도 있다. 한편 어말 어미에는 종결 어미, 연결 어미, 전성 어미가 있다. 어말 어미는 선어말 어미와 달리 하나만 붙고, 반드시 있어야 한다.

○ 머무시는 동안 ⓐ즐거우셨길 바랍니다.
　　 즐거우-+-(으)시-+-었-+-기+ㄹ
　　 　 선어말 어미 선어말 어미 └전성 어미
○ 이 부분에서 물이 ⓑ샜을 가능성이 높다.
　　 새-+-었-+-을
　　 　 선어말 어미 └전성 어미
○ ⓒ번거로우시겠지만 서류를 챙겨 주세요.
　　 번거로우-+-(으)시-+-겠-+-지만
　　 　 선어말 어미 선어말 어미 └연결 어미
○ 시원한 식혜를 먹고 갈증이 싹 ⓓ가셨겠구나.
　　 가시-+-었-+-겠-+-구나
　　 　 선어말 어미 선어말 어미 └종결 어미
○ 항구에 ⓔ다다른 배는 새로운 항해를 준비했다.
　　 다다르-+-ㄴ
　　 　 └전성 어미

① ⓐ: 선어말 어미 두 개와 연결 어미가 사용되었다.
　　　　　　　　　　　　 ✗전성 어미
② ⓑ: 선어말 어미 없이 전성 어미가 사용되었다.
　　　　　　　 ✗한 개와
③ ⓒ: 선어말 어미 세 개와 연결 어미가 사용되었다.
　　　　　　　 ✗두 개와
④ ⓓ: 선어말 어미 두 개와 종결 어미가 사용되었다.
⑤ ⓔ: 선어말 어미 한 개와 전성 어미가 사용되었다.
　　　　　　　 ✗없이

함정 탈출 비법 많은 학생들이 ③을 답으로 선택했는데, 이는 용언의 불규칙 활용에 대한 지식이 부족하여 형태소 분석을 할 때 '-우-'를 따로 떼어 생각했기 때문이다. ⓐ의 '즐겁다'와 ⓒ의 '번거롭다'가 모음 어미 앞에서 'ㅂ'이 '오/우'로 어간이 바뀌는 'ㅂ' 불규칙 용언임을 파악하여 각각 '즐거우-', '번거로우-'로 형태소를 분석하면 정확한 어미의 개수를 찾을 수 있다.

정오답 체크

① ⓐ의 '즐거우셨길'은 불규칙 용언인 '즐겁다'가 '즐거우-'로 바뀌어 '즐거우-+-(으)시-+-었-+-기+ㄹ'로 형태소 분석이 되며, '-(으)시-'는 주체 높임 선어말 어미, '-었-'은 과거 시제 선어말 어미, '-기'는 명사형 전성 어미이고, 'ㄹ'은 목적격 조사이다. 따라서 선어말 어미 두 개와 전성 어미가 사용되었다.

② ⓑ의 '샜을'은 '새-+-었-+-을'로 형태소 분석이 되며, '-었-'은 과거 시제 선어말 어미이고, '-을'은 관형사형 전성 어미이다. 따라서 선어말 어미 한 개와 전성 어미가 사용되었다.

③ ⓒ의 '번거로우시겠지만'은 불규칙 용언인 '번거롭다'가 '번거로우-'로 바뀌어 '번거로우-+-(으)시-+-겠-+-지만'으로 형태소 분석이 되며, '-(으)시-'는 주체 높임 선어말 어미, '-겠-'은 추측의 선어말 어미이고, '-지만'은 대등적 연결 어미이다. 따라서 선어말 어미 두 개와 연결 어미가

사용되었다.

✔ ④ ⓓ의 '(갈증이) 가셨겠구나'는 '가시-+-었-+-겠-+-구나'로 형태소 분석이 되며, '-었-'은 과거 시제 선어말 어미, '-겠-'은 추측의 선어말 어미이고, '-구나'는 감탄형 종결 어미이다. 따라서 선어말 어미 두 개와 종결 어미가 사용되었다.

⑤ ⓔ의 '다다른'은 '다다르-+-ㄴ'으로 형태소 분석이 되며, '-ㄴ'은 관형사형 전성 어미이다. ⓔ에는 선어말 어미가 사용되지 않았다.

답 ④

34 용언의 활용 정답률 33.9%

정답 해설 PLUS

〈보기〉를 바탕으로 'ㅎ' 말음 용언의 활용 유형을 탐구한 내용으로 적절하지 않은 것은?

─ 보기 ─

다음은 어간의 말음이 'ㅎ'인 용언이 '아/어'로 시작하는 어미와 만날 때 보이는 활용의 유형을 정리한 것이다. 이들은 활용의 규칙성뿐만 아니라 모음 조화 적용 여부나 활용형의 줄어듦 가능 여부에 따라 그 유형이 구분된다.

불규칙 활용 유형	규칙 활용 유형
㉠-1 노랗-+-아→노래	㉢-1 닿-+-아→닿아 (→ *다) 활용형 줄어듦 ×
㉠-2 누렇-+-어→누레	㉢-2 놓-+-아→놓아 (→ 놔) 활용형 줄어듦 ○
㉡ 어떻-+-어→어때	
모음 조화 적용 × 모음 조화 적용 ○	('*'은 비문법적임을 뜻함.)

① '조그맣-, 이렇-'은 '조그매, 이래서'로 활용하므로 ㉠-1과 활용의 유형이 같겠군.
　조그매 → 불규칙 활용, 모음 조화(양성 모음) 적용 ○ → ㉠-1

② '꺼멓-, 뿌옇-'은 '꺼메, 뿌옜다'로 활용하므로 ㉠-2와 활용의 유형이 같겠군.
　불규칙 활용, 모음 조화(음성 모음) 적용 ○ → ㉠-2

③ '둥그렇-, 멀겋-'은 '둥그렜다, 멀게'로 활용하므로 ㉡과 활용의 유형이 같지 않겠군.
　불규칙 활용, 모음 조화(음성 모음) 적용 ○ → ㉠-2

④ '낳-, 땋-'은 활용형인 '낳아서, 땋았다'가 '*나서, *땄다'로 줄어들 수 없으므로 ㉢-1과 활용의 유형이 같겠군.
　규칙 활용, 활용형 줄어듦 × → ㉢-1

⑤ '넣-, 쌓-'은 활용형인 '넣어, 쌓아'가 '*너, *싸'로 줄어들 수 없으므로 ㉢-2와 활용의 유형이 같지 않겠군.
　규칙 활용, 활용형 줄어듦 × → ㉢-1

함정 탈출 비법 용언의 불규칙 활용과 규칙 활용 유형 하나를 제시하고, 이에 다른 단어의 활용을 적용할 수 있는지 묻는 문제이다. 제시된 용언이 불규칙 활용을 하는 경우 모음 조화 적용 여부에 따라 ㉠-1, ㉠-2, ㉡으로, 규칙 활용을 하는 경우 활용형의 줄어듦 가능 여부에 따라 ㉢-1, ㉢-2로 구분한 후 선지와 대응시켜 문제를 풀도록 한다.

정오답 ✔체크

✔ ❶ ㉠-1의 '노랗-+-아 → 노래'는 불규칙 활용이면서 양성 모음끼리의 모음 조화가 적용된 경우이다. '조그맣-+-아 → 조그매'는 ㉠-1 유형에 해당한다. 그러나 '이렇-+-어서 → 이래서'는 불규칙 활용이면서 모음 조화가 적용되지 않는 ㉡ 유형에 해당한다.

② '꺼멓-+-어 → 꺼메', '뿌옇-+-었다 → 뿌옜다'는 불규칙 활용이면서 음성 모음끼리의 모음 조화가 적용되므로 ㉠-2 유형에 해당한다.

③ ㉡의 '어떻-+-어 → 어때'는 불규칙 활용이면서 모음 조화가 적용되지 않은 경우이다. '둥그렇-+-었다 → 둥그렜다', '멀겋-+-어 → 멀게'는 불규칙 활용이면서 음성 모음끼리의 모음 조화가 적용되므로 ㉠-2 유형에 해당한다.

④ ㉢-1의 '닿아'는 규칙 활용이면서 활용형의 줄어듦이 불가능한 경우이다. '낳-+-아서 → 낳아서', '땋-+-았다 → 땋았다' 역시 '*나서, *땄다'로 줄어들 수 없기 때문에 ㉢-1 유형에 해당한다.

⑤ ㉢-2의 '놓아(→ 놔)'는 규칙 활용이면서 활용형의 줄어듦이 가능한 경우이다. '넣어', '쌓아'는 '*너, *싸'로 줄어들 수 없으므로 ㉢-2가 아닌 ㉢-1 유형에 해당한다.

답 ①

35 단어의 구조 파악 정답률 26.3%

정답 해설 PLUS

〈보기〉의 ㉠과 ㉡을 모두 충족하는 예로 적절한 것은?

─ 보기 ─

'붙잡다'의 어간 '붙잡-'은 어근 '붙-'과 어근 '잡-'으로 나뉘고, '잡히다'의 어간 '잡히-'는 어근 '잡-'과 접사 '-히-'로 나뉜다. 이렇듯 어떤 말을 둘로 나누었을 때 나누어진 두 요소 각각을 직접 구성 요소라 하는데, 어근과 어근으로 분석되는 말을 합성어라 하고 어근과 접사로 분석되는 말을 파생어라 한다.
그런데 ㉠어간이 3개 이상의 구성 요소로 이루어진 경우가 있다. 이때 ㉡직접 구성 요소가 먼저 어근과 어근으로 분석되면 합성어이고 어근과 접사로 분석되면 파생어이다. 예컨대 '밀어붙이다'는 직접 구성 요소가 먼저 어근과 어근으로 분석되므로 합성어이다.

① 밤새 거센 비바람이 내리쳤다. 내리-(어근)+치-(어근)
　✗ ㉡만 충족

② 책임을 남에게 떠넘기면 안 된다. 뜨-(어근)(-어)+넘-(어근)-기-(접사)
　✗ ㉡만 충족

③ 차바퀴가 진흙 바닥에서 헛돌았다. 헛-(접사)+돌-(어근)
　✗ ㉠, ㉡ 모두 충족하지 못함.

④ 거리에는 매일 많은 사람이 오간다. 오-(어근)+가-(어근)
　✗ ㉡만 충족

⑤ 그들은 끊임없이 짓밟혀도 굴하지 않았다. 짓-(접사)+밟-(어근)+-히-(접사)
　✗ ㉠만 충족

함정 탈출 비법 직접 구성 요소를 세밀하게 분석하여 조건에 맞는 사례를 찾는 문제이다. 정확한 단어 형성 분석에 실패하여 오답률이 높았다. 여러 개의 구성 요소로 이루어진 단어를 정확하게 분석하는 훈련을 해 두도록 하자.

정오답 ✔체크

① '내리쳤다'의 어간은 '내리치-'이다. '내리치-'는 어근 '내리-'와 어근 '치-'로 분석되기 때문에 ㉡을 충족한다. 그러나 '내리치-'는 2개의 구성 요소로 이루어져 있으므로 ㉠을 충족하지 못한다.

✔ ❷ '떠넘기면'의 어간은 '떠넘기-'이다. '떠넘기-'는 직접 구성 요소가 어근 '뜨-'와 어근 '넘기-'로 분석되기 때문에 ㉡을 충족한다. 또한, '넘기-'는 다시 어근 '넘-'과 접사 '-기-'로 분석되기 때문에 '떠넘기-'는 3개 이상의 구성 요소로 이루어져 있으므로 ㉠도 충족한다.

③ '헛돌았다'의 어간은 '헛돌-'이다. '헛돌-'은 접사 '헛-'과 어근 '돌-'로 분석되기 때문에 ㉡을 충족하지 못한다. 또한 2개의 구성 요소로 이루어져

있으므로 ㉠도 충족하지 못한다.

④ '오간다'의 어간은 '오가-'이다. '오가-'는 어근 '오-'와 어근 '가-'로 분석되기 때문에 ㉡은 충족하지만, 2개의 구성 요소로 이루어져 있으므로 ㉠을 충족하지 못한다.

⑤ '짓밟혀도'의 어간은 '짓밟히-'이다. '짓밟히-'는 직접 구성 요소가 어근 '짓밟-'과 접사 '-히-'로 분석되기 때문에 ㉡을 충족하지 못한다. '짓밟-'은 다시 접사 '짓-'과 어근 '밟-'으로 분석되기 때문에 '짓밟히-'는 3개의 구성 요소로 이루어져 있으므로 ㉠은 충족한다.

답 ②

36 단어의 구성 요소   정답률 20.5%

정답 해설 PLUS

㉠에 따를 때, 〈보기〉에 제시된 ㉮~㉰ 중 그 내부 구조가 동일한 단어끼리 묶은 것은?

● 보기 ●
- 동생은 오늘 ㉮ 새우볶음을 많이 먹었다.
  새우+[볶-+-음]→[어근]+[어근+접사]: 형태소 3개
- 우리는 결코 ㉯ 집안싸움을 하지 않겠다.
  [집+안]+[싸우-+-ㅁ]→[어근+어근]+[어근+접사]: 형태소 4개
- 요즘 농촌은 ㉰ 논밭갈이에 여념이 없다.
  [논+밭]+[갈-+-이]→[어근+어근]+[어근+접사]: 형태소 4개
- 우리 마을은 ㉱ 탈춤놀이가 참 유명하다.
  [탈+추-+-ㅁ]+[놀-+-이]→[어근+어근+접사]+[어근+접사]: 형태소 5개

① ㉮, ㉯   ② ㉯, ㉰   ③ ㉰, ㉱

④ ㉮, ㉯, ㉱   ⑤ ㉮, ㉰, ㉱

함정 탈출 비법 이 문제는 합성 명사의 내부 구조에 관한 문제로 사실상 형태소 분석 문제다. 주어진 네 개의 합성 명사의 직접 구성 요소의 구조는 모두 같지만, 형태소 분석을 통해 어근과 접사로 나누어 내부 구조를 파악해 보면 그 구조가 각각 다름을 확인할 수 있다. 과반수의 학생들이 ㉰와 ㉱를 묶은 ③을 답으로 선택했는데, 이는 '탈춤놀이'의 '춤'을 하나의 명사로 생각하고 '탈춤놀이'의 형태소를 '탈+춤+놀-+-이'로 분석하여 유사한 형태의 단어인 '논밭갈이'와 내부 구조가 같다고 판단하였기 때문이다. '춤'이 '추다'라는 동사의 어근 '추-'와 명사 파생 접미사 '-ㅁ'이 결합한 형태의 파생어라는 것을 파악하였다면 어렵지 않게 함정을 피할 수 있었을 것이다. 익숙하다고 하나의 단어라 단정 짓지 말고 어근이 무엇인지 차분히 생각하여 정확하게 형태소를 분석하는 연습을 하자.

정오답 ✓ 체크

①, ③, ④, ⑤ ㉮와 ㉱의 직접 구성 요소는 각각 '새우, 볶음', '탈춤, 놀이'이다. 그러나 ㉮와 ㉱를 형태소 단위까지 분석하면, ㉮는 '새우(어근)'+['볶-(어근)'+'-음(명사 파생 접미사)']으로 분석되고, ㉱는 ['탈(어근)'+'추-(어근)'+'-ㅁ(명사 파생 접미사)']+['놀-(어근)'+'-이(명사 파생 접미사)']로 분석된다. ㉮는 어근+[어근+접사], ㉱는 '[어근+어근+접사]+[어근+접사]'의 내부 구조를 갖고 있으므로 ㉮, ㉱는 ㉯, ㉰와 내부 구조가 동일하지 않음을 확인할 수 있다.

✓② ㉯와 ㉰의 직접 구성 요소는 각각 '집안, 싸움', '논밭, 갈이'이다. ㉯와 ㉰를 형태소 단위까지 분석하면, ㉯는 ['집(어근)'+'안(어근)']+['싸우-(어근)'+'-ㅁ(명사 파생 접미사)']로 분석되고, ㉰는 ['논(어근)'+'밭(어근)']+['갈-(어근)'+'-이(명사 파생 접미사)']로 분석된다. 따라서 ㉯와 ㉰ 모두 [어근+어근]+[어근+접사]의 내부 구조가 동일함을 확인할 수 있다.

답 ②

37 단어의 구성 요소   정답률 76.7%

정오답 ✓ 체크

① '칼잠'과 '구름바다'에서 중심적 의미를 나타내는 어근은 각각 '잠'과 '구름'이며 주변적 의미를 나타내는 어근은 각각 '칼'과 '바다'이다. 따라서 중심적 의미를 나타내는 어근의 위치가 같다는 내용은 적절하지 않다.

② '머리글'과 '물벼락'에서 중심적 의미를 나타내는 어근은 각각 '글'과 '물'이며 주변적 의미를 나타내는 어근은 각각 '머리'와 '벼락'이다. 따라서 중심적 의미를 나타내는 어근의 위치가 같다는 내용은 적절하지 않다.

③ '일벌레'와 '벼락공부'에서 중심적 의미를 나타내는 어근은 각각 '일'과 '공부'이며 주변적 의미를 나타내는 어근은 각각 '벌레'와 '벼락'이다. 따라서 주변적 의미를 나타내는 어근의 위치가 같다는 내용은 적절하지 않다.

✓④ '입꼬리'와 '도끼눈'에서 중심적 의미를 나타내는 어근은 각각 '입'과 '눈'이며 주변적 의미를 나타내는 어근은 각각 '꼬리'와 '도끼'이다. 따라서 주변적 의미를 나타내는 어근의 위치가 다르다는 내용은 적절하다.

⑤ '꼬마전구'와 '꿀잠'에서 중심적 의미를 나타내는 어근은 각각 '전구'와 '잠'이며 주변적 의미를 나타내는 어근은 각각 '꼬마'와 '꿀'이다. 따라서 주변적 의미를 나타내는 어근의 위치가 다르다는 내용은 적절하지 않다.

답 ④

38 단어의 구성 요소   정답률 20.1%

정답 해설 PLUS

[A]를 바탕으로 추론한 내용으로 적절한 것은?

① '용꿈'의 직접 구성 요소는 모두, 한 개의 자립 형태소로 이루어진
용(자립 형태소) + 꿈[꾸-(의존 형태소) + -ㅁ(의존 형태소)]
어근이군.

② '봄날'과 '망치질'은 모두, 직접 구성 요소 중 하나가 접사이므로 파
봄(어근) + 날(어근): 합성어   망치(어근) + -질(접사): 파생어
생어이군.

③ '필자'를 뜻하는 '지은이'의 직접 구성 요소는 모두, 자립 형태소를
지은[짓-(의존 형태소) + -은(의존 형태소)] + 이(자립 형태소)
포함하고 있군.

④ '놀이방'과 '단맛'의 직접 구성 요소 중에는 의존 형태소만으로 이
단[달-(의존 형태소) + -ㄴ(의존 형태소)] + 맛(자립 형태소)
놀이[놀-(의존 형태소) + -이(의존 형태소)] + 방(자립 형태소)
루어진 것이 있군.

⑤ '꽃으로 장식한 고무신'을 뜻하는 '꽃고무신'을 직접 구성 요소로
꽃 + 고무신[고무 + 신]
분석하면 '꽃고무'와 '신'으로 분석할 수 있군.

함정 탈출 비법 단어를 직접 구성 요소로 나눌 수 있는가, 각 단어가 합성어인지 파생어인지 구분할 수 있는가, 각각의 요소가 의존 형태소인지 자립 형태소인지 구분할 수 있는가를 종합적으로 묻는 문제이다. '용꿈'의 '꿈'은 동사 '꾸다'의 어근 '꾸-'에 명사 파생 접미사 '-ㅁ'이 결합하여 만들어진 파생어로, '꾸-'와 '-ㅁ'은 모두 의존 형태소이다. 단어의 형태가 익숙하다고 성급하게 형태소를 단정 짓지 않도록 주의하자.

정오답 ✓ 체크

① '용꿈'은 직접 구성 요소가 '용'과 '꿈'이며, 이 중에서 '꿈'은 '꾸-'와 '-ㅁ'으로 형태소를 나눌 수 있으므로 한 개의 자립 형태소로 이루어진 어근이 아니다.

② '망치질'은 직접 구성 요소가 '망치'와 '-질'이며, '-질'은 접사이므로 파생어이다. 그러나 '봄날'은 직접 구성 요소가 '봄', '날'이므로 어근과 어근이 결합한 합성어이다.

③ '지은이'의 직접 구성 요소는 '지은'과 '이'이며, '이'는 자립 형태소이다. 그러나 '짓-+-은'으로 분석되는 '지은'은 의존 형태소로만 이루어져 있으므로 자립 형태소가 없다.

✓④ '놀이방'은 직접 구성 요소가 '놀이'와 '방'이다. '놀이'는 '놀-'과 '-이'로 형태소를 나눌 수 있으며 이는 모두 의존 형태소이다. '단맛'은 직접 구성 요소가 '단'과 '맛'이다. '단'은 '달-'과 '-ㄴ'으로 형태소를 나눌 수 있으며 이는 모두 의존 형태소이다.

⑤ 의미를 고려할 때 '꽃고무신'을 직접 구성 요소로 나누면 '꽃'과 '고무신'으로 분석할 수 있다.

답 ④

39 단어의 이해   정답률 61.7%

정오답 ✓체크

① '흰자'는 '흰자위'의 일부가 줄어들어 형성되었기 때문에 ㉠에 해당한다. 또한 '흰자'와 '흰자위'는 서로 바꾸어 써도 그 의미에 차이가 거의 없으므로 서로 유의 관계를 맺는다.

② '공격'과 '수비'의 첫음절끼리 결합한 '공수'는 ㉡에 해당한다. 또한 '공수'는 '공격과 수비를 아울러 이르는 말.'이므로 '공격', '수비' 각각과 상하 관계를 맺는다.

✓③ '직접'과 '선거'의 첫음절끼리 결합한 '직선'은 ㉡에 해당한다. 또한 '직선'이 여러 선거 방식 중의 하나라는 점에서 '직선'은 '선거'와 상하 관계를 맺는다.

④ '민간'의 앞부분과 '투자'의 뒷부분이 결합한 '민자'는 ㉡에 해당한다. 또한 '민자'가 여러 투자 방식 중의 하나라는 점에서 '민자'는 '투자'와 상하 관계를 맺는다.

⑤ '외국'의 앞부분과 '영화'의 뒷부분이 결합한 '외화'는 ㉡에 해당한다. 또한 '외화'가 영화의 일종이라는 점에서 '외화'는 '영화'와 상하 관계를 맺는다.

답 ③

40 단어의 구성 요소   정답률 20.1%

정답 해설 PLUS

㉠과 ㉡을 모두 충족하는 단어만을 〈보기〉에서 있는 대로 고른 것은?

──────── 보기 ────────
         ┌㉠ 충족   ┌㉡ 충족
새해맞이, 두말없이, 숨은그림찾기, 한몫하다
          └㉠, ㉡ 충족
──────────────────────

① 새해맞이, 숨은그림찾기, 한몫하다

② 두말없이, 숨은그림찾기, 한몫하다

③ 두말없이, 숨은그림찾기

④ 새해맞이, 한몫하다

⑤ 새해맞이

함정 탈출 비법 절반이 넘는 학생들이 함정에 빠져 ①을 답으로 착각하였는데, 이는 '숨은그림찾기'에서 '숨은'이 '그림'을 수식하므로 관형사라고 잘못 판단하였기 때문이다. 문장 안에서 체언을 꾸며 주는 관형어와 다른 말을 꾸며 주며, 활용을 하지 않고, 조사가 결합할 수 없는 특성이 있는 관형사는 다르다는 점, 품사는 단어 자체만 보고 판단해야 한다는 점을 꼭 기억해 혼동하지 않도록 하자.

정오답 ✓체크

✓④ '새해맞이'의 '새해'는 관형사 '새'가 후행하는 명사 '해'를 수식하는 것으로 분석된다. 또한 '새해맞이'는 '새해를 맞이하는 일'이라는 의미를 나타내므로 단어의 구성 요소들이 의미상 목적어와 서술어의 관계를 이룬다(㉠과 ㉡ 모두 충족).

'한몫하다'의 '한몫'은 관형사 '한'이 후행하는 명사 '몫'을 수식하는 것으로 분석된다. 또한 '한몫하다'는 '한몫을 하다'라는 의미를 나타내므로 단어의 구성 요소들이 의미상 목적어와 서술어의 관계를 이룬다(㉠과 ㉡ 모두 충족).

'두말없이'의 '두말'은 관형사 '두'가 후행하는 명사 '말'을 수식하는 것으로 분석되지만, '두말없이'는 '두말이 없이'라는 의미를 나타내므로 단어의 구성 요소들이 의미상 주어와 서술어의 관계를 이룬다(㉠만 충족).

'숨은그림찾기'는 '숨은그림을 찾다'라는 의미를 나타내므로 단어의 구성 요소들이 의미상 목적어와 서술어의 관계를 이루지만, '숨은그림찾기'의 '숨은그림'에서는 관형사가 아닌 동사 어간 '숨-'에 어미 '-은'이 결합한 형태의 동사의 활용형 '숨은'이 후행하는 명사 '그림'을 수식한다(㉡만 충족).

답 ④

41 단어의 의미 형성   정답률 75.8%

정오답 ✓체크

① 일상의 단어였던 '메주'를 사용하여 새롭게 유입된 대상인 '치즈'를 '소젖메쥬'로 표현했듯이, 일상의 단어였던 '연지'를 사용하여 새로운 대상인 '립스틱'을 '입술연지'로 표현한 것이다.

② '총각, 부대찌개'에 과거의 관습과 시대의 흔적이 담겨 있듯이, '변사'에도 무성 영화가 상영되었던 당대의 시대상이 반영되어 있다.

✓③ '수세미'는 그릇을 닦을 때 쓰이기도 하던 특정 식물을 지칭하는 기존의 의미에 오늘날에는 공장에서 만들어져 나오는 일반적인 의미의 '설거지 도구'라는 새로운 의미가 더해진 사례이다. 그러나 '총각'은 '머리를 땋아 갈라서 틀어 맴'이라는 기존의 의미가 사라지고 오늘날에는 그 의미가 '결혼하지 않은 성년 남자'로 변화된 사례이다.

④ '원어기 - 전화기'의 사례처럼 '가죽띠 - 허리띠'도 대상을 어떻게 인식하느냐에 따라 그것을 표현하는 단어가 달라지기도 함을 보여 주는 사례이다.

⑤ '양반'은 원래 조선 시대의 특정 신분을 가리키는 말이었다는 점에서 신분의 구분이 있었던 당시의 시대상을 반영하고 있다.

답 ③

03 문장과 문법 요소

42 ⑤	43 ②	44 ⑤	45 ⑤	46 ①	47 ①
48 ④	49 ③	50 ⑤	51 ②	52 ②	53 ⑤
54 ②	55 ④	56 ①	57 ①	58 ①	59 ③
60 ①					

42 문장의 짜임　　　　　　정답률 78.3%

정오답 ☑ 체크

① ㄱ의 '내가 읽던'은 목적어가 생략된 안긴문장이다.

② ㄴ의 '자신이 그 일의 적임자임'이 목적격 조사 '을'과 결합하여 목적어의 기능을 하는 안긴문장이다.

③ ㄱ의 안긴문장 '내가 읽던'은 체언 '책'을 수식하며, ㄷ의 안긴문장 '무장 강도가 은행에 참입한'은 체언 '사건'을 수식하고 있다.

④ ㄴ의 '자신이 그 일의 적임자임', ㄹ의 '옥수수가 자라기'는 각각 명사형 어미 '-ㅁ'과 '-기'가 결합된 안긴문장이다.

✓❺ ㄷ은 문장 성분이 생략되지 않은 관형사절('무장 강도가 은행에 침입한')을 가진 안은문장이며, ㄹ은 주어가 생략된 관형사절('따뜻한')을 가진 안은문장이다.

🖪 ⑤

똑똑! 궁금해요

Q 안은문장, 안긴문장이 너무 어려워요. 안은문장의 종류는 어떻게 파악하면 좋을까요?

A 안은문장에 포함되어 있는 안긴문장이 문장 속에서 어떤 기능을 하고 있는지, 또 어미 등이 결합한 형태가 어떠한지를 바탕으로 그 종류를 파악하면 됩니다. 다음 안은문장의 종류를 정리해 기억해 두세요.

- **명사절을 안은 문장**: 조사와 결합하여 주어, 목적어, 부사어 등의 기능을 하는 절을 안은 문장. 명사형 어미 '-(으)ㅁ, -기'가 붙어 만들어짐.
  예 철수가 그 어려운 일을 해냈음이 분명하다.
- **관형절을 안은 문장**: 관형어의 기능을 하는 절을 안은 문장. 관형사형 어미 '-(으)ㄴ, -는, -(으)ㄹ, -던'이 붙어 만들어짐.
  예 이것은 내가 읽은 책이다.
- **부사절을 안은 문장**: 부사어의 기능을 하는 절을 안은 문장. 접미사 '-이'나 부사형 어미 '-게, -도록' 등이 붙어 만들어짐.
  예 빙수는 이가 시리게 차가웠다.
- **인용절을 안은 문장**: 다른 사람의 말이나 글을 인용한 절을 안은 문장. 인용격 조사 '고, 라고' 등이 붙어 만들어짐.
  예 민수는 배가 고프다고 말했다.
- **서술절을 안은 문장**: 서술어의 기능을 하는 절을 안은 문장.
  예 철수가 마음이 넓다.

43 문법 요소의 효과와 활용　　　　정답률 74.0%

정오답 ☑ 체크

① ⓐ, ⓑ에서 '형'을 '어머니'로 바꾸면 각각 '어머니께서 동생을 업으셨

다.', '동생이 어머니께 업혔다.'가 된다.

✓❷ ⓒ에서 '동생'을 '할머니'로 바꾸면 '나는 할머니께 책을 읽혔다.'가 된다. 책을 '읽히는' 주체는 '나'이기 때문에 '읽혔다'에 '-시-'를 넣을 수 없다.

③ ⓓ에서 '동생'을 '할머니'로 바꾸면 '나는 할머니께서 책을 읽으시게 하였다.'가 된다. '읽는' 주체는 '할머니'이기 때문에 '읽게'에 '-으시-'를 넣어야 한다.

④ ⓐ, ⓑ는 각각 '형이 동생을 업고 있다.'와 '동생이 형에게 업혀 있다.'가 된다. 이 중 '형이 동생을 업고 있다.'는 완료상과 진행상으로 모두 해석될 수 있지만 '동생이 형에게 업혀 있다.'는 완료상으로만 해석된다.

⑤ ⓐ, ⓒ는 각각 '형이 동생을 업고 있다.'와 '나는 동생에게 책을 읽히고 있다.'가 되고, 둘 다 진행상으로 해석될 수 있다.

🖪 ②

44 문장의 짜임새　　　　　　정답률 67.0%

정오답 ☑ 체크

① 관형절 '편찮으시던'에는 주체 높임의 대상인 '어르신'이 생략되어 있다. 이 대상은 안은문장의 주어로 실현되었다.

② 관형절 '고향에 계신'에는 주체 높임의 대상인 '부모님'이 생략되어 있다. 이 대상은 안은문장의 목적어로 실현되었다.

③ 관형절 '할아버지께서 선물을 주신'에서 '할아버지'는 주체 높임의 대상이다. 이 대상은 안은문장의 관형어에 포함되었다.

④ 관형절 '다음 주에 인사를 드릴'에는 객체 높임의 대상인 '할머니'가 생략되어 있다. 이 대상은 안은문장의 부사어로 실현되었다.

✓❺ 관형절 '동생이 찾아뵈려던'에는 객체 높임의 대상인 '선생님'이 생략되어 있다. 이 대상은 안은문장의 목적어로 실현되었다.

🖪 ⑤

45 부정 표현　　　　　　　정답률 66.2%

정오답 ☑ 체크

① '발달하지 않다'는 동사 '발달하다'가 서술어로 쓰인 경우이므로 ㉠의 예로 적절하지 않다. '옷이 도착하지 않다'는 무정물 '옷'이 주어로, 동사 '도착하다'가 서술어로 쓰인 경우이므로 ㉡의 예로 적절하다.

② '어렵지 않다'는 형용사 '어렵다'가 서술어로 쓰인 경우이므로 ㉠의 예로 적절하다. '저는(나는) 은혜를 잊지 않다'는 유정물 '저(나)'가 주어로, 동사 '잊다'가 서술어로 쓰인 경우이므로 ㉡의 예로 적절하지 않다.

③ '궁금하지 않다'는 형용사 '궁금하다'가 서술어로 쓰인 경우이므로 ㉠의 예로 적절하다. '동생이 우산을 안 가져가다'는 유정물 '동생'이 주어로, 동사 '가져가다'가 서술어로 쓰인 경우이므로 ㉡의 예로 적절하지 않다.

④ '놀라지 않다'는 동사 '놀라다'가 서술어로 쓰인 경우이므로 ㉠의 예로 적절하지 않다. '전기가 통하지 않다'는 무정물 '전기'가 주어로, 동사 '통하다'가 서술어로 쓰인 경우이므로 ㉡의 예로 적절하다.

✓❺ ㉠의 '고요하지 않다'는 형용사 '고요하다'가 서술어로 쓰이며 '-지 않다'가 단순 부정을 나타내고 있다. ㉡의 '비가 안 오다'는 무정물 '비'가 주어로, 동사 '오다'가 서술어로 쓰이며 '안'이 단순 부정을 나타내고 있다. 따라서 〈보기〉의 ㉠, ㉡에 해당하는 예로 적절하다.

🖪 ⑤

되었음을 부각하고 있다.

✓❹ '(할아버지께) 과일(을) 드리-'의 의미를 고려할 때, 화자는 높임의 특수 어휘 '드리-'를 통해 문장의 **객체**인 할아버지를 높이고 있다.

❺ '-렴'은 부드러운 명령이나 허락을 나타내는 종결 어미로, 이를 통해 화자는 할아버지께 과일을 드리고 오는 행동을 청자에게 요구하고 있다.

답 ④

46 문장의 짜임새   정답률 60.8%

정오답 ✓체크

✓❶ 제시된 겹문장은 '날씨가 춥다.'가 관형절로 안겨 '날씨'를 꾸며 주므로 '명사절을 안은 문장'이라는 ㉠의 조건을 만족하지 않는다. 이때 안긴 절의 주어 '날씨가'는 생략된다.

❷ 제시된 겹문장은 '동생은 얼음을 먹었다.'가 관형절로 안겨 '동생'을 꾸며 주므로 ㉡의 조건을 만족한다.

❸ 제시된 겹문장은 '동생은 추위와 상관없다.'가 부사절로 안겨 '먹었다'를 꾸며 주므로 ㉢의 조건을 만족한다.

❹ 제시된 겹문장은 '날씨가 춥다.'가 간접 인용절로 안겨 있으므로 ㉣의 조건을 만족한다.

❺ 제시된 겹문장은 '형은 물을 마셨다.'와 '동생은 얼음을 먹었다.'가 연결 어미 '-지만'을 통해 대등하게 이어진 문장이므로 ㉤의 조건을 만족한다.

답 ①

47 높임 표현의 실현 양상   정답률 60.0%

정오답 ✓체크

✓❶ ㄱ에는 부사어가 지시하는 대상인 '할머니'를 높이기 위한 조사 '께'와 '묻다'의 높임 표현인 특수한 어휘 '여쭈다'가 사용되었다.

❷ ㄷ에서는 주어가 지시하는 대상(주체)인 '형님'을 높이기 위해 주체 높임 선어말 어미 '-시'가 사용되었고, '자다'의 높임 표현인 특수한 어휘 '주무시다'가 사용되었으나, 조사는 사용되지 않았다. 종결 어미 '-십시오'를 사용해 말을 듣는 상대인 '형님'을 높이는 상대 높임 표현이 사용되었다.

❸ ㄱ과 ㄴ에서는 주어가 지시하는 대상을 높이는 주체 높임이 실현되지 않았다. ㄱ에서는 부사어가 지시하는 대상(객체-할머니)을 높이기 위해 특수한 어휘 '여쭈다'가 사용되었으며, ㄴ에서는 목적어가 지시하는 대상(객체-손님)을 높이기 위해 특수한 어휘 '모시다'가 사용되었다.

❹ ㄴ에서는 말을 듣는 상대(청자-손님)를 높이기 위해 종결 어미 '-습니다'가 사용되어 상대 높임이 실현되었으나, 조사는 사용되지 않았다. ㄷ에서도 말을 듣는 상대(청자-형님)를 높이기 위해 종결 어미 '-ㅂ시오'가 사용되어 상대 높임이 실현되었으나, 조사는 사용되지 않았다.

❺ 목적어가 지시하는 대상(손님)을 높이기 위해 특수한 어휘(모시다)가 사용된 것은 ㄴ뿐이다. ㄱ에서는 부사어가 지시하는 대상인 '할머니'를 높이기 위해 특수한 어휘 '여쭈다'가, ㄷ에서는 주어가 지시하는 대상인 '형님'을 높이기 위해 특수한 어휘 '주무시다'가 사용되었다.

답 ①

48 높임 표현 및 문장 종결 표현   정답률 60.0%

정오답 ✓체크

❶ '할아버지께서 방에 계시-'의 의미를 고려할 때, 주격 조사 '께서'를 통해 화자는 문장의 주체인 '할아버지'를 높이고 있다.

❷ '할아버지께서 방에 계시-'의 의미를 고려할 때, 화자는 높임의 특수 어휘 '계시-'를 통해 문장의 주체인 '할아버지'를 높이고 있다.

❸ '-구나'는 화자가 새롭게 알게 된 사실에 주목함을 나타내는 종결 어미로, 이를 통해 화자가 '할아버지께서 방에 계신다는 사실'을 새롭게 알게

49 피동 표현   정답률 59.1%

정오답 ✓체크

❶ ㉠은 동사 어근에 피동 접사가 결합하여 피동문을 만드는 방법이다. '입히다'는 동사 '입다'에 '-히-'가 결합한 형태이지만, '입혔다' 앞에 목적어 '점퍼를'이 있으므로 이때의 '-히-'는 피동 접사가 아니라 사동 접사이다.

❷ '건네받다'의 '받다'는 '다른 사람이 주거나 보내오는 물건 따위를 가지다.'의 뜻을 지니는 동사로, '받-'은 피동 접사가 아니라 어근이다. 따라서 접사 '-하-'를 피동의 의미를 가진 접사 '-받-'으로 교체하는 방법의 예로 적절하지 않다.

✓❸ '밝혀졌다'는 '드러나지 않거나 알려지지 않은 사실, 내용, 생각 따위를 드러내 알리다.'의 뜻을 지니는 동사 '밝히다'의 어근 '밝히-'에 '-어지-'가 결합하여 피동문을 이룬 경우이므로 ㉢에 해당하는 예로 적절하다.

❹ '그 사람은 많은 사람들에게 존경받는다'는 자연적으로 발생하는 사태를 표현하는 경우가 아닐 뿐더러 '많은 사람들이 그 사람을 존경하다.'처럼 피동문에 대응하는 능동문을 상정할 수 있다. '존경받는다'는 ㉡에 해당하는 예이다.

❺ '이루다'는 '뜻한 대로 되게 하다.'의 뜻을 가진 타동사이다. '이루-'에 '-어지-'가 결합한 '이루어지다'는 '-아지-/-어지-'가 형용사나 자동사에 변화의 의미를 더하는 데 쓰이는 방법에 해당하는 예로 적절하지 않다.

답 ③

똑똑! 궁금해요

Q ⑤에 쓰인 '이루다'가 타동사이기 때문에 ㉤에 해당하는 예가 아니라고 했는데, 타동사인지 자동사인지 어떻게 구별할 수 있을까요?

자동사는 동사가 나타내는 동작이나 작용이 주어에만 미치는 동사입니다. '꽃이 피다.'의 '피다', '해가 솟다.'의 '솟다'와 같은 동사는 움직임의 대상이나 동사가 영향을 미치는 대상이 주어에만 한정되어 있어 목적어를 필요로 하지 않죠.

반면에 타동사는 동작의 대상인 목적어를 필요로 하는 동사입니다. '밥을 먹다.'의 '먹다', '노래를 부르다.'의 '부르다'와 같은 동사는 움직임의 대상이나 동사가 영향을 미치는 대상이 주어뿐만 아니라 목적어까지 포함하므로 목적어가 있어야 문장이 성립합니다.

따라서 자동사와 타동사를 구분하려면 해당 동사를 포함하는 문장을 만들어 보고 목적어의 필요성 유무를 따져 보면 됩니다.

50 문장의 구조   정답률 58.7%

정오답 ✓체크

❶ ㉠의 안긴문장 '아들이 비로소 대학생이 되었음'에는 '대학생은'이라는

보어가 있고, ㉡의 안은문장에는 '늑대는'이라는 보어가 있으므로 적절한 설명이다.

② ㉠의 안긴문장 '아들이 비로소 대학생이 되었음'에 목적격 조사 '을'이 붙어 안은문장의 목적어로 사용되었고, ㉢의 안긴문장 '그 선수를 야구부 주장으로 삼기'에 부사격 조사 '로'가 붙어 안은문장의 부사어로 사용되었으므로 적절한 설명이다.

③ ㉡의 안긴문장 '파수꾼이 경계 초소에서 본'에서 서술어 '보다'는 부사어 '경계 초소에서'가 없어도 문장이 성립하므로, '보다'라는 서술어는 필수적 부사어를 요구하지 않음을 알 수 있다. ㉢의 안긴문장 '그 선수를 야구부 주장으로 삼기'의 서술어 '삼다'는 '야구부 주장으로'라는 부사어가 없으면 문장이 성립하지 않으므로, '삼다'가 부사어를 필수 성분으로 요구한다는 설명은 적절하다.

④ ㉢의 안긴문장 '그 선수를 야구부 주장으로 삼기'에는 주어 '감독이'가 생략되었고, ㉡의 안긴문장 '파수꾼이 경계 초소에서 본'에는 파수꾼이 무엇을 보았는지, 즉 목적어가 생략되어 있다.

✓ ❺ 〈보기〉의 ㉠, ㉡, ㉢ 각각의 안긴문장은 ㉠ '아들이 비로소 대학생이 되었음', ㉡ '파수꾼이 경계 초소에서 본', ㉢ '그 선수를 야구부 주장으로 삼기'이다. ㉠에서 안긴문장의 주어는 '아들이'이고, 안은문장의 주어는 '어머니는'이다. ㉡에서 안긴문장의 주어는 '파수꾼이'이고 안은문장의 주어는 '동물은'이다. ㉢에서 안긴문장의 주어와 안은문장의 주어는 모두 '감독이'이다. 따라서 안긴문장의 주어와 안은문장의 주어가 모두 다르다는 설명은 적절하지 않다.

답 ⑤

---

51 문장의 짜임
정답률 57.0%

정오답 ☑체크

✓ ❷ ㉮에서 안긴문장은 명사절 '노래를 부르기'로, 안은문장에서 주어 역할을 한다. ㉮는 안긴문장이 안은문장의 서술어로 쓰이지도 않고 체언을 수식하지도 않기 때문에 ⓒ로 분류된다.

㉯에서 안긴문장은 부사절 '아무도 모르게'로, 안은문장에서 부사어 역할을 한다. ㉯는 안긴문장이 안은문장의 서술어로 쓰이지도 않고 체언을 수식하지도 않기 때문에 ㉮와 마찬가지로 ⓒ로 분류된다.

㉰에서 안긴문장은 명사절 '동생이 오기'로, 안은문장에서 체언인 명사 '전'을 수식하는 관형어 역할을 한다. 따라서 ㉰는 ⓑ로 분류된다.

㉱에서 안긴문장은 서술절 '마음씨가 착하다'로, 안은문장의 서술어 역할을 한다. 따라서 ㉱는 ⓐ로 분류된다.

답 ②

---

52 품사와 문장 성분
정답률 52.3%

정오답 ☑체크

① ⓐ에서는 명사 '빵'이 보조사 '은'과 결합하여 목적어로 쓰였다. 목적격 조사는 '을/를'이다.

✓ ❷ ⓑ에서는 부사 '아주'가 관형사 '옛'을 수식하는 부사로 쓰였다. 부사는 주로 용언을 수식하는 기능을 하지만, 때에 따라 관형사나 다른 부사 등도 수식할 수 있다.

③ ⓒ에서는 명사 '어른'이 조사와 결합 없이 보어로 쓰였다. 주어는 '우리'이다.

④ ⓓ에서는 명사 '장미'에 서술격 조사 '이다'가 결합하여 서술어로 쓰였다. ⓓ는 '장미(명사)+이-(서술격 조사 어간)+-었-(과거 시제 선어말 어미)+-다(어말 어미)'로 분석된다.

⑤ ⓔ에서는 수 관형사 '세'가 의존 명사 '마리'를 수식하는 관형어로 쓰였다. '세'는 관형사이며, '셋'이 수사이다.

답 ②

 똑똑! 궁금해요

Q 우리말의 문장 성분에는 어떤 것들이 있나요?

 A

문장 성분이란 한 문장을 구성하는 요소들을 말해요. 품사와 문장 성분을 혼동하는 학생들이 있는데, 낱말의 성질에 따라 분류한 품사(명사, 대명사, 수사, 동사, 형용사, 관형사, 부사, 조사, 감탄사)와는 다른 개념임을 확실히 알아야 합니다.

우리말의 문장 성분은 그 역할에 따라 7가지로 나뉘어요. 문장의 골격을 이루는 성분인 주성분에는 주어, 서술어, 목적어, 보어가 있고, 주성분의 내용을 수식하는 성분인 부속 성분에는 관형어와 부사어가 있습니다. 문장에서 따로 독립해 있는 성분인 독립 성분에는 독립어가 있습니다.

주어는 그 문장의 주체를 나타내는 말이며 우리말의 주어는 체언(명사, 대명사, 수사)에 주격 조사 '이/가'를 붙여 나타냅니다.

서술어는 주어를 서술하는 말로 주어의 상태나 성질을 드러내며, 우리말의 서술어는 용언(동사, 형용사), 체언에 서술격 조사 '이다'를 붙여 표현합니다.

목적어는 타동사가 서술어로 쓰인 문장에서 그 동작의 대상이 되는 문장 성분입니다. 목적어는 체언에 목적격 조사 '을/를'을 붙여 표현합니다.

보어는 불완전한 문장의 뜻을 보충하는 말입니다. 서술어 중 '되다'와 '아니다'의 앞에는 '무엇이 되다', '무엇이 아니다'와 같이 보충해 주는 말이 필요한데 이때의 '무엇이'에 해당하는 말이 보어입니다. 보어는 체언에 조사 '이/가'를 붙여 표현합니다.

관형어는 체언으로 실현되는 주어, 목적어 앞에서 이들을 꾸미는 문장 성분이며, 문장에서 필수적인 성분은 아닙니다. 관형어는 관형사, 관형절, 체언에 관형격 조사 '의'를 붙여 표현합니다.

부사어는 주로 서술어를 꾸미는 문장 성분입니다. 부사어는 부사, '부사+보조사', '체언+부사격 조사'의 형태로 표현합니다. 부사어는 문장의 필수 성분은 아니지만 세 자리 서술어의 경우 필수적 부사어를 요구합니다.

독립어는 문장의 성분과도 직접적인 관련이 없는 독립된 성분으로 문장 전체를 꾸미는 구실을 하며, 감탄사, '체언+호격 조사'의 형태, 또는 접속 부사 등이 독립어가 됩니다.

53 피동사와 사동사

정답률 **49.1%**

정답 해설 PLUS

〈보기〉의 ㉠, ㉡에 해당하는 예끼리 묶인 것으로 적절한 것은? [3점]

● 보기 ●

[선생님의 설명]

여러분, '쓰이다'라는 단어를 어떻게 해석해야 할까요? 우선 '쓰이다'는 피동사이기도 하고 사동사이기도 하므로 이를 구별해야겠죠? 또한 '쓰다'는 동음이의어나 다의어이므로 그 의미에도 유의해야 합니다. 단어를 이해할 때, 이러한 점들을 모두 고려해야 해요. 그럼 이와 관련된 학습 활동을 해 볼까요?

[학습 활동]

다음은 국어사전의 일부이다. 제시된 단어의 의미에 유의하여 각각의 피동사와 사동사가 포함된 예를 들어 보자.

> **갈다¹** 통【…을 …으로】 ② 어떤 직책에 있는 사람을 다른 사람으로 바꾸다.
>
> **깎다** 통Ⅰ【…을】 ③ 값이나 금액을 낮추어서 줄이다.
>
> **묻다¹** 통【…에】 ① 가루, 풀, 물 따위가 그보다 큰 다른 물체에 들러붙거나 흔적이 남게 되다.
>
> **물다²** 통Ⅰ【…을】 ② 윗니와 아랫니 사이에 끼운 상태로 상처가 날 만큼 세게 누르다.
>
> **쓸다²** 통【…을】 ① 비로 쓰레기 따위를 밀어내거나 한데 모아서 버리다.

피동문	사동문
㉠	㉡

① ┌ ㉠: 학생회 임원이 새 친구로 갈렸다. '갈다¹②'의 피동사
　└ ㉡: 삼촌이 형에게 그 텃밭을 갈렸다. '갈다¹②'의 의미 아님.

② ┌ ㉠: 용돈이 이달에 만 원이나 깎였다. '깎다③'의 피동사
　└ ㉡: 나는 저번 실수로 점수를 깎였다. '깎다Ⅰ③'의 피동사

③ ┌ ㉠: 내 친구는 가래떡에 꿀만 묻혔다. '묻다¹①'의 사동사
　└ ㉡: 누나는 붓에 먹물을 듬뿍 묻혔다. '묻다¹①'의 사동사

④ ┌ ㉠: 아빠가 아이 입에 사탕을 물렸다. '물다²Ⅰ②'의 의미 아님.
　└ ㉡: 큰형이 동네 개에게 발을 물렸다. '물다²Ⅰ②'의 피동사

⑤ ┌ ㉠: 큰 마당의 눈이 빗자루에 쓸렸다. '쓸다²①'의 피동사
　└ ㉡: 내 동생에게 거실 바닥만 쓸렸다. '쓸다²①'의 사동사

> **함정 탈출** 비법 　사전에 제시된 단어의 의미에 유의하여 각각의 피동사와 사동사를 파악하도록 한 문제이다. 동음이의어나 다의어의 의미에 유의하여 파악해야 한다는 문제 풀이의 조건에 주목하지 못하면 함정에 빠질 수 있으니 유의하자.

정오답 ✅ 체크

① ㉠의 '갈리다'는 피동사이고, ㉡의 '갈리다'는 사동사이다. 그런데 ㉠의

'갈리다'는 '갈다¹②'에 대응함에 비해 ㉡의 '갈리다'는 '쟁기나 트랙터 따위의 농기구나 농기계로 땅을 파서 뒤집다.'의 뜻을 지니는 '갈다'에 대응한다.

② ㉠과 ㉡의 '깎이다'는 둘 다 '깎다Ⅰ③'에 대응하는 피동사이다.

③ ㉠과 ㉡의 '묻히다'는 둘 다 '묻다¹①'에 대응하는 사동사이다.

④ ㉡의 '물리다'는 '물다²Ⅰ②'에 대응하는 피동사이고, ㉠의 '물리다'는 '입 속에 넣어 두다.'의 뜻을 지니는 '물다'에 대응하는 사동사이다.

✓❺ ㉠의 '쓸리다'는 '쓸다²①'의 피동사이고, ㉡의 '쓸리다'는 '쓸다²①'의 사동사이다. ㉡의 '쓸리다'는 '쓸게 하다'와 의미가 상통한다는 점에서도 이를 확인할 수 있다.

답 ⑤

54 문장의 짜임과 문법 요소

정답률 **49.0%**

정답 해설 PLUS

〈학습 활동〉의 ㉠~㉢에 들어갈 예문으로 적절한 것은?

● 학습 활동 ●

〈보기〉의 조건이 실현된 예문을 만들어 보자.

● 보기 ●

@ 현재 시제만 쓰일 것.
ⓑ 서술어의 자릿수가 둘일 것.
ⓒ 안긴문장이 부사어로 기능할 것.

실현 조건	예문
@, ⓑ	㉠
@, ⓒ	㉡
ⓑ, ⓒ	㉢

① ㉠: 그 집 마당에는 감나무 한 그루가 자란다. 　한 자리 서술어 / 현재 시제

② ㉠: 선생님께서는 여전히 학교 근처에 사시는지요? 　주어 / 부사어 / 두 자리 서술어

③ ㉡: 산중에 있으므로 여기는 도시보다 조용합니다. 　이어진문장 / 현재 시제(형용사)

④ ㉡: (오늘부터 아침으로 과일만 먹기로) 마음먹었니? 　부사절 / 과거 시제

⑤ ㉢: (오래전 큰아버지께 받은) 책에 곰팡이가 슬었어. 　관형사절 / 부사어 / 주어 / 두 자리 서술어

> **함정 탈출** 비법 　국어의 시제 표현, 서술어의 자릿수, 안긴문장(성분절)의 종류를 파악하는 문제이다. 과거, 현재, 미래를 나타내는 시제 표지들을 익히고, 문장의 형식을 분석하여 서술어의 자릿수를 파악하는 연습이 필요하다. 또한 안긴문장의 종류인 명사절, 관형사절, 부사절, 서술절, 인용절을 명확히 구분할 수 있도록 하자.

정오답 ✅ 체크

① '그 집 마당에는 감나무 한 그루가 자란다.'에서 '-ㄴ다'를 통해 현재 시제가 쓰였음을 알 수 있다. 그러나 '자라다'는 주어 하나만 필요로 하는 한 자리 서술어이다. 따라서 ⓑ는 실현되지 않았다.

✓❷ '선생님께서는 여전히 학교 근처에 사시는지요?'에서 '-는'을 통해 현재 시제가 쓰인 문장임을 알 수 있다. '살다'는 주어와 부사어를 필요로 하는 두 자리 서술어이다. 따라서 @, ⓑ가 모두 실현되었다.

③ '산중에 있으므로 여기는 도시보다 조용합니다.'는 현재 시제가 쓰인 문장이다. 그러나 연결 어미 '-으므로'가 쓰인 이어진문장으로, 안긴문장이

없다. 따라서 ⓒ는 실현되지 않았다.

④ '오늘부터 아침으로 과일만 먹기로 마음먹었니?'에서는 안긴문장 '오늘부터 아침으로 과일만 먹기'가 격 조사 '로'와 결합하여 전체 문장의 부사어로 기능한다. 그러나 '-었-'을 통해 과거 시제가 쓰였음을 알 수 있다. 따라서 ⓐ는 실현되지 않았다.

⑤ '오래전 큰아버지께 받은 책에 곰팡이가 슬었어.'에서 안은문장 전체의 서술어 '슬다'는 주어와 부사어를 필요로 하는 두 자리 서술어이다. (참고로 안긴문장 '오래전 큰아버지께 받은'의 서술어 '받다'는 주어, 목적어, 부사어를 필요로 하는 세 자리 서술어이다.) 그러나 안긴문장은 전체 문장의 부사어가 아니라 관형어로 기능하고 있으므로 ⓒ는 실현되지 않았다.

🅰 ②

55 문장 성분 분석, 적용
정답률 45.3%

정답 해설 PLUS

〈학습 활동〉을 수행한 결과로 적절한 것은? [3점]

> **• 학습 활동 •**
>
> 부사어는 부사, 체언＋조사, 용언 활용형 등으로 실현된다. 부사어로써 수식하는 문장 성분은 부사어, 관형어, 서술어 등이다. 일례로 '차가 간다.'의 서술어 '간다'를 수식하기 위해 부사 '잘'을 부사어로 쓰면 '차가 잘 간다.'가 된다. [조건] 중 두 가지를 만족하도록, 주어진 문장에 부사어를 넣어 수정해 보자.
>
> [조건]
>
> ㉠ 부사어를 수식하기 위해 부사를 부사어로 쓴 문장
> ㉡ 관형어를 수식하기 위해 용언 활용형을 부사어로 쓴 문장
> ㉢ 관형어를 수식하기 위해 부사를 부사어로 쓴 문장
> ㉣ 서술어를 수식하기 위해 '체언＋조사'를 부사어로 쓴 문장
> ㉤ 서술어를 수식하기 위해 용언 활용형을 부사어로 쓴 문장
> ⋮

	조건	수정 전 ⇨ 수정 후
①	㉠, ⊗㉢	웃는 아기가 귀엽게 걷는다. ⇨ 방긋이 웃는 아기가 참 귀엽게 걷는다.
②	⊗㉣, ㉢	화가가 굵은 선을 쭉 그었다. ⇨ 화가가 조금 굵은 선을 세로로 쭉 그었다.
③	⊗㉣, ⊗㉤	그를 싫어하는 사람이 있다. ⇨ 그를 무턱대고 싫어하는 사람이 많이 있다.
④	㉢, ㉣	딴 사람이 그 문제를 해결했다. ⇨ 전혀 딴 사람이 그 문제를 한순간에 해결했다. 부사 · 체언＋조사
⑤	㉣, ⊗㉤	영미는 그 일을 처리했다. ⇨ 영미는 그 일을 원칙대로 깔끔히 처리했다.

> **함정 탈출 비법** 부사어의 다양한 쓰임을 이해하고 있는지 묻는 문제이다. 부사어로 쓴 것이 부사인지, 용언의 활용형인지, '체언＋부사격 조사'인지를 구분하고, 이것이 부사어, 관형어, 서술어 중 어떤 문장 성분을 수식하고 있는지를 여러 예문을 통해 살펴봐야 하므로 다소 시간이 걸리는 문제 유형이다. 품사 및 문장 성분의 개념 및 종류를 확실히 학습하도록 하자.

정오답 ✔ 체크

① '방긋이'는 부사로, 관형어 '웃는'을 수식하는 부사어로 쓰인다(㉢). '참'은 부사로, 부사어 '귀엽게'를 수식하는 부사어로 쓰인다(㉠).

② '조금'은 부사로, 관형어 '굵은'을 수식하는 부사어로 쓰인다(㉢). '세로로'는 '체언＋조사'로, 서술어 '그었다'를 수식하는 부사어로 쓰인다(㉣).

③ '무턱대고'는 부사로, 관형어 '싫어하는'을 수식하는 부사어로 쓰인다(㉢). '많이'는 부사로, 서술어 '있다'를 수식하는 부사어로 쓰인다.

✔❹ '전혀'는 부사로, 관형어 '딴'을 수식하는 부사어로 쓰인다(㉢). '한순간에'는 '체언＋조사'로, 서술어 '해결했다'를 수식하는 부사어로 쓰인다(㉣).

⑤ '원칙대로'는 '체언＋조사'로, 서술어 '처리했다'를 수식하는 부사어로 쓰인다(㉣). '깔끔히'는 부사로, 서술어 '처리했다'를 수식하는 부사어로 쓰인다.

🅰 ④

56 문장의 짜임새
정답률 43.1%

정답 해설 PLUS

〈보기〉의 ㉠～㉤과 관련된 설명으로 적절한 것은? [3점]

> **• 보기 •**
>
> 주기적으로 운동하기가 ㉠ 건강의 첫걸음이다. 그것을 꾸준하게 ㉡ 실천하기 ㉢ 원한다면 제대로 ㉣ 된 계획 세우기가 ㉤ 선행되어야 한다.

① ㉠이 서술어인 문장에서 명사절이 주어 기능을 하고 있다.

② ㉡이 서술어인 문장에서 명사절이 목적어 기능을 하고 있다. ✗ 명사절 없음.

③ ㉢이 서술어인 문장에서 명사절이 부사어 기능을 하고 있다. ✗ 목적어

④ ㉣이 서술어인 문장에서 명사절이 보어 기능을 하고 있다. ✗ 주어

⑤ ㉤이 서술어인 문장에서 명사절이 관형어 기능을 하고 있다. ✗ 주어

> **함정 탈출 비법** 여러 절로 이루어진 문장에서 절의 종류와 기능을 파악하는 문제이다. 밑줄 친 말이 서술어로 쓰인 문장을 찾아낼 수 있어야 절의 종류와 기능을 파악할 수 있다. 다양한 사례를 통해 겹문장을 분석하는 훈련을 충실히 해 두도록 하자.

정오답 ✔ 체크

✔❶ ㉠이 서술어인 문장은 '주기적으로 운동하기가 건강의 첫걸음이다'인데, 여기에서는 '주기적으로 운동하-'에 명사형 어미 '-기'가 결합한 명사절이 주격 조사 '가'와 함께 쓰여 주어의 기능을 한다.

② ㉡이 서술어인 문장은 '그것을 꾸준하게 실천하(다)'인데, 여기에는 명사절이 존재하지 않는다. 이 문장의 목적어는 '그것을'이다.

③ ㉢이 서술어인 문장은 '그것을 꾸준하게 실천하기 원하(다)'인데, 여기에서는 '그것을 꾸준하게 실천하-'에 명사형 어미 '-기'가 결합한 명사절이 목적어로 쓰이고 있다.

④ ㉣이 서술어인 문장은 '(계획(을) 세우기가) 제대로 되(다)'인데, 여기에서는 '계획(을) 세우-'에 명사형 어미 '-기'가 결합한 명사절이 주격 조사 '가'와 함께 쓰여 주어의 기능을 한다.

⑤ ㉤이 서술어인 문장은 '제대로 된 계획 세우기가 선행되어야 하(다)'인데, 여기에서는 '제대로 된 계획 세우-'에 명사형 어미 '-기'가 결합한 명

사절이 주격 조사 '가'와 함께 쓰여 주어의 기능을 한다.

답 ①

정답 해설 PLUS

밑줄 친 서술어가 요구하는 필수 성분의 개수와 종류가 〈보기〉의 문장과 같은 것은?

● 보기 ●

이곳의 지형<u>은</u> 외적의 침입을 막기<u>에</u> 유리하다.
　　　　　주어　　　　　　　필수적 부사어 └─▶ 두 자리 서술어

① 그 광물<u>이</u> 원래는 귀금속<u>에</u> 속했다.
　　　　주어　　　　　　필수적 부사어 └─▶ 두 자리 서술어
② 그<u>는</u> 바람이 불기에 옷깃<u>을</u> 여몄다.
　　주어　　　　　　　　 목적어 └─▶ 두 자리 서술어
③ 우리<u>는</u> 원두막<u>을</u> 하루 만에 지었다.
　　주어　　　 목적어 └─▶ 두 자리 서술어
④ 나<u>는</u> 시간이 남았기에 그와 걸었다.
　　주어 └─▶ 한 자리 서술어
⑤ 나<u>는</u> 구호품<u>을</u> 수해 지역<u>에</u> 보냈다.
　　주어　　목적어　　필수적 부사어 └─▶ 세 자리 서술어

> **함정 탈출 비법** 서술어의 자릿수란 문장에서 서술어가 필요로 하는 문장 성분의 개수를 말한다. 주어 하나만 필요로 하는 서술어를 '한 자리 서술어', 주어 이외의 목적어, 보어, 부사어 중 하나를 더 필요로 하는 서술어를 '두 자리 서술어', 주어 이외에 목적어와 필수적 부사어를 필요로 하는 서술어를 '세 자리 서술어'라 한다.
>
> • 한 자리 서술어의 문장 형식: 주어+서술어
> • 두 자리 서술어의 문장 형식: 주어+목적어+서술어, 주어+보어+서술어, 주어+부사어+서술어
> • 세 자리 서술어의 문장 형식: 주어+목적어+필수적 부사어+서술어
>
> 서술어의 자릿수를 묻는 문제를 풀 때, 위 문장 형식들을 떠올리며 서술어가 꼭 필요로 하는 문장 성분이 아닌 수식어들을 지운 후, 남아 있는 문장 성분만으로도 문장이 자연스러운지를 따져 보면 함정에 빠지지 않고 문제를 해결할 수 있다.

정오답 체크

✓❶ 〈보기〉의 '유리하다'는 '이익이 있다.'라는 뜻을 지니는데, 주어와 부사어를 필수적으로 요구하는 두 자리 서술어로 '~이 ~에 유리하다'의 문장 형태로 쓰인다. '관계되어 딸리다.'라는 뜻을 지니는 '속하다' 역시 주어와 부사어를 필수적으로 요구하는 두 자리 서술어로 '~이 ~에 속하다'의 문장 형태로 쓰인다.
② '벌어진 옷깃이나 장막 따위를 바로 합쳐 단정하게 하다.'라는 뜻을 지니는 '여미다'는 주어와 목적어를 필수적으로 요구하는 두 자리 서술어로 '~이 ~을 여미다'의 문장 형태로 쓰인다.
③ '재료를 들여 밥, 옷, 집 따위를 만들다.'라는 뜻을 지니는 '짓다'는 주어와 목적어를 필수적으로 요구하는 두 자리 서술어로 '~이 ~을 짓다'의 문장 형태로 쓰인다.
④ '다리를 움직여 바닥에서 발을 번갈아 떼어 옮기다.'라는 뜻을 지니는 '걷다'는 주어를 필수적으로 요구하는 한 자리 서술어로 '~이 걷다'의 문장 형태로 쓰인다.
⑤ '사람이나 물건 따위를 다른 곳으로 가게 하다.'라는 뜻을 지니는 '보내다'는 주어, 목적어, 부사어를 필수적으로 요구하는 세 자리 서술어로 '~이 ~을 ~에 보내다'의 문장 형태로 쓰인다.

답 ①

정답 해설 PLUS

㉠~㉣의 문장 성분과 문장 구조에 대한 설명으로 적절한 것은?

> ㉠ 나는 (내 친구가 보낸) 책을 제시간에 받기를 바란다.
> 　　　　　관형사절　　　　　　　명사절
> ㉡ 나는 (테니스 배우기가 재미있다)고 친구에게 말했다.
> 　　　　　명사절　　　　　　　인용절
> ㉢ 이 식당은 (우리 가족이 점심을 먹은) 식당이 아니다.
> 　　　　　　　　관형사절
> ㉣ 그녀는 (아름다운) 관광지를 (신이 닳도록) 돌아다녔다.
> 　　　　 관형사절　　　　　 부사절

① ㉠에는 필수적 부사어가 생략된 안긴문장이 있고, ㉡에는 주어가 생략된 안긴문장이 있다.
② ㉠과 ㉡에는 모두, 주어 기능을 하는 명사절이 있다.
　　　✗ 목적어 기능을 하는 명사절
③ ㉠과 ㉢에는 모두, 주어가 생략된 안긴문장이 있다.
④ ㉢에는 보어 기능을 하는 안긴문장이 있고, ㉣에는 부사어 기능을
　　✗ 관형어
하는 안긴문장이 있다.
⑤ ㉢과 ㉣에는 모두, 목적어가 생략된 관형사절이 있다.
　✗

> **함정 탈출 비법** 안긴문장의 종류와 문장 성분을 파악하는 유형의 문제로, 다수의 학생들이 안긴문장이 기능하고 있는 문장 성분이 무엇인지 파악하지 못해 ④를 답으로 선택했다. 용언의 어간에 어미 등이 결합한 형태를 통해 안긴문장의 종류(명사절, 관형사절, 부사절, 서술절, 인용절)를 정확히 구분할 수 있도록 다양한 문장을 분석해 보고, 안긴문장의 생략된 문장 성분을 파악할 수 있도록 원래 문장을 복원해 보는 연습이 필요하다.

정오답 체크

✓❶ ㉠은 '내 친구가 보낸'이 관형사절로 안겨 있고, '내 친구가 보낸 책을 제시간에 받기'가 명사절로 안겨 있다. ㉠의 관형사절의 서술어 '보내다'는 주어, 목적어, 필수적 부사어를 필요로 하는 세 자리 서술어로, '내 친구가 보낸'에는 '누군가에게 혹은 어디에' 정도의 필수적 부사어가 생략되어 있다. ㉡은 '테니스 배우기'가 명사절로 안겨 있고, '테니스 배우기가 재미있다'가 인용절로 안겨 있다. ㉡의 명사절의 서술어인 '배우다'는 주어, 목적어를 필요로 하는 두 자리 서술어로, '테니스 배우기'에는 '내가' 정도의 주어가 생략되어 있다.
② ㉠의 명사절 '내 친구가 보낸 책을 제시간에 받기'는 목적격 조사 '를'과 결합하여 '바란다'의 목적어 기능을 하고 있으며, ㉡의 명사절 '테니스 배우기'는 인용절 '테니스 배우기가 재미있다' 안의 서술어 '재미있다'의 주어 기능을 하고 있다. 따라서 ㉠과 ㉡ 둘 다 주어 기능을 하는 명사절이 있다는 설명은 적절하지 않다.
③ ㉠의 안긴문장 중 명사절 '내 친구가 보낸 책을 제시간에 받기'에는 '받다'의 주체인 주어가 생략되어 있다. 그러나 ㉢의 안긴문장 '우리 가족이 점심을 먹은'은 '식당'을 꾸며 주는 관형사절로, 주어('우리 가족이')가 생략되지 않았으므로 ㉠과 ㉢ 둘 다 주어가 생략된 안긴문장이 있다는 설명은 적절하지 않다.
④ ㉢의 안긴문장 '우리 가족이 점심을 먹은'은 전체 문장에서 관형어 기능을 하여 '식당'을 수식하며, ㉢에서의 보어는 '(우리 가족이 점심을 먹은) 식당이'이다. ㉣의 안긴문장 '신이 닳도록'은 전체 문장에서 부사어 기능을 하여 '돌아다녔다'를 수식한다. ㉣에는 부사어 기능을 하는 안긴문장이 있

지만, ⓒ에는 보어 기능을 하는 안긴문장이 없으므로 적절하지 않은 설명이다.
⑤ ⓔ의 관형사절 '우리 가족이 점심을 먹은'에는 목적어가 생략되지 않았다. ⓔ의 관형사절은 '아름다운'으로, '아름답다'는 목적어를 필요로 하지 않고 주어만 필요로 하는 한 자리 서술어인데 주어가 생략되어 있다. 따라서 ⓒ과 ⓔ에 목적어가 생략된 관형사절이 있다는 설명은 적절하지 않다.

답 ①

59 품사 및 시간 표현   정답률 27.4%

정답 해설 PLUS

〈학습 활동〉을 해결한 내용으로 적절한 것은?

● 학습 활동 ●

관형사형 어미의 형태는 시제 및 단어의 품사에 의해 결정된다. [자료]에서 밑줄 친 단어의 품사와 시제를 분석하여 그 단어에 쓰인 어미가 [표]의 ㉠~㉢ 중 어느 것에 해당하는지 확인해 보자.

[자료]

ⓐ 하늘에 뜬 태양	ⓑ 우리가 즐겨 부르던 노래
ⓒ 늘 푸르던 하늘	ⓓ 운동장에 남은 아이들
ⓔ 네가 읽는 소설	ⓕ 이미 아이들로 가득 찬 교실
ⓖ 달리기가 제일 빠른 친구	

[표] 관형사형 어미 체계

	동사	형용사
현재	-는	㉠ -(으)ㄴ
과거	㉡ -(으)ㄴ	㉢ -던
	-던	
미래	-(으)ㄹ	-(으)ㄹ

① ⓐ의 '뜬'에 쓰인 어미 '-(으)ㄴ'은 ㉠에 해당한다.
② ⓑ의 '부르던'과 ⓒ의 '푸르던'에 쓰인 어미 '-던'은 ㉢에 해당한다.
③ ⓓ의 '남은'과 ⓕ의 '찬'에 쓰인 어미 '-(으)ㄴ'은 ㉡에 해당한다.
④ ⓔ의 '읽는'에 쓰인 어미 '-는'은 ㉡에 해당한다.
⑤ ⓖ의 '빠른'에 쓰인 어미 '-(으)ㄴ'은 ㉢에 해당한다.

함정 탈출 비법 많은 수의 학생이 ①을 답으로 착각하였는데, 이는 기본적으로 동사와 형용사를 제대로 구분하지 못했기 때문이다. 동사는 움직임이나 작용을 나타내며, 형용사는 상태나 성질을 나타낸다는 점, 동사 어간에는 현재 시제 선어말 어미 '-는'이 결합할 수 있지만 형용사는 그러지 못하다는 점 등을 기억해 형용사와 동사를 구분해 보자.

정오답 체크

① ⓐ의 '뜬'은 동사 '뜨다'의 어간에 과거를 나타내는 관형사형 어미 '-(으)ㄴ'이 결합된 경우이다. 따라서 이때의 '-(으)ㄴ'은 ㉡에 해당한다.
② ⓑ의 '부르던'은 동사 '부르다'의 어간에 과거를 나타내는 관형사형 어미

'-던'이 결합된 경우이다. ⓒ의 '푸르던'은 형용사 '푸르다'의 어간에 과거를 나타내는 관형사형 어미 '-던'이 결합된 경우로, 이때의 '-던'은 ㉢에 해당한다. 따라서 ⓒ의 '푸르던'만 ㉢에 해당한다.
✓❸ ⓓ의 '남은'은 동사 '남다'의 어간에 과거를 나타내는 관형사형 어미 '-(으)ㄴ'이 결합된 경우이다. 따라서 이때의 '-(으)ㄴ'은 ㉡에 해당한다. ⓕ의 '찬'은 '이미'라는 부사로 짐작할 수 있듯이 동사 '차다'의 어간에 과거를 나타내는 관형사형 어미 '-(으)ㄴ'이 결합된 경우이다. 따라서 이때의 '-(으)ㄴ'도 ㉡에 해당한다.
④ ⓔ의 '읽는'은 동사 '읽다'의 어간에 현재를 나타내는 관형사형 어미 '-는'이 결합된 경우이므로 ㉡에 해당하지 않는다.
⑤ ⓖ의 '빠른'은 형용사 '빠르다'의 어간에 현재를 나타내는 관형사형 어미 '-(으)ㄴ'이 결합된 경우이다. 따라서 이때의 '-(으)ㄴ'은 ㉠에 해당한다.

답 ③

60 문장의 짜임새   정답률 20.0%

정답 해설 PLUS

〈학습 활동〉을 수행한 결과로 적절하지 않은 것은? [3점]

● 학습 활동 ●

겹문장은 다른 문장 속에 들어가 안긴문장으로 쓰일 수 있다. 또한 겹문장은 안은문장에서 다양한 문장 성분으로도 쓰인다. 다음 밑줄 친 겹문장 ⓐ~ⓔ의 쓰임을 설명해 보자.

○ 기상청은 ⓐ 내일은 따뜻하지만 비가 온다는 예보를 했다.
  관형절   관형사형 어미
○ 시민들은 ⓑ 공원이 많고 거리가 깨끗한 도시를 만들었다.
  관형절   관형사형 어미
○ ⓒ 바람이 거세지고 어둠이 내리기 전에 산에서 내려갔다.
  명사절   명사형 어미   목적격 조사
○ 나는 나중에야 ⓓ 그녀는 왔으나 그가 안 왔음을 깨달았다.
  명사절   명사형 어미
○ 삼촌은 주말에 ⓔ 꽃이 피고 새가 지저귀는 들판을 거닐었다.
  관형절   관형사형 어미

① ⓐ는 인용절로 쓰이고 있다.
            ✗ 관형절
② ⓑ는 관형절로 쓰이고 있다.
③ ⓒ는 명사절로 쓰이고 있다.
④ ⓓ는 조사와 결합하여 주성분으로 쓰이고 있다.
                        목적어
⑤ ⓔ는 조사와 결합 없이 부속 성분으로 쓰이고 있다.
                        관형어

함정 탈출 비법 ⓐ를 인용한 말로 착각하여 인용절이라고 잘못 판단한 학생들이 많았다. ③과 ⑤를 답으로 착각한 학생들도 많았는데, 이는 ⓒ의 '-기'가 명사형 어미이며, ⓔ의 '-는'은 ⓐ의 '-는'과 마찬가지로 조사가 아닌 관형사형 어미라는 점을 파악하지 못했기 때문이다. 용언의 어간에 붙어 각 절을 만드는 어미와 조사에 대해 학습해 안긴문장의 종류를 정확하게 판단할 수 있도록 하자.

정오답 체크

✓❶ ⓐ는 전성 어미 '-는'이 쓰인 관형절로, '예보'를 꾸며 주고 있다. 인용절에는 조사 '라고/고'가 쓰인다.
② ⓑ는 '공원이 많고 거리가 깨끗하-'에 전성 어미 '-(으)ㄴ'이 결합하여 관형절로 쓰이고 있다.

③ ©는 '바람이 거세지고 어둠이 내리-'에 전성 어미 '-기'가 결합하여 명사절로 쓰이고 있다.

④ ⓓ는 '그녀는 왔으나 그가 안 왔-'에 전성 어미 '-음'이 결합한 명사절이며, 목적격 조사 '을'과 결합하여 주성분인 목적어로 쓰이고 있다.

⑤ ⓔ는 '꽃이 피고 새가 지저귀-'에 전성 어미 '-는'이 결합한 관형절이다. 조사와의 결합 없이, '들판'을 수식하는 부속 성분인 관형어로 쓰이고 있다.

답 ①

61 지시 대상   정답률 88.0%

정오답 ☑ 체크

① ㉠은 민수와 영이를 가리키며, ㉡은 영이와 별이(영이의 강아지)를 가리킨다. 따라서 ㉠과 ㉡이 가리키는 대상은 동일하지 않다.

✓❷ ㉡은 영이와 별이(영이의 강아지)를 가리키며, ㉤은 민수, 영이, 별이(영이의 강아지)를 가리킨다. 따라서 ㉤이 가리키는 대상이 ㉡이 가리키는 대상을 포함한다는 진술은 적절하다.

③ ㉢은 봄이(민수의 강아지)와 솜이(민수의 강아지)를 가리키며, ㉥은 민수, 영이, 봄이(민수의 강아지)를 가리킨다. 따라서 ㉢이 가리키는 대상은 ㉥이 가리키는 대상에 포함되지 않는다.

④ ㉣은 민수, 봄이(민수의 강아지), 솜이(민수의 강아지)를 가리키며, ㉤은 민수, 영이, 별이(영이의 강아지)를 가리킨다. 따라서 ㉣과 ㉤이 가리키는 대상은 동일하지 않다.

⑤ ㉣은 민수, 봄이(민수의 강아지), 솜이(민수의 강아지)를 가리키며, ㉥은 민수, 영이, 봄이(민수의 강아지)를 가리킨다. 따라서 ㉣과 ㉥이 가리키는 대상은 동일하지 않다.

답 ②

62 담화의 특성   정답률 81.4%

① 영화의 시작 시간을 가리키는 ㉠과 ⓘ은 같은 시간이다.

② ㉡의 '미리'는 '어제'라는 과거를 가리키지만, ㉥의 '미리'는 지혜와 평화가 영화가 시작하기 전 만나서 저녁을 먹기로 한 5시에서 6시 사이를 의미하기 때문에 미래를 가리킨다.

✓❸ ⓘ의 '시간'은 영화가 시작하는 시간인 6시를 뜻한다. ㉢의 '1시간 앞서'는 ⓘ의 영화 시간 6시를 기준으로 하며, ㉥의 '미리'도 ⓘ의 영화 시간 6시를 기준으로 그보다 앞선 때를 가리킨다.

④ ㉣의 '가지'는 지혜와 평화가 영화관 인근에서 저녁을 먹고 영화관으로 이동하는 것을 가리킨다. ㉧의 '와'는 영민이 학교에서 상담을 마치고 영화관으로 이동하는 것을 가리킨다. 따라서 이동의 출발 장소는 서로 다르다.

⑤ 동일한 장소인 분식집이 영화관을 등지느냐, 마주보느냐에 따라 영화관을 기준으로 왼쪽에 있는가, 오른쪽에 있는가가 결정된다.

답 ③

63 담화 내의 문법 요소   정답률 77.0%

정오답 ☑ 체크

① ㉠의 '학교에서'는 행동이 이루어지고 있는 처소를 나타내는 부사격 조사 '에서'가 결합한 부사어이고, ㉡의 '학교에서'는 단체를 나타내는 명사 뒤에 붙는 주격 조사 '에서'가 결합한 주어이다.

② 후배 2가 이전 발화에서 '저희가 선배님과 함께 제안했던'이라고 표현한 것에 비추어 볼 때, ㉢의 '우리'에는 화자인 선배와 청자인 후배 1, 후배 2가 모두 포함되어 있다.

③ '자신의 형편을 감안해 달라는 동아리가'라는 표현에서 ㉣의 '자신'은 '동아리'를 가리킨다.

④ 동아리 활동 지원 예산안에 대한 학교와 동아리 간의 입장 차이라는 대화 맥락에 비추어 볼 때, ⓗ의 '서로'에는 예산안 수용 여부를 결정하는 ⓒ의 '학교'와 예산안을 제안한 동아리에 소속된 ⓓ의 '우리'가 모두 포함된다.

✓❺ ⓐ의 '저희'에는 청자인 선배는 포함되지 않는다. 화자인 후배 2가 후배 1과 자신을 함께 낮추기 위해 '저희'를 사용한 것이다.

답 ⑤

본문 52~67쪽

똑똑! 궁금해요

Q '에서'가 주격 조사로 쓰였는지, 부사격 조사로 쓰였는지 쉽게 구분하는 방법이 있을까요?

A 주격 조사와 부사격 조사 '에서'의 형태가 같다 보니 이를 잘 구분하지 못하는 친구들이 많아요. 주격 조사 '에서'는 단체를 나타내는 명사(단체 무정 명사) 뒤에만 붙는다는 특징이 있고, 서술어에 대하여 주체의 역할을 한답니다. 반면 부사격 조사 '에서'는 시간이나 장소 등을 나타내는 체언 뒤에 붙고, 서술어에 대하여 부가적인 정보를 제공하지요.
　이 둘을 가장 쉽게 구분하는 방법은 문장 속의 '에서' 대신 '이/가'를 넣어서 읽을 때 자연스럽게 의미가 통하면 주격 조사로 쓰인 것이라고 구분하면 돼요. 예를 들어, '학교에서 시합을 주최했다.'라는 문장을 '학교가 시합을 주최했다.'로 바꿔 보면 문장이 자연스럽게 의미가 통하죠? 따라서 이 문장의 '에서'는 주격 조사로 쓰인 것이에요.

---

64 담화의 특성 　정답률 68.0%

정오답 ✅체크

① ㉠의 '내일'과 ㉤의 '어제'는 둘 다 발화 시점에 따라 언제인지가 결정된다.

② ㉡의 '네 말'은 이전 발화를 가리킴에 비해, ㉢의 '저기 저'는 '○○ 서점'을 가리킨다.

③ ㉣의 '정수'는 고유 명사이기 때문에 지시 대상이 고정되지만, ㉧의 '네'는 대명사이기 때문에 담화 참여자에 따라 지시 대상이 결정된다.

✓❹ ㉥의 '왔어'는 정수가 화자인 민수가 있던 장소로 이동했음을 나타내지만, ㉦의 '왔었구나'는 정수가 화자인 희철이 있던 장소로 이동했음을 나타내지 않는다.

⑤ ㉨의 '우리'는 '민수, 희철'을 가리키고, ㉩의 '우리'는 '기영, 민수, 희철'을 가리킨다.

답 ④

---

65 담화 내의 문법 요소 　정답률 66.0%

정오답 ✅체크

① ⓐ는 내용상 '주말 나들이 장소 정하기'라는 주제와 유기적 관련을 맺고 있지 않아서 담화의 완결성을 떨어뜨리고 있다.

② ⓑ의 '거기'는 영선의 앞선 발화에 언급된 '놀이동산'을 대신하는 대용 표현이다.

③ ⓒ의 '여기'와 ⓓ의 '거기'는 형태는 다르지만 선희가 보여 준 사진 속 '해수욕장'이라는 동일한 장소를 가리킨다.

④ ⓔ의 '그리고'는 앞의 발화와 뒤의 발화를 병렬적으로 연결할 때 쓰는 접속 부사이다.

✓❺ ⓕ의 '거기'는 영선의 발화에 언급된 '작년에 같이 갔던 수목원'을 대신하는 대용 표현이다.

답 ⑤

---

66 ①	67 ②	68 ①	69 ①	70 ①	71 ⑤
72 ②	73 ⑤	74 ③	75 ⑤	76 ③	77 ①
78 ①	79 ②	80 ⑤	81 ⑤	82 ④	83 ④
84 ①	85 ①				

---

66 중세 국어의 격 조사 　정답률 74.0%

정오답 ✅체크

✓❶ '두리'는 '둘(달)+이'로 분석되는데, '둘'이 자음으로 끝난 체언이기 때문에 주격 조사 '이'가 쓰인 것이다. 따라서 '두리'는 ㉠에 해당하는 예가 아니다. 중세 국어의 주격 조사로는 이 외에도 모음 '이'나 반모음 'ㅣ'로 끝난 체언 뒤에서 '∅'가, 그 외의 모음으로 끝난 체언 뒤에서 'ㅣ'가 일반적으로 쓰였다.

② '바불'은 '밥(밥)+울'로 분석되는데, 자음으로 끝난 체언 '밥' 뒤에 목적격 조사 '울'이 쓰인 것이다. ㉡에서 자음으로 끝나는 체언 뒤에 목적격 조사 '울' 또는 '을'이 쓰인다고 하였는데, 일반적으로 양성 모음 뒤에서는 '울'이, 음성 모음 뒤에서는 '을'이 쓰였다. 중세 국어의 목적격 조사로는 이 외에도 모음으로 끝난 체언 뒤에서 '룰/를'이 쓰이기도 했다.

③ '나못'은 '나모(나무)+ㅅ'으로 분석되는데, '나모'가 사물에 해당하는 체언이기 때문에 관형격 조사 'ㅅ'이 쓰인 것이다. 중세 국어의 관형격 조사로는 이 외에도 앞 체언이 존대의 대상이 아닌 사람이거나 동물과 같은 유정물일 때에 '이/의'가 쓰이기도 했다.

④ '플로'는 '플(풀)+로'로 분석되는데, '플'이 'ㄹ'로 끝난 체언이기 때문에 부사격 조사 '로'가 쓰인 것이다. 중세 국어의 부사격 조사로는 이 외에도 모음이나 'ㄹ' 이외의 자음으로 끝난 체언 뒤에서 '우로/으로'가 쓰이기도 했다.

⑤ '님금하'는 '님금(임금)+하'로 분석되는데, '님금'이 존대 대상인 체언이기 때문에 호격 조사 '하'가 쓰인 것이다. 중세 국어의 호격 조사로는 이 외에도 존대 대상이 아닌 체언 뒤에서 '아/야'가 쓰이기도 했다.

답 ①

똑똑! 궁금해요

Q <보기>의 중세 국어 조사의 쓰임 중 ㉠에 나온 주격 조사 'ㅣ' 이외의 경우도 예시와 함께 정리해 주세요.

A 주격 조사는 체언을 주어로 만들어 주는 조사로, 현대 국어에서는 '이/가'가 쓰이지만 중세 국어의 주격 조사에는 '가'가 쓰이지 않고 '이'만 쓰였는데, 환경에 따라 'ㅣ'로 쓰이거나 생략되기도 했답니다. 다음 세 가지 경우를 기억해 두세요.

• 자음으로 끝난 체언: '이'
예 부얌+이 → 부야미, 말쏨+이 → 말쑤미

• 'ㅣ' 모음으로 끝난 체언: '∅'(생략)
예 불휘+∅ → 불휘, 새+∅ → 새

• 'ㅣ' 모음 외의 모음으로 끝난 체언: 'ㅣ'
예 대장부+ㅣ → 대장뷔, 孔子+ㅣ → 孔子ㅣ

67 중세 국어의 의존 명사   정답률 72.6%

정오답 ✅체크

① 2문단에서 현대 국어 '줄'은 주로 목적격 조사나 부사격 조사와 결합하여 목적어나 부사어로 쓰이고 주어로는 쓰이지 않는다고 하였고, ⓐ의 '줄'은 주격 조사 '이'와 결합하여 '주리[줄이]'로 쓰였음을 확인할 수 있다.

✓❷ 3문단에서 '중세 국어 '것'은 '어느 거시 이 가온더 가뇨[어느 것이 이 가운데 감요]', '奇異한 거슬 머구머[기이한 것을 머금어]' 등과 같이 여러 유형의 선행 요소 및 후행 요소와 두루 결합하여 쓰였다'고 하였다. ⓐ의 '줄'은 선행 요소로 '달옳[다를]'이라는 용언의 관형사형과 결합하고 있다. 따라서 ⓐ의 '줄'과 중세 국어 '것'은 모두 선행 요소로 용언의 관형사형과 결합할 수 있었음을 확인할 수 있다.

③ 1문단에서 현대 국어 '데'는 선행 요소로 용언의 관형사형만 결합하는 의존 명사라고 하였고, ⓑ의 '디'는 선행 요소로 '붉은'이라는 용언의 관형사형과 결합하고 있으므로, 둘 다 선행 요소로 용언의 관형사형과 결합할 수 있었음을 확인할 수 있다.

④ 3문단에서 중세 국어 '디'는 문장에서는 주어로만 쓰였다고 하였으나, ⓑ의 '디'는 목적격 조사 '를'과 결합하여 '딜[데를]'로 쓰였음을 확인할 수 있다.

⑤ 2문단에서 현대 국어 '뿐'은 '읽을 뿐이다'처럼 서술격 조사 '이다'와 결합하거나 '그럴 뿐(이) 아니라'처럼 보격 조사와만 결합하여 쓰인다고 하였으나, ⓒ의 '뿐'은 부사격 조사 '에'와 결합하여 '쑨네[뿐에]'로 쓰였음을 확인할 수 있다.

답 ②

68 중세 국어의 주격 조사   정답률 67.7%

정오답 ✅체크

✓❶ ⓐ의 '나리'는 '날＋이'로 자음 다음에 주격 조사 '이'가 나타난 경우(㉠)이다. 마찬가지로, ⓓ의 '아드리'는 '아둘＋이'로 자음 다음에 주격 조사 '이'가 나타난 경우(㉠)이다.

②, ③, ④, ⑤ ⓑ의 '太子(태자)'에는 주격 조사가 나타나지 않았는데, 이는 음운 조건에 관계없이 주격 조사가 생략된 경우(㉢)이다. '太子(태자)'는 모음 '이'나 반모음 'ㅣ'로 끝나 주격 조사가 'Ø(영형태)'로 실현되는 음운 조건이 아니므로, 만일 주격 조사가 생략되지 않았다면 ⓔ처럼 '太子ㅣ'로 나타났어야 한다.

ⓒ의 '드리'는 '드리＋Ø'로 모음 '이' 다음에 주격 조사가 'Ø(영형태)'로 실현되어 나타나지 않은 경우(㉡)이다. ⓑ의 현대어 풀이에서는 주격 조사가 생략된 것에 비해 ⓒ의 현대어 풀이에서는 주격 조사가 생략되지 않았다는 점에서 주격 조사가 'Ø(영형태)'로 실현되었음을 알 수 있다.

ⓔ의 '孔子ㅣ'는 모음 '이'와 반모음 'ㅣ' 이외의 모음인, '孔子(공자)'의 'ㅏ' 다음에 주격 조사 'ㅣ'가 나타난 경우이다.

답 ①

69 중세 국어의 문자 및 표기   정답률 67.2%

✓❶ ⓐ는 훈민정음에서, 종성의 글자를 별도로 만들지 아니하고 초성으로 쓰는 글자를 다시 사용한다는 종성의 제자 원리인 종성부용초성에 대한 설명이다. 〈자료〉에서 '붇', '짝', '흙' 외에 '스ᄀ볼'에서도 종성 글자 'ㄹ'을

확인할 수 있다.

② ⓑ는 ㅇ을 순음(ㅂ, ㅍ, ㅃ, ㅁ) 글자 아래 이어 쓴 순경음의 표기에 대한 내용으로, '사비', '스ᄀ볼'에서 순경음 비읍(ㅸ)을 확인할 수 있다.

③ ⓒ는 초성과 종성 자리에 쓰이는 병서에 대한 내용으로, '삐니', '짝', '흙'에서 각각 합용 병서 'ㅄ', 'ㅺ', 'ㄺ'을 확인할 수 있다.

④ ⓓ는 초성 글자 아래에 쓰이는 중성 글자에 대한 내용으로, '붇', '스ᄀ볼', '흙'에서 'ㅜ', 'ㅡ', 'ㆍ'를 확인할 수 있다.

⑤ ⓔ는 초성 글자 오른쪽에 쓰이는 중성 글자에 대한 내용으로, '삐니', '사비', '짝'에서 'ㅣ', 'ㅏ'를 확인할 수 있다.

답 ①

똑똑! 궁금해요

Q 중세 국어 문제에서 자주 등장하는 순경음, 합용 병서 등의 용어가 낯설어요. 개념을 알려 주세요.

A

훈민정음에서 말하는 순경음은 입술가벼운소리로, 순음(입술소리) 'ㅂ, ㅍ, ㅃ, ㅁ' 아래 'ㅇ'을 연서(이어쓰기)하여 표기하고, 'ㅂ, ㅍ, ㅃ, ㅁ'보다 가볍게 소리 나는 'ㅸ, ㆄ, ㅹ, ㅱ'의 네 소리를 말해요. 그리고 병서란 훈민정음에서 초성자 두 글자 또는 세 글자를 가로로 나란히 붙여 쓰는 일을 말합니다. 'ㄲ, ㄸ, ㅃ, ㅆ, ㅉ, ㆅ, ㆀ'과 같이 같은 자음 두 글자를 가로로 나란히 붙여 쓰는 각자 병서와 'ㅺ, ㅼ, ㄹ, ㄻ, ㄿ, ㄵ, ㅭ, ㅄ, ㅄ'와 같이 서로 다른 자음을 가로로 나란히 붙여 쓰는 합용 병서가 있어요.

70 중세 국어의 문법   정답률 67.0%

정오답 ✅체크

✓❶ 선행 체언인 '아바님(아버님)'은 존칭의 대상인 유정물이기 때문에 ㉠은 관형격 조사 'ㅅ'이 쓰인 '아바닚 곁'이 되어야 한다.

② 선행 체언인 '그력(기러기)'이 존칭의 대상이 아닌 유정물이고 음성 모음이 쓰였기 때문에 관형격 조사 '의'가 쓰인 '그려긔 목'이 된다.

③ 선행 체언인 '아들(아들)'이 존칭의 대상이 아닌 유정물이고 양성 모음이 쓰였기 때문에 관형격 조사 '이'가 쓰인 '아드리 나ㅎ'가 된다.

④ 선행 체언인 '수플(수풀)'이 무정물이기 때문에 관형격 조사 'ㅅ'이 쓰인 '수픐 가온더'가 된다.

⑤ 선행 체언인 '둥잔(등잔)'이 무정물이기 때문에 관형격 조사 'ㅅ'이 쓰인 '둥잢 기름'이 된다.

답 ①

71 중세 국어의 문법   정답률 66.0%

정오답 ✅체크

① '책꽂이'는 '책을 세워서 꽂아 두는 물건이나 장치.'를 의미하므로 '책꽂이'의 '-이'는 1문단의 '연필깎이'의 '-이'와 마찬가지로 '…하는 데 쓰이는 도구'의 의미를 나타내는 접사이다.

② 현대 국어에서 '놀이'는 '여러 사람이 모여서 즐겁게 노는 일. 또는 그런 활동.'을 뜻하므로 '…하는 행위'의 의미로 쓰였다. 중세 국어에서 '-이'는 '사리(살-＋-이)'처럼 동사 어간에 붙어 '…하는 행위'의 의미를 나타낸다. 따라서 현대 국어 '놀이'의 '-이'와 중세 국어 '사리'의 '-이'는 모두 '…하는 행위'의 의미로 쓰였다.

③ 현대 국어의 '길이'는 '한끝에서 다른 한끝까지의 거리.'라는 의미의 명사, '오랜 세월이 지나도록.'이라는 의미의 부사 두 가지로 쓰인다. 2문단을 통해 확인할 수 있듯이, 현대 국어 '길이'에 해당하는 중세 국어 '기리(길-+-이)' 또한 명사와 부사로 쓰인다. 그러나 중세 국어 '기릐'는 '길-+-의'로 분석되는데, 3문단을 통해 '-의'는 '-이'와 달리 부사를 파생하지 않는 명사 파생 접사임을 확인할 수 있다.

④ 3문단을 통해 중세 국어에서 접사 '-이'는 '-의'의 이형태로 양성 모음 뒤에서 '-이'로 쓰였으며, 부사는 파생하지 않고 명사 파생 접사로만 쓰였음을 확인할 수 있다.

✓ ❺ 4문단의 '중세 국어에서는 '의'가 앞 체언에 붙어 관형격 조사와 부사격 조사로 쓰이기도 했다.'라는 진술을 통해 중세 국어에서 체언에 조사 '의'가 붙은 말은 관형어나 부사어로 쓰였음을 확인할 수 있다.

🔒 ⑤

72 중세 국어 자료 탐구 정답률 70.0%

정오답 ✅ 체크

① ㉠의 '겨틔'는 '곁+의'로 분석되며, '곁에'로 현대어 풀이된다는 점과 4문단의 내용에 비추어 볼 때 '의'는 음성 모음 뒤에 쓰인 부사격 조사이다.

✓ ❷ ㉡의 '구븨'는 '굽-+-의'로 분석되며, 3문단의 내용에 비추어 볼 때 '-의'는 음성 모음 뒤에 쓰인 명사 파생 접사이다.

③ ㉢의 '볼기'는 '붉-+-이'로 분석되며, '밝히'로 현대어 풀이된다는 점과 1~3문단의 내용에 비추어 볼 때 '-이'는 모음 조화와 무관하게 결합하는 부사 파생 접사이다.

④ ㉣의 '글지싀'는 '글짓-+-이'로 분석되며, '글짓기'로 현대어 풀이된다는 점과 1~3문단의 내용에 비추어 볼 때 '-이'는 모음 조화와 무관하게 결합하는 명사 파생 접사이다.

⑤ ㉤의 '딸릐'는 '똘+의'로 분석되며, '딸의'로 현대어 풀이된다는 점과 4문단의 내용에 비추어 볼 때 '의'는 양성 모음 뒤에 쓰인 관형격 조사이다.

🔒 ②

73 중세 국어의 격 조사 정답률 64.0%

정오답 ✅ 체크

① 太子(태자)'와 '衆生(중생)'은 모두 유정 명사이다. 중세 국어의 관형격 조사는 무정 명사(사물)이거나 높임의 대상인 유정 명사에는 'ㅅ'이 쓰이며, 높이지 않는 유정 명사에는 '이'가 쓰인다. 즉 체언이 높임의 대상이냐 아니냐에 따라 관형격 조사의 형태가 다르게 나타난다고 볼 수 있다.

② '곁'과 '독'은 모두 체언 끝이 자음이다. 중세 국어의 부사격 조사는 음성 모음 'ㅓ'에는 '의'가, 양성 모음 'ㅗ'에는 '익'가 쓰였다. 즉 선행하는 음절의 모음이 양성 모음이냐 음성 모음이냐에 따라 부사격 조사의 형태가 다르게 나타난다고 볼 수 있다.

③ 'ㅁ숨'과 '뜯'은 모두 체언 끝이 자음이다. 중세 국어의 목적격 조사는 양성 모음 'ㆍ'에는 '올'이, 음성 모음 'ㅡ'에는 '을'이 쓰였다. 즉 선행하는 음절의 모음이 양성 모음이냐 음성 모음이냐에 따라 목적격 조사의 형태가 다르게 나타난다고 볼 수 있다.

④ '바'와 'ㅂ룸'에는 모두 양성 모음만 쓰였다. 중세 국어의 주격 조사는 선행 체언의 끝소리가 자음인 경우 '이', 'ㅣ'가 아닌 모음일 경우 'ㅣ', 'ㅣ'일 경우 'Ø(영 형태)'가 쓰인다. '바'의 경우 체언의 끝소리가 모음이므로 'ㅣ'

가 쓰여 '배'로, 'ㅂ룸'의 경우 체언의 끝소리가 자음이므로 '이'가 쓰여 'ㅂ 룸미'로 나타났다.

✓ ❺ 'ㅂ룰래'는 체언 'ㅂ룰'의 모음 'ㆍ'가 양성 모음으로 부사격 조사 '애'가 쓰였고, '그르세'는 체언 '그릇'의 모음 'ㅡ'가 음성 모음으로 부사격 조사 '에'가 쓰였다. 즉 체언의 모음이 양성 모음이냐 음성 모음이냐에 따라 조사의 형태가 다르게 나타난다고 볼 수 있다.

🔒 ⑤

74 중세 국어의 문법 정답률 60.0%

정오답 ✅ 체크

① ㉠은 '뉘'의 끝음절 'ㅟ'에서 반모음 'ㅣ'가 확인되기 때문에 부사격 조사로 '애/에'가 아닌 '예'가 쓰인 경우이다. 참고로, 중세 국어의 'ㅐ, ㅔ, ㅚ, ㅟ'는 현대 국어와 달리 이중 모음이었다.

② ㉡의 '우ㅎ'는 모음 조화에 따라 부사격 조사 '의'가 결합하여 '우희'가 된다.

✓ ❸ ㉢의 '나조히(나조ㅎ+이)'는 '저녁의'가 아니라 '저녁에'로 해석된다. 이때의 '이'는 일부 특수한 체언들과 결합하는 부사격 조사이다.

④ ㉣의 '이그에'는 관형격 조사 '이'에 '그에'가 결합되어 부사격 조사로 쓰인 경우이다.

⑤ ㉤의 '쎄'는 중세 국어 'ㅅ긔'가 현대 국어로 이어진 것임을 중세 국어에서 존칭의 유정 명사 '어마님'에 'ㅅ긔'가 쓰였다는 예를 통해 설명하였다. 그리고 존칭의 유정 체언에는 관형격 조사 'ㅅ'이 결합하는 원칙이 있었다는 1문단의 설명을 통해서도 '쎄'가 현대 국어에서 존칭 체언에 사용되는 것은 중세 국어 관형격 조사 'ㅅ'과 관련이 있음을 확인할 수 있다. 이는 평칭의 유정 체언과 결합하는 '이그에(에게)'에서 평칭의 유정 체언과 결합하는 관형격 조사 '이'가 분석되는 것과 비교가 된다.

🔒 ③

75 중세 국어의 문법 정답률 58.0%

정오답 ✅ 체크

① '중세 국어의 관형격 조사는 평칭의 유정 체언에는 모음 조화에 따라 '이/의'가, 무정 체언 또는 존칭의 유정 체언에는 'ㅅ'이 결합'하는 원칙이 있는데, '수플'이 무정 체언이기 때문에 'ㅅ'이 결합한 것이다.

② '놈'이 평칭의 유정 체언이고 끝음절 모음(ㆍ)이 양성 모음이기 때문에 '이'가 결합한 것이다.

③ '世界(세계)ㅅ'를 '보샤'의 의미상 주어로 볼 수 없다. 또한 '世界(세계)'가 무정 체언이기 때문에 'ㅅ'이 결합한 것이어서 예외적 결합으로 볼 수도 없다.

④ '이 사룸미'가 '잇눈'의 의미상 주어이기는 하지만, '사룸'이 평칭의 유정 체언이고 끝음절 모음(ㆍ)이 양성 모음이기 때문에 '이'가 결합한 것이어서 예외적 결합이 아니다.

✓ ❺ '공자의 남기신 글'은 '공자가 남기신 글'이라는 의미이므로 '孔子(공자)의'는 '기티신'의 의미상 주어이다. '孔子(공자)'가 존칭의 유정 체언이기 때문에 원칙적으로는 'ㅅ'이 결합하여야 하지만 '의'가 결합하였다. 따라서 '의'는 중세 국어 관형격 조사 결합 원칙의 예외에 해당한다.

🔒 ⑤

76 중세 국어의 문법
정답률 57.3%

정오답 ☑ 체크

① '지비라'는 '집+이라'로, 체언의 끝소리가 자음일 때에 '이라'가 결합한 사례이다.

② '스시라'는 '스시+∅라'로, 체언의 끝소리가 단모음 'ㅣ'일 때에 '∅라'가 결합한 사례이다.

✓❸ (가)의 '불휘라'는 '불휘+∅라'로 분석되는데, 체언의 끝소리가 반모음 'ㅣ'로 끝나는 이중 모음(ㅟ)이기 때문에 '∅라'가 결합한 것이다. (나)의 '이제라, 아래라' 역시 '∅라'가 결합한 것으로, 이를 통해 'ㅔ, ㅐ'가 반모음 'ㅣ'로 끝나는 이중 모음이었음을 알 수 있다.

④ '전치라'는 '전ㅊ+ㅣ라'로, 체언의 끝소리가 '그 밖의 모음'에 해당하는 'ㆍ'일 때에 'ㅣ라'가 결합한 사례이다.

⑤ '곡되라'는 '곡도+ㅣ라'로, 체언의 끝소리가 '그 밖의 모음'에 해당하는 'ㅗ'일 때에 'ㅣ라'가 결합한 사례이다.

답 ③

77 중세 국어의 문법
정답률 55.6%

정오답 ☑ 체크

✓❶ @에서는 체언 '바롤'에 부사격 조사 '애'가 결합한 '바ᄅ래'가 부속 성분인 부사어로 쓰이고 있다. ⓑ에서는 체언 '나라ㅎ'에 관형격 조사 'ㅅ'이 결합한 '나랏'이 부속 성분인 관형어로 쓰이고 있다. 또한 체언 '中國'에 부사격 조사 '에'가 결합한 '中國에'가 부속 성분인 부사어로 쓰이고 있다. ⓒ에서는 체언 '生人'에 관형격 조사 '이'가 결합한 '生人이'가 부속 성분인 관형어로 쓰이고 있다.

②, ③, ④, ⑤ ⓓ에서 체언과 조사가 결합한 것은 '子息이'와 '양지'인데 둘 다 주성분인 주어로 쓰이고 있다. ⓔ에서 체언과 조사가 결합한 것은 '내'와 '네'인데 둘 다 주성분인 주어로 쓰이고 있다.

답 ①

78 중세 국어의 높임 표현
정답률 54.4%

정오답 ☑ 체크

✓❶ '보습고져'에는 객체 높임의 선어말 어미 '-ᅀᆞᆸ-'이 쓰였다. 따라서 어휘적 수단이 아닌 문법적 수단을 통해 객체인 '너희 스승님'을 높이고 있다.

② '숨利弗ᄭᅴ'에는 객체 높임의 조사 'ᄭᅴ'가 쓰였다. 따라서 문법적 수단을 통해 객체인 '숨利弗(사리불)'을 높이는 것이다.

③ 객체 높임의 조사 'ᄭᅴ'와 객체 높임의 동사 '숣다'는 둘 다 객체인 '世尊(세존)'을 높이는 데 쓰이고 있다.

④ 객체 높임의 조사 '께'는 '이모님'을 높이는 데 쓰이고, 객체 높임의 동사 '모시다'는 '어머님'을 높이는 데 쓰이고 있으므로 서로 다른 대상을 높이기 위해 쓰이고 있다.

⑤ 문장의 주체는 '선생님'이고, 객체는 '그 아이'이다. 객체 높임의 동사 '여쭈어보다'를 사용하여 '선생님'보다 '그 아이'를 높이는 것은 부적절하므로 ⑭은 '선생님께서 그 아이에게 다친 덴 없는지 물어보셨다.'로 쓰는 것이 적절하다.

답 ①

79 중세 국어의 의문문 이해
정답률 52.0%

정오답 ☑ 체크

✓❷ ㉠을 포함한 문장은 체언에 보조사가 결합하여 서술어가 될 때 설명 의문문에 해당하므로 보조사 '고'가 결합한 형태인 '므스고'가 ㉠에 들어가야 한다. ㉡과 ㉢을 포함한 문장은 둘 다 주어 '네', '그듸'가 2인칭이기 때문에 의문문의 종류와 관계없이 종결 어미 '-ㄴ다'가 쓰인다. 따라서 '가ᄂ다', '아니ᄒᆞᆫ다'가 각각 ㉡과 ㉢에 들어가야 한다.

답 ②

 똑똑! 궁금해요

Q 중세 국어의 판정 의문문과 설명 의문문은 어떻게 구분하나요?

 A

중세 국어에서는 판정 의문문인지, 설명 의문문인지에 따라 종결 어미나 보조사가 달리 쓰이기도 했으므로, 우선은 이 둘을 구분할 수 있어야겠죠? 의문사의 유무에 따라 이 둘을 구분할 수 있는데, 의문사가 없이 긍정이나 부정의 대답을 요구하면 판정 의문문, '엇뎨', '뉘', '어듸'와 같이 의문사가 있으면서 구체적인 설명을 요구하면 설명 의문문입니다. 중세 국어에서는 이 외에도 주어의 인칭에 따라서도 형태가 달라졌으므로 주어의 인칭도 같이 잘 살펴보도록 하세요.

도전 1등급 ⑧⓪ 현대 국어와 15세기 국어의 음운 변동
정답률 45.8%

정답 해설 PLUS

윗글을 통해 알 수 있는 내용으로 적절하지 않은 것은?

① 15세기 국어의 '걷ᄂᆞᆫ → 건ᄂᆞᆫ'은 'ㄷ'의 비음화가 일어난 예일 것이다.

② 현대 국어와 달리 15세기 국어의 '막-+-노라'에서는 비음화가 일어나지 않았을 것이다. → 'ㄱ'의 비음화는 일어나지 않음.

③ 현대 국어의 'ㄱ-ㅇ', 'ㄷ-ㄴ', 'ㅂ-ㅁ'은 동일한 조음 위치의 '평파
<u>연구개음</u> <u>치조음</u> <u>양순음</u>
열음-비음'에 해당하는 쌍일 것이다.

④ 15세기 국어의 '앉-+-게', <u>ᄀᆞᆷ-</u>+-고'에서는 모두 어미의 평음
<u>비음</u>
'ㄱ'이 경음 'ㄲ'으로 바뀌지 않았을 것이다.

⑤ 15세기 국어의 '젙-+-노라', '빛+나다'에서는 모두 음절의 끝소
[전노라]→[전노라] [빋나다]
리 규칙과 비음화가 순차적으로 일어났을 것이다.

함정 탈출 비법 15세기 국어와 현대 국어의 음운 변동 중 음절의 끝소리 규칙, 비음화, 경음화의 적용 양상을 비교하는 문제이다. 현대 국어의 음운 변동에 대한 지식이 있는 학생은 15세기 국어와의 차이를 더 빠르게 파악할 수 있어 유리했을 것이다. 15세기 국어에서 음절 끝에서 발음될 수 있는 자음에 'ㅅ'이 포함되어 있어, '빛+나다'의 경우 현대 국어에처럼 [빈나다]로 바뀌는 것이 아닌 [빋나다]가 되어, 15세기 국어에서 일어나는 'ㄷ' 비음화의 조건에 맞지 않는다는 것을 파악해야 한다. 이처럼 제시된 지문에 각각의 음운 변동에 대한 설명과 예시가 충분히 나와 있으므로 이를 바탕으로 꼼꼼하게 선지의 내용을 적용한다면 풀 수 있는 문제 유형이다.

정오답 ☑ 체크

① 3문단에서 15세기 국어에서 비음화는 'ㄷ'의 비음화가 일어난 것이 대

부분이라고 했으므로, '걷는 → 건는'은 'ㄷ'이 'ㄴ'으로 바뀌는 'ㄷ'의 비음화가 일어난 예일 것이다.

② 현대 국어에서는 '막－＋－노라'에서 받침 'ㄱ'이 비음 'ㄴ'과 결합하여 [망노라]로 발음되는 비음화가 일어난다. 그러나 3문단에서 '현대 국어에서와 달리 15세기 국어에서는 'ㅂ'의 비음화는 드물게 확인되고, 'ㄱ'의 비음화는 일어나지 않았다.'라고 했으므로, 15세기 국어의 '막－＋－노라'에서는 비음화가 일어나지 않았을 것이다.

③ 3문단에서 '비음화는 평파열음이 비음 앞에서 동일한 조음 위치의 비음으로 바뀌는 현상'이라고 하며, 현대 국어의 비음화의 예로 '국물 → [궁물]', '받는 → [반는]', '입는 → [임는]'을 들었다. 'ㄱ, ㄷ, ㅁ'이 비음화로 인해 각각 'ㅇ, ㄴ, ㅁ'으로 바뀌고 있으므로 연구개음 'ㄱ－ㅇ', 치조음 'ㄷ－ㄴ', 양순음 'ㅂ－ㅁ'은 동일한 조음 위치의 '평파열음－비음'에 해당하는 쌍일 것이다.

④ 4문단에서 15세기 국어에서는 '비음으로 끝나는 용언 어간 뒤에서 일어나는 경음화는 나타나지 않았다'고 했으므로, 비음으로 끝나는 '안－', '굼－' 뒤에 오는 '－게', '－고'는 모두 'ㄱ'이 경음 'ㄲ'으로 바뀌지 않았을 것이다.

✓❺ 15세기 국어의 '젛－＋－노라'는 음절의 끝소리 규칙으로 'ㅎ'이 'ㄷ'으로 바뀐 후 'ㄴ'과 만나 비음화가 일어나 [전노라]가 되는 과정이 순차적으로 일어났을 것이다. 하지만 '빛＋나다'의 경우, 2문단에서 15세기 국어에서 음절 끝에서 발음될 수 있는 자음이 'ㄱ, ㄴ, ㄷ, ㄹ, ㅁ, ㅂ, ㅅ, ㅇ'이라고 했으므로 'ㅊ'이 'ㅅ'으로 바뀌는 음절의 끝소리 규칙이 일어나 [빗나다]가 된 후 비음화는 일어나지 않았을 것이다.

답 ⑤

똑똑! 궁금해요

Q ③에 나오는 조음 위치나 조음 방법이 늘 헷갈려요. 자세하게 한번 정리해 주세요.

A 조음 위치는 자음이 만들어질 때 공기의 흐름이 장애를 받는 위치를 말합니다. 양순음(두 입술 사이에서 나는 입술소리), 치조음(윗잇몸과 혀끝이 닿아서 나는 잇몸소리), 경구개음(센입천장과 혓바닥 사이에서 나는 센입천장소리), 연구개음(여린입천장과 혀 뒤에서 나는 여린입천장소리), 후음(목청에서 나는 소리)으로 나눌 수 있어요.

조음 방법은 소리를 만드는 방법으로, 파열음(공기의 흐름을 막았다가 터뜨리면서 내는 소리), 파찰음(파열음과 마찰음 두 가지 성질을 모두 가진 소리), 마찰음(공기를 틈 사이로 내보내 마찰을 일으키면서 내는 소리), 비음(코로 공기를 내보내면서 내는 소리), 유음(공기를 혀의 양옆으로 흘려보내면서 내는 소리)으로 나눌 수 있답니다.

조음 위치와 조음 방법에 따른 국어의 자음 체계를 표로 정리해 줄 테니 꼭 암기해 두세요.

조음 방법 \ 조음 위치		양순음	치조음	경구개음	연구개음	후음
파열음	예사소리	ㅂ	ㄷ		ㄱ	
	된소리	ㅃ	ㄸ		ㄲ	
	거센소리	ㅍ	ㅌ		ㅋ	
파찰음	예사소리			ㅈ		
	된소리			ㅉ		
	거센소리			ㅊ		
마찰음	예사소리		ㅅ			ㅎ
	된소리		ㅆ			
비음		ㅁ	ㄴ		ㅇ	
유음			ㄹ			

정답 해설 PLUS

〈보기〉에 대한 이해로 적절한 것은?

● 보기 ●

나·랏 :말ᄊᆞ·미 中듕國·귁·에 달·아 文문字·ᄍᆞ·와·로 서르 ᄉᆞᆺ·디 아·니ᄒᆞᆯ·ᄊᆡ ·이런 젼·ᄎᆞ·로 어·린 百·빅姓·셩·이 니르·고·져 ·ᄒᆞᇙ·배 이·셔·도 ᄆᆞᆷ:내 제 ·ᄠᅳ·들 시·러 펴·디 :몯ᄒᆞᇙ ·노·미 하·니·라 ·내 ·이·ᄅᆞᆯ 爲·윙·ᄒᆞ·야 :어엿·비 너·겨 ·새·로 ·스·믈여·듧 字·ᄍᆞ·ᄅᆞᆯ 밍·ᄀᆞ노·니 :사ᄅᆞᆷ:마·다 :ᄒᆡ·ᅇᅧ :수·ᄫᅵ 니·겨 ·날·로 ·ᄡᅮ·메 便뼌安한·킈 ᄒᆞ·고·져 ᄒᆞᇙ ᄯᆞᄅᆞ·미니·라

－『훈민정음』 언해, 세조 5년(1459) －

[현대어 풀이]

우리나라의 말이 중국과 달라 문자와 서로 통하지 아니하여서 이런 까닭으로 어리석은 백성이 말하고자 하는 바가 있어도 마침내 제 뜻을 능히 펴지 못하는 사람이 많다. 내가 이를 위하여 가엾게 여겨 새로 스물여덟 자를 만드니, 모든 사람들로 하여금 쉽게 익혀 날마다 쓰는 데 편하게 하고자 할 따름이다.

① :말ᄊᆞ·미와 ·ᄒᆞᇙ·배에 쓰인 주격 조사는 그 형태가 동일하군. ✗
　말ᄊᆞᆷ＋이　ᄒᆞᇙ 바＋ㅣ　'이'와 'ㅣ'로 형태가 다름.
② 하·니·라의 '하다'는 현대 국어의 동사 '하다'와 품사가 동일하군. ✗
　'많다'의 의미로 형용사임.
③ ·이·ᄅᆞᆯ과 ·새·로에는 동일한 강약을 표시하는 방점이 쓰였군.
　소리의 높낮이를 표시함.
④ :ᄒᆡ·ᅇᅧ와 便뼌安한·킈 ᄒᆞ·고·져에는 모두 피동 표현이 쓰였군. ✗
　사동 표현이 쓰임.
⑤ ·ᄡᅮ·메에는 '사용하다'라는 의미를 지닌 동사 '쓰다'가 쓰였군.
　ᄡᅳ－＋－움＋에

함정 탈출 비법 ③을 답으로 착각한 학생들이 많았는데, 이는 출제자가 파놓은 함정에 빠져 ·이·ᄅᆞᆯ과 ·새·로에 동일한 방점인 거성이 쓰인 것만 보고 답으로 판단하였기 때문이다. '방점'은 '강약'이 아닌 '음의 높낮이'를 표시하는 것이라는 점을 놓치지 말았어야 했다. 선지의 일부 내용이 일치한다고 해서 섣불리 답으로 판단하고 넘어가지 말고 다른 선지 내용까지 꼼꼼히 따지는 습관을 들이도록 하자.

정오답 체크

① '말ᄊᆞ미'는 '말ᄊᆞᆷ＋이'로, 'ᄒᆞᇙ 배'의 '배'는 '바＋ㅣ'로 분석된다. 이를 통해 주격 조사의 형태가 다르다는 것을 확인할 수 있다. 중세 국어의 주격 조사로 자음 뒤에서는 '이'가, 모음 'ㅣ'나 반모음 'ㅣ'를 제외한 모음 뒤에서는 'ㅣ'가 쓰였다.

② 중세 국어 '하다'는 현대어 '많다'에 대응하며, 품사는 형용사이다.

③ '이ᄅᆞᆯ'과 '새로'에 쓰인 방점은 강약이 아니라 소리의 높낮이, 즉 성조를 표시하는 기능을 한다. 예시의 각 글자 왼편에 한 점을 찍은 것은 거성(높은 소리)을 의미한다.

④ 'ᄒᆡ여'와 '뼌한킈 ᄒᆞ고져'는 각각 현대어 '하여금'과 '편하게 하고자'와 대응한다. 모두 피동 표현이 아니라 사동 표현이 쓰였다.

✓❺ 'ᄡᅮ메'는 'ᄡᅳ－＋－움＋에'로 분석되고 이때의 '－움'은 명사형 전성 어미이다. 'ᄡᅳ－'는 'ᄡᅳ다'의 어간이며 'ᄡᅳ다'는 '사용하다'라는 의미를 지닌다.

답 ⑤

82 중세 국어의 이해

정답률 36.0%

정답 해설 PLUS

윗글에 대한 이해로 적절한 것은?

① 훈민정음의 <del>모든</del> 기본자는 발음 기관을 본떠 만든 것이다.
　　　　　└ 중성자의 기본자 3자 'ㆍ, ㅡ, ㅣ'는 하늘, 땅, 사람의 모습을 본떠 만듦.

② 초성자 기본자는 <del>모두</del> 용자례 예시 단어의 종성에 쓰인다.
　└ 초성자의 기본자 5자: 'ㄱ, ㄴ, ㅁ, ㅅ, ㅇ'　　　'ㅇ'은 종성에 쓰이지 않음.

③ 〈초성자 용자례〉의 가획자 중 단어가 예시되지 않은 자음자 하나
　　　　　　　　　　　　└ 9자
는 <del>아음</del>에 속한다.
　　 └ 후음

④ 〈초성자 용자례〉 중 아음 이체자의 예시 단어는, 초성자의 반설음
　　　　　　　　　　　　　　└ '러울'
자와 종성자의 반설음자의 예시 단어로 쓸 수 있다.
　　　　　　　　　└ 'ㄹ'

⑤ 〈중성자 용자례〉 중 초출자 'ㅓ'의 예시 단어는, 반치음 이체자와
　　　　　　　　　　　　　　　└ 브쉽
종성자 <del>순음</del> 기본자의 예시 단어로 쓸 수 있다.
　　　　└ 종성자 순음 가획자: ㅂ

> **함정 탈출 비법** 훈민정음의 제자 원리와 훈민정음 용자례의 예시 단어를 바탕으로 초성자, 중성자, 종성자의 실제 쓰임을 이해했는지 묻는 문제이다. 주어진 지문을 정확히 파악하고 각 선지의 내용을 표에 꼼꼼하게 적용하여 확인해야 하므로 시간이 다소 소요되는 유형의 문제이나, 서두르지 말고 정확히 확인하여 함정에 빠지지 않도록 유의해야 한다.

정오답 체크

① 초성자의 기본자 5자인 'ㄱ, ㄴ, ㅁ, ㅅ, ㅇ'은 발음 기관을 본떠서 만들었지만 중성자의 기본자 3자인 'ㆍ, ㅡ, ㅣ'는 하늘, 땅, 사람의 모습을 본떠서 만들었다.
② 초성자 기본자 'ㄱ, ㄴ, ㅁ, ㅅ, ㅇ' 중 'ㅇ'은 종성자에 쓰이지 않았다. 용자례에 제시된 '콩, 부형, 남샹, 굼벙'에는 종성자로 'ㆁ'이 쓰였다.
③ 가획자는 9자인데 〈초성자 용자례〉에는 'ㅋ, ㄷ, ㅂ, ㅈ, ㅌ, ㅍ, ㅊ, ㅎ' 8자만 단어가 예시되어 있다. 단어가 예시되지 않은 가획자는 'ㆆ'으로 'ㅇ, ㅎ'과 같이 후음에 속한다.
✓④ 〈초성자 용자례〉 중 아음 이체자의 예시 단어는 '러울'인데, 이 단어의 초성자와 종성자의 'ㄹ'은 반설음자이다. 따라서 '러울'은 초성자의 반설음자와 종성자의 반설음자의 예시 단어로 쓸 수 있다.
⑤ 〈중성자 용자례〉 중 초출자 'ㅓ'의 예시 단어는 '브쉽'인데, 'ㅿ'은 반치음 이체자이지만 'ㅂ'은 순음 가획자이다.

답 ④

83 중세 국어의 문법 이해

정답률 79.9%

정오답 체크

① '딘'(>진)에서는 '뎔'(>절)과 같이 'ㄷ → ㅈ'의 구개음화가 일어났다.
② '셔울'(>서울)에서는 '셤'(>섬)과 같이 'ㅕ → ㅓ'의 단모음화가 일어났다.
③ '플'(>풀)에서는 '믈'(>물)과 같이 'ㅡ → ㅜ'의 원순 모음화가 일어났다.
✓④ '거믜'(>거미)에서는 'ㅢ → ㅣ'의 변화가 드러날 뿐, 접사가 결합하여 새로운 단어가 만들어지지는 않았다.
⑤ '닥'(>닥나무)에서는 '굴'(>갈대)에서 '굴'에 '대'가 결합한 것과 같이

'닥'에 '나무'라는 단어가 결합하여 새로운 단어가 만들어졌다.

답 ④

84 중세 국어와 현대 국어의 비교

정답률 57.7%

정오답 체크

✓① 중세 국어에서는 '애/에/예, 이/의'가 현대 국어의 '에'와 '에서'의 쓰임을 모두 지니고 있었다는 진술을 통해, 중세 국어에서 '에' 앞의 명사가 지점의 의미 외에 공간의 의미를 나타낼 수 있었음을 확인할 수 있다.
② (1)에서 '에' 앞에 붙은 '서울'이 '에서' 앞에 붙을 수 있음을 확인할 수 있다. 다만, 같은 명사라도 [지점]으로 인식되느냐, [공간]으로 인식되느냐에 따라 '에'와 '에서'가 달리 쓰인다.
③ 중세 국어에서 '애셔/에셔/예셔, 이셔/의셔'가 주격 조사로도 쓰인 경우가 있다는 진술을 통해 사실이 아님을 알 수 있다.
④ '이시다'의 활용형인 '이셔'가 '에'에 결합되면서 '에셔'로 나타나는데, '이셔'의 의미상 어떤 공간 속에 있음을 전제한다는 진술을 통해 '셔'가 지점의 의미를 나타낸 것이 아님을 알 수 있다.
⑤ 중세 국어 '에셔'가 주격 조사로도 쓰인 경우가 있는데, 이는 현대 국어의 '에서'로 이어진다고 하였고, 현대 국어의 '에서'가 주격 조사로 쓰일 때에는 '에서' 앞에 공간이나 집단을 나타내는 명사가 오고 유정 명사는 올 수 없다고 하였다. 따라서 중세 국어 '에셔'는 현대 국어 '에서'와 마찬가지로 유정 명사 뒤에 나타나지 않는다는 것을 알 수 있다.

답 ①

85 중세 국어와 현대 국어 비교

정답률 32.1%

정답 해설 PLUS

윗글을 바탕으로 〈보기〉를 이해한 내용으로 적절하지 않은 것은?

> ● 보기 ●
>
> | 현대 국어의 예 |
> | --- |
> ⓐ 그 지역에서 공룡 화석이 발견되었다.
> 　　└ 부사어　　　└ 주어
> ⓑ 정부에서 홍수 대책안을 발표하였다.
> 　└ 주어　└ 부사격 조사　　└ 주격 조사
> ⓒ 할머니께서 저녁 늦게 식사를 하셨다.
> 　　└ 주어　　　　　└ 주격 조사
>
> | 중세 국어의 예 |
> | --- |
> ⓓ 一物이라도 그위예셔 다 아소믈 슬노라
> 　　　　└ 주어　└ 주격 조사
> 　(물건 하나라도 관청에서 다 빼앗음을 슬퍼하노라.)
> ⓔ 부텨끠셔 十二部經이 나시고
> 　└ 부사격 조사　　└ 부사어
> 　(부처님으로부터 12부의 경전이 나오고)

① ⓐ: 공간을 의미하는 '그 지역'에 <del>주격 조사</del> '에서'가 붙었군.
　　　　　　　　　　　　　└ 부사격 조사
② ⓑ: 집단을 의미하는 '정부'에 주격 조사 '에서'가 붙었군.
③ ⓒ: 높임의 유정 명사인 '할머니'에 주격 조사 '께서'가 붙었군.
④ ⓓ: '그위예셔'는 '그위'에 주격 조사 '예셔'가 붙었군.
⑤ ⓔ: 높임의 유정 명사인 '부텨'에 부사격 조사 '끠셔'가 붙었군.

함정 탈출 비법 현대 국어와 중세 국어의 예에서 주격 조사와 부사격 조사를 구분하지 못해 오답률이 높았다. 격 조사를 구분하려면 체언 뒤에 결합하여 그것이 문장 안에서 주어 역할을 하는지, 부사어 역할을 하는지를 구분할 수 있어야 한다.

정오답 체크

✓ ❶ '그 지역에서'는 부사어로, '에서'는 주격 조사가 아닌 부사격 조사이다.
② '정부에서는' 집단을 의미하는 주어로, '에서'는 주격 조사이다.
③ '할머니께서'는 주어이므로 '께서'는 주격 조사이다. 현대 국어의 '께서'는 높임의 유정 명사 뒤에 나타난다.
④ 현대어 풀이 중 '관청에서'가 주어로 쓰였음을 볼 때 '그위예셔' 역시 주어이며 이때의 '예셔'는 주격 조사임을 알 수 있다.
⑤ 현대어 풀이가 '부처님으로부터'이므로 '부텨끠셔'는 부사어이고, '끠셔'는 부사격 조사임을 알 수 있다. '께서'의 중세 국어 형태인 부사격 조사 '끠셔'가 근대 국어를 거치면서 주격 조사로 변화하여 현대 국어의 '께서'로 이어졌다는 내용을 통해 '끠셔'가 부사격 조사임을 확인할 수 있다.

답 ①

06 국어의 규범과 국어 생활

86 ④	87 ③	88 ⑤	89 ⑤	90 ⑤

86 한글 맞춤법 이해, 적용   정답률 65.0%

정오답 체크

① 한글 맞춤법 제34항 [붙임 1]에 의하면, 어간 끝모음 'ㅐ, ㅔ' 뒤에 '-어, -었-'이 어울려 줄 때는 준 대로 적지만, 반드시 준 대로 적지 않아도 된다고 하였다. '(밭을) 매다'의 어간은 '매-'로, 어간 끝모음이 'ㅐ'이므로 준말인 '매'로 적어도 한글 맞춤법에 어긋나지 않는다.
② '어간 끝 자음이 불규칙적으로 탈락되는 경우에는, 원래 자음이 있었음이 고려되어 'ㅏ, ㅓ'가 줄어들지 않는다.'라고 하였다. '(병이) 낫-+-아'의 어간은 '낫-'으로 'ㅅ' 불규칙 활용이다. 'ㅅ'이 탈락함을 고려하여 'ㅏ'를 줄여 적지 않아 본말 '나아'만 한글 맞춤법에 어긋나지 않는다.
③ 한글 맞춤법에 의하면, '모음이 줄어들어서 'ㅐ'가 된 경우에는, '-어'가 결합하더라도 다시 줄어들지는 않는다.'라고 하였다. '(땅이) 패다'의 어간은 '파-'와 피동의 접미사 '-이-'가 결합한 '패-'로, '-어'와 결합할 경우 모음이 다시 줄어들지 않아 '패어'라고 적어야 한글 맞춤법에 어긋나지 않는다.
✓ ❹ '(잡초를) 베-+-었-+-다'와 '(베개를) 베-+-었-+-다'가 어울려 줄 적에는 한글 맞춤법 제34항 [붙임 1]의 적용을 받는다. 즉 어간 끝모음 'ㅐ, ㅔ' 뒤에 '-어, -었-'이 어울려 줄 적에는 준 대로 적을 수 있다. 그러므로 준말의 형태인 '벴다'로 적어도 한글 맞춤법에 어긋나지 않는다.
⑤ 한글 맞춤법 제34항에서는 '모음 'ㅏ, ㅓ'로 끝난 어간에 어미 '-아/-어, -았-/-었-'이 어울릴 적에는 준 대로 적는'다고 하였다. 따라서 모음 'ㅓ'로 끝나는 '(강을) 건너-'와 '(줄을) 서-'에 '-ㅓ'가 결합할 때에는 '건너', '서'라고 준말로 적어야 한글 맞춤법에 어긋나지 않는다.

답 ④

87 표준어 규정 적용   정답률 69.0%

정오답 체크

①, ②, ④, ⑤ ㉠ '걷다'는 '거두다'의 모음 'ㅜ'가 줄어들고 남은 자음 'ㄷ'을 앞 음절의 받침으로 적은 준말이다. 그러나 모음 어미 '-어, -었-'이 결합된 형태의 준말의 활용형 '걷어, 걷었다'는 모두 표준어로 인정된다. ㉡ '외다'는 받침이 없으므로 '외우다'의 모음 'ㅜ'가 줄어들고 남은 자음을 앞 음절의 받침으로 적은 준말이 아니다. 그리고 모음 어미 '-어, -었-'이 결합된 형태의 준말의 활용형 '*외어, *외었다'는 모두 표준어로 인정되지 않는다.
✓ ❸ ㉢ '서툴다'는 '서투르다'의 모음 'ㅡ'가 줄어들고 남은 자음 'ㄹ'을 앞 음절의 받침으로 적은 준말이다. 그리고 모음 어미 '-어, -었-'이 결합된 형태의 준말의 활용형 '*서툴어, *서툴었다'는 모두 표준어로 인정되지 않는다.
㉣ '머물다'는 '머무르다'의 모음 'ㅡ'가 줄어들고 남은 자음 'ㄹ'을 앞 음절의 받침으로 적은 준말이다. 그리고 모음 어미 '-어, -었-'이 결합된 형태의 준말의 활용형 '*머물어, *머물었다'는 모두 표준어로 인정되지 않는다.

답 ③

88 한글 맞춤법 이해, 적용

정답률 55.0%

① '구르다'는 '구르니, 굴러' 등으로 활용하는 '르' 불규칙 용언이다. '잠그
다'는 '잠그니, 잠가' 등으로 활용하는데, 'ㅡ'가 탈락하는 규칙 용언이다.
따라서 '구르다'와 '잠그다'는 ㉠과 ㉡을 모두 만족하는 용언의 짝으로 적절
하지 않다.

② '흐르다'는 '흐르니, 흘러' 등으로 활용하는 '르' 불규칙 용언이다. '푸르
다'는 '푸르니, 푸르러' 등으로 활용하는 '러' 불규칙 용언이다. 따라서 두
용언은 ㉠은 만족하지만 ㉡을 만족하지 않는다.

③ '뒤집다'는 '뒤집고, 뒤집어' 등으로 활용하는 규칙 용언이다. '껴입다'는
'껴입고, 껴입어' 등으로 활용하는 규칙 용언이다. 따라서 두 용언은 ㉡은
만족하지만 ㉠을 만족하지 않는다.

④ '붙잡다'는 '붙잡고, 붙잡아' 등으로 활용하는 규칙 용언이다. '정답다'는
'정답고, 정다워' 등으로 활용하는 'ㅂ' 불규칙 용언이다. 따라서 '붙잡다'와
'정답다'는 ㉠과 ㉡을 모두 만족하는 용언의 짝으로 적절하지 않다.

✓ ❺ '캐묻다'는 '캐묻고, 캐물어' 등으로 활용하는 'ㄷ' 불규칙 용언이다. '엿
듣다' 역시 '엿듣고, 엿들어' 등으로 활용하는 'ㄷ' 불규칙 용언이다. 따라서
두 용언은 ㉠과 ㉡을 모두 만족한다.

답 ⑤

똑똑! 궁금해요

Q 용언의 불규칙 활용의 개념과 유형에는 어떤 것들이 있는지 알려
주세요.

A 불규칙 활용은 용언이 활용할 때 어간이나 어미의 기본 형태가 유
지되지 않고 형태가 바뀌는 현상을 규칙적으로 설명할 수 없는 것을
말해요. 불규칙 활용은 어간이 바뀌는 경우, 어미가 바뀌는 경우, 어
간과 어미가 모두 바뀌는 경우로 나누어 볼 수 있어요. 아래 표를 보고
각 유형의 내용 및 예를 잘 숙지해 두세요.

① 어간이 변하는 경우

유형	내용	예
'ㅅ' 불규칙	'ㅅ'이 모음 어미 앞에서 탈락하는 현상	짓-+-어 → 지어
'ㄷ' 불규칙	'ㄷ'이 모음 어미 앞에서 'ㄹ'로 바뀌는 현상	듣-+-어 → 들어
'ㅂ' 불규칙	'ㅂ'이 모음 어미 앞에서 '오/우'로 바뀌는 현상	줍-+-어 → 주워
'르' 불규칙	'르'가 모음 어미 앞에서 'ㄹㄹ'로 바뀌는 현상	흐르-+-어 → 흘러
'우' 불규칙	'우'가 모음 어미 앞에서 탈락하는 현상	푸-+-어 → 퍼

② 어미가 변하는 경우

유형	내용	예
'여' 불규칙	어간이 '하-'로 끝나는 용언에서, 모음 어미 '-아/-어'가 '-여'로 바뀌는 모음 현상	하-+-어 → 하여
'러' 불규칙	어간이 '르'로 끝나는 일부 용언에서, 모음 어미 '-어'가 '-러'로 바뀌는 현상	이르-+-어 → 이르러

③ 어간과 어미가 모두 변하는 경우

유형	내용	예
'ㅎ' 불규칙	'ㅎ'으로 끝나는 어간에 '-아/-어'가 오면, 어간의 일부인 'ㅎ'이 탈락하고 어미도 변하는 현상	파랗-+-아 → 파래

도전 1등급 89 한글 맞춤법 이해, 적용

정답률 49.0%

정답 해설 PLUS

〈보기〉는 준말에 관한 한글 맞춤법의 일부이다. 이를 적용한 내용으로 적절
하지 않은 것은? [3점]

─●보기●─

제34항 [붙임 1] 'ㅐ, ㅔ' 뒤에 '-어, -었-'이 어울려 줄 적에는 준 대
로 적는다. ····················· ㉠
제35항　모음 'ㅗ, ㅜ'로 끝난 어간에 '-아/-어, -았-/-었-'이 어울
려 'ㅘ/ㅝ, 왔/웠'으로 될 적에는 준 대로 적는다. ········· ㉡
제35항 [붙임 2] 'ㅚ' 뒤에 '-어, -었-'이 어울려 'ㅙ, 쌨'으로 될 적에
도 준 대로 적는다. ····················· ㉢
제36항　'ㅣ' 뒤에 '-어'가 와서 'ㅕ'로 줄 적에는 준 대로 적는다. ···· ㉣
제37항　'ㅏ, ㅕ, ㅗ, ㅜ, ㅡ'로 끝난 어간에 '-이-'가 와서 각각 'ㅐ,
ㅖ, ㅚ, ㅟ, ㅢ'로 줄 적에는 준 대로 적는다. ················· ㉤

① ㉠을 적용하면 '(날이) 개었다'와 '(나무를) 베어'는 각각 '갰다'와
（본말: 개었다, 준말: 갰다 / 본말: 베어, 준말: 베）
'베'로 적을 수 있다.

② ㉡을 적용하면 '(다리를) 꼬아'와 '(죽을) 쑤었다'는 각각 '꽈'와 '쒔
（본말: 꼬아, 준말: 꽈 / 본말: 쑤었다, 준말: 쒔다）
다'로 적을 수 있다.

③ ㉤을 적용할 때, 어간 '(발로) 차-'에 '-이-'가 붙은 '(발에) 차이-'
（본말: 차이다, 준말: 채다 / 본말: 차이었다, 준말: 채었다）
에 '-었다'가 붙으면 '채었다'로 적을 수 있다.

④ ㉤을 적용한 후 ㉢을 적용할 때, 어간 '(벌이) 쏘-'에 '-이-'가 붙
（본말: 쏘이다, 준말: 쐬다 / 본말: 쐬어, 준말: 쐐）
은 '(벌에) 쏘이-'에 '-어'가 붙으면 '쐐'로 적을 수 있다.

⑤ ㉤을 적용한 후 ㉣을 적용할 때, 어간 '(오줌을) 누-'에 '-이-'가
（본말: 누이다, 준말: 뉘다 / 본말: 누이어, 준말: 누여, 뉘어（뉘-+-어））
붙은 '(오줌을) 누이-'에 '-어'가 붙으면 '뉘여'로 적을 수 있다.
✗

함정 탈출 비법 본말과 준말에 대한 문제로, 본말은 줄이지 않은 본디의 말이
며, 준말은 낱말의 일부분을 줄여서 나타낸 말을 뜻한다. 〈보기〉에 준말을 만
드는 몇 개의 규칙을 제시하고 그 규칙이 각 단어에 알맞게 적용되었는지 찾
는 문제로, 선지에 나오는 단어들의 본말을 염두에 두고 규칙을 차분하게 적
용하여 올바른 준말인지 확인해야 한다. 각 규칙에 적용되는 대표 단어들을
미리 익혀 둔다면 준말의 표기가 바르지 않은 것을 더 쉽게 찾을 수 있다.

① '갰다'는 ㉠이 적용된 결과 'ㅐ' 뒤에 '-었-'이 어울려 준 경우이고, '베'
는 ㉠이 적용된 결과 'ㅔ' 뒤에 '-어'가 어울려 준 경우이다.

② '꽈'는 ㉡이 적용된 결과 'ㅗ' 뒤에 '-아'가 어울려 'ㅘ'로 된 경우이고,
'쒔다'는 ㉡이 적용된 결과 'ㅜ' 뒤에 '-었-'이 어울려 '웠'이 된 경우이다.

③ '채었다'는 ⑩이 적용된 결과 'ㅏ'로 끝난 어간 '차−'에 '−이−'가 와서 '채−'로 줄고, 여기에 '−었다'가 붙은 경우이다.

④ ⑩을 적용하여 '쏘−+−이−'는 '쐬−'로 적을 수 있고, 여기에 ⓒ을 적용하여 '쐬−+−어'를 '쐐'로 적을 수 있다.

✓❺ '누−+−이−+−어'는 ⑩에 따라 '뉘어'로 적을 수도 있고, ⓔ에 따라 '누여'로 적을 수도 있다. ⑩이 적용된 '뉘어'에 대해 다시 ⓔ을 적용하여 '뉘여'로 적을 수 있다는 설명은 타당하지 않다. ⓔ이 적용되는 예로는 '가지−+−어'처럼 'ㅣ' 뒤에 '−어'가 와서 'ㅕ'로 주는 경우를 들 수 있다.

답 ⑤

90 − 띄어쓰기 규정 적용　　　　　　정답률 40.9%

정답 해설 PLUS

〈보기〉의 [A]에 들어갈 말로 적절한 것만을 있는 대로 고른 것은?

● 보기 ●

학생: 선생님, 자기 소개서를 써 봤는데, 띄어쓰기가 맞는지 가르쳐 주시겠어요? 헷갈리는 부분을 표시해 왔어요.

> 격 조사
> 양로원에 가서 봉사 활동을 했습니다. 사실 그 시간에 ㉠ 봉사보다는 게임을 하고 싶었습니다. 그저 작은 일을 ㉡ 도울 뿐이었는데 ㉢ 너 밖에 없다며 행복해하시는 어르신들의 말씀을 들을 ㉣ 때 만큼은 마음이 뿌듯해졌습니다.
> 보조사
> 의존 명사
> 격 조사

선생님: 한글 맞춤법에 따르면, 문장의 각 단어는 띄어 써야 하지만, 조사는 예외적으로 그 앞말에 붙여 쓴단다.

학생 : 아, 그럼 [A] 은/는 앞말에 붙여 써야 하는군요.

① ㉠의 '보다', ㉢의 '밖에'

② ㉡의 '뿐', ㉢의 '밖에'

③ ㉡의 '뿐', ㉣의 '만큼'

④ ㉠의 '보다', ㉡의 '뿐', ㉣의 '만큼'

⑤ ㉠의 '보다', ㉢의 '밖에', ㉣의 '만큼'

> 함정 탈출 비법　조사와 의존 명사를 구분하는 문제로, 조사는 보통 체언 구실을 하는 말 뒤에 붙는다는 점과 관형어 뒤에는 보통 의존 명사가 결합한다는 점을 염두에 두고 풀면 답을 찾을 수 있다.

정오답 ✅ 체크

✓❺ ㉠의 '보다'는 서로 차이가 있는 것을 비교하는 경우에 비교의 대상이 되는 말에 붙어 '~에 비해서'의 뜻을 나타내는 격 조사이다. ㉢의 '밖에'는 '그것 말고는', '그것 이외에는'의 뜻을 나타내는 보조사이다. ㉣의 '만큼'은 앞말과 비슷한 정도나 한도임을 나타내는 격 조사이다. 이들 조사들은 앞말에 붙여 써야 한다. 한편, ㉡의 '뿐'은 '다만 어떠하거나 어찌할 따름'이라는 뜻을 나타내는 의존 명사로, 앞말과 띄어 써야 한다. '뿐'이 체언이나 부사어 뒤에 붙어 조사로 쓰이는 경우도 있는데, 이때에는 '그것만이고 더는 없음' 또는 '오직 그렇게 하거나 그러하다는 것'이라는 뜻을 나타낸다.

답 ⑤

본문 72~160쪽

01 ②	02 ①	03 ⑤	04 ③	05 ③	06 ⑤
07 ⑤	08 ②	09 ⑤	10 ①	11 ③	12 ④
13 ②	14 ①	15 ⑤	16 ⑤	17 ③	18 ①
19 ②	20 ①	21 ①	22 ③	23 ④	24 ④
25 ②	26 ④	27 ⑤	28 ①	29 ②	30 ③
31 ②	32 ①	33 ③	34 ⑤	35 ④	36 ③
37 ⑤	38 ②	39 ②	40 ①	41 ③	42 ①
43 ②	44 ⑤	45 ④	46 ④	47 ①	48 ①
49 ④	50 ②	51 ①	52 ③	53 ④	54 ①
55 ⑤	56 ③	57 ⑤	58 ⑤	59 ②	60 ①
61 ④	62 ③	63 ④	64 ④	65 ⑤	66 ③
67 ②	68 ③	69 ③	70 ⑤	71 ⑤	72 ②
73 ④	74 ④	75 ③	76 ③	77 ①	78 ⑤
79 ③	80 ①	81 ⑤	82 ⑤	83 ⑤	84 ④
85 ③	86 ⑤	87 ④	88 ④	89 ③	90 ⑤

01 매체의 정보 구성 방식   정답률 67.5%

정오답 ☑ 체크

① (가)는 텔레비전의 매체적 특성상 시청자에게 정보가 일방적으로 전달되고 있으며, '진행자'는 '오늘 방송은 공식 누리집에서 언제든 다시 시청하실 수 있습니다.'라고 말하며 방송 내용을 방송 이후에 다시 시청할 수 있는 방법을 안내하고 있다. '전문가'가 방송 내용과 관련된 정보를 방송 이후에 추가적으로 확인할 수 있는 방법을 안내하는 내용은 찾아볼 수 없다.

✓ ❷ '진행자'는 일곱 번째 발화에서 '시청자 여러분께서 내용을 잘 파악하실 수 있도록 간략하게 말씀해 주시겠어요?'라고 말하며 '전문가'에게 시청자의 이해를 돕기 위한 정리를 부탁하고 있다. 그리고 이어지는 '전문가'의 발화에는 앞서 제시한 정보가 간략하게 정리되어 있다.

③ (가)는 주로 '진행자'와 '전문가'가 문답의 방식을 통해 정보를 전달하고 있다. 하지만 방송의 첫머리에서 '전문가'가 주요 용어의 개념을 설명하는 내용은 찾아볼 수 없다.

④ '진행자'는 마지막 발화에서 방송을 다시 시청할 수 있는 방법을 안내하고 있을 뿐, 방송 내용을 재확인할 때 주목해야 할 부분에 대해서는 언급하지 않았다.

⑤ '진행자'의 발화에서 방송의 취지를 밝히며 방송에서 소개될 내용의 순서를 안내하는 내용은 찾아볼 수 없다.

답 ②

02 뉴미디어의 특성   정답률 88.5%

정오답 ☑ 체크

✓ ❶ (나)에서 게시물을 작성한 사람과 작성일은 확인할 수 있지만, 게시물 수정 이력을 확인할 수 있는 기능은 따로 확인할 수 없다.

② 게시물의 하단에 '좋아요'라는 버튼을 제공하여 게시물을 읽은 사람들

이 게시물에 대하여 공감 표시를 할 수 있도록 하였다.

③ 게시물의 하단에 '누리 소통망 공유'라는 버튼을 제공하여 게시물을 누리 소통망으로 가져갈 수 있도록 하였다.

④ 누리집의 상단에 '공지 사항', '활동 자료', '생각 나눔', '사진첩' 등의 메뉴를 두어 게시물을 항목별로 작성하여 올릴 수 있도록 하였다.

⑤ 게시물의 끝에 해당 방송을 볼 수 있는 방송사 누리집의 하이퍼링크를 포함하여 동아리 부원들이 방송 내용을 시청할 수 있도록 하였다.

답 ①

똑똑! 궁금해요

Q 하이퍼링크에 대한 선지가 자주 등장하는데 개념과 기능에 대해 좀 더 자세히 알려 주세요.

A 정보·통신 용어인 하이퍼링크(hyperlink)는 하이퍼텍스트(사용자에게 비순차적인 검색을 할 수 있도록 제공되는 텍스트. 문서 속의 특정 자료가 다른 자료나 데이터베이스와 연결되어 있어 서로 넘나들며 원하는 정보를 얻을 수 있음.) 문서 내의 단어나 구, 기호, 화상과 같은 요소를 그 하이퍼텍스트 내의 다른 요소 또는 다른 하이퍼텍스트 내의 다른 요소와 연결한 것을 말해요. 문서 내에서 하이퍼링크는 보통 밑줄과 함께 다른 색으로 표시되어 쉽게 눈에 띄는데, 사용자는 이 요소를 클릭하여 현재 페이지의 다른 부분으로 이동하거나 전혀 다른 페이지로 이동할 수 있어요. 하이퍼링크는 문서, 음악, 동영상, 프로그램, 파일 등에 무한하게 연결할 수 있기 때문에 간단한 방법으로 원하는 정보를 검색, 수집하기에 편리하답니다.

03 매체 자료 수용의 관점과 가치   정답률 90.8%

정오답 ☑ 체크

① '어문 규범을 가르치시는 교수님께서 설명해 주시니 믿음이 갔어요.'라는 내용을 통해, '단비'가 정보 전달자의 전문성에 주목하여 방송에서 다룬 내용을 신뢰할 만한 것이라고 판단하였음을 알 수 있다.

② '짜장면이 복수 표준어가 된 이유'와 '제가 본 이 내용이 동아리 부원들의 어문 규범 공부에도 도움이 될 것'이라는 내용을 통해, '단비'가 짜장면이 복수 표준어로 인정된 이유에 주목하여 방송에서 언급된 내용이 다른 사람들에게도 유용할 것이라고 판단하였음을 알 수 있다.

③ '발음 실태 조사에 대해 ~ 썼다는 것도 알았고.'와 '조사 기관이 언급되지 않아서'라는 내용을 통해, '아림'이 발음 실태 조사에 주목하여 방송에서 제시된 정보의 출처를 확인할 수 없다고 판단하였음을 알 수 있다.

④ '자장면만 표준어로 인정했던 ~ 설명해 주었다면 좋았을 거'라는 내용을 통해, '준서'가 자장면만 표준어로 인정됐던 사실에 주목하여 그 사실과 관련된 내용이 충분히 다루어지지 않았다고 판단하였음을 알 수 있다.

✓ ❺ '성호'는 과거의 신문 기사를 다룬 내용에 주목하면서, 신문에서 짜장면을 사용했다는 것만으로 일상에서 널리 쓰였다고 일반화하는 것이 적절한지에 대해 문제를 제기하고 있다. 방송에서 다루는 정보가 최근의 상황을 반영하지 않았다고 판단하고 있지는 않다.

답 ⑤

04 매체 언어의 표현 방법   정답률 89.1%

정오답 ☑ 체크

① ㉠의 '본 적'에는 과거의 의미를 더하는 관형사형 전성 어미 '-ㄴ'이 쓰

였는데, 이를 통해 '진행자'는 '한때는 자장면만 표준어로 인정됐다'라는 '전문가'의 직전 발화와 관련된 자신의 과거 경험을 드러내고 있다.

② '(누가) 짜장면을 복수 표준어로 인정하다.'와 비교해 볼 때 '짜장면이 복수 표준어로 인정되다.'처럼 피동 접사 '-되다'를 쓰면 행위의 주체인 '(누가)'가 드러나지 않고 행위의 대상인 '짜장면'에 초점을 두게 된다.

✓③ 보조 동사 '못하다'는 '앞말이 뜻하는 행동에 대하여 그것이 이루어지지 않거나 그것을 이룰 능력이 없음'을 나타낸다. ⓒ에 쓰인 '못하다'는 반영을 하였지만 그 일이 지속될 수 없음을 나타내는 것이 아니라 반영하는 일이 이루어지지 않았음을 나타낸다.

④ ㉢에 쓰인 '-ㄹ 수 있다'는 가능성의 의미를 지닌다. '표준어가 되는 거죠.'와 비교해 보면, '표준어가 될 수 있는 거죠.'는 확정된 사실이 아닌 가능성의 의미로 해석된다.

⑤ '진행자'는 '짜장면이 표준어가 된 이유'를 전문가의 말을 듣고 난 후에 알게 되었음을 나타내기 위해 '듣고 보니'라는 표현을 사용하고 있다.

🅐 ③

05 매체 언어의 의미 전달 방식 정답률 81.4%

정오답 ✔체크

① ㉠에서 '미희'는 '오!!! 와!!!'와 같이 느낌표를 반복적으로 사용하여 '학교생활 안내 앱' 업데이트에 학생들이 요청했던 사항이 다 반영된다는 것에 대해 강한 긍정의 감정 상태를 표현하고 있다.

② ㉡에서 '진아'는 동의를 나타내는 ○표를 들고 있는 고양이 이미지를 활용하여, '가원'이 제시한 의견에 동의를 표현하고 있다.

✓③ ㉢에서 '창규'는 대화 내용을 복사하는 기능이 아니라 다른 사람의 글에 답장할 수 있는 기능을 활용하여 '정호'의 첫 번째 글에 답하고 있다.

④ ㉣에서 '미희'는 '이걸 어떻게 알려 줘야 하지? 난 단체 문자로 알려 주면 좋겠어.'와 같이 문답의 방식을 활용하여 자신의 의견을 제시하고 있다.

⑤ ㉤에서 '진아'는 줄을 바꾸는 방식으로 글을 입력하여, '요구 사항'과 '요구 사항 외 추가된 것'을 구분하여 안내하고 있다.

🅐 ③

06 정보 구성 언어 정답률 45.8%

정답 해설 PLUS

(나)의 대화 내용을 반영하여 (가)를 아래와 같이 수정했다고 할 때, 수정한 화면에 대한 설명으로 적절하지 않은 것은? [3점]

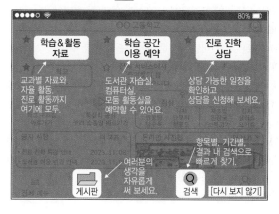

① '학습&활동 자료'에 대한 도움말은 메뉴 항목의 변화에 대한 '창규'와 '정호'의 대화를 반영하여 새로운 내용이 추가되었다.
→ 자율 활동, 진로 활동이 추가됨

② '학습 공간 이용 예약'에 대한 도움말은 이용 예약이 가능한 공간 추가에 대한 '가원'과 '동주'의 대화를 반영하여 수정되었다.
→ 도서관 자습실, 모둠 활동실이 추가됨

③ '공지 사항'에 대한 도움말은 메뉴 도움말의 필요성에 대한 '정호'와 '가원'의 대화를 반영하여 삭제되었다.
→ 알려 주지 않아도 아니까 없애자는 의견에 따라 삭제됨

④ '게시판'에 대한 도움말은 메뉴 이용 빈도에 대한 '창규'와 '미희'의 대화를 반영하여 그대로 유지되었다.
→ 이용자들의 클릭 수가 꽤 많아 유지함

⑤ '검색'에 대한 도움말은 검색 자료의 변화에 대한 '미희'와 '동주'의 대화를 반영하여 새로운 내용이 추가되었다.
→ '검색' 메뉴에 대한 도움말이 새로 추가됨

함정 탈출 비법 앱 실행 화면을 수정하기 위해 누리 소통망을 통한 대화를 바탕으로 수정 의견이 제대로 반영된 것인지 확인하는 문제이다. ⑤는 얼핏 보면 맞는 진술처럼 보일 수 있으나 수정 전 화면의 도움말에는 '검색' 메뉴 자체가 없다. 수정한 화면에 '검색'에 대한 도움말에 새로운 내용이 추가된 것이 아니라, '검색' 메뉴에 대한 도움말이 새로 추가된 것이라고 설명해야 한다.

정오답 ✔체크

① 수정한 화면의 '학습&활동 자료' 도움말에는 '창규'와 '정호'의 대화를 반영하여 '자율 활동, 진로 활동'에 대한 내용이 추가되었다.

② 수정한 화면의 '학습 공간 이용 예약' 도움말에는 '가원'과 '동주'의 대화를 반영하여 예약이 가능한 곳인 '도서관 자습실'과 '모둠 활동실'이 추가되었다.

③ (가)에 있었던 '공지 사항' 도움말 정도는 알려 주지 않아도 안다는 '정호'와 '가원'의 의견에 따라 수정한 화면에서 삭제되었다.

④ 수정한 화면의 '게시판' 도움말은 없애기를 주저하는 '창규'와 '게시판' 메뉴 클릭 수가 꽤 많으므로 일단 놔두자는 '미희'의 의견을 반영하여 (가)에서와 같이 그대로 유지되었다.

✓⑤ (나)에서 '미희'와 '동주'는 '검색' 메뉴에도 도움말을 넣자는 의견을 제시하고 있다. 이러한 대화를 반영하여 수정한 화면에는 '검색' 메뉴에 대한 도움말이 새로 추가되어 있다. '검색'에 대한 도움말은 (가)에 없었던 것이기 때문에 '검색'에 대한 도움말에 새로운 내용이 추가되었다는 것은 적절하지 않다.

🅐 ⑤

07 매체의 소통 방식 정답률 91.3%

정오답 ✔체크

① 진행자는 '□□고 학생들, 안녕하세요?'라고 말하며 방송을 시작하여, 소식을 들을 수용자가 '□□고 학생들'임을 밝히고 있다.

② 진행자는 '현재 접속자 수가 253명'이라고 말하면서, '두 번째 방송보다 100명 더 입장했'다는 정보도 함께 제시하여 접속자 수 차이를 알려 주고 있다.

③ 학생회장은 실시간 대화 창에 글을 올린 학생들 중 '동주'와 '다예'라는 학생의 이름을 언급하며, 수용자의 실시간 반응을 살펴보고 있다는 것을 보여 주고 있다.

④ 학생회장은 학습실 사용과 관련한 설문 조사 결과를 정리한 표를 제시하며, 방송을 시청하는 학생들에게 구체적인 정보를 전달하고 있다.

✓❺ 학생회장의 발언 내용 중 학생회 내부 회의를 통해 사용 원칙을 마련했다는 내용이 공약 이행과 관련하여 자막으로 제시되고 있다. 그렇지만 학생회장이 화면에 대해 따로 설명하며 수용자가 요구한 정보를 강조하는 부분은 확인할 수 없다.

답 ⑤

08 매체 자료의 주체적 수용   정답률 88.0%

정오답 ✅ 체크

① [A]에서 동주는 학습실의 자리를 맡느라 종례에 늦을 뻔했던 자신의 경험을 근거로 들고 있다. 하지만 이를 근거로 학생회장의 이야기가 사실에 부합하지 않는다고 판단한 것이 아니라, 학습실 이용에 불편함이 많았다는 학생회장의 이야기에 동의하는 것으로 볼 수 있다.

✓❷ [B]에서 다예는 학생회가 설문 조사 결과를 바탕으로 학생회 내부 회의를 통해 사용 원칙을 마련했다는 학생회장의 발화에 대해, '객관적이고 합리적일 것 같아.'라는 반응을 보이며 학생회의 결정이 타당할 것 같다고 판단하고 있다.

③ [B]에서 재호는 방송에서 제시된 설문 조사 결과를 보고 학년별로 선호하는 방법이 다른 이유에 대해 궁금해했을 뿐, 학생회의 설문 조사 결과가 잘못되었다고 판단하고 있지는 않다.

④ [C]에서 현지는 학습실 사용 원칙에 대한 학생회장의 발화를 듣고 개인적인 아쉬움을 표현했을 뿐, 발언 내용의 논리적 오류를 점검하고 있지는 않다.

⑤ [C]에서 연수는 학생회장이 말한 사용 원칙 중 제시된 자료만으로 끌어내기 어려운 원칙은 어떻게 마련했는지 질문하고 있을 뿐, 학생회가 마련한 원칙의 실행 가능성을 점검하고 있지는 않다.

답 ②

09 매체 언어의 표현 방법   정답률 52.8%

정오답 ✅ 체크

① ㉠을 반영하여, 방송에 나온 학습실 사용과 관련한 설문 조사 결과를 정리한 화면을 캡처해 둔 표의 일부를 제시하면서, '요일별 구분'을 원칙으로 선택한 이유와 관련한 내용이 방송에 나오지 않은 것에 대해 아쉬움을 드러내고 있다.

② ㉠을 반영하여, 학생회장이 실시간 대화 창에서 학생회를 응원하는 '다예'의 말에는 호응하고 있지만, '연수'의 질문에는 답을 하지 않은 것에 대해 아쉬움을 드러내고 있다.

③ ㉡을 반영하여, 내부 회의뿐 아니라 설문 조사를 통해 학년별로 사용할 요일을 정하면 더 좋겠다는 의견을 드러내고 있다.

④ ㉢을 반영하여, 실시간 방송에서 화면에 자막으로 제시한 카페 주소는 바로 접속하기 어려우므로 학생회 공식 카페로 연결하는 하이퍼링크를 제공하고 학생회에 의견을 전하고자 하는 경우 이를 클릭하도록 안내하고 있다.

✓❺ (나)에서 댓글 기능을 활성화한 것은 학생회의 결정에 대해 친구들이 서로 생각을 나눌 수 있도록 하기 위해서이다. 학생회에 전할 의견은 학생회 공식 카페를 통해 전달하도록 안내하며 카페로 연결하는 하이퍼링크를

제공하고 있다. 그리고 학생회장의 두 번째 발언 중, '다음 대의원회에서 안건이 통과되면 신청을 받을 계획'이라는 내용을 고려할 때 학습실 사용자들은 아직 선정되지 않은 상태라고 볼 수 있다.

답 ⑤

똑똑! 궁금해요

Q ①번 선지에 나온 '저장한 방송 화면'을 의미하는 '캡처'라는 용어에 대해 설명해 주세요.

움직이는 영상에서 원하는 장면을 편집하여 분리하는 행위를 '캡처(capture)'라고 해요. (나)에서는 실시간 방송에서 보여 준 화면의 일부 정보를 잘라 내서, 누리 소통망에 올릴 게시물에 자신의 의견을 효과적으로 제시하기 위해 활용하고 있는 것을 확인할 수 있어요. 순수 우리말로는 '장면 갈무리'라고 한답니다. A

10 매체 언어의 표현 방법   정답률 55.6%

정오답 ✅ 체크

✓❶ 학생회장이 학생들에게 '직접' 알리는 내용은 자신의 방송 출연 사실이 아니라 '학습실 사용 원칙을 정하겠'다는 공약에 관한 것이다.

② 이유나 근거를 나타내는 연결 어미 '-어서'를 통해 '개별 및 조별 학습이 가능하고 다양한 기자재를 쓸 수 있'다는 점이 인기가 많은 이유임을 드러내고 있다.

③ 추측의 의미를 지니는 선어말 어미 '-겠-'을 통해 학생들이 학습실 사용의 불편에 공감할 것이라는 추측을 드러내고 있다.

④ 어떤 일이나 상태 따위에 관련된 범위의 시작임을 나타내는 보조사 '부터'를 통해 '언제부터 ~ 신청할 수 있나요?'가 학습실 사용 신청의 시작 시점을 묻고 있음을 드러내고 있다.

⑤ 뒤의 사실이 실현되기 위한 조건을 나타내는 연결 어미 '-면'을 통해 대의원회에서의 안건 통과가 사용 원칙에 따른 학습실 사용 신청의 선행 조건임을 드러내고 있다.

답 ①

11 매체의 유형에 따른 특성   정답률 93.7%

정오답 ✅ 체크

① 누리집 게시판의 글인 (나)에서는 화면 상단 부분에 '조회 수 53'과 같이 게시물의 조회 수가 표시되지만, 도서관 앱의 첫 화면인 (가)에서는 게시물의 조회 수가 화면에 표시되지 않는다.

② (나)에서는 '수정' 버튼을 통해 게시물을 수정할 수 있는 기능을 제공하고 있지만, (가)에서는 이러한 기능을 확인할 수 없다.

✓❸ (가)에서는 '대출 조회/연장'이나 '대출 예약' 등과 같이 도서 이용과 관련된 여러 기능이 제공되고 있지만, (나)에서는 이러한 기능을 확인할 수 없다.

④ (가)에서는 '추천 도서'와 '신간 도서'의 도서 이미지 옆에 '상태' 정보가 표시되어 있어 각각의 대출 상태를 확인할 수 있지만, (나)에서는 이러한 정보 표시를 확인할 수 없다.

⑤ (가)에서는 '통합 검색' 기능을 제공하여 도서를 검색할 수 있지만, (나)

12 매체의 정보 구성 방식   정답률 83.7%

정오답 ☑체크

① 학생은 휴관 안내 설명에 휴관 날짜를 함께 안내해 달라고 요청하고 있다.

② '공지 사항'에서 ' + 더 보기'를 누르지 않고도 공지 사항을 더 많이 볼 수 있게 해 달라는 학생의 요청에 대해서, 사서는 첫 화면이 너무 길어져 이용에 불편을 줄 수 있다는 이유를 들며 학생의 요청을 수용하지 않고 있다.

③ '추천 도서'가 어떻게 선정되는지 묻는 학생의 질문에 대해서, 사서는 '국립중앙도서관이 운영하는 도서관 정보나루의 자료를 토대로 우리 도서관 사서들이 의논하여 선정'한다고 답변하고 있다.

✓❹ (나)에서 학생은 '도서를 살펴보다가 관심 도서로 저장하는 기능도 앱에 추가해' 달라는 요청을 하였다. 이에 대해서 사서는 '관심 도서 기능은 도서 이미지의 오른쪽 하단에 있는 ♡를 눌러 사용하실 수 있'다고 답변하였다. 학생이 요청한 기능은 이미 ㉣을 통해 제공되고 있으므로, 학생이 ㉣의 기능에 새로운 기능을 추가해 줄 것을 요구하고 있다는 것은 적절하지 않다.

⑤ '인기 도서'가 월별 통계인지, 연도별 통계인지 궁금하다는 학생의 질문에 대해서, 사서는 '기간을 한정하지 않고 누적 대출 건수를 기준으로 제시되는 것'이라고 답변하면서 " + 더 보기'를 누르면, 기간, 연령, 분야 중 하나를 선택하여 순위에 따라 배열된 도서 목록을 볼 수 있다'는 정보도 추가로 제공하고 있다.

답 ④

13 매체의 정보 유통 방식   정답률 82.0%

정오답 ☑체크

① 진행자의 두 번째 발화 '지난주부터 ~ 소개하고 있습니다. ~ 오늘은 어떤 주제인가요?'를 통해 지난주 방송과 현재 진행되는 방송의 연관성을 제시하고 있음을 확인할 수 있다.

✓❷ 주로 음성 언어로 전달되는 라디오 방송의 특성상 본방송을 중간부터 청취한 수용자는 흐름을 따라가지 못할 수 있다. 따라서 진행자는 이러한 청취자를 위하여 앞부분의 정보를 정리해서 전달하기도 한다. 하지만 (가)에서는 이러한 내용이 나타나지 않았다.

③ 진행자의 여섯 번째 발화 중 '나머지 등대를 소개하기에는 시간이 부족할 것 같으니 ~ 완주 기념품에 대해 이야기해 볼까요?'를 통해 시간상의 제약으로 방송에서 전달하려는 정보를 선택하여 조절하고 있음을 확인할 수 있다.

④ 진행자의 일곱 번째 발화 중 '라디오로만 들으시는 분들은 ~ 손잡이가 있습니다.'를 통해 청각적 정보만 접하는 수용자를 위해 시각적 정보를 음성 언어로 풀어서 설명하고 있음을 확인할 수 있다.

⑤ 진행자의 네 번째 발화 중 '많은 분들이 실시간 문자로 ~ 물으시네요. ~ 다시 안내해 주시겠어요?'와 다섯 번째 발화 중 '실시간 댓글로 ~ 궁금증이 있으시답니다. 함께 알아볼까요?'를 통해 실시간 댓글과 문자를 바탕으로 이어질 정보를 조정하고 있음을 확인할 수 있다.

답 ②

14 매체 자료의 주체적 수용   정답률 76.0%

정오답 ☑체크

✓❶ 여행가의 다섯 번째 발화 중 '그런데 행복도 등대나 ~ 미리 확인하시는 것이 좋겠습니다.'를 듣고 진행자는 '스탬프가 등대 주변이 아닌 다른 곳에 위치한 경우도 있다는 거군요.'라고 하였다. 따라서 행복도 등대나 기쁨항 등대에서는 스탬프를 찍을 수 없다는 글을 쓴 '새달'은 방송 내용을 잘못 이해하고 있음을 알 수 있다. '새달'이 이해한 바를 '알콩'은 등대 주변이 아닌 다른 곳에 스탬프가 있다고 들었다는 내용의 댓글로 수정해 주고 있으며, '사슴'은 스탬프가 있는 곳을 구체적으로 알려 주는 내용의 댓글로 수정해 주고 있다.

② 방송 내용에 대한 '새달'과 '알콩'의 공통된 생각이나 '사슴'이 이에 동조하는 내용은 찾아볼 수 없다.

③ '새달'이 방송 내용을 잘못 이해하고 아쉬운 마음을 담아 글을 썼다고 볼 수도 있겠지만, 이러한 감정에 '알콩'과 '사슴'이 정서적인 공감을 형성하고 있다고 볼 수 없다.

④ '새달'이 방송 내용을 잘못 이해한 것을 '알콩'이 바로잡아 주고 있으며, '사슴'은 '알콩'의 말에 동조하면서 더 구체적인 정보를 제공하고 있다.

⑤ 방송 내용에 대한 '새달'과 '알콩'의 긍정적 감정은 드러나지 않으며, 따라서 긍정적 감정이 '사슴'의 댓글로 인해 부정적 감정으로 전환되는 부분도 찾아볼 수 없다.

답 ①

15 매체의 정보 구성 방식   정답률 61.0%

정오답 ☑체크

① ㉠에는 여행가가 말한 여행의 순서와 주의 사항이 모두 담겨 있다. 따라서 여행가가 제시한 여행의 순서와 주의 사항을 모아 하나의 슬라이드로 구성하자는 고려 내용은 적절하다.

② ㉠에는 여행가가 말한 여행 순서가 화살표를 활용하여 차례대로 표현되어 있다. 따라서 여행가가 제시한 여행 순서를 구분하고 차례가 드러나게 화살표를 사용하자는 고려 내용은 적절하다.

③ ㉠에는 여행의 순서가 글뿐만 아니라 관련된 그림으로도 제시되어 있다. 따라서 여행가가 소개한 여행의 순서와 관련된 주요 소재를 그림 자료로 보여 주자는 고려 내용은 적절하다.

④ ㉡에는 △△ 등대의 특징과 주소, 스탬프 위치, 볼거리, 먹을거리, 재밌거리 등 여행에 유용한 정보가 담겨 있다. 따라서 여행가가 언급한 먹을거리 이외에도 다양한 정보를 추가하자는 고려 내용은 적절하다.

✓❺ ㉡은 여행가의 말 중에서 '천사의 날개와 선박을 형상화한 △△ 등대'를 가져와 제목을 달았다. 하지만 이 제목은 △△ 등대의 특징과 주소, 스탬프 위치, 볼거리, 먹을거리, 재밌거리를 다룬 ㉡의 내용을 요약할 수 있는 제목이라고 볼 수 없다.

답 ⑤

16 매체 언어의 표현 방법   정답률 80.0%

정오답 ☑체크

① ⓐ의 '시작합니다'에는 하십시오체의 종결 어미 '-ㅂ니다'가 쓰였다. 하십시오체는 상대편을 아주 높이는 상대 높임법이다. 따라서 진행자가 방

송을 (보고) 듣는 불특정 다수의 청자를 높이고 있음을 알 수 있다.

② ⓑ의 '모셨습니다'에는 특수 어휘 '모시다'가 쓰였는데, 이는 객체인 '여행가 안○○ 님'을 높이기 위한 것이다.

③ ⓒ의 '선택하셔서'에는 주체 높임의 선어말 어미 '-시-'가 쓰였는데, 이는 '선택'의 주체가 방송을 (보고) 듣는 청자들임을 고려한 높임 표현이다.

④ ⓓ의 '있으시답니다'에는 '있으시다'가 쓰였는데, 이는 높임 대상과 관련되는 '궁금증'을 높임으로써 주체인 '6789 님'을 간접적으로 높이는 표현이다.

✓❺ ⓔ의 '말씀드린'에 쓰인 '말씀'은 화자인 여행가가 자신의 말을 낮추어 이르는 말이다. '선생님의 말씀을 들었습니다.'와 같이 남의 말을 높여 이를 때에도 '말씀'이 쓰이지만 ⓔ의 '말씀'은 이러한 경우가 아니다.

달 ⑤

똑똑! 궁금해요

Q '말씀'은 '말'의 높임 표현 아닌가요?

A '말씀'은 높임의 의미와 낮춤의 의미를 모두 가진 단어 중 하나예요. '선생님의 말씀대로 저는 집으로 돌아가겠습니다.'라는 문장에서는 '말씀'이 윗사람인 선생님의 말을 높여 이르는 존대어로 쓰인 반면, '할아버지께 드릴 말씀이 있습니다.'라는 문장의 경우 '말씀'이 윗사람을 높이기 위해 자신의 말을 낮추어 이르는 겸양어로 쓰였어요. 이렇게 같은 형태의 표현이 높임말로도 쓰이고 낮춤말로도 쓰일 수 있음을 알아 두세요.

---

17 매체의 정보 구성 및 제시 방식 정답률 92.0%

정오답 ✓체크

① '1. 기기 구성 정보'에서는 그림 자료를 활용하여 기기의 구성 정보를 직관적으로 쉽게 파악할 수 있도록 전달하였다.

② '2. 기기 연결 방법'에서는 기기를 휴대 전화와 연결하는 방법을 단계에 따라 순서대로 안내하였다.

✓❸ (가)의 '2. 기기 연결 방법'에서는 휴대 전화의 메뉴 중에서 선택해야 할 내용을 글자의 크기와 굵기를 다르게 표시하여 눈에 잘 띄도록 하였다. 따라서 앱에 기록할 정보(성별, 키 등)의 글자의 크기와 굵기를 다르게 표시하였다는 진술은 적절하지 않다.

④ '3. 기기 기능 안내'에서는 '몸무게 측정, 개인 데이터 분석, 자동 누적 기록, 기타 기능'의 항목을 나열하여 배치하고, 궁금한 내용은 해당 기능을 클릭하여 확인할 수 있도록 하였다.

⑤ 사용 설명서의 하단에는 사용 설명서의 버전 정보와 수정 시점이 함께 제시되어 있다.

달 ③

---

18 매체의 유형에 따른 특성 정답률 80.0%

정오답 ✓체크

✓❶ (나)의 '2023년 4월 15일' 대화에서 '시윤'은 '할머니'에게 (가)의 내용 중 '4. 기타 안내'에 있는 '기기 연결 동영상 바로 가기'를 누르고 따라 하라고

하였다. 그리고 '2023년 5월 6일' 대화에서 '시윤'은 (가)의 내용 중 '3. 기기 기능 안내'의 '자동 누적 기록'과 관련한 기능에 대해 안내하고 있다. 따라서 (가)의 내용이 (나)를 통해 전달되는 과정에서 사용자들이 정보를 선별하여 유통할 수 있다는 진술은 적절하다.

② (나)의 '할머니'와 '시윤'이 주고받은 내용에서 (가)의 수정 과정과 관련한 정보는 확인할 수 없다.

③ (가)는 전자 문서로 된 사용 설명서이기 때문에 사용자와 소통할 수 있는 쌍방향성을 지닌 매체라고 보기 어렵다. 사용자가 필요한 정보를 질문하여 요청할 수 있는 것은 (가)가 아니라 (나)의 특성에 해당한다.

④ (가)의 '3. 기기 기능 안내(자세한 안내는 해당 기능을 클릭)'과 '4. 기타 안내'를 통해, (가)도 사용자가 하이퍼링크를 통해 외부의 정보에 접근할 수 있다는 것을 알 수 있다.

⑤ (나)의 '2023년 5월 6일' 대화를 보면 '시윤'이 '2023년 4월 15일' 대화 중 '할머니'가 쓴 글의 내용을 불러와 그 글에 '[답장]'을 다는 방식으로 메시지를 작성하여 이전 내용을 환기하였다. (가)에서는 이러한 특성을 찾아볼 수 없다.

달 ①

---

19 매체의 유형에 따른 특성 정답률 95.0%

정오답 ✓체크

① 실시간 채팅 창의 목소리가 잘 안 들린다는 반응을 보고, 방송 장비의 소음 제거 장치를 조절하여 음질 장애 문제를 해소하고 있다.

✓❷ 실시간 인터넷 방송의 진행자는 수용자 이탈을 막기 위해 흥미를 유지시킬 필요성이 있지만, 이를 위해 사전에 제작된 사료 화면을 사용하지는 않았다.

③ (가)에서는 수용자가 실시간 채팅을 통해 떡볶이 맛을 알려 달라고 한 요구에 따라 방송 진행자가 그와 관련된 정보를 구성하여 전달하고 있다.

④ 마을 입구에 밑동만 남은 나무를 보여 주고, 이에 대한 안내문의 글씨가 너무 작아 시청자가 보기에 불편할 것 같다며 진행자가 문자 언어를 읽어서 음성 언어로 전달하고 있다.

⑤ 진행자는 방송 초입에 '지난주에는 □□궁의 동쪽에 있는 ▽▽ 마을에 다녀왔는데요, 오늘은 □□궁의 서쪽에 있는 △△ 마을에 가 보겠습니다.'라며 지난 방송과 현재 방송의 연관성을 제시하고 있다.

달 ②

---

20 매체 자료의 수용 정답률 92.1%

정오답 ✓체크

✓❶ '낮달'과 '별총'은 방송에서 언급된 '백송'과 관련해 추가된 정보인 '태풍'과 '어린 백송'에 대한 정보를 '뚜벅'의 댓글을 통해 얻고 있다.

② '뚜벅'은 '낮달'이 질문한 300년 된 백송을 쓰러뜨린 '태풍'에 관한 추가 정보를 전달했을 뿐, 방송에서 잘못 전달한 정보를 바로잡는 댓글을 작성한 것은 아니다.

③ '낮달'은 '태풍'에 관한 추가 질문을 했고, '별총'은 '백송'과 관련된 개인의 경험 및 감상을 언급하였다. '뚜벅'은 '낮달'과 '별총'에게 각각 댓글을 달아 추가 관련 정보를 제공했으므로, 세 사람이 공통의 관심사를 형성하고 있지는 않다.

④ '별총'은 어릴 적에 그 마을에 살며 보았던 백송을 더 이상 볼 수 없다는

것에 대한 아쉬움을 표현했을 뿐, '뚜벅'이 제공한 정보에 대한 의문을 드러내지는 않았다.

⑤ '뚜벅'이 '별총'의 댓글에 '백송'에 대한 추가적인 설명을 하였으나, '뚜벅'이 추가적인 설명을 하도록 유도하기 위해 '별총'이 더 알고 싶은 내용을 질문한 것은 아니다.

답 ①

21 매체 자료의 생산　　정답률 82.2%

정오답 ✅체크

✓❶ ㉠에 탐방 경로를 한눈에 볼 수 있게 하자고 한 것은 맞지만, 이를 위해 '뚜벅 님'이 언급하지 않은 소재를 추가하여 그림 자료로 보여 주지는 않았다. 〈△△ 마을 탐방 경로〉에 그림 자료로 제시된 '백송', '△△ 시장', '한옥'은 모두 '뚜벅 님'이 방송에서 언급한 소재이다.

② 〈△△ 마을 탐방 경로〉 슬라이드를 보면, '뚜벅 님'이 자신처럼 고생하지 말라며 방송에서 추천한 대로 '백송을 보고 △△ 시장을 먼저 들러 본 다음에 한옥으로 가는' 경로를 제시하고 있음을 확인할 수 있다.

③ 〈△△ 마을 탐방 경로〉 슬라이드에 '뚜벅 님'이 방송에서 안내해 준 이동 시 소요 시간('△△역'에서 '백송'까지 5분, '백송'에서 '△△ 시장'까지 5분, '△△ 시장'에서 '한옥'까지 10분)을 일직선상에 구간별로 표시해 주고 있다.

④ 〈△△ 시장〉 슬라이드에 '뚜벅 님'이 방송에서 '전통 시장이라 그런지 과거의 시간이 머무는 곳 같아요. 참 정겹네요.'라고 언급한 말을 활용하여 '과거의 시간이 머무는 정겨운 △△ 시장'이라는 문구를 제시하고 있다.

⑤ 〈△△ 시장〉 슬라이드에 '뚜벅 님'이 방송에서 언급하지 않은 '교통편'과 '이용 시간'을 기재하여 시장 이용에 유용한 정보를 제시하고 있다.

답 ①

22 매체 언어의 표현 방법　　정답률 96.9%

정오답 ✅체크

① '300년 동안이나'에 쓰인 '이나'는 수량이 크거나 많음, 혹은 정도가 높음을 강조하는 보조사로, 백송이 △△ 마을을 지켜 주었던 '300년 동안'의 긴 시간을 강조하고 있다.

② '그런데'는 화제를 앞의 내용과 관련시키면서 다른 방향으로 이끌어 나갈 때 쓰는 접속 부사로, 방송 진행자가 한옥에 대한 화제를 먹거리에 대한 화제로 전환하고 있다.

✓❸ '우선 뭐 좀 먹어야겠어요.'에 사용된 '뭐'는 정하지 않은 대상을 이르는 부정칭 대명사로, 방송 진행자가 아직 무엇을 먹을지 정하지 않은 상태임을 나타내는 것이지 수용자에게 먹거리에 대한 정보를 요청하기 위해 사용한 것은 아니다.

④ '시장에서 한옥까지는 10분 정도 걸리겠어요.'에 쓰인 '-겠-'은 미래의 일이나 추측을 나타내는 선어말 어미로, 방송 진행자가 백송에서 시장까지, 시장에서 한옥까지의 이동 소요 시간을 추측하고 있다.

⑤ '제가 먹어 보고~'에 쓰인 '제'는 말하는 이가 윗사람이나 그다지 가깝지 아니한 사람을 상대하여 자기를 낮추어 가리키는 일인칭 대명사 '저'에 주격 조사 '가'가 붙은 형태이다. 방송 진행자는 자신을 '저'로 지칭하며 시청자에게 공손한 태도로 말하고 있다.

답 ③

23 매체의 정보 구성 방식　　정답률 97.6%

정오답 ✅체크

① (가)에서는 PDF 파일의 형태로 '사용 설명서'를 다운로드(내려받기)할 수 있도록 상단에 하이퍼링크를 제시하고 있다.

② '기기 사용 안내'는 사용자가 '무인 도서 대출 및 반납기'를 사용하는 목적에 따라 '무인 도서 대출'과 '무인 도서 반납'이라는 두 항목으로 나누어 구성하고 있다.

③ '기기 사용 안내'는 '무인 도서 대출' 시 '도서 검색 및 선택' ⇨ '회원증 인식' ⇨ '도서 찾기' ⇨ '대출 정보 확인' 순으로, '무인 도서 반납' 시 '반납 도서 인식' ⇨ '도서 투입' ⇨ '반납 처리' ⇨ '반납 정보 확인' 순으로, 화살표를 활용하여 사용 목적에 따라 기기를 조작하는 순서가 잘 드러나도록 안내하고 있다.

✓❹ (가)를 보면 '유의 사항' 아래에 '회원 가입 바로 가기'가 있으므로, 회원 가입을 하지 않은 상태에서도 유의 사항을 읽는 것이 가능함을 알 수 있다. 따라서 회원 가입 후 관리자의 승인 절차를 거친 후에만 '유의 사항'의 열람이 가능하도록 한 것은 아니다.

⑤ '해당 항목을 클릭하면 안내 페이지로 이동'할 수 있다는 안내 문구를 통해, '기타 안내'의 각 항목은 관련 정보를 안내받을 수 있는 페이지로 이동하게 되어 있음을 알 수 있다.

답 ④

24 매체의 유형에 따른 특성　　정답률 91.3%

정오답 ✅체크

① (나)의 사용자들이 (가)에 제시된 정보를 유통하며 하이퍼링크를 활용하였으나, (가)에 제시된 내용을 수정하여 유통한 것은 아니다.

② (나)의 사용자들이 정보를 교환하고 있으나 이 과정에서 (가)에서 제시된 정보의 정확성을 점검한 것은 아니다.

③ (가)에서 정보를 수용한 사용자가 추가로 필요한 정보를 요청하는 것은 확인할 수 없다.

✓❹ (나)에서는 '20XX년 X월 15일'에 필요한 정보를 활용하기 위해 '20XX년 X월 13일'에 소통했던 과거의 이력에서 전자 사용 설명서 링크 주소를 가져왔다.

⑤ (가)의 '기타 안내'에 '야간 예약 대출', '예약 대출 취소'가 하이퍼링크로 제시되어 있는 것으로 보아, 사용자가 원하는 시간에 정보를 수용하기 위해 시간 예약 기능을 활용하고 있다는 것을 확인할 수 있다. 그러나 (나)에는 시간 예약 기능이 드러난 부분이 나타나 있지 않다.

답 ④

25 매체의 유형에 따른 특성　　정답률 91.0%

정오답 ✅체크

① 인터넷 방송의 중심 화제인 '쇼트폼'을 부각하기 위해 해당 글자를 '미디어 트렌드 읽기'보다 더 크게 키우고, 글꼴도 다른 것으로 바꾸어 제시하고 있다.

✓❷ '실시간 채팅'은 방송 참여자들이 실시간으로 소통할 수 있도록 하는 기능을 한다. 따라서 시청자의 의견을 실시간으로 보여 준다고 할 수 있지만, '실시간 채팅'에서 '샛별'이 전문가의 발언에 대해 비판적 의문을 제기

하는 내용은 드러나 있지 않으므로 적절하지 않다.

③ 쇼트폼을 시청할 때 유의할 점에 대한 진행자의 질문에 전문가는 '쇼트폼의 장면을 섣불리 따라하거나 정보를 맹목적으로 수용하기보다 비판적 시각으로 판단하려는 태도를 가져야 합니다.'라고 하며, '실시간 채팅' 아래 관련 영상이 있음을 언급하고 있다.

④ 전문가는 자신의 블로그에 쇼트폼 마케팅 사례를 정리한 글이 있다고 소개하였다. 그리고 화면 아래의 '더 보기'를 클릭하면 블로그에 접속할 수 있는 링크가 보인다고 설명하며, 필요한 경우 참고할 수 있도록 블로그에 접속할 수 있는 방법을 제시하고 있다.

⑤ 화면 아래쪽에 자막을 켜거나(on) 끄는(off) 설정을 할 수 있는 기능을 제시하고 있으며, 자막 설정을 켠 상태에서 진행자의 말이 방송 화면에 '[자막 on] 질문을 방금 올려 주셨네요.'라고 문자 언어로 표시되는 것을 확인할 수 있다.

답 ②

26 매체 수용자의 태도
정답률 92.0%

정오답 ✅ 체크

① 시청자 1은 '설문의 출처도 제시되지 않았고, 내용도 확실한지 의문'이라고 했으므로 방송에 제시된 정보의 정확성에 대해 부정적으로 판단하였다고 볼 수 있다. 시청자 2가 정보의 정확성에 대해 언급한 내용은 나타나지 않았다.

② 시청자 1은 설문의 출처가 제시되지 않았음을 언급하였으므로 방송에 제시된 정보의 신뢰성에 대해 부정적으로 판단하였다고 볼 수 있다. 시청자 3이 정보의 신뢰성에 대해 언급한 내용은 나타나지 않았다.

③ 시청자 1은 과장된 내용이 포함된 쇼트폼의 사례가 방송에서 제시되지 않은 점이 아쉽다고 하였고, 시청자 2는 쇼트폼 제작자의 입장에서 유의할 점을 다루지 않은 점이 아쉽다고 하였으므로, 둘 다 방송에 제시된 정보의 충분성에 대해 부정적으로 판단하였다고 볼 수 있다.

✓ ④ 시청자 1은 설문의 출처와 내용의 정확성에 대해 의문을 제기하였으며, 과장된 내용이 포함된 쇼트폼의 사례가 방송에서 제시되지 않은 점이 아쉽다고 언급하였다. 이로 볼 때, 시청자 1은 방송에 제시된 정보의 유용성에 대해 긍정적으로 판단하였다고 볼 수 없다. 한편, 시청자 3은 방송이 비판 의식 없이 쇼트폼을 소비하던 사람들에게 도움이 된다고 하였으며, 유의할 점을 알려 주어 의미가 있었다고 언급하였다. 따라서 시청자 1과 달리, 시청자 3은 방송에 제시된 정보의 유용성에 대해 긍정적으로 판단하였다고 볼 수 있다.

⑤ 시청자 2는 쇼트폼에 대한 글쓰기 과제를 해야 하는데, 방송에서 필요한 내용을 얻을 수 있어서 좋았다고 하였고, 시청자 3은 쇼트폼을 즐기는 사람들이 많아지고 있는 이 시기에 의미 있는 방송이었다고 하였으므로, 둘 다 방송에 제시된 정보의 시의성에 대해 긍정적으로 판단하였다고 볼 수 있다.

답 ④

27 매체 언어의 표현 방법
정답률 90.0%

정오답 ✅ 체크

① 앞말이 뜻하는 행동을 부정하는 뜻을 나타내는 말인 보조 용언 '-지 않

다'를 활용해 재생 시간이 짧다는 쇼트폼의 특징을 언급하고 있다.

② 진행상이란 시간의 흐름 속에서 그 동작이 진행되고 있음을 나타내는 표현으로, 앞말이 뜻하는 행동이나 변화가 끝난 상태가 지속됨을 나타내는 말인 보조 용언 '-고 있다'를 활용해 쇼트폼의 조회 수가 지금도 증가하는 중임을 나타내고 있다.

③ 두 가지 이상의 사실을 대등하게 벌여 놓는 연결 어미인 '-고'를 활용해 쇼트폼이 짧고 재미있고 부담이 없어 인기라고 설명하고 있다.

④ 설명 의문문이란 의문사가 들어 있어 그것에 대한 설명을 요구하는 의문문으로, '누구, 무엇, 왜, 언제, 얼마나, 어디' 등의 의문사를 포함한다. ④에서는 '무엇'이라는 의문사를 통해 쇼트폼 시청 시 유의할 점에 대한 설명을 요구하고 있다.

✓ ⑤ 간접 인용을 나타내는 조사에는 '고'가 있다. '영상 게시물에 댓글을 남겨 주시면'에는 간접 인용을 나타내는 조사가 활용되고 있지 않다.

답 ⑤

28 매체의 의사소통 방식
정답률 86.0%

정오답 ✅ 체크

✓ ① (가)에서 게시물 내용에 대해 긍정적으로 평가하는 수용자의 수가 제시('~ 외 67명이 좋아합니다.')되었고, 이를 통해 수용자의 선호 정도를 파악할 수 있으므로 적절하다.

② 온라인 화상 회의에서 참여자들의 상호 작용을 바탕으로 친환경 체험 행사 안내도를 만들고 있으므로, 정보 생산자와 수용자의 역할이 고정되지 않고 쌍방향적으로 이루어지고 있음을 확인할 수 있다. 따라서 (나)의 정보 생산자와 수용자가 분리되어 정보 전달이 한 방향으로 이루어진다는 내용은 적절하지 않다.

③ (가)에서는 하이퍼링크 기능을 활용하여 친환경 체험 행사에 대한 자세한 내용을 확인할 수 있도록 안내하고 있음을 확인할 수 있다.

④ (가), (나) 모두에서 시간의 제약을 생각해서 정보량을 조절하는 내용은 없으므로 적절하지 않다.

⑤ (가)에서는 시각 자료를 사용하고 있지만 음성 언어는 사용되지 않고 있다.

답 ①

29 매체 수용자의 태도
정답률 82.0%

정오답 ✅ 체크

① 환경 단체 체험 행사 안내도를 참고하여 학교 체험 행사 안내도 초안을 수정하는 것이므로 적절하지 않은 설명이다.

✓ ② 민재는 환경 단체 체험 행사 안내도가 어떻게 구성되어 있는지 확인하고, 그 내용을 학교 체험 행사 안내도 초안과 비교했다. 이어서 아준은 환경 단체 체험 행사 안내도를 참고하여 범례를 따로 구성하자고 하였다. 이러한 내용을 고려할 때, ⓒ의 구성이 어떤 식으로 되었는지 참고해서 ㉠을 개선할 방안을 마련했다는 진술은 적절하다.

③ 환경 단체 체험 행사 안내도의 구성 요소를 고려하여 학교 체험 행사 안내도 초안에 범례를 따로 두고 행사 일시와 장소, 행사명을 추가하였으나, 불필요한 구성 요소를 삭제한 부분은 없으므로 적절하지 않은 설명이다.

④ 둘의 차이점을 근거로 학교 체험 행사 안내도 초안의 개선 방안을 제안했을 뿐, 환경 단체 체험 행사 안내도의 구성상의 문제점을 비판하지는 않았으므로 적절하지 않은 설명이다.

⑤ 학교 체험 행사 안내도 초안과 환경 단체 체험 행사 안내도의 장단점을 분석한 부분은 나타나 있지 않으므로 적절하지 않은 설명이다.

답 ②

30 매체 자료의 생산
정답률 87.0%

정오답 ✔체크

① 윤아는 마지막 말에서 행사명을 추가하고 이를 안내도 상단에 제시하자는 의견을 냈고, 이 의견이 안내도에 잘 반영되었으므로 적절하다.

② 보민은 두 번째 말에서 안내도 초안의 '제작'과 '다짐'의 공간 위치를 서로 바꿀 것을 제안했다. 완성된 안내도에는 '③ 재생, ④ 다짐'으로 둘의 위치가 바뀌었으므로 적절하다.

✔❸ 민재는 두 번째 말에서 체험의 순서를 나타내는 화살표와 출입 방향을 나타내는 화살표를 모두 삭제하자는 의견을 냈다. 그러나 완성된 안내도에는 체험 순서를 나타내는 화살표는 삭제했지만 입구와 출구의 화살표는 표시했으므로 적절하지 않다.

④ 아준은 마지막 말에서 환경 단체 안내도에서 범례를 따로 둔 것처럼 학교 체험 행사 안내도에서도 범례를 따로 두자고 제안하였고, 이 의견이 안내도에 잘 반영되었으므로 적절하다.

⑤ 윤아는 두 번째 말에서 '제작'이 활동 의미를 온전히 구현하지 못하기 때문에 '재생'으로 이름을 바꾸자고 제안하였고, 이 의견이 안내도에 잘 반영되었으므로 적절하다.

답 ③

31 매체의 유형에 따른 특성
정답률 86.9%

정오답 ✔체크

① ○○군 공식 누리집 화면 하단에 '댓글 등록' 기능을 활용하여 누리집 이용자가 제공된 정보에 대한 질문을 작성하고, 이에 대한 담당자의 답변을 확인할 수 있도록 하였다.

✔❷ (가)에서는 누리집의 특정 페이지에서 제공한 정보가 충분한지에 대한 만족도(매우 만족, 만족, 보통, 불만족, 매우 불만족) 표시 기능을 활용하여 정보의 충분성에 대한 누리집 이용자들의 만족도를 확인하고 있다. 따라서 지역에 대한 만족도 표시 기능을 활용하여 지역 정책에 대한 주민들의 반응을 확인하고 있다는 것은 적절하지 않다.

③ 누리집 하단에 '민원 서비스 메뉴'를 제공하여 주민들이 '증명서 발급'과 '주요 행정 서식'을 선택하여 관련 서비스를 이용할 수 있도록 편의를 도모하고 있다.

④ 누리집 상단에 '우리 곁에 살아 숨 쉬는 자연, ○○군'이라는 홍보 문구와 함께 ○○군의 아름다운 자연 풍경 그림을 제시하여 지역의 특성을 강조하고 있다.

⑤ 누리집 하단의 '○○군으로 놀러 오세요'에서 ○○군의 관광 명소인 '두루미 생태 공원'과 지역 축제인 '국화 축제'의 동영상을 볼 수 있도록 하여 관광객을 유치하려 하고 있다.

답 ②

32 매체 언어의 표현 방법
정답률 83.7%

정오답 ✔체크

✔❶ ㉠의 '우리 군에서 홍보 포스터를 모집합니다.'에 쓰인 '에서'는 단체를 나타내는 명사 뒤에 붙어 앞말이 주어임을 나타내는 격 조사이다. 여기에서 '에서'는 '우리 군'이라는 단체 명사 뒤에 결합하였으며, 이를 통해 포스터 공모 주체가 '우리 군'이라는 단체임을 드러내고 있다.

② ㉠의 '모집합니다'에 상대 높임의 종결 어미 '-ㅂ니다'가 쓰였으나, 이는 기부에 동참한 기부자를 공손하게 높이는 것이 아니라 (가)를 접하는 일반 독자들을 높이는 것이다.

③ ㉡의 '제한함'에 명사형 어미 '-ㅁ'이 쓰였으나, 이는 포스터에서 제외해야 할 내용 항목을 간결하게 드러내는 것이 아니라 공모의 대상이 ○○군 주민으로 한정됨을 간결하게 드러내는 것이다.

④ ㉢의 '기부금을 내면'에 쓰인 연결 어미 '-면'은 불확실하거나 아직 이루어지지 않은 사실을 가정하여 말할 때 쓰는 것으로, 제공 혜택 중 하나를 선택하는 조건을 제시하는 것은 아니다.

⑤ ㉣의 '제공됩니다'에 피동 접사 '-되다'가 쓰였으나, 피동 표현이 쓰임으로써 오히려 혜택 제공의 주체가 명시적으로 드러나지 않는다.

답 ①

똑똑! 궁금해요

Q 문제에 격 조사가 자주 언급이 되는데, 격 조사의 종류에는 어떤 것들이 있나요?

격 조사란 체언이나 체언 구실을 하는 말 뒤에 붙어 앞에 오는 체언이 문장 안에서 일정한 자격을 가지게 하는 조사로, 주격 조사, 서술격 조사, 목적격 조사, 보격 조사, 관형격 조사, 부사격 조사, 호격 조사로 나눌 수 있습니다. 체언이나 체언 구실을 하는 말과 결합한 조사를 통해 문장 성분을 빠르게 파악할 수 있으므로 각각 어떤 조사들이 있는지 알아 두세요. **A**

• 주격 조사: 주어의 자격을 가지게 하는 격 조사로, '이/가', '께서', '에서'가 있음.

• 서술격 조사: 서술어 자격을 가지게 하는 격 조사로, '이다'가 있는데, '이고', '이니', '이면', '이지' 등으로 활용함.

• 보격 조사: 보어 자격을 가지게 하는 격 조사로, '이/가'가 있으며, 서술어 '되다', '아니다' 앞에 쓰여 앞에 오는 체언이 보어가 되게 함.

• 관형격 조사: 관형어 자격을 가지게 하는 격 조사로, '의'가 있으며, 앞에 오는 체언이나 체언 구실을 하는 말이 뒤에 오는 체언이나 체언 구실을 하는 말의 관형어임을 보임.

• 부사격 조사: 부사어 자격을 가지게 하는 격 조사로, '에', '에서', '(으)로', '와/과', '보다' 등이 있음.

• 호격 조사: 독립어 자격을 가지게 하는 격 조사로, '아', '야'가 있음.

33 매체 언어의 의미 전달 방식
정답률 88.7%

정오답 ✔체크

① (나)는 학생들이 온라인 화상 회의를 하는 장면으로, '해윤'과 '설아', '수영'의 '내 말 잘 들리지?', '소리가 너무 작아. 마이크 좀 확인해 줄래?', '내 마이크 음량을 키워 볼게. 이제 잘 들리지?', '파일에 자세히 설명돼 있으니까 읽으면서 들어.' 등의 대화를 통해 회의 참여자들이 음성 언어를 통해 의사소통을 하고 있음을 확인할 수 있다.

② 회의 중간에 '해윤'은 화면 공유 기능을 활용하여 자신이 만든 그래픽 자료를 함께 보며 포스터의 구성 방식에 대한 참여자들의 의견을 구하고

있다. 따라서 참여자들의 의견을 반영하며 그래픽 자료의 오류를 수정하였다는 것은 적절하지 않다.

✓❸ '수영'의 발화 중 '직접 말로 설명하려면 회의가 길어지니까 첨부 파일 보내 줄게.'라는 내용과 이어지는 채팅 창의 내용을 고려할 때, '수영'이 회의 시간을 절약하기 위해 회의 중에 참고할 수 있는 파일을 '종서'에게 전송했다는 진술은 적절하다.

④ '설아'는 회의에 참석하지 못한 '나연'을 위하여 '회의를 녹화해서 나중에 보내 주려고 해. 동의하지?'라고 말하며 참석자들의 동의를 구한 후, 회의 녹화를 시작하였다. 따라서 '설아'가 '나연'에게 문자 메시지를 이용해 회의 내용을 실시간으로 전달하였다는 것은 적절하지 않다.

⑤ '설아'는 첫 번째 발화에서 '해윤'에게 소리가 너무 작다며 마이크 음량을 확인할 것을 요구하고 있다. 그리고 '해윤'은 '설아'의 요청에 따라 마이크 음량을 키웠다. 이는 온라인 화상 회의의 원만한 진행을 위한 사전 준비이므로 '설아'가 특정 참여자에게 발언권을 부여하기 위해 해당 참여자의 음량을 조절했다는 것은 적절하지 않다.

🔲 ③

똑똑! 궁금해요

Q 대면 회의에 비해 온라인 화상 회의가 갖는 장점에는 어떤 것이 있을까요?

A 과거에 비해 의사소통 수단이 발달함에 따라 지리적으로 떨어진 곳에서도 카메라, 모니터, 마이크, 스피커 등을 갖추고 인터넷을 이용해 비대면으로 화상 회의를 할 수 있게 되었어요. 최근에는 첨단 기기 및 온라인 화상 회의 시스템의 발달에 따라 컴퓨터, 노트북, 태블릿 기기, 휴대 전화 등을 이용해서 더 손쉽게 온라인 화상 회의에 참여할 수 있게 되었어요.

대면 회의는 여러 사람이 모이기 위한 장소도 필요하고, 그곳으로 가기 위한 이동 시간도 필요로 하지만, 온라인 화상 회의는 별도의 회의 공간도 필요하지 않고 멀리 떨어져 있는 사람과도 시간을 정해 언제든지 신속하게 회의를 할 수 있습니다. 온라인 화상 회의 시스템에는 다양하고 편리한 기능이 있는데, 화면 공유를 통해 안건을 논의할 수 있고, 화면 녹화나 기록 기능을 통해 회의 내용을 재검토하거나 회의에 참석하지 못한 사람도 나중에 회의 내용을 확인할 수 있습니다. 또한 파일을 전송하거나 채팅 창에 하이퍼링크를 띄움으로써 여러 사람이 다양한 정보를 쉽고 빠르게 주고받을 수도 있답니다. 이렇듯 시간과 공간의 제약이 적고 편리한 온라인 화상 회의 시스템은 수업, 회의 등 다양한 분야에서 활용되고 있어요.

34 매체 언어의 표현 방법   정답률 95.0%

정오답 ☑체크

① '설아'는 '제도가 활성화되려면 많은 사람들이 기부에 동참하도록 하는 게 중요하니까, 기부자가 부각되도록 기부자를 가운데에 두자.'라고 말하였다. 포스터에는 이러한 '설아'의 의견을 반영하여 기부자를 포스터의 중심에 배치하였다.

② '수영'은 기부에 참여함으로써 사랑을 전달할 수 있다는 의미를 담아 '화살표를 곡선으로 해서 하트 모양으로 하'자는 의견을 제시하였다. 포스터에는 이러한 '수영'의 의견을 반영하여 기부 행위에 담긴 긍정적인 마음을 연상시키는 하트 모양을 사용하였다.

③ '종서'는 '찾아보니 인삼이 우리 지역 답례품이네. 이걸 그려 넣자.'라고 말하였다. 포스터에는 이러한 '종서'의 의견을 반영하여 기부자가 받을 수 있는 답례품인 인삼을 그려 넣었다.

④ '해윤'은 '우리 지역은 철새 도래지로 유명하니까, ○○군을 두루미 캐릭터로 나타내 보자.'라고 말하였다. 포스터에는 이러한 '해윤'의 의견을 반영하여 ○○군을 두루미 캐릭터로 표현하였다.

✓❺ '수영'은 마지막 발화에서 정부가 제공하는 세액 공제 혜택의 제시 방법에 대해 '세액 공제는 두루미가 말을 전해 주듯 설명하면 되겠다.'라고 하였다. 그런데 포스터에는 '수영'의 이러한 의견이 반영되지 않고, 두루미가 아닌 스피커 모양의 그림에 말풍선을 제시하여 관련 정보를 안내하였다.

🔲 ⑤

35 매체의 정보 구성 방식   정답률 94.2%

정오답 ☑체크

① ㉠에는 '□□고 동아리 매체통'이라는 온라인 카페의 활동 주체와 '매체 자료를 비평'한다는 활동 내용이 제시되어 있다. 이는 활동 주체와 활동 내용을 밝힌 '개설 목적'을 고려한 것으로 볼 수 있다.

② ㉡은 매체 자료 유형에 따라 게시판을 체계적으로 분류하여 제시한 것으로, 이는 각 게시판의 성격에 맞게 매체 자료 비평 글을 올리도록 정한 '규칙 2'를 고려한 것으로 볼 수 있다.

③ ㉢에는 비평 활동 결과 제출 기한이 공지되어 있는데, 이는 활동 계획의 성실한 이행을 정한 '규칙 1'을 고려한 것으로 볼 수 있다.

✓❹ ㉣은 '개설 목적'과 '규칙 2'를 고려하여 언론사에서 생산한 매체 자료에 쉽게 접근할 수 있도록 하기 위해 언론사 누리집 링크를 제시한 것으로, 사건 보도 기사를 작성하는 능력을 기르게 하기 위해 링크를 제시했다고 보기는 어렵다.

⑤ ㉤에서는 욕설과 비속어를 사용했다는 사유로 관리자가 게시물을 삭제한 것을 확인할 수 있다. 이는 불필요한 갈등을 유발하지 않도록 무례한 표현 사용을 금지한 '규칙 3'을 고려한 것으로 볼 수 있다.

🔲 ④

36 매체 자료 수용의 관점과 가치   정답률 90.1%

정오답 ☑체크

① '재원'은 '나처럼 여행 탐험가라는 직업을 꿈꾸는 사람들'이 어디서도 얻지 못했던 새로운 정보를 자신이 즐겨 보는 여행 관련 1인 미디어 방송을 통해 얻은 경험을 근거로 1인 미디어 방송이 유용하다고 판단하였다.

② '혜원'은 1인 미디어 방송인이 건강에 좋다고 강조했던 특정 성분이 아직 그 효과가 입증되지 않았음을 확인한 경험을 근거로 1인 미디어 방송이 제공하는 정보에 대한 신뢰성을 점검해야 한다고 판단하였다.

✓❸ '재원'과 '민수'는 모두 1인 미디어 방송을 시청할 때 주의가 필요하다고 판단하고 있다. 그 근거로 '민수'는 1인 미디어 방송의 상업적 의도를 알아차린 경험을 근거로 들었으나, '재원'은 1인 미디어 방송 가운데 신뢰성이 부족한 정보를 담은 방송이 늘고 있다는 것을 근거로 들었다. 따라서 '재원'이 1인 미디어 방송의 상업적 의도를 알아차린 경험을 판단의 근거로 삼았다는 것은 적절하지 않다.

④ 1인 미디어 방송의 소재에 대하여 '재원'은 '기존 매체들이 주목하지 않았던 다양한 소재들을 다루'었다고 판단하였지만, 이와 달리 '영진'은 '소재가 한정적이고 다 비슷비슷하다'고 판단하였다.

⑤ '영진'은 자신이 보는 1인 미디어 방송이 '사회적으로 의미 있는 내용을 다루는데도, 고정 시청자 수가 적고 어느 순간부터는 더 이상 늘지도 않더

라.'라고 하면서 1인 미디어 방송의 사회적 파급력이 제한적이라고 판단하였다. 하지만 '지수'는 '독립운동가의 발자취 따라가기' 방송의 파급력을 예로 들면서 '1인 미디어 방송이 우리 사회에 큰 변화를 가져올 수 있다'고 판단하였다.

답 ③

37 매체의 유형에 따른 특성 정답률 93.7%

정오답 ☑체크

① ㉠은 학생이 자신이 다시 보고자 하는 내용을 선택해 별도의 목록으로 만들어 놓은 것이다. 즉 '즐겨찾기 목록'에 있는 1장과 3장은 학생이 해당 장의 내용을 다시 볼 필요가 있다고 판단하여 선택해 놓은 것으로 볼 수 있다.

② ㉡은 중요한 부분에 강조 표시를 하는 '형광펜' 기능이다. [화면 2]에서 학생은 ㉡을 이용하여 대중교통을 이용한 광고가 효과적인 이유를 언급한 부분에 강조 표시를 하였다.

③ ㉢은 책의 내용 중 모르는 단어가 나왔을 때 이용한 사전 찾기 결과이다. 사전 찾기 결과가 본문과 한 화면에 제시되어 내용을 이해하는 데 도움을 주고 있다.

④ ㉣은 화면 배율을 조정하는 기능이다. [화면 2]에서 '100% 화면'이 [화면 3]에서는 '120% 화면'으로 바뀌었는데, 이에 따라 글자의 크기가 커져서 읽기 편의성을 높여 주고 있다.

✓ ❺ [화면 3]에는 '버스 광고'라는 어구를 검색한 결과가 제시되어 있다. 정보의 내용 중 검색 어구가 와 같이 눈에 띄게 표시되어 있으며, 버스 광고의 다양한 형태와 버스 광고의 장점에 대한 정보가 제시되어 있다. 따라서 검색의 결과가 버스 광고의 제작 기간을 확인하는 데 도움을 주었다는 진술은 적절하지 않다.

답 ⑤

38 매체 자료의 생산 정답률 73.6%

정오답 ☑체크

① '메모 1'에서 '청소년 문화 한마당'에 ○○구 고등학생들이 좋아할 공연 프로그램이 많이 준비되어 있음을 강조하려고 한 것은 [화면 2]의 '광고 효과를 높이기 위해서는 무엇보다 목표 수용자의 관심과 흥미에 대한 분석이 선행되어야 한다.'라는 내용을 고려한 것으로 볼 수 있다.

✓ ❷ (나)의 [화면 2]에서 버스 정류장 광고와 버스 내·외부 광고는 모두 '대중교통을 자주 이용하는 사람에게 반복적으로 노출되는 효과가 있다.'라고 하였다. 따라서 '메모 2'에서 정류장 광고와 버스 내·외부 광고 중 후자를 선택한 것이 반복 노출 효과의 유무라는 기준을 고려한 것이라는 진술은 적절하지 않다.

③ '메모 2'에서 ○○구 고등학생들이 주로 이용하는 10번이나 12번 버스를 선택한 것은 [화면 3]의 '목표 수용자들의 주 이용 노선과 같은 대중교통 이용 패턴을 분석하는 것이 필요하다.'라는 내용을 고려한 것으로 볼 수 있다.

④ '메모 3'에서 등·하교 시간에 집중적으로 광고를 하기 위해 버스 내부의 모니터 영상 광고를 이용하겠다고 한 것은 [화면 3]의 '목표 수용자의 대중교통 이용 시간대도 고려할 필요가 있다.'라는 내용을 고려한 것으로 볼 수 있다.

⑤ '메모 3'에서 도보 통학 학생들에게도 홍보하기 위해 버스 외부의 옆면과 뒷면에도 광고를 게시하려는 것은 [화면 3]의 '지하철과 달리 지상에서 운행하기 때문에 버스를 이용하지 않는 사람들 역시 버스 외부 광고의 목표 수용자가 될 수 있다'라는 내용을 고려한 것으로 볼 수 있다.

답 ②

똑똑! 궁금해요

Q 요즘은 누구나 매체 자료의 생산자가 되어 쉽게 자료를 제시할 수 있는데, 생산자가 매체 자료를 생산할 때 고려해야 하는 요인에는 어떤 것이 있나요?

A 매체 자료를 생산할 때는 목적, 수용자, 매체의 특성을 고려해야 해요. 첫째, 소통의 목적이 정보 전달과 설득이라면 객관적이고 신뢰할 수 있는 내용을 명확하고 간결한 표현으로 제시해야 하고, 심미적 정서 표현이 목적이라면 아름다움이나 즐거움을 느낄 수 있는 내용을 제시해야겠죠? 사회적 상호 작용이 목적이라면 사적인 인간관계의 형성과 유지를 위한 내용, 혹은 공적인 사회적 관계를 위한 내용을 잘 구분해서 제시해야 합니다. 둘째, 수용자의 성별이나 나이, 수용자의 관심사, 전달 내용에 대한 수용자의 배경지식 등에 따라 전달 내용의 범위, 양, 전달 방식이 달라질 수 있기 때문에 수용자의 특성을 고려해야 해요. 마지막으로 매체가 사용하고 있는 언어 양식의 특성을 이해하고, 매체의 파급력을 고려하여 매체 자료를 생산해야 합니다.

39 매체 언어의 표현 방법 정답률 89.7%

정오답 ☑체크

① '등'은 '그 밖에도 같은 종류의 것이 더 있음을 나타내는 말.'이다. ⓐ 앞에 열거된 내용을 고려할 때, ⓐ가 대중교통을 이용한 광고의 종류가 여럿임을 명시하기 위해 사용된 것이라는 설명은 적절하다.

✓ ❷ ⓑ '보이다'는 '보다'의 피동사이다. 이는 행동의 주체를 드러내지 않음으로써 말하고자 하는 대상인 '게임 광고'를 부각하고자 사용한 것으로 볼 수 있다. 따라서 이를 젊은 층의 게임 광고 수용에 대한 자발적 의지를 나타내기 위해 사용하였다는 설명은 적절하지 않다.

③ ⓒ의 뒤에서 광고의 효과를 높이기 위해 분석해야 할 요소가 추가로 제시된다는 점을 고려할 때, ⓒ가 광고의 효과를 높이기 위해 분석해야 할 요소가 앞에서 제시한 것 이외에 더 존재함을 드러내기 위해 사용된 것이라는 설명은 적절하다.

④ ⓓ의 앞에는 광고의 효과를 높이기 위해 분석해야 할 요소에 대한 설명이, ⓓ의 뒤에는 버스 광고의 다양한 형태와 장점에 대한 설명이 제시되어 있다. 이를 고려할 때 ⓓ가 앞의 내용과 다른 내용으로 전환됨을 나타내기 위해 사용된 것이라는 설명은 적절하다.

⑤ '그'는 지시 대명사로서 앞에 나온 '버스 광고'를 가리킨다. 따라서 ⓔ가 앞에 나온 표현을 그대로 반복하지 않고 대신하기 위해 사용된 것이라는 설명은 적절하다.

답 ②

40 매체의 유형에 따른 특성 정답률 92.8%

정오답 ☑체크

✓ ❶ (가)의 '시간 관계상 하나만 읽어 드릴게요.'라는 진행자의 말을 고려할 때, (가)에서는 교내 방송 시간의 제약 때문에 정보의 양을 조절하고 있음을 알 수 있다.

② '불특정 다수'는 '특별히 정하지 아니한 많은 수.'를 뜻한다. (나)에서는 '상우', '민지', '보미'라는 특정된 개인 사이의 소통이 이루어지고 있으므로 불특정 다수의 수용자에게 정보를 제공하고 있다는 진술은 적절하지 않다.

③ (나)에서 '민지'의 발화 중 '지금 보미랑 과제 때문에 다른 대화방에서 얘기 중인데'라는 내용을 통해 (나)에서는 (가)에서와 달리 대화 목적에 따라 또 다른 온라인 대화 공간을 설정하고 있음을 알 수 있다.

④ (가)에서 진행자는 '잔잔한 배경 음악'과 함께 청취자의 사연을 읽어 주고 있다. 이와 달리 (나)에서는 음성 언어에 음향을 결합하여 정보를 생산하고 있는 부분을 찾아볼 수 없다.

⑤ (가)와 (나)에서는 모두 정보 생산자가 정보 수용자의 반응에 따라 정보 제시 순서를 바꾸는 부분을 찾아볼 수 없다.

답 ①

41 매체 언어와 개인적·사회적 소통 정답률 93.7%

정오답 ☑체크

① ㉠의 '민지한테 얘기 다 들었어.'라는 발화 내용을 고려할 때, 새롭게 대화에 참여한 '보미'는 '민지'를 통해 대화 맥락을 공유하고 있음을 알 수 있다.

② ㉡은 두 팔을 들어 큰 원을 만들고 있는 사람의 모습으로, 동의의 뜻을 나타내는 시각적 이미지인 그림말(이모티콘)이다. '민지'는 ㉡을 활용하여 '민지야, 네가 출연하면 어때?'라는 '상우'의 제안에 대하여 동의의 뜻을 나타내고 있다.

✓③ ㉢에서 '아까 학교에 얽힌 추억을 지혜가 기억하면 좋겠다고 했으니까'는 '상우'의 이전 발화 중 '지혜가 학교에 얽힌 추억을 기억할 수 있게'를 재진술한 것이다. '민지'는 이를 바탕으로, '네가 교문과 운동장에서 카메라를 보면서 지혜랑 얘기하듯이 말해.'라는 '상우'의 의견에 대해 '운동장에서는 지혜가 날 도와줬던 그때를 떠올리면서 지혜에게 얘기하듯이 말하면 되겠지?'라고 하며 영상을 효과적으로 표현하기 위한 의견을 제시하고 있다. 따라서 '상우'의 의견에 이의를 제기하고 있다는 진술은 적절하지 않다.

④ ㉣의 '대화 내용을 다시 보니까 장면 구상이나 각자 역할은 얘기했는데'는 진행된 대화 내용을 점검한 것이고, '촬영 날짜는 안 정했네.'는 영상 촬영과 관련해서 추가적으로 논의할 내용을 언급한 것이다.

⑤ ㉤에서 '상우'는 대화 참여자들의 의견을 취합할 수 있는 투표 기능을 활용하여 대화 참여자들에게 촬영이 가능한 날짜를 선택해 달라고 요청하고 있다.

답 ③

42 매체 언어의 표현 방법 정답률 79.8%

정오답 ☑체크

✓① (나)의 뒷부분에서 '교문에서 운동장까지 꽤 머니까 네가 운동장으로 이동하는 과정은 빼고 찍자. 교문과 운동장에서 각각 찍고 편집해서 이어 붙이자.'라는 '상우'의 제안에 대하여 '민지'가 '알겠어.'라고 하며 동의하고 있다. 따라서 '교문에서부터 운동장까지 끊지 않고 촬영하여'는 (나)의 대화 내용을 반영한 영상 제작 계획으로 적절하지 않다.

② (나)에서 '네가 교문과 운동장에서 카메라를 보면서 지혜랑 얘기하듯이 말해.'라는 '상우'의 제안에 대하여 '민지'가 동의하고 있다. ②는 이러한 대

화 내용을 반영한 것이므로 적절하다.

③ (나)에서 '상우'의 발화 중 '그다음에 교실로 올라가서 지혜가 즐겨 보던 운동장을 찍자.'라는 내용을 반영한 것이므로 적절하다.

④ (나)에서 '보미'의 발화 중 '그럼 운동장에 ♡를 크게 그리고, 민지가 사연으로 신청했던 노래의 제목을 그 안에 적어 놓자. 그렇게 하면 우리 마음이 드러날 것 같아.'와 (가)에서 '민지'가 신청한 노래 제목 '다시 만날 우리들'을 반영한 것이므로 적절하다.

⑤ (나)에서 '마지막에 우리가 지혜에게 하고 싶은 말을 하는 장면을 넣자. 영상 제목과 어울리게 '함께한 순간들 잊지 마.'라고 말할까?'라는 '상우'의 발화와 '그래, 우리가 세 글자씩 말하고, 화면에는 그 말이 한 문장으로 보이도록 하면 어때? 자막은 내가 넣을게.'라는 '보미'의 발화 내용을 반영한 것이므로 적절하다.

답 ①

43 매체 언어의 표현 방법 정답률 76.2%

정오답 ☑체크

① ㉠에서 보도의 주요 제재인 '탄소 중립 실천 포인트'를 부각하기 위해서 해당 글자를 다른 글자에 비해 더 크고 굵게 제시하였다.

✓② ㉡에서 '가입자 10만 명 돌파'는 기자의 발화 내용 중 '제도 실시 후 석 달 만에 십만 명을 돌파했습니다.'를 요약 진술한 것으로 볼 수 있다. 하지만 의문형으로 표현된 '나도 가입해 볼까?'는 기자의 발화 내용을 요약 진술하여 시청자의 이해를 돕고자 한 것이라기보다는 '탄소 중립 실천 포인트 제도' 가입에 대한 시청자의 관심을 유발하고자 한 것으로 볼 수 있다.

③ ㉢에서는 '전 국민 누구나'와 같이 제도에 가입 가능한 대상과 'point.□□.kr'과 같은 누리집 주소를 추가로 제시하여 정보의 구체성을 강화하고 있다.

④ ㉣은 관계자의 발화 내용을 자막으로 제시한 것으로, 의미를 정확하게 전달하기 위하여 '(현금이나 카드 포인트를)', '(앞으로)', '(홍보를 강화하겠습니다.)'와 같이 관계자의 발화에서 생략된 내용을 보완하여 제시하고 있다.

⑤ ㉤은 뉴스 내용과는 관련이 없는 내용으로, 뉴스 방송이 끝난 이후 방영될 프로그램에 대한 정보를 제시한 것이다.

답 ②

44 매체 언어의 표현 방법 정답률 55.4%

정오답 ☑체크

① ⓐ에서 보조 용언 '있다'는 '화제가 되고 있는'에 쓰이기 때문에 제도가 지속적으로 진행됨을 표현했다고 보기 어렵다.

② ⓑ의 '도'는 '이미 어떤 것이 포함되고 그 위에 더함의 뜻을 나타내는 보조사'이기 때문에 해당 문장에서는 '탄소 중립을 실천'함에 더해 '포인트를 받'음도 가능함을 표현하고 있다. 따라서 제도의 장단점을 아우르고자 하는 의도를 표현했다는 설명은 적절하지 않다.

③ ⓒ의 '자'는 '말이나 행동을 할 때 남의 주의를 불러일으키기 위하여 하는 감탄사'로, 누리집 가입을 재촉하려는 의도로 쓰인 것이 아니다.

④ ⓓ의 '-겠-'은 '주체의 의지를 나타내는 선어말 어미'이다. '-겠-'이 추측을 나타내는 데 쓰이기도 하지만 해당 문장에서는 추측의 의미가 나타나지 않는다.

⑤ ⓔ에 쓰인 '만큼'은 '뒤에 나오는 내용의 원인이나 근거가 됨을 나타내는 의존 명사'이다. ⓔ에서는 '만큼'을 통해 많은 국민이 동참해야 효과가 있는 제도라는 점이 이어지는 '참여도를 높이는 게 중요하'다는 내용의 근거임을 표현하고 있다.

답 ⑤

똑똑! 궁금해요

Q 선어말 어미 '-겠-'이 추측의 의미 외에 또 어떻게 사용되는지 예문과 함께 알려 주세요.

A 선어말 어미 '-겠-'은 '이다'의 어간, 용언의 어간 또는 어미 '-으시-', '-었-' 뒤, 그리고 다른 어미의 앞에 붙어 사용됩니다. '지금 떠나면 새벽에 도착하겠구나.'라는 예문을 보면 선어말 어미 '-겠-'이 미래의 일이나 추측을 나타내는 말임을 알 수 있습니다. '나는 시인이 되겠다.'라는 예문에서처럼 주체의 의지를 나타내기도 하지요. 또 '이걸 어떻게 혼자 다 하겠니?'에서처럼 가능성이나 능력을 나타내기도 하며, '들어가도 좋겠습니까?'에서처럼 완곡하게 말하는 태도를 나타내기도 하고, '별사람을 다 보겠다.'에서처럼 주로 부사 '다'와 함께 쓰여 헤아리거나 따져 보면 그렇게 된다는 뜻을 나타내기도 합니다. 따라서 선어말 어미 '-겠-'이 나왔다고 무조건 추측을 나타낸다고 단정 짓지 말고 문장 속에서 그 의미를 잘 따져 봐야 합니다.

45 매체 자료의 주체적 수용
정답률 79.5%

정오답 ☑ 체크

① 학생 1은 보도에서 제시한 '세제나 화장품의 용기를 다시 채워' 쓰는 것이 탄소 배출을 줄이는 효과에 한계가 있음을 지적하면서 실효성 측면을 부정적으로 판단하였다.

② 학생 2는 '다회용기 사용이나 전자 영수증 받기'와 같이 일상에서 쉽게 실천할 수 있는 방법을 알게 된 것에 대하여 긍정적으로 판단하였다.

③ 학생 3은 '과도한 탄소 배출 때문에 세계가 이상 기후로 몸살을 앓고 있는' 상황을 언급하면서 보도 내용이 시의적절하다고 보았다.

✓④ 학생 4는 인터넷이나 스마트폰 사용에 익숙하지 않은, 즉 누리집 접근에 어려움을 겪는 사람들도 좀 더 쉽게 가입할 수 있도록 이에 대한 방법을 제시하지 않은 것에 대한 아쉬움을 드러내고 있다. 그리고 제도의 실현 가능성 측면보다는 더 많은 사람의 동참을 이끌어 내기 위한 방법 제시 여부의 측면을 부정적으로 판단하였다.

⑤ 학생 5는 기존의 탄소 포인트 제도에 대한 구체적인 설명이 없어 기존 제도와 새로운 제도의 차이점을 모르겠다는 점을 지적하면서 보도 내용의 충분성 측면을 부정적으로 판단하였다.

답 ④

46 매체의 정보 구성 방식
정답률 90.7%

정오답 ☑ 체크

① (나)에 제시된 '배달 음식 주문할 때 다회용기 선택!', '세제나 화장품의 용기는 다시 채워 쓰기!', '물건 살 때 전자 영수증 받기!'는 (가)에 제시된 제도의 실천 항목 중 수용자인 청소년이 일상에서 실천할 수 있는 것을 선별하여 제시한 것으로 볼 수 있다.

② (나)는 (가)에 제시된 누리집 주소 이외에 QR 코드를 함께 제시하여 수용자가 좀 더 쉽게 누리집에 접속할 수 있도록 하였다.

③ (나)는 돼지 저금통과 돈의 이미지를 활용하여 탄소 중립 실천 포인트

제도에 가입함으로써 개인이 얻을 수 있는 경제적 혜택을 인상적으로 보여 주고 있다.

✓④ (나)에서는 (가)에 제시된 가입자 증가 현황 이외에 증가 원인을 추가한 부분을 확인할 수 없다. 그리고 제도 가입자가 지닌 환경 의식을 표현한 내용도 확인할 수 없다.

⑤ 불특정 다수의 시청자를 수용자로 삼는 (가)와 달리 (나)는 '◇◇고 친구들'로 수용자를 한정하고 있다. 또한 (나)에는 '◇◇고등학교 환경 동아리'라는 생산자가 명시되어 있다.

답 ④

47 매체의 정보 구성 방식
정답률 87.8%

정오답 ☑ 체크

✓① 진행자의 발화 중 '필요한 꽃잎 숫자만큼 반복해야 하는데 ~ 꽃잎을 이만큼 미리 만들어 뒀지요!'를 통해서 접속자의 흥미를 유지하기 위해 반복적인 과정을 생략하겠다는 기획 내용이 방송에 반영되었음을 확인할 수 있다. 필요한 숫자만큼 꽃잎을 만들어야 하지만 같은 과정을 반복적으로 제시할 경우 접속자들이 지루함을 느껴 이탈할 수 있다는 점을 고려한 것으로 볼 수 있다.

② 진행자의 발화 중 '혼자서 설명하고 시범까지 보이려니'를 통해서 제작진을 출연시켜 인두로 밀랍을 묻히는 과정을 함께해야겠다는 내용은 반영되지 않았음을 알 수 있다.

③ 진행자의 발화에서 마름질 과정에서 실수가 나올 것에 대비하여 미리 양해를 구하는 내용은 찾아볼 수 없다.

④ 진행자의 발화에서 방송에 대한 긍정적 평가와 고정 시청자 등록을 부탁하는 내용은 찾아볼 수 없다.

⑤ 진행자의 발화에서 마무리 인사 전에 채화 만드는 과정을 요약해서 다시 설명해 주는 내용은 찾아볼 수 없다.

답 ①

48 매체의 유형에 따른 특성
정답률 88.9%

정오답 ☑ 체크

① [A]에서 '빛세종'은 '채화'라는 단어의 글자 중 '채'의 뜻을 질문하여 진행자가 방송 내용을 보충하여 제시하도록 하고 있다.

② [B]에서 '햇살가득'은 만들 꽃을 골라 달라는 진행자의 발화에 대해 '월계화'를 만들어 달라고 밝힘으로써 진행자가 내용을 선정하는 데 관여하고 있다.

✓③ [C]에서 '꼼꼼미'는 방송에서 이미 제시된 내용을 다시 보여 줄 것을 요청하고 있다. 따라서 제시되지 않은 부분을 추가하도록 요청했다는 진술은 적절하지 않다.

④ [D]에서 '아은맘'은 진행자가 '궁중 채화 전시회가 다음 주에' 열릴 예정이라고 말한 것에 대해 '전시회 지난주에 이미 시작했어요.'라는 정보를 제공함으로써, 진행자가 제시한 내용 중 잘못된 부분을 인지하고 오류를 정정하도록 하고 있다.

⑤ [E]에서 '영롱이'는 '오늘 진짜 우울했는데' 방송을 보고 '기분이 좋아졌'다는 자신의 감정 변화를 제시함으로써 진행자와 정서적인 유대를 형성하고 있다.

답 ③

49 매체의 유형에 따른 특성 · 정답률 95.7%

정오답 ✅ 체크

① 기사의 상단에 (🔊 본문 듣기) 그림 단추(아이콘)를 배치한 것으로 보아, 수용자가 문자 언어뿐만 아니라 음성 언어로도 기사의 내용을 수용할 수 있음을 확인할 수 있다.

② SNS란 '소셜 네트워크를 형성하여 다른 사람들과 교류할 수 있도록 응용 프로그램이나 누리집 따위를 관리하는 서비스'이다. 기사의 상단에 (⌁ SNS로 전달) 그림 단추(아이콘)를 배치한 것으로 보아, 수용자가 기사의 내용을 다른 사람과 온라인으로 공유하는 것이 허용되어 있음을 확인할 수 있다.

③ 기사의 제목 아래 '최초 입력 2022. 09. 16. 09:37:53'과 '수정 2022. 09. 16. 10:12:34'의 날짜와 시간이 표시되어 있는 것을 통해 생산자가 기사를 입력한 이후에 기사를 수정했음을 확인할 수 있다.

✓❹ 기사 아래쪽에 표정 그림말(이모티콘)과 함께 '좋아요, 유용해요, 슬퍼요, 후속 기사 원해요'와 같은 '기사에 대한 독자 반응'이 있어, 수용자는 기사를 본 자신의 생각을 표시할 수 있고, 생산자는 이를 통해 기사에 대한 수용자의 반응을 확인할 수 있다. 그러나 이를 바탕으로 생산자가 기사의 유통 범위를 확인할 수 있는 것은 아니다.

⑤ 기사 하단의 '관련된 기사로 바로 가기'에 하이퍼링크 기능을 활용하여 밑줄 친 기사 제목 '– 기관지염, 고혈압 등에 효능이 좋은 배', '– [현장 스케치] ○○군 배 공동 선별 센터 작업 현장에 가다'를 클릭하여 해당 기사 화면으로 이동함으로써, 수용자가 기사 내용과 관련된 추가 정보를 얻을 수 있도록 안내하고 있음을 확인할 수 있다.

目 ④

똑똑! 궁금해요

Q 종이 신문 기사와 인터넷 신문 기사가 갖는 매체적 특성이 크게 다를까요?

A 종이 신문 기사와 인터넷 신문 기사 모두 기사문(사실을 보고 들은 대로 적은 글로 실제로 있었던 일이나 사건을 알려 주는 보도문)이기 때문에 신문 기사문의 기본 구성 요소를 갖추고 있어요.

신문 기사는 표제, 부제, 전문, 본문으로 구성됩니다. 표제는 제목, 헤드라인이라고 불리는데 전체 기사 내용을 대략 짐작할 수 있게 압축 요약한 문구이고, 부제는 표제를 보충하는 간결한 문구입니다. 전문은 육하원칙(누가, 언제, 어디서, 무엇을, 어떻게, 왜)에 따라 표제의 압축된 내용을 구체화하고 기사문의 핵심적인 내용을 요약한 문장이며, 본문은 전문에 포함된 내용에 기초하여 세부적이고 흥미 있는 사실을 상세하게 기술한 문장입니다. 필요에 따라 기사문의 끝에 독자들의 이해를 돕기 위해 참고 사항이나 설명을 덧붙이는 해설이 있는 경우도 있지요.

인터넷 신문 기사는 종이 신문보다 더 다양한 매체 언어(문자, 시각 자료, 음성 언어)를 사용하고, SNS로 전달하거나 스크랩 기능을 통해 다른 사람과 기사 내용을 공유할 수 있어요. 또 하이퍼링크를 통해 관련 기사도 열람할 수 있고, 댓글이나 그림말을 통해 독자의 반응(좋아요, 싫어요, 슬퍼요 등)을 표현하는 등 수용자의 참여가 가능해 종이 신문 기사에 비해 쌍방향성이 강조됩니다.

50 매체 자료의 생산 · 정답률 93.6%

정오답 ✅ 체크

① (가)에서 '배의 소비 활성화를 위해 온라인 판매처인 '○○ 온라인 알뜰

장터' 운영 지원을 시작할 예정'이라고 언급한 것을 (나)에서 '○○ 온라인 알뜰 장터'가 입력된 인터넷 검색창 이미지로 제시하여 수용자에게 못난이 배의 온라인 판매처를 소개하고 있다.

✓❷ (가)에 언급된 '일반 상품과 비교하여 맛에는 큰 차이가 없'다는 못난이 배의 맛에 대한 정보는 (나)에서 사각형 안의 '맛은 그대로'라는 문구로 제시되어 있다. (나)에는 배 재배 농민 손에 들린 바구니 안에 배가 가득 담긴 그림이 제시되어 있으나, 이 그림에 못난이 배의 맛과 영양에 대한 정보가 드러나 있지는 않다.

③ (가)에서 언급한 일반 배뿐 아니라 못난이 배와 못난이 배로 만든 가공식품의 소비 활성화에 중점을 둔 캠페인 관련 상품의 추가 정보를 안내하기 위해, (나)의 오른쪽 하단에 '배 가공식품 소개 웹 페이지'라는 글자와 화살표를 이용하여 해당 페이지로 연결되는 주소를 QR 코드로 제시하고 있다.

④ (나)에는 배가 가득한 바구니를 든 배 재배 농민의 이미지와 함께 (가)에 제시한 최□□ 씨의 인터뷰 내용 중 일부를 말풍선 안에 문구로 제시함으로써 수용자에게 못난이 배의 소비를 촉구하고 있다.

⑤ (가)에서 '못난이 배는 크기나 모양이 기준에 도달하지 못하거나 흠집이 있어 상품성이 다소 떨어지는 배를 말한다.'라고 못난이 배의 뜻을 설명하였다. (나)에서는 이를 '못난이 배란?', '크기나 모양이 기준에 미달되거나 흠집이 있는 배를 말합니다.'와 같이 간결하게 묻고 답하는 방식으로 제시하여, 홍보 인쇄물을 접한 수용자가 못난이 배의 의미를 알 수 있도록 밝혀 주었다.

目 ②

똑똑! 궁금해요

Q 최근 문제에 자주 등장하고 있는 QR 코드에 대해 알려 주세요.

A QR(Quick Response) 코드는 2차원 매트릭스 형태로 이루어진 정보 표시 방법입니다. 숫자, 영자, 한자, 한글, 기호 등 다양한 종류의 대용량 데이터를 신속하게 처리할 수 있으며 빠른 인식이 가능해요. 일본에서 개발된 QR 코드는 누구나 자유롭게 사용할 수 있는 공개 코드이고, 휴대 전화로 QR 코드를 스캔하여 인식하는 것만으로 손쉽게 누리집 사이트 등에 접속하여 다양한 정보를 확인할 수 있습니다. 최근 코로나바이러스감염증-19로 인한 QR 체크인(특정인의 방문 장소 기록을 남기는 일종의 신원 확인 방법)에 전국적으로 사용되기도 했습니다. QR 코드는 간편하고 편리한 사용법 덕분에 광고지, 명함, 전자 티켓, 결제 시스템, 공항 발권 시스템 등에 이르기까지 곳곳에 사용되어 우리 생활에서 빼놓을 수 없는 존재가 되었어요.

51 매체에 사용된 표현 · 정답률 84.9%

정오답 ✅ 체크

✓❶ 격 조사 '에서'는 단체를 나타내는 명사 뒤에 붙어 앞말이 주어임을 나타낸다. ㉠에 사용된 '에서'는 격 조사로, ○○군청이 배 재배 농가를 지원하는 사업의 주체임을 나타내는 기능을 하고 있다.

② 연결 어미 '–거나'는 나열된 동작이나 상태, 대상들 중에서 어느 것이든 선택될 수 있음을 나타낸다. 못난이 배의 판정 기준이 '크기나 모양이 기준에 도달하지 못한 것'과 '흠집이 있어 상품성이 다소 떨어지는 것'임을 병렬적으로 연결시켜 나타냈다.

③ 지시 대명사 '이것'은 바로 앞에서 이야기한 대상을 가리킨다. '못난이

배는 크기나 모양이 기준에 도달하지 못하거나 흠집이 있어 상품성이 다소 떨어지는 배를 말한다. 일반 상품과 비교하여 맛에는 큰 차이가 없음에도, 이것은 판매가 어려워'라고 했으므로 '이것'은 일반 상품과 비교가 되는 대상을 말한다. 따라서 '이것'이 가리키는 대상은 일반 상품 앞에 언급한 못난이 배이다.

④ 보조사 '도'는 이미 어떤 것이 포함되고 그 위에 더함의 뜻을 나타낸다. 따라서 '맛에는 전혀 차이가 없으니 안심하고 못난이 배도 많이 사 주세요.'라는 말은 못난이 배만 한정 지어 판매한다는 뜻이 아니라 일반 상품과 못난이 배를 함께 판매한다는 의미이다.

⑤ ⓜ의 '시작할'에 사용된 '-ㄹ'은 앞말이 관형어 구실을 하게 하고 추측, 예정, 의지, 가능성 등 확정된 현실이 아님을 나타내는 어미이다. ○○군수가 '○○ 온라인 알뜰 장터' 운영 지원을 시작할 예정이라고 한 말이 과거부터 온라인 알뜰 장터의 운영을 지원해 왔음을 나타냈다는 설명은 적절하지 않다.

답 ①

52 매체의 정보 구성 방식   정답률 77.4%

정오답 ☑체크

① 실험실에서 안전 장비를 제대로 착용하지 않고 실험을 하다가 부상을 입은 실제 사례의 영상과 실험실에서의 안전 수칙을 지키지 않아 일어난 폭발 사고의 실제 사례를 다룬 영상을 보여 주고 있으므로 적절한 설명이다.

② 연구소에서 조사한 통계 자료를 활용하여 학교 실험실 안전사고의 76%가 안전 불감증으로 인한 부주의에서 발생한 것임을 제시하고 있으므로 적절한 설명이다.

✓③ 뉴스에 보도된 내용을 활용하여 실험실 안전 수칙을 제대로 지키지 않아서 발생한 사고를 보여 주며, 실험을 할 때 안전 수칙을 준수하는 것의 중요성을 강조하고 있다. 따라서 뉴스에 보도된 내용을 활용하며 안전사고 유형별 대처 방안을 안내하고 있다는 설명은 적절하지 않다.

④ '□□고 안전 교육방'에 학생들의 참여를 유도하여, 채팅을 통해 안전사고와 관련된 질문을 받고 이에 대해 연구원이 실시간으로 답변을 해 주고 있으므로 적절한 설명이다.

⑤ 연구원이 안전사고의 위험성이 있는 화학 물질을 보여 주며, 화학 물질은 아주 적은 양이라도 격렬한 화학 반응을 일으킬 수 있기 때문에 실험을 할 때는 항상 경각심을 갖고 안전 수칙을 준수할 것을 당부하고 있으므로 적절한 설명이다.

답 ③

53 매체 수용자의 태도   정답률 83.5%

정오답 ☑체크

① '정민'은 방송에서 다룬 내용이 자신에게 유용한지를 점검하고 있지만, 응급 상황에서의 조치 방법이 어떤 사람에게 유용한지 점검하고 있지는 않다.

② '소희'는 연구원의 답변을 듣고 알코올램프를 사용할 때 주의를 기울여야겠다고 생각하고 있으나, 연구원의 답변 내용과 관련하여 실험할 때의 유의 사항에 관한 정보가 충분한지를 점검하고 있지는 않다.

③ '소희'는 연구원의 답변을 듣고 화학 물질의 특성을 잘 확인해야겠다고 생각하고 있으나, 안전 교육의 필요성을 뒷받침할 수 있는 자료가 타당한

지 점검하고 있지는 않다.

✓④ '성우'는 연구원이 학교 실험실 안전사고와 관련하여 제시한 자료가 충분한 조사를 통해 작성된 것인지 궁금해하며 자료가 믿을 만한지 점검하였다.

⑤ '성우'는 안전사고의 요인 중 안전 불감증으로 인한 부주의 이외에 연구원이 언급하지 않은 나머지 요인들에 대해 궁금해하고 있으나, 학생을 위주로 한 예방 대책의 장단점을 공평하게 다루고 있는지 점검하고 있지는 않다.

답 ④

54 매체 자료 수정 및 보완   정답률 87.0%

정오답 ☑체크

① 슬라이드 2~4의 제목을 고려하여 발표 내용에 적합하게 '안전사고의 세 가지 피해 유형'을 '안전한 실험을 위한 세 가지 수칙'으로 수정하는 것은 적절하다.

② 실험실에 비상 샤워기를 설치하는 것은 실험실에서 학생들이 안전 장비를 잘 갖추는 수준의 내용이 아니므로 삭제하는 것이 적절하다.

✓③ 실험실 비상구의 위치를 확인하는 것은 상위 항목인 '화학 물질을 다룰 때는 주의하세요.'에 어울리지 않는 내용이므로, 응급 상황에 대처하는 방법을 숙지하는 내용을 다루는 '슬라이드 4'로 이동하는 것이 적절하다. 따라서 '슬라이드 2'로 이동해야겠다는 수정 방안은 적절하지 않다.

④ '슬라이드 2, 3'의 제목 '첫 번째 수칙', '두 번째 수칙'은 아라비아 숫자(1, 2)와 함께 네모 상자 안에 들어 있는 반면 '슬라이드 4'의 제목 '세 번째 수칙'은 테두리 없이 로마자(Ⅲ)와 함께 쓰였으므로 이들의 형식을 통일해야겠다는 수정 방안은 적절하다.

⑤ ⓔ는 실험 도구의 이미지이다. 이는 응급 상황에 대처하는 방법과 관련이 없는 이미지이므로 내용에 어울리는 것으로 교체할 필요가 있다.

답 ③

55 매체 자료의 주체적 수용   정답률 72.5%

정오답 ☑체크

① 진행자는 김 기자가 전달한 폐기물관리법 시행규칙의 내용을 듣고 '제가 얼마 전에 수도권 여러 매립지의 포화 시점이 멀지 않았다는 내용을 보도한 적이 있었는데 이 시행규칙은 그것과 관련이 있겠네요?'라며 자신이 과거에 보도한 내용과 관련지어 이해하고 있다.

② 김 기자는 소각 시설 후보지로 선정된 △△ 지역 주민의 인터뷰를 제시하고, '이 지역을 위해 끝까지 맞서 싸우겠'다며 소각 시설 설치를 반대하고 있는 주민들의 반응을 전달하고 있다.

③ 박 기자는 소각 시설을 지하화하고 지상은 주민들이 여가를 즐기는 공원으로 조성한 모습이 담긴 동영상을 활용하여, 소각 시설의 지하화로 주민들이 우려했던 위화감을 최소화하고 주민들을 위한 편의 시설을 제공하여 문제 상황을 슬기롭게 해결한 ○○시의 사례를 제시하고 있다.

④ 진행자는 김 기자가 전달한 폐기물관리법 시행규칙과 관련하여 그것이 매립지의 포화 시점을 늦추는 데 상당히 도움이 되겠다는 자신의 의견을 덧붙이고 있다. 또한 박 기자가 전달한 동영상과 그에 대한 설명을 들은 후 그래도 소각 시설의 설치를 추진하는 과정에서 갈등이 적지 않았을 것이라고 생각한다는 자신의 의견을 덧붙이고 있다.

✓**⑤** 제시된 텔레비전 프로그램의 진행 과정에서 김 기자가 전달한 정보와 박 기자가 전달한 정보를 진행자가 종합하여 제시하고 있는 부분은 찾을 수 없다.

웹 ⑤

56 매체의 유형에 따른 특성
정답률 88.9%

정오답 ☑ 체크

① 앱 메인 화면에서 정보의 수용자는 여러 메뉴를 한눈에 확인할 수 있다. 하지만 원하는 메뉴를 선택하여 연결할 수 있으므로 생산자가 미리 정해 놓은 메뉴의 순서에 따라서만 정보 탐색이 가능한 것은 아니다.

② 생활 폐기물을 소각 처리하는 과정을 애니메이션으로 제작한 동영상은 제작자가 일방적으로 제시하는 자료이므로 쌍방향적 소통을 통한 정보의 생산이 가능하다고 할 수 없다.

✓**❸** '대기 오염 농도' 메뉴를 통해 정보의 수용자는 수시로 바뀌는 대기 오염 물질의 농도 변화를 바로바로 확인할 수 있다. 이를 통해 '○○시 소각 시설' 앱에서 정보의 수용자는 변화하는 정보에 실시간으로 접근할 수 있다는 특징을 확인할 수 있다.

④ 시설을 방문하여 둘러보고 싶을 때 '시설 견학 신청' 메뉴를 통해 신청이 가능하다는 것은 수용자가 미리 등록된 정보를 수정하여 배포하는 것과는 관계가 없다.

⑤ 시설에 제안하려는 의견이 있는 경우 로그인을 한 후 앱의 '의견 보내기' 메뉴를 이용할 수 있다고 했으므로, 수용자가 별도의 인증 절차 없이 의견 개진을 할 수 있다는 것은 적절하지 않다.

웹 ③

57 매체 자료 수용의 관점과 가치
정답률 77.9%

정오답 ☑ 체크

① 시청자 1은 '생활 폐기물을 소각하면 매립되는 양을 지금의 20% 이하로 줄일 수 있다고 했는데, 그 자료의 출처가 어디인가요?'라고 물으며 방송 정보의 신뢰성을 점검하였다.

② 시청자 2는 '이 방송은 같은 문제로 갈등을 겪고 있는 우리 지역에서 참고할 만한 좋은 내용'이라고 하며 방송 내용의 유용성을 점검하였다.

③ 시청자 3은 소각 처리 시설을 지하화하는 데에 반대하는 입장도 있을 것이라며, 소각 시설을 지하에 짓는 것이 지상에 짓는 것보다 비용이 더 많이 들어 난색을 표하는 지방 자치 단체도 있음을 언급하여 찬성 입장만 제시한 방송 내용의 공정성을 점검하였다.

④ 시청자 1은 '어떤 기준으로 소각 여부를 구분하는지까지 알려 줘야 하지 않을까요?'라며 생활 폐기물 소각 기준에 대해 방송에서 제시한 정보가 부족함을 언급하였다. 시청자 2는 소각 과정에서 생기는 대기 오염 물질을 정화하여 배출하는 것과 관련된 구체적인 수치나 기준이 제시되지 않았음을 지적하며 방송에서 제시한 정보가 충분한지 점검하였다.

✓**❺** 시청자 2는 지역 주민들과의 갈등 해소 과정과 관련하여, 텔레비전 프로그램 내용 중 생활 폐기물을 소각하는 과정에서 생기는 대기 오염 물질을 정화하여 배출한다는 것은 알겠지만, 배출되는 대기 오염 물질 농도의 구체적인 수치 및 안전과 관련한 대기 오염 물질 농도의 기준을 제시하지 않았음을 언급하였다. 시청자 3은 소각 처리 시설을 지하화하려면 지상에 짓는 것보다 비용이 더 많이 들어서 난색을 표하는 지방 자치 단체도 있다

며 텔레비전 프로그램에서 균형 있게 정보를 다루어 주었으면 좋겠다고 언급하였다. 이는 방송 프로그램에서 활용한 정보가 사실인지를 점검하는 것이 아니라, 전달한 정보가 충분한지를 점검하는 것과 관련이 있다.

웹 ⑤

58 매체 언어의 표현 방법
정답률 85.8%

정오답 ☑ 체크

① ⓐ는 앞으로 일어날 일에 대한 의지를 나타내는 말이므로 '그 지역을 위해 끝까지 맞서 싸웠다고'와 같이 과거 시제를 사용하는 것은 적절하지 않다.

② '저 지역을 위해 끝까지 맞서 싸웠다고'에서 '저'는 말하는 이와 듣는 이로부터 멀리 있는 대상을 가리킬 때 쓰는 관형사이므로 말하는 이에게 가까이 있거나 말하는 이가 생각하고 있는 대상을 가리킬 때 쓰는 말인 '그'로 바꾸어 써야 한다. 또한 과거 시제를 사용하고 있으므로 적절하지 않다.

✓**❸** 간접 인용은 원문의 뜻을 살리면서 화자의 문장으로 표현하는 인용법으로, 직접 인용을 간접 인용으로 바꾸어 표현하면 지시 표현, 종결 표현 등에 변화가 일어난다. '주민들이 "이 지역을 위해 끝까지 맞서 싸우겠습니다."라고 성토했습니다.'를 간접 인용이 포함된 문장으로 바꿀 경우, 말하는 이에게 가까이 있거나 말하는 이가 생각하고 있는 대상을 가리킬 때 쓰는 관형사인 '이'를 말하는 이에게 가까이 있거나 말하는 이가 생각하고 있는 대상을 가리킬 때 쓰는 말인 '그'로 바꾸어 써야 한다. 또한 앞말이 간접 인용되는 말임을 나타내는 격 조사인 '고'를 사용하여 '주민들이 그 지역을 위해 끝까지 맞서 싸우겠다고 성토했습니다.'와 같이 바꿀 수 있다.

④ '그 지역을 위해 끝까지 맞서 싸웠다라고'에서 '라고'는 앞말이 직접 인용되는 말임을 나타내는 격 조사이므로 '고'로 바꾸어 써야 한다. 또한 과거 시제를 사용하고 있으므로 적절하지 않다.

⑤ '저 지역을 위해 끝까지 맞서 싸우겠다고'에서 말하는 이와 듣는 이로부터 멀리 있는 대상을 가리킬 때 쓰는 관형사인 '저' 대신 말하는 이에게 가까이 있거나 말하는 이가 생각하고 있는 대상을 가리킬 때 쓰는 말인 '그'를 사용해야 한다.

웹 ③

똑똑! 궁금해요

Q 직접 인용과 간접 인용이 종종 헷갈릴 때가 있어요. 둘의 개념, 형식이 어떻게 다른가요?

'직접 인용'은 다른 사람의 말이나 글을 그대로 가져오는 인용으로, 인용한 문장의 앞뒤에 따옴표(" ", ' ')를 찍습니다. 직접 인용을 나타내는 직접 인용격 조사 '-(이)라고'를 앞말에 붙여 쓰거나 동사 '하다'의 활용형 '하고'를 앞말과 띄어 써요. 직접 인용은 원문의 형식과 내용을 그대로 따다가 보여 주기 때문에 원문 안에 있는 단어나 문장 구조분만 아니라 문장 부호, 맞춤법 등에 틀린 점이 있더라도 그대로 복사하여 보여 줍니다.
'간접 인용'은 다른 사람의 말이나 글의 뜻을 살리면서 화자의 관점에서 서술하는 인용으로, 대명사·공대법(남을 높여서 말하는 법)·시제 등이 화자의 관점에서 바뀌므로 주의해야 합니다. 간접 인용문에는 따옴표를 찍지 않으며 간접 인용을 나타내는 간접 인용격 조사 '-고'를 앞말에 붙여 써야 해요. 간접 인용은 실질적인 내용 전달을 목적으로 하기 때문에 원문 형식은 그대로 따오지 않고 그 내용만 옮겨 화자의 문장으로 표현합니다.

59 매체의 유형에 따른 특성　정답률 88.6%

정오답 ✔체크

① '현수'는 온라인 공간에서 이루어지는 화상 회의를 편리하다며 긍정적으로 평가하고 있다. 이는 물리적인 공간이 필요한 대면 회의에 비해 온라인 화상 회의가 공간의 제약이 덜하다는 점을 바탕으로 한 것이다.

✔❷ '가람'은 온라인 화상 회의가 대면 회의를 대신하여 진행되는 것이라는 점을 들어 카메라를 켜고 회의에 참여할 것을 제안하고 있다. 이는 카메라를 활용해 온라인상에서도 서로 얼굴을 보며 소통할 수 있다는 점을 바탕으로 한 것이다. '가람'이 회의가 이루어지는 시간이 제한됨을 언급하고 있는 부분은 찾아볼 수 없다.

③ '준영'은 학생들에게 자신의 목소리가 잘 들리냐고 질문한 뒤 화면 속의 학생들을 살피며 음성이 잘 전달되는지를 점검하고 있다.

④ '예나'는 파일 전송 기능을 활용하여 동아리 활동 발표회 일정표를 '준영'에게 제공하고 있다.

⑤ '현수'는 '○○ 공원 사진 촬영' 행사 동영상이 담긴 자신의 화면을 공유하며 슬라이드에 사진 대신 동영상을 삽입할 것을 제안하고 있다.

답 ②

60 매체 자료의 수정 및 보완　정답률 75.1%

정오답 ✔체크

① (가)에서는 '○○ 공원 사진 촬영' 행사와 관련하여 슬라이드에 사진 대신 동영상을 삽입하기로 협의하고 있다.

✔❷ (가)에서는 '사진 강연' 행사와 관련하여 슬라이드에 제시할 내용을 의논하며, 청중이 어떤 강연이었는지를 알 수 있도록 강연 일시와 장소뿐만 아니라 강연의 주제를 제시하기로 협의하고 있다. (나)의 '슬라이드 2'에는 강연 주제에 대한 정보가 제시되어 있지 않으므로 이를 추가하는 것은 적절하다.

③ '슬라이드 2'는 여름 행사인 '사진 강연', '슬라이드 3'은 가을 행사인 '옛날 사진관'이므로 계절 순서에 따라 적절하게 제시되어 있어 '슬라이드 2'와 '슬라이드 3'의 행사를 맞바꾸는 방안은 적절하지 않다.

④ '옛날 사진관' 행사는 촬영한 사진들을 궁금해하는 친구들이 많다고 하였다. 청중이 필요로 하는 정보를 제공하기 위해 슬라이드에 동아리 블로그에 접속할 수 있는 QR 코드를 삽입한 것이므로 '슬라이드 3'에 제시된 사진을 삭제하는 것은 적절하지 않다.

⑤ (가)에서는 슬라이드에 담긴 설명이 너무 많아진다는 점을 고려하여 '장수 사진 봉사 활동'에서 느낀 점을 발표자가 따로 언급만 하기로 협의하고 있다. 따라서 (나)의 '슬라이드 4'에 동아리 부원들이 행사에서 느낀 점을 추가하는 것은 적절하지 않다.

답 ②

61 매체 자료의 주체적 수용　정답률 89.0%

정오답 ✔체크

① 진행자는 △△ 신문의 내용은 전문가와의 면담을 포함하여 길게 다루고 있는 반면, □□ 신문의 내용은 '간단히 보면 '찾아가는 지문 등 사전등록제'를 실시하는 지역이 있다는 내용입니다.'라고만 간단히 언급하였다. 이를 통해 방송에서 □□ 신문보다 △△ 신문의 기사에 더 비중을 두고 있

음을 알 수 있다.

② 진행자는 시작 부분에서 '며칠 전 김 모 군이 가족의 품으로 ~ 대한 기사들이 많습니다.'라고 말하며 '지문 등 사전등록제'라는 시의성 있는 화제를 다룬 신문 기사들이 있음을 안내하고 있다. 그리고 세 신문의 기사 내용을 소개하며 '지문 등 사전등록제'에 대한 다양한 정보를 전달하고 있다.

③ 진행자의 '먼저 △△ 신문, 함께 보시죠.'라는 말과 함께 방송에서는 △△ 신문의 기사 내용 중 지문 등 사전등록 대상자들의 지문 등록률 관련 내용을 선별해서 화면에 확대하여 제시하고 있다.

✔❹ 방송 프로그램에서 진행자는 '지문 등 사전등록제'를 다룬 △△ 신문과 □□ 신문, ○○ 신문의 기사 내용을 소개하고 있다. 그러나 △△ 신문과 ○○ 신문의 기사 내용을 종합하는 말을 하지 않았고, 특정 화제에 대한 비판적 입장도 나타내고 있지 않다.

⑤ 전문가는 '지문 등 사전등록제'의 개념과 등록률이 저조한 이유를 묻는 진행자의 질문에 차례로 답하고 있다. 등록률이 저조한 이유에 대해서 답할 때는 △△ 신문에서 언급한 원인과 함께 '제가 볼 때는 개인 정보 유출에 대한 우려도 크게 작용했다고 생각합니다.'와 같이 자신의 의견을 덧붙이고 있다.

답 ④

도전 1등급 62 매체 언어의 표현 방법　정답률 37.0%

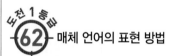

정답 해설 PLUS

ⓐ~ⓔ에 대한 설명으로 적절하지 않은 것은?

① ⓐ: 하십시오체 종결 어미 '-ㅂ니까'를 통해 시청자를 높이며 방송의 시작을 알리는 인사를 하고 있다.
　└ 상대 높임법의 하나. 상대편을 아주 높이는 종결형

② ⓑ: 접속 부사 '그래서'를 통해 앞 문장의 내용이 뒤에 이어지는 내용의 원인임을 드러내고 있다.
　　　　　└ 순접의 기능
　　　　└ 인과 관계

③ ⓒ: 보조사 '는'을 통해 '사전등록 정보'가 문장의 화제임과 동시에 주어로 사용됨을 보여 주고 있다. →사전등록 정보를 저장하고 있는 것이므로 목적어로 사용됨.

④ ⓓ: 연결 어미 '-면'을 통해 앞 절의 내용이 '사전등록 정보'가 '자동 폐기'되는 조건임을 나타내고 있다.
　　　└ 종속적 연결 어미

⑤ ⓔ: 보조 용언 '보다'를 통해 '앱'을 사용하는 것이 시험 삼아 하는 행동임을 나타내고 있다.
　　└ 본용언은 '사용하다'

함정 탈출 비법 많은 학생들이 ⑤를 정답으로 착각했는데, 이는 본용언과 보조 용언을 구별하지 못했거나 보조 용언 '보다' 앞의 '한번'이라는 부사의 쓰임을 제대로 파악하지 못했기 때문이라 할 수 있다. 본용언은 서술의 주된 의미를 나타내는 용언이며, 보조 용언은 본용언의 의미를 보충하는 용언이다. 부사 '한번'은 주로 '-어 보다'의 구성과 함께 쓰여 어떤 일을 시험 삼아 시도함을 나타내는 말이다. ⓔ '필요하신 분들은 앱을 한번 사용해 보시면'에서 '보시면'은 본용언 '사용하다'의 의미를 보충하는 보조 용언임을, '한번'이라는 부사를 통해 보조 용언 '보다'가 어떤 일을 시험 삼아 시도한다는 의미임을 파악할 수 있어야 한다.

매체 영역 문제지만 언어 영역의 문법 지식을 요하는 유형이므로 교과서 내의 기본적인 문법 개념들을 숙지하여 문제에 적절히 적용할 수 있도록 한다.

① ㉠은 방송의 시작과 함께 진행자가 한 인사말로, 진행자는 상대 높임을 위해 하십시오체 종결 어미 '-ㅂ니까'를 사용하고 있다.

② ㉡의 앞 문장은 김 모 군이 집으로 돌아온 사건에서 '지문 등 사전등록제'의 역할이 컸다는 내용이다. 이 문장은 오늘 기사들 중에 '지문 등 사전등록제'를 다룬 내용이 많다는 ㉡의 내용과 인과 관계를 맺고 있다. 접속 부사 '그래서'는 앞 문장과 ㉡의 내용이 인과 관계임을 드러내고 있다.

✔❸ ㉢에 쓰인 '사전등록 정보는'은 서술어 '저장하고 있습니다'의 목적어이다. 따라서 보조사 '는'이 '사전등록 정보'가 주어로 사용됨을 보여 주고 있다는 진술은 적절하지 않다.

④ ㉣에 쓰인 '-면'은 일반적으로 분명한 사실을 어떤 일에 대한 조건으로 말할 때 쓰는 연결 어미로, 선행절 '아동이 18세에 도달하다'와 후행절 '(사전등록 정보가) 자동 폐기되다'를 연결하고 있다.

⑤ ㉤에 쓰인 보조 동사 '보다'는 '어떤 행동을 시험 삼아 함.'을 나타내는 말이다.

🅐 ③

63 매체 자료 수용의 관점과 가치　　정답률 81.0%

① 시청자 1은 '신문에 나온 등록률 현황은 어디에서 조사한 것인가요?'와 같이 △△ 신문 기사의 내용과 관련하여 정보의 출처가 믿을 만한지 점검하고 있다. 하지만 시청자 2가 작성한 글에서는 정보의 출처가 믿을 만한지 점검하는 내용을 찾아볼 수 없다.

② 시청자 1과 4가 작성한 글에서는 모두 ○○ 신문 기사의 내용과 관련하여, 지문 등을 사전등록하는 방법에 대한 정보의 양이 충분한지 점검하는 내용을 찾아볼 수 없다.

③ 시청자 2는 △△ 신문 기사의 내용과 관련하여 '개인 정보 유출 문제'와 같은 지문 등 사전등록제의 단점을 충분히 언급하지 않은 것에 대해 지적하고 있다. 하지만 시청자 5가 작성한 글에서는 지문 등 사전등록제의 장단점을 공평하게 다루고 있는지 점검하는 내용을 찾아볼 수 없다.

✔❹ 시청자 3은 '누가 대상자인지 궁금했던 사람들'이 △△ 신문 기사의 내용에 대한 방송 내용을 통해 지문 등 사전등록제에 대해 알게 되었을 것이라고 하였고, 시청자 4는 '가족 중에 대상자가 있지만 저처럼 이런 제도가 있다는 것을 몰랐던 사람'에게 방송 내용이 도움이 될 것이라고 하였다. 시청자 3과 4는 모두 지문 등 사전등록제에 대해 다룬 △△ 신문 기사의 내용과 관련하여, 이 제도가 어떤 사람에게 유용한지 점검하고 있다.

⑤ 시청자 5는 지문 등 사전등록제의 효과에 대한 정보가 사실인지 점검하고 있다. 하지만 이 정보는 ○○ 신문 기사의 내용이 아니라 △△ 신문 기사의 내용이다. 방송 프로그램에서 소개한 ○○ 신문 기사의 내용에서는 지문 등 사전등록제의 효과에 대한 정보가 없다. 시청자 3이 작성한 글에서는 지문 등 사전등록제의 효과에 대한 정보가 사실인지 점검하는 내용을 찾아볼 수 없다.

🅐 ④

64 매체의 유형에 따른 특성　　정답률 90.0%

① ⓐ '첫 화면' 메뉴에서는 메뉴가 그림과 문자로 표현되어 있어서 수용자

가 메뉴 화면을 한눈에 보며 필요한 메뉴를 손쉽게 활용할 수 있다고 하였다. 지문에 주어진 '지문 등 사진등록 앱'의 화면을 보면 '첫 화면'을 보고 수용자가 할 수 있는 것은 다른 메뉴로 이동하는 것만 가능할 뿐이므로, 수용자가 이를 통해 대량의 정보를 요약하거나 이를 비선형적으로 표현할 수 있다는 것은 적절하지 않다.

② ⓑ '지문 등록' 메뉴를 눌러 언제 어디서든 대상자의 지문과 사진, 대상자와 보호자의 인적 사항 등을 등록할 수 있는 것은 생산자이다. 따라서 ⓑ에서 생산자가 등록한 정보를 수용자가 변형하거나 이를 배포할 수 있다는 것은 적절하지 않다.

③ ⓒ '함께 있어요' 메뉴에서는 게시판에 올라온 인적 사항과 사진들을 보면서 찾고 있는 사람이 있는지 알아볼 수 있다고 하였다. 수용자가 게시판을 통해 글과 이미지가 결합된 매체 자료에 접근할 수는 있지만 이를 수정할 수 있는 권한이 주어진 것은 아니므로, 수용자가 매체 자료에 접근하여 실시간으로 수정할 수 있음을 알 수 있다는 것은 적절하지 않다.

✔❹ ⓓ '같이 찾아요' 메뉴에서는 잃어버린 사람을 찾는 글을 올릴 수 있고(생산), 다른 사람의 글을 읽거나(수용) 다른 사람의 글에 댓글을 달 수도 있다고(생산) 하였다. 따라서 ⓓ에서, 매체 자료의 생산과 수용이 쌍방향적으로 이루어질 수 있음을 알 수 있다.

⑤ ⓔ '보호소' 메뉴는 지도 앱과 연동되어 있어서 인근에 있는 보호소의 위치를 바로 확인할 수 있다고 하였다. ⓔ에서 사용자는 보호소의 위치를 확인할 수 있을 뿐이므로, 매체 자료의 수용자가 생산자도 될 수 있음을 알 수 있다는 것은 적절하지 않다.

🅐 ④

65 매체 언어의 표현 방법　　정답률 90.0%

① (가)의 2문단과 3문단에서 글자의 굵기와 형태를 달리하여 강조한 내용('숲을 지킬 수 있어요.'와 '환경에 유해한 물질이 덜 발생해요.')은 재생 종이의 활용 사례가 아니라 재생 종이 사용의 필요성에 해당한다.

② (가)에서는 재생 종이와 관련된 각 문단의 중심 내용을 부각하기 위해 2문단과 3문단에서 글자의 크기와 굵기를 달리하고 있으나, 소제목을 사용하고 있지는 않다.

③ (가)의 2문단에서 종이를 만드는 데 필요한 나무를 인부들이 베고 있는 모습을 담은 사진 자료를 보여 주고 있지만, 종이를 만들기 위해 사라지는 숲의 면적을 보여 주는 동영상 자료가 활용되지는 않았다.

④ (가)의 2문단에서 '사무실에서 사용하는 복사지의 45%가 출력한 그날 버려'진다는 사실은 언급하고 있지만, 이와 관련한 사진 자료를 함께 제시하지는 않았다.

✔❺ (가)의 2문단에서 언급한 '숲을 지켜야 하는 이유를 알고 싶으면 이전 글 숲의 힘(👆클릭)을 참고해 주세요.'에서 하이퍼링크 기능을 활용하여 숲을 지켜야 하는 이유를 다룬 다른 게시물을 참고할 수 있도록 안내하였음을 확인할 수 있다.

🅐 ⑤

66 매체 언어의 표현 방법　　정답률 80.0%

① (가)의 3문단에서는 종이 생산 과정에서 발생하는 유해한 물질(이산화

탄소, 폐기물)의 양이 제시되어 있지만, (나)의 #3과 #4에서는 종이 생산 과정에서 발생하는 유해한 물질의 양만 제시하지 않고, 생산 과정에 투입되는 에너지의 양도 추가하여 정보를 보강하였다.

② '복합 양식성'이란 하나의 매체에서 소리(음향), 음성, 시각 자료(그림, 사진 등), 문자 언어, 동영상 등이 복합적으로 결합하는 특성을 말한다. (가)의 1문단에서는 재생 종이의 정의를 문자 언어로만 제시하고 있지만, (나)의 #1에서는 시각 자료와 문자 언어, 음성(내레이션)을 결합하여 제시하고 있다.

✓❸ (가)에서 재생 종이 사용의 필요성을 제시한 것은 2문단과 3문단이다. 2문단에서 제시한 내용은 (나)의 #2에서 배경 음악과 내레이션을 포함한 화면으로 구성하였고, 3문단에서 제시한 내용은 에너지 투입량 관련 내용을 보완하여 (나)의 #3과 #4에서 배경 음악 없이 내레이션만 포함된 화면으로 구성하였다. 즉 (나)에서 재생 종이 사용의 필요성과 관련하여 구성한 화면은 배경 음악과 내레이션을 포함한 화면 #2와 배경 음악 없이 내레이션만 포함된 화면 #3과 #4로, 총 3개이다.

④ (가)의 3문단에서는 일반 종이와 재생 종이의 생산 과정에서 각각 발생하는 유해 물질의 양적 차이를 제시하고 있다. (나)의 #3에서는 일반 종이의 생산 과정에서 발생하는 유해 물질의 양을, #4에서는 재생 종이의 생산 과정에서 발생하는 유해 물질의 양을 그래프로 제시하면서 이를 설명하는 내레이션을 포함하고 있다.

⑤ (가)의 2문단에서는 재생 종이를 사용하면 숲을 지킬 수 있다는 내용을 다루고 있다. 이 내용을 (나)의 #2에서는 잘린 나무 밑동이 사라지며 나무 그림이 나타나는 화면과 내레이션으로 표현하고 있으며, 이에 어울리는 배경 음악도 무거운 느낌에서 경쾌한 느낌의 음악으로 변화를 주며 효과적으로 표현하고 있다.

답 ③

67 매체 자료의 주체적 수용   정답률 86.0%

정오답 ☑체크

① (가)에는 청소년 사회 참여의 개념, 청소년 사회 참여에 관한 보고서 내용과 통계 자료, 전문가의 견해와 참여 학생의 소감 등이 제시되어 있다. 다양한 이론을 종합한 내용은 확인할 수 없다.

✓❷ (나)에서 '카드 1'과 '카드 2'는 각각 (가)에 제시된 '○○ 기관 보고서'와 '○○ 기관 통계 자료'라는 출처를 밝히지 않고 있다. 정보의 출처가 표시되지 않은 자료를 수용할 때는 제시된 정보가 신뢰할 수 있는 것인지를 확인해야 한다.

③ (나)는 청소년의 사회 참여 실태와 청소년의 사회 참여가 확산되기 어려운 이유, 청소년의 사회 참여 활성화의 방향을 다루고 있다. 의견이 대립하고 있는 상황을 다루고 있지 않다.

④ (가)와 (나)에서 예상되는 반론에 반박하는 내용은 찾아볼 수 없다.

⑤ (가)는 보고서 내용과 통계 자료, 전문가의 견해와 참여 학생의 소감 등을, (나)는 청소년의 사회 참여 실태와 청소년의 사회 참여가 확산되기 어려운 이유, 청소년의 사회 참여 활성화의 방향을 제시하고 있다. 작성자의 주장은 나열되어 있지 않다.

답 ②

68 정보 전달과 설득   정답률 87.0%

정오답 ☑체크

① (가)의 1문단에서는 '청소년도 사회 참여가 필요하다.'라고 응답한 청소년이 88.3%에 달한다고 하였다. '카드 1'에서는 이러한 청소년의 인식을 효과적으로 보여 주기 위해 청소년이 직접 '청소년도 사회 참여가 필요합니다.'라고 의견을 말하는 이미지를 제시하고 있다.

② (가)의 2문단에서는 사회 참여 활동 경험이 있다고 응답한 청소년이 21%에 그쳤다고 하였다. '카드 2'에서는 이 통계 자료를 원그래프로 시각화하여 보여 줌으로써 청소년의 사회 참여 비율이 적다는 문제 상황을 드러내고 있다.

✓❸ (가)에서 청소년이 기관 중심의 사회 참여를 선호한다는 내용은 찾아볼 수 없다. '카드 3'에서 기관의 이미지를 청소년의 이미지보다 더 크게 그린 것은, 현재의 청소년 사회 참여 활동이 기관을 중심으로 운영된다는 것을 드러내기 위한 것으로 볼 수 있다.

④ (가)의 3문단과 4문단에서는 청소년의 사회 참여 활동을 기관 중심의 참여와 청소년 주도의 참여로 나누어 진술하고 있다. '카드 4'에서는 악수하는 이미지를 통해 청소년 사회 참여 활동의 두 가지 유형이 서로 조화를 이루어야 한다는 메시지를 전달하고 있다.

⑤ (가)의 4문단에서는 청소년의 사회 참여 활동의 필요성과 청소년 사회 참여 활성화의 방향에 관한 김◇◇ 교수의 말을 인용하고 있다. '카드 4'에서는 김◇◇ 교수의 말 중에 청소년 사회 참여 활성화의 방향에 해당하는 내용만 문구로 제시하고 있다.

답 ③

69 매체 언어의 표현 방법   정답률 88.0%

정오답 ☑체크

① ㉠에서는 의문형 종결 어미 '-ㄴ가'를 활용하여 해당 기사문의 화제를 드러내는 제목을 의문문으로 제시하고 있다.

② ㉡에서는 '그 수가 예상보다 상당히 많음.'을 나타내는 부사 '무려'를 사용하여 88.3%라는 응답 비율이 높은 수치임을 강조하고 있다.

✓❸ ㉢은 '청소년이 주도하는 사회 참여 활동 기회가 부족하-'와 '참여가 확산되지 못하고 있-'이 연결 어미 '-여'로 이어져 있다. 여기서 앞 절의 내용은 뒤 절 내용의 까닭이나 근거에 해당한다.

④ ㉣에서는 피동 표현 '-어지다'를 활용하여 행위의 주체, 즉 '누가 사회적 분위기를 만드는가'보다는 '사회적 분위기'라는 행위의 대상에 초점을 두어 서술하고 있다.

⑤ ㉤에서는 간접 인용격 조사 '고'를 통해 김 모 학생의 발화를 전달하고 있다.

📖 ③

70 매체의 정보 구성 방식　　　정답률 84.0%

정오답 ☑ 체크

① (나)에서 청소년의 사회 참여가 필요한 이유는 언급하지 않았다. 하지만 '카드 A'에 제시된 설문 조사 자료는 학생들이 사회 참여 활동을 하지 않는 이유를 보여 주는 것이므로, 이를 청소년의 사회 참여가 필요한 이유를 보여 주는 자료로 활용하는 것은 적절하지 않다.

② (나)에서 청소년 주도의 사회 참여 기회가 부족하다는 것을 직접적으로 지적하지는 않지만 '카드 3'과 '카드 4'를 통해 추측할 수 있다. 이를 보완하기 위해서는 청소년 주도의 사회 참여 기회가 부족한 이유 또는 그 해결 방안 등의 내용을 추가할 수 있다. 또한 '카드 A'는 우리 학교 학생 중 사회 참여 경험이 없는 학생들에게 그 이유를 물은 결과이기 때문에 이를 우리 학교 학생들의 사회 참여 이유를 제시하는 자료로 활용하는 것은 적절하지 않다.

③ (나)의 '카드 3'에서는 청소년 사회 참여 확산이 어려운 이유는 현재의 청소년 사회 참여가 기관을 중심으로 이루어지기 때문이라고 제시하고 있다. 따라서 (나)에서 청소년 사회 참여 확산이 어려운 이유를 언급하지 않았다는 진술은 적절하지 않다.

④ (나)에서 사회 참여가 청소년에게 미치는 영향을 강조한 내용은 찾아볼 수 없다. 또한 '카드 B'의 내용도 이와 관련이 없으므로 활용 방안으로 적절하지 않다.

✓❺ (나)에서는 청소년이 주도적으로 사회 참여를 할 수 있는 구체적인 방법을 제시하지 않았다. 따라서 '카드 B'를 활용하여 '우리 학교 쓰레기 분리배출 캠페인'과 '우리 학교 앞 신호등 설치 건의'와 같이 우리 학교 학생들이 실천할 수 있는 구체적인 방법을 제안할 수 있다.

📖 ⑤

71 매체의 유형에 따른 특성　　　정답률 92.0%

정오답 ☑ 체크

① (가)에서 '하진'의 첫 번째 발화 중 '학생들 사연을 받아서 연재하니'와 네 번째 발화 중 '많은 독자들의 조언을 듣고 싶다고 했으니'를 통해 웹툰 제작자가 웹툰을 제작하기 위해 사연 신청자의 요청을 반영할 수 있다는 것을 알 수 있다.

② (가)의 '20□□. 08. 12.' 대화 내용을 통해 웹툰 제작자가 댓글이나 별점을 통해 독자의 반응을 확인할 수 있다는 것을 알 수 있다.

③ (나)에서 '파도'와 '솜사탕'이 주고받은 댓글의 내용을 통해 웹툰의 독자가 댓글로 서로 공감하며 상호 작용하고 있음을 알 수 있다.

④ (나)에는 웹툰 끝에 사연 게시판으로 이동할 수 있는 하이퍼링크가 제시되어 있으며, '아래를 클릭하면 '사연 게시판'으로 이동!'을 통해 웹툰 독자가 하이퍼링크를 클릭해 웹툰 제작자가 지정한 '사연 게시판'으로 이동할 수 있음을 알 수 있다.

✓❺ 누리집은 매체의 특성상 매체 자료의 생산자와 수용자 사이의 소통이 비교적 용이하게 이루어질 수 있다. 그러나 (나)에서 웹툰의 독자와 웹툰 제작자가 이미지에 담긴 의미에 대해 직접 묻고 답하는 부분은 확인할 수 없다.

📖 ⑤

72 매체 언어의 표현 방법　　　정답률 80.0%

정오답 ☑ 체크

① (가)에서 '주혁'은 '장면이 세로로 이어지니까, 이걸 고려해서 시각적으로 표현하면 좋겠어.'라고 하였다. 이를 반영하여 (나)에서는 장면이 제시되는 세로 방향으로 숫자를 달리한 달력 그림들을 배열하여 시간의 경과를 표현하였다.

✓❷ (가)에서 '하진'은 '한 달 동안 두 사람이 느꼈을 감정을 비교하기 좋게 양쪽으로 배치해 보면 어떨까?'라고 제안하였고, '우주'는 '하진'의 의견을 수용하고 있다. 이를 고려할 때, (나)에서 화면을 세로로 분할한 것은 한 달 동안 두 사람이 느꼈을 감정을 비교하기 위한 것임을 알 수 있다. 따라서 한 인물이 겪는 두 가지 사건을 비교하기 위해 화면을 세로로 분할했다는 내용은 적절하지 않다.

③ (가)에서 '우주'는 '친구 사이가 점점 멀어지는 건 둘 사이의 간격으로 보여 줄게.'라고 하였다. 이를 반영하여 (나)에서는 시간의 경과에 따라 인물들 사이에 여백을 두어 점차 간격이 벌어지게 그렸다.

④ (가)에서 '하진'은 '속마음은 표정이나 몸짓에서 드러나게 해야겠지?'라고 하였고, '주혁'은 '사연을 보낸 학생이 느낀 감정들은 다른 방법으로 좀 더 분명하게 표현해 줘.'라고 하였다. 이를 반영하여 (나)에서는 친구의 속마음은 표정이나 몸짓만으로 표현하되, 사연을 보낸 학생의 속마음은 표정이나 몸짓뿐만 아니라 글로도 적어 분명하게 표현하였다.

⑤ (가)에서 '하진'은 '많은 독자들의 조언을 듣고 싶다고 했으니 마지막 부분에 말풍선과 문구를 활용해서 유도해 줘.'라고 하였다. 이를 반영하여 (나)에서는 마지막 부분에 말풍선을 의도적으로 비우고, 말풍선 밑에 댓글 참여를 권유하는 문구를 제시하였다.

📖 ②

73 매체의 유형에 따른 특성　　　정답률 87.0%

정오답 ☑ 체크

① 기사의 아래에 '↷ SNS에 공유' 기능을 제공하여 기사를 누리 소통망[SNS]에 공유할 수 있도록 하였다. 하지만 이러한 공유 기능을 통해 기사 내용을 직접 수정할 수 있는 것은 아니다.

② 기사의 아래에 '👍 좋아요(213), 👎 싫어요(3)' 기능을 제공하여 기사에 대한 수용자들의 선호를 확인할 수 있도록 하였다. 하지만 이 기능은 수용자들의 선호를 반영할 뿐 이를 바탕으로 기사에 제시된 정보의 신뢰도를 검증할 수는 없다.

✓❸ 웹 페이지 화면 하단부에 '관련 기사(아래를 눌러 바로 가기)'를 제공하여 기사와 연관된 다른 기사를 열람할 수 있도록 하였다. 수용자는 제시된 기사 중에서 관심이 있는 기사를 선택하여 정보를 추가로 확인할 수 있다.

④ 기사에는 문자뿐만 아니라 사진과 그래프 등의 양식이 복합적으로 사용되었다. 사진, 그래프와 같은 시각 자료를 통해 기사 내용의 이해를 돕고 있지만, 청각을 결합한 부분은 찾아볼 수 없다.

⑤ 기사의 하단에 최초 작성 시간과 수정 시간이 나란히 제시되어 있지만, 이 정보는 다른 수용자들이 기사를 열람한 시간과는 관련이 없다.

답 ③

74 정보 전달과 설득
정답률 49.0%

정답 해설 PLUS

〈보기〉를 참고할 때, [A]에 대한 반응으로 적절하지 않은 것은? [3점]

─── 보기 ───

기자는 취재한 내용을 단순히 나열하는 것이 아니라, 전달하고자하는 바를 효과적으로 드러내기 위해 취재 내용 중 일부를 선별하고 그중 특정 내용을 부각하는 방식으로 기사를 구성한다. 따라서 기사를 분석할 때에는 기사 자체의 내용뿐 아니라 정보를 배치하는 방식, 시각 자료의 이미지 활용 방식 등 정보가 제시되는 양상도 살펴봐야한다.

① 사업을 추진하게 된 배경을 부각하기 위해 체류형 관광이 어려운
○○초등학교를 숙박 시설로 조성하는 사업 / 지역 관광지로서 인기를 끌고 있으나 인근에 숙박 시설이 거의 없음.
실정이라는 내용에 이어 시각 자료를 배치한 것이겠군.

② 지역 관광객의 증가 추세를 부각하기 위해 △△군 관광객 수 추이
31만 명 → 79만 명 → 168만 명
를 제시할 때 화살표 모양의 이미지를 활용한 것이겠군.
점점 굵어지고 우상향하는 형태의 화살표로 표현함.

③ 체류형 관광의 경제적 효과를 부각하기 위해 여행 유형에 따른 지
지폐가 쌓인 이미지를 통해 차이를 강조함.
출액의 차이를 이미지로 강조하여 제시한 것이겠군.

④ 체류형 관광 지출액의 증가 현상을 부각하기 위해 관광객 수와 여
확인할 수 없음. ✗ 매년 증가함.
행 지출액에 대한 시각 자료를 나란히 배치한 것이겠군.
당일 여행보다 숙박을 하는 경우 지출액이 높음.

⑤ 지역 경제에 끼칠 긍정적 영향을 부각하기 위해 사업에 우호적인
의견을 선별하여 구체적으로 제시한 것이겠군.
사업에 대한 우려 의견은 인용하지 않고, 사업에 우호적인 오□□ 박사의 말만 인용함.

함정 탈출 비법 〈보기〉에서 기자는 전달하고자 하는 바를 효과적으로 드러내기 위해 내용을 선정하고, 특정 내용을 부각하여 기사를 구성한다고 하였다. △△군민신문의 이◇◇ 기자는 ○○초등학교를 숙박 시설로 조성하는 사업에 부정적인 의견이 있다고 언급은 하면서도 이를 자세히 다루지 않고, 지역 경제 활성화에 도움이 될 것이라는 전문가의 긍정적인 의견만을 인용하고 있다. 또한 숙박 시설이 부족하기 때문에 체류형 관광이 어려운 △△군의 현실을 부각하기 위해 '△△군 관람객 및 숙박 시설 수 추이'와 '여행 1회당 지출액'을 그림으로 나타내어 ○○초등학교를 숙박 시설로 조성하는 사업에 대한 타당성을 부여하고 있음을 알 수 있다.

정오답 체크

① '인근에 숙박 시설이 거의 없어 체류형 관광객을 유인하는 데 한계가 있다는 평가를 받아 왔다.'라는 내용 뒤에 시각 자료를 배치하여 ○○초등학교를 숙박 시설로 조성하는 사업을 추진하게 된 배경을 부각하고 있다.

② 왼쪽에 배치된 시각 자료에서는 △△군 관광객 수가 늘어나고 있는 현상을 시각적으로 강조하기 위해 우상향하는 화살표 모양의 이미지를 활용하고 있다.

③ 오른쪽에 배치된 시각 자료에서는 여행 유형에 따른 지출액의 차이를 지폐 이미지를 활용한 그래프로 제시하여 체류형 관광의 경제적 효과를 부각하고 있다.

④ [A]에는 '△△군 관광객 및 숙박 시설 수 추이'와 '여행 1회당 지출액'에 대한 시각 자료가 나란히 배치되어 있다. 왼쪽의 시각 자료는 △△군 관광객 수가 해마다 늘어나고 있는 것에 비해 숙박 시설 수는 증가하지 않았다는 사실을 보여 주고 있으며, 오른쪽의 시각 자료는 당일 관광보다 체류형 관광에서 여행비 지출이 많다는 사실을 보여 주고 있다. 이들 시각 자료를 통해 체류형 관광 지출액이 증가하고 있는 현상은 확인할 수 없다.

⑤ 사업에 우호적인 의견을 담고 있는 지역 경제 전문가 오□□ 박사의 말을 직접 인용하여 △△군이 추진하는 사업이 지역 경제에 끼칠 긍정적 영향을 부각하고 있다.

답 ④

75 매체 언어의 표현 방법
정답률 90.0%

정오답 체크

① 기사의 제목 '○○초등학교, 특색 있는 숙박 시설로 다시 태어난다'를 활용하여 '○○초등학교, 폐교의 재탄생'이라는 제목을 넣어 도입 장면을 구성하는 계획은 적절하다.

② 시설 조성으로 달라질 전후 상황을 서로 대비가 되는 배경 음악과 이미지를 통해 전달하는 계획은 적절하다.

③ 학생이 작성한 메모 중 '셋째 장면(#3)'에서는 '건물 내부와 외부에 조성될 공간의 구체적 모습을 방문객의 동선에 따라 순차적으로 제시'한다고 하였다. 하지만 '영상 제작 계획'의 셋째 장면(#3)에서는 메모의 내용과 달리 주요 시설을 건물 내부 공간과 외부 공간으로 나누어 한눈에 볼 수 있도록 항목화하여 제시하고 있으므로, 메모를 반영한 영상 제작 계획으로 적절하지 않다.

④ 숙박 시설을 중심에 배치하고 숙박 시설과 인근 관광 자원과의 거리를 표시하여, ○○초등학교가 지리적으로 지역 관광의 거점이 될 수 있다는 점을 전달하고 '지역 경제 활성화'라는 자막을 구성하여 기대 효과를 드러내는 계획은 적절하다.

⑤ 기사의 댓글 내용을 반영하여 가족 단위 관광객이 즐겁게 시설을 이용하는 모습을 연속적인 그림으로 제시하는 계획은 적절하다.

답 ③

76 매체의 정보 구성 방식
정답률 71.0%

정오답 체크

① (가)의 [장면 4]에서 다룬 수용자의 설문 조사 결과는 소비자들이 휴대용 선풍기를 구매하는 기준을 알려 주고 있다. 수용자의 설문 조사 결과를 다루었다는 점이 수용자들이 뉴스의 정보를 주체적으로 구성하고 있음을 보여 주지는 않는다.

② '진행자'의 '더워지는 요즘, 판매량이 급증하고 있는 제품이 있습니다. 휴대용 선풍기인데요.'라는 말과 '박 기자'의 보도 내용을 통해 (가)가 제품의 판매량이 늘고 있는 시기에 소비자에게 필요한 정보를 제공하는 뉴스임을 알 수 있다.

③ (나)에는 제품의 주된 소비자층이 누구인지 명시적으로 나타나 있지 않다.

④ (가)의 [장면 3]에서 시민 인터뷰가 제시되고 있으나, 여러 소비자와의 인터뷰가 아닌 한 명의 소비자와의 인터뷰 영상만 제시되고 있다.

II
매체

⑤ (나)는 제품의 디자인을 강조하는 내용을 주로 제시하고 있다. 따라서 (나)가 소비자가 알고자 하는 점을 상세하게 밝히고 있다고 볼 수는 없으며 담고 있는 정보의 양도 (가)에 비해 적다.

目 ②

똑똑! 궁금해요

Q 인쇄 매체와 텔레비전 매체의 정보의 양과 질이 어떻게 다를까요?

A 인쇄 기술의 발달로 책이 다량으로 보급되면서 과거에 비해 지식 정보를 널리 공유할 수 있게 되었습니다. 책, 신문, 잡지 등의 인쇄 매체는 일반적으로 전문성과 신뢰성 있는 정보의 출처로 인정받고 있어요. 전자 기술의 발달로, 텔레비전 매체는 인쇄 매체보다 훨씬 더 많은 사람에게 지식과 정보를 전달하기가 용이해졌습니다. 또한 영상 언어를 통해 책에 비해 입체적으로 정보를 제공할 수 있어 실재감이 높아 대중들에게 큰 영향을 미치고 있답니다.

77 매체의 언어적 특성 정답률 81.0%

정오답 ✅체크

✓❶ ⊙은 의문형 어미를 사용하여 의문문의 형태를 띠고 있지만, 진행자가 자신이 궁금한 내용을 시청자에게 묻는 것이라고 볼 수 없다. ⊙에는 어떤 휴대용 선풍기를 선택하는 것이 좋을지에 대한 시청자의 궁금증을 유발하여 시청자가 관심을 갖도록 하려는 진행자의 의도가 담겨 있다.

② ⓛ은 명사 '휴대용 선풍기'로 문장을 마무리하여 시청자가 뉴스에서 나루고자 하는 대상인 휴대용 선풍기에 주의를 집중하게 하였다.

③ ⓒ의 앞에서는 휴대용 선풍기를 구매하는 다양한 기준을 소개하고 있으며, ⓒ에서는 제품을 선택할 때 안전성을 고려해야 한다고 언급하고 있다. 화제가 전환되고 있으므로 '그런데'라는 접속 표현을 사용하였다.

④ ⓔ에서 '박 기자'는 질문을 던지고, 그 질문에 대해 스스로 답하고 있다. 이러한 방식을 통해 뉴스의 핵심 정보에 대해 시청자들의 주의를 끌고 있다.

⑤ 뉴스에서 '박 기자'는 휴대용 선풍기를 구매할 때 안전성을 고려해야 한다는 사실을 강조하고 있다. 특히 뉴스의 마지막 발화인 ⓜ에서 안전성을 고려하여 제품을 구매하는 것에 '현명한 선택'이라는 가치를 부여하여, 시청자들에게 보도 내용을 고려하여 제품을 선택하여야 함을 전달하고 있다.

目 ①

78 매체 언어의 표현 방법 정답률 59.0%

정오답 ✅체크

① (나)는 '디자인의 새로운 바람을 일으키다'라는 문구를 바람의 움직임을 연상하게 하는 곡선의 형태로 배치하였다. 이러한 배치는 바람을 일으키는 휴대용 선풍기의 쓰임새를 떠올리게 한다.

② '자료'는 '자사 기존 제품 대비 30% 강력해진 풍력'이라는 문구로 기존 제품과 비교하여 광고하고자 하는 제품의 풍력이 더 세졌다는 정보를 제공하고 있다. (가)에서 소비자들이 휴대용 선풍기를 구매하는 첫 번째 기

준으로 언급한 풍력과 같은 제품 성능을 강조했다는 점을 고려할 때, 제품이 소비자들이 중시하는 구매 기준에 부합한다는 점을 부각한 것으로 볼 수 있다.

③ '자료'는 '안전을 보증하는 KC 인증'이라는 문구와 'KC 마크 이미지'로 제품의 안전성을 드러내고 있지만, (나)에는 제품의 안전성을 드러내는 표현이 없다.

④ (나)는 '디자인'이라는 단어를 반복적으로 사용하여 제품의 디자인을 강조하고 있다. '자료'는 '내 손 안의 태풍'이라는 비유적 표현으로 제품이 지닌 강력한 풍력을 강조하고 있다.

✓❺ (나)가 유명인의 이미지를, '자료'가 제품의 이미지를 제시하고 있는 것은 맞지만, (나)의 이미지는 제품의 우수한 성능과 직접적인 관련이 없다. 따라서 각 이미지를 통해 제품의 성능이 우수함을 강조하고 있다는 진술은 적절하지 않다.

目 ⑤

똑똑! 궁금해요

Q 지문에 나온 잡지와 같은 인쇄 매체에서는 어떤 창의적 표현을 사용하나요?

A 인쇄 매체는 문자 언어를 중심으로 사진, 그림 등의 시각적 이미지를 함께 활용하여 정보를 전달해요. 따라서 인쇄 매체의 대표적 언어인 문자 자체가 가지고 있는 특성을 활용해 대구법이나 비유법, 동음이의어, 발음이 유사한 단어나 문장 등의 언어적 표현을 사용하거나, 매체 언어의 복합 양식성을 고려한 언어 표현과 어울리는 그림, 사진 등을 이용하여 다양한 창의적 표현을 할 수 있어요.
　지문에 실린 잡지 인쇄 광고와 '자료'에서는 바람의 움직임을 연상시키는 곡선 형태의 문자 배치, '디자인'이라는 단어의 반복 사용, 유명인의 이미지, 제품의 이미지, '내 손 안의 태풍'이라는 비유적 표현 등을 이용해 전달하고자 하는 내용을 인상적으로 제시하여, 수용자의 주의를 환기함으로써 내용 전달의 효과를 높이고 있어요.

79 매체의 유형에 따른 특성 정답률 96.0%

정오답 ✅체크

① '현진'은 자신이 직접 생산한 문서 파일이 아니라, '○○고 가정 통신문'을 찍은 사진 파일을 다른 대화 참여자들에게 전달하고 있다.

② '수예'는 그림말(이모티콘) '👍'을 사용하여 '채원'의 말에 공감을 드러내고 있으며, '카드 뉴스는 사진, 이미지 등을 비중 있게 사용하여 정보의 전달력을 높인 뉴스'라고 하며 매체 자료의 전달 효과를 긍정적으로 평가하고 있다.

✓❸ '준형'은 하이퍼링크를 활용하여 음식물 쓰레기 발생량과 그에 따른 사회적 비용에 대한 애니메이션 영상 자료를 다른 대화 참여자들에게 제공하고 있다.

④ '채원'이 카드 뉴스의 제작을 제안한 것은 맞지만, 매체가 가지는 정보 전달의 파급력을 밝히고 있는 것은 '수예'이다.

⑤ 동아리 대화방 참여 인원 중 그림말(이모티콘) '👍'을 활용하여 상대의 말에 공감을 드러내고 있는 것은 '수예'뿐이다.

目 ③

80 매체 자료의 생산   정답률 95.0%

정오답 ☑체크

✓ ❶ ㉠을 고려하여, 이미지, 그래프 등을 사용하여 카드 뉴스를 제작하였지만, 학생들이 선호하지 않는 급식 메뉴의 종류를 보여 주는 사진은 제시하지 않았다.
② ㉠을 고려하여, 세 번째 카드에서 2018년부터 2020년까지 '○○고 급식 잔반 처리 비용'을 쓰레기통 모양의 이미지와 화살표 이미지를 활용하여 변화의 추이를 한눈에 파악할 수 있도록 하였다.
③ ㉡을 고려하여, 첫 번째 카드와 마지막 카드에서 '올라갑니다'라는 글자에 위로 향하는 화살표를 결합하여 카드 내용에 대한 독자의 흥미를 끌고 있다.
④ ㉢을 고려하여, 세 번째 카드에서 '우리 학교 급식 잔반 처리 비용'을 이미지가 포함된 그래프로 제시하고 있다.
⑤ ㉢을 고려하여, 여섯 번째 카드에서 잔반을 줄이면 ○○고 급식의 질이 올라가는 혜택이 돌아간다는 점을 부각하고 있다.

답 ①

81 매체 자료의 수정 및 보완   정답률 94.0%

정오답 ☑체크

① 두 번째 카드의 내용은 학생들이 급식을 남기는 이유에 대한 조사 결과이다. 따라서 두 번째 카드의 제목을 내용과 어울리게 '왜 급식을 남길까?'로 수정한 것은 적절하다.
② 수정된 두 번째 카드의 그래프에 조사 대상의 인원(재학생 300명)과 각 항목에 응답한 학생들의 비율을 밝혔으므로 적절하다.
③ 수정된 두 번째 카드에서 원그래프의 여러 항목 중 큰 비중을 차지하는 두 가지의 내용을 카드의 아래쪽에 따로 정리해 주고 있으므로 적절하다.
④ 네 번째 카드에서 재활용과 관련된 삽화를 급식의 잔반 감소로 인한 비용 절감에 대한 내용이 잘 드러나는 삽화로 바꿨으므로 적절하다.
✓ ❺ 수정된 네 번째 카드에서 ○○고 영양사는 잔반을 30% 줄였을 때 얻을 수 있는 효과로 연간 약 천 명의 한 끼 식사에 해당하는 금액을 절감할 수 있다고 말하고 있다. 그런데 댓글의 내용을 반영해 '잔반 줄이기를 통해 큰 효과를 거둔 다른 학교의 사례'를 제시하지는 않았으므로 적절하지 않다.

답 ⑤

82 매체의 유형에 따른 특성   정답률 94.0%

정오답 ☑체크

① [장면 1]에서는 화면의 하단에 자막으로 보도 내용의 요점을 제시하여 뉴스 수용자가 보도의 핵심 내용을 쉽게 파악할 수 있도록 하고 있다.
② [장면 2]부터 [장면 5]까지의 화면 상단 한쪽에는 보도 내용과 관련한 핵심 어구를 고정하여 제시했다. 이를 통해 뉴스의 수용자는 보도 내용의 중간부터 뉴스를 시청하더라도 보도 내용이 무엇인지 짐작할 수 있다.
③ [장면 3]에서는 전문가의 시연을 통해 검색어 제안 기능을 악용하는 사례를 보여 주었다. 이는 시연을 통해 검색어 제안 기능이 악용되는 방식에 대한 수용자의 이해를 높이기 위해서이다.

④ [장면 4]에는 대가를 받고 검색어 제안 기능에 특정 업체명이 제시되도록 하여 업무 방해죄로 처벌받은 사건을 음성 언어로 설명하고 있고, 그 사건을 시각적으로 보여 주는 자료를 제시하고 있다. 이와 관련하여 방향을 나타내는 기호를 활용하여 화면을 구성함으로써 수용자가 사건의 흐름을 파악할 수 있도록 돕고 있다.
✓ ❺ [장면 6]에서는 [장면 3]의 내용 중 전문가의 시연 장면을 다시 보여 주며 보도 내용을 마무리하고 있다. 이는 보도 내용에서 다룬 여러 가지 정보를 뉴스 수용자가 효과적으로 취사선택할 수 있도록 보여 주는 화면이라고 할 수 없다.

답 ⑤

83 매체 자료의 언어적 특성   정답률 87.0%

정오답 ☑체크

① '포털 사이트의 검색어 제안 기능 의심 사례 제보'를 '이'라는 대용 표현을 사용하여 나타냈으나, 문제의 해결 가능성을 설명하고 있지는 않다.
② ㉡에서 기자는 미래 시제를 나타내는 표현을 사용하고 있으나, 보도 내용과 관련한 기대 효과를 제시하고 있는 것은 아니다.
③ 기자가 청자에게 어떤 행동을 함께 하자고 청하고 있는 것은 아니므로, 청유형 문장을 사용하여 보도 내용과 관련한 수용자의 행동 변화를 유도하고 있다고 볼 수 없다.
④ 전환 관계로 연결하는 접속 표현은 '그런데', '한편' 등이 있다. '또한'은 첨가 관계로 연결하는 접속 표현이므로 기사 내용의 흐름을 전환하고 있지 않다.
✓ ❺ ㉤에서는 토론회를 방청한 한 시민의 의견을 직접 인용 표현을 통해 제시하고 있다.

답 ⑤

84 매체 자료의 생산과 수용   정답률 89.0%

정오답 ☑체크

① (가)의 [장면 3]에서 IT 전문가의 말을 제시하여 정보의 신뢰도를 높이고 있다고 할 수 있다.
② (가)의 [장면 1]에서 진행자는 '포털 사이트에서 정보를 검색하는 경우 많으시죠?'라고 말하며 방송을 시작함으로써 수용자의 경험을 환기하고 관심을 유도했음을 알 수 있다.
③ 뉴스 생산자는 쟁점이 되는 화제를 다룰 때 공정성 있는 태도를 지닐 필요가 있다. (나)의 기사는 검색어 제안 기능에 대한 규제를 최소화해야 한다는 입장과 규제를 강화해야 한다는 입장을 모두 보도하였으므로 공정성을 확인할 수 있는 기사로 볼 수 있다.
✓ ❹ (나)의 뉴스 생산자가 공공의 이익을 증진할 수 있는 방안에 대해 직접 제안하고 있는 것은 아니다.
⑤ (가)의 뉴스 생산자는 최근에 검색어 제안 기능이 본래 목적대로 이용되고 있지 않다는 제보가 급증했다고 하였고, (나)의 뉴스 생산자는 최근에 포털 사이트의 검색어 제안 기능에 대한 사회적 논의가 필요하다는 목소리가 높다고 하였다. 이는 수용자가 관심을 가질 만한 시의성 있는 정보를 선택하여 전달한 것으로 볼 수 있다.

답 ④

85 매체의 유형에 따른 특성 정답률 72.0%

정오답 ✔체크

① (가)는 인터넷 블로그에 올린 게시 글에 다양한 의견, 자료를 댓글로 달아 쌍방향 소통을 하고 있다. 이와 같은 뉴 미디어 매체의 경우, 비대면으로 신속하게 정보의 수정이 이루어짐을 '밤톨이'와 '구르미'의 댓글을 통해 확인할 수 있다.

② 정보 수용자인 다수의 대중에게 격식을 갖춘 말투로 정보를 제시하고 있는 것은 텔레비전 뉴스 보도인 (나)이다. 인터넷을 기반으로 한 글쓰기인 (가)는 (나)에 비해 일상적인 말하기의 특성을 보인다.

✔❸ (가)의 인터넷 블로그 게시 글에서 작성자는 몇몇 특정 핵심 어구의 앞에 해시 기호(#)를 붙여 열거하고 있다. 해시 기호(#) 뒤에 특정 단어 또는 문구를 붙여 쓰는 것을 해시태그(hashtag)라고 하는데, 이를 통해 정보 수용자는 전달되는 정보의 핵심 어구를 파악할 수 있다. 또 해시태그가 붙은 단어는 소셜 네트워크 서비스(SNS)에서 편리하게 검색할 수 있다.

④ (나)는 불특정 다수의 대중에게 정보를 전달하고 있는 것이며, 다수의 대중에게 정보를 전달한다는 것은 매체로서 텔레비전의 특성이다.

⑤ '밤톨이'와 '구르미'의 댓글을 통해, 정보 생산자와 수용자의 상호 작용을 바탕으로 정보의 수정이 이루어지고 있는 것은 (가)임을 알 수 있다.

📘 ③

똑똑! 궁금해요

Q (가)와 같은 매체의 특성을 좀 더 자세하게 알고 싶어요.

A

인터넷 블로그에 올린 게시 글인 (가)는 '뉴 미디어'에 해당해요. '뉴 미디어'는 정보 통신 기술이 발달하면서 등장한 새로운 전달 매체를 가리키는 말로, 독립적으로 존재하던 기존 매체들의 특성이 새로운 기술과 결합하여 더 편리하고 진보된 기능을 가지는 미디어랍니다. 뉴 미디어는 컴퓨터, 인터넷, 이동 통신 기기 등에 기반한 디지털 매체로, 스마트폰, 온라인 신문, 인터넷 블로그, 누리 소통망[SNS] 등을 대표적인 예로 들 수 있어요. 뉴 미디어의 특성은 다음과 같아요.

〈뉴 미디어의 특성〉
• 누구나 비교적 쉽고 빠르게 원하는 지식과 정보를 얻거나 공유할 수 있으며, 정보에 대한 반응을 전달하고 공유할 수 있음.
• 정보 생산과 제공에 많은 비용과 높은 수준의 기술이 필요하지 않아 누구나 생산자로 참여할 수 있음.
• 수용자가 매체 자료에 대한 의견을 자유롭게 올릴 수 있으며, 생산자와의 실시간 상호 작용도 할 수 있음. → 매체 자료의 생산과 수용이 쌍방향적으로 이루어짐.
• 정보 통신 기술의 발달로 별개 영역으로 존재하던 여러 가지 매체들이 상호 연결되어 운용됨.
• 정보나 지식의 전달뿐 아니라 감정과 정서의 공유도 활발해짐.

86 매체 자료의 생산과 수용 정답률 80.0%

정오답 ✔체크

① 음성 언어, 문자 언어와 같은 개별적인 언어 양식과 달리, (가)와 (나) 같은 매체에 사용되는 언어는 소리, 문자, 이미지, 영상, 음악 등의 여러 양식이 복합적으로 결합되어 나타나고 있다.

② (가)의 게시 글에 '몽돌이'가 작성한 댓글은 그래프, 사진, 문자 등을 복합적으로 고려하여 의미를 구성한 것이다.

③ 인터넷 매체에서는 정보 생산자와 정보 수용자의 역할이 고정되지 않고 개방적이다. 다큐멘터리의 정보 수용자였던 '구르미'는 인터넷 블로그에 이와 관련해 게시 글을 올림으로써 정보 생산자가 되어 다양한 사람들과 소통하고 있다.

④ (나)의 매체 자료를 생산하는 과정에서 진행자와 윤 기자가 가뭄의 심각성을 여러 차례 언급하고 강조한 것은 수용자와 문제의식을 공유하려는 의도를 지니고 있다는 것을 보여 준다.

✔❺ (나)에서 진행자는 현장 상황에 대한 구체적인 설명을 윤 기자에게 요청하고 있는데, 이는 상황의 심각성을 시청자들에게 구체적으로 전달하기 위한 것이라 할 수 있다. 진행자와 윤 기자는 가뭄에 따른 피해의 상황과 심각성에 대해 공감하고 있으므로 문제 상황에 대한 관점이 서로 다르다고 볼 수 없다.

📘 ⑤

87 매체 언어의 특성 정답률 85.0%

정오답 ✔체크

① '사랑이'가 쓴 댓글의 의문문은 블로그 게시 글에 제시된 정보의 신뢰성에 의문을 제기하는 것이 아니다.

② 게시 글을 보고 '사랑이'는 위기에 처한 북극곰에게 미안함을 느끼고 일상에서 이산화 탄소를 줄이기 위한 노력을 해야겠다는 공감을 댓글에 표현하고 있다.

③ '사랑이'의 댓글에는 매체의 사용 습관에 대한 성찰이나 블로그를 통한 의사소통에 대한 개선책 제안이 나타나지 않는다.

✔❹ '초록꿈'은 ⓒ에서 블로그 게시 글에 제시된 의견에 동의를 나타내고, 하이퍼링크 기능을 통해 관련 정보를 추가로 제시하였다.

⑤ '초록꿈'은 이산화 탄소의 배출을 줄여야 한다는 '구르미'의 의견에 동의하고 있으므로 제시된 주장의 타당성을 비판하고 있지 않다.

📘 ④

88 매체의 유형에 따른 특성 정답률 74.0%

정오답 ✔체크

① '한신'의 말에서 동영상이 게재되는 매체의 정보 유통 방식을 언급한 부분은 찾아볼 수 없다.

② '소희'가 포스터와 비교하며 새로 제작하는 동영상에서 슬로건이 잘 드러나도록 내용을 구성하자고 말하고 있지만, 매체 언어의 표현 전략을 비교하거나 매체 언어를 새롭게 표현하는 방법의 중요성에 대해서 언급하고 있지는 않다.

③ '연주'는 학생회장 후보자 홍보 동영상이 포스터에 비해 슬로건을 더 강조할 수 있어야 한다는 '소희'의 의견에 공감하고, 동영상 장면 구성에 대한 의견을 제시하고 있다.

✔❹ '경호'는 즉각적인 소통이 가능하고 남아 있는 대화 내용을 참고해서 의견을 나눌 수 있는 휴대 전화 메신저의 특성을 언급하며 휴대 전화 메신저를 통한 대화에 긍정적인 태도를 드러내고 있다.

⑤ '지섭'이 이야기판 제작을 위해 대화방 구성원들에게 의견을 요청하고 있지만, 대화가 이루어지는 휴대 전화 메신저의 정보 전달 효과를 고려하며 동영상 제작의 절차와 역할 분담 방안을 제시하고 있지는 않다.

📘 ④

89 매체 자료의 생산 정답률 82.0%

정오답 ✅체크

① (나)의 S#2는 소통에 관한 장면, S#3은 화합에 관한 장면이다.

② 소통에 관한 장면인 (나)의 S#2에는 후보자가 귀 옆에 양손을 가져다 대는 모습으로 경청하는 태도가, 화합에 관한 장면인 (나)의 S#3에는 세 학생이 어깨동무를 하는 모습으로 여럿이 함께하는 모습이 제시되고 있다.

✓❸ (나)의 S#4에 학교에 바라는 점을 말하는 인터뷰는 제시되어 있으나, (나)에 후보자를 지지하는 이유를 밝히는 인터뷰는 제시되어 있지 않다.

④ '학급별 소통함 제작'이라는 공약이 자막으로 제시된 (나)의 S#2와 '한마음 축제 개최'라는 공약이 자막으로 제시된 S#3에서 주의를 환기하기 위해 자막과 함께 '빠밤'이라는 효과음이 제시되고 있다.

⑤ (나)의 S#2와 S#3에서 내레이션을 통해 자막 내용을 설명해 주고 있다.

🔳 ③

90 매체 자료의 수정 및 보완 정답률 84.0%

정오답 ✅체크

① 밝고 역동적인 느낌의 음악을 사용하면 후보자의 힘찬 발걸음을 부각할 수 있다.

② 자막을 '기호 ×번 김□□와 함께 새로운 학교생활이 시작됩니다.'라고 수정하면 후보자와 함께 새로운 출발을 할 수 있다는 내용이 드러날 수 있다.

③ 화면 상단에 일관되게 슬로건인 '소통과 화합'이라는 문구를 추가함으로써 슬로건을 강조할 수 있다.

④ 인터뷰의 핵심 내용을 나타내는 말들을 자막으로 제시하면 내용의 전달 효과를 높일 수 있다.

✓❺ S#5에서 자막의 내용을 힘주어 읽는 것과 공약의 실현 가능성을 인상적으로 제시하는 효과는 관계가 없다.

🔳 ⑤

한눈에 보는 정답

I 언어

01 음운   본문 8~18쪽

01 ④	02 ④	03 ④	04 ④	05 ④	06 ④
07 ④	08 ②	09 ④	10 ③	11 ②	12 ④
13 ②	14 ⑤	15 ④	16 ④		

02 단어   본문 19~37쪽

17 ⑤	18 ①	19 ⑤	20 ⑤	21 ③	22 ③
23 ⑤	24 ④	25 ③	26 ①	27 ①	28 ③
29 ④	30 ②	31 ⑤	32 ②	33 ④	34 ①
35 ②	36 ②	37 ④	38 ④	39 ③	40 ④
41 ③					

03 문장과 문법 요소   본문 38~48쪽

42 ⑤	43 ②	44 ⑤	45 ⑤	46 ①	47 ①
48 ④	49 ③	50 ⑤	51 ②	52 ②	53 ⑤
54 ②	55 ④	56 ①	57 ①	58 ①	59 ⑤
60 ①					

04 담화   본문 49~51쪽

61 ②	62 ③	63 ⑤	64 ④	65 ⑤

05 국어의 역사   본문 52~67쪽

66 ①	67 ②	68 ①	69 ①	70 ①	71 ⑤
72 ②	73 ⑤	74 ③	75 ⑤	76 ③	77 ①
78 ①	79 ②	80 ⑤	81 ⑤	82 ④	83 ④
84 ①	85 ①				

06 국어의 규범과 국어 생활   본문 68~71쪽

86 ④	87 ③	88 ⑤	89 ⑤	90 ⑤

II 매체

    본문 74~160쪽

01 ②	02 ①	03 ⑤	04 ③	05 ③	06 ⑤
07 ⑤	08 ②	09 ⑤	10 ①	11 ③	12 ④
13 ②	14 ①	15 ⑤	16 ⑤	17 ③	18 ①
19 ②	20 ①	21 ①	22 ③	23 ④	24 ④
25 ②	26 ④	27 ⑤	28 ①	29 ②	30 ③
31 ②	32 ①	33 ③	34 ⑤	35 ④	36 ③
37 ⑤	38 ②	39 ②	40 ①	41 ③	42 ①
43 ②	44 ⑤	45 ④	46 ④	47 ①	48 ③
49 ④	50 ②	51 ①	52 ③	53 ④	54 ③
55 ⑤	56 ⑤	57 ③	58 ⑤	59 ②	60 ②
61 ④	62 ③	63 ④	64 ④	65 ⑤	66 ③
67 ②	68 ③	69 ③	70 ⑤	71 ⑤	72 ②
73 ③	74 ④	75 ④	76 ②	77 ①	78 ⑤
79 ③	80 ①	81 ⑤	82 ⑤	83 ⑤	84 ④
85 ③	86 ⑤	87 ④	88 ④	89 ③	90 ⑤

스스로 성장하는 힘,

나는 덕성이다

차미리사 선생님의 창학이념과
덕성의 자유전공제가 만나
더욱 단단하고 밝은
'나'의 미래를 만듭니다

수도권 대학 최초 전면 자유전공제 도입

3개 계열(인문·사회, 자연·공학, 예술) 중 하나로 입학하여, 1년 동안 적성 탐색 후
2학년 진입 시 제1전공 선택, 제2전공은 자유롭게 선택 가능

제1전공 심화 가능 / 2개 이상의 제2전공 이수 가능 / 제1전공 심화와 제2전공 동시 이수 가능
※ 제1전공 : 계열 내에서 선택 / 제2전공 : 계열 제한없이 34개 전공·학부, 2개 융합전공 중에서 하나를 선택

2025학년도 신·편입학 안내 | 입학안내 enter.duksung.ac.kr 문의전화 02-901-8189/8190

덕성여자대학교
DUKSUNG WOMEN'S UNIVERSITY

아버지의 사원증

유니폼을 깨끗이 차려 입은
아버지의 가슴 위에
반듯이 달린 이름표, KD운송그룹 임남규

아버지는 출근 때마다 이 이름표를 매만지고
또 매만지신다. 마치 훈장을 다루듯이...

아버지는 동서울에서 지방을 오가는 긴 여정을 운행하신다
때론 밤바람을 묻히고 퇴근하실 때도 있고
때론 새벽 여명을 뚫고 출근 하시지만
아버지의 유니폼은 언제나 흐트러짐이 없다

동양에서 가장 큰 여객운송그룹에 다니는 남편이 자랑스러워
평생을 얼룩 한 점 없이 깨끗이 세탁하고
구김하나 없이 반듯하게 다려주시는 어머니 덕분이다
출근하시는 아버지의 뒷모습을 지켜보는 어머니의 얼굴엔
언제난 흐뭇한 미소가 번진다
나는 부모님께 행복한 가정을 선물한 회사와
자매 재단의 세명대학교에 다닌다
우리가정의 든든한 울타리인 회사에 대한 자부심과 믿음은
세명대학교를 선택함에 있어 조금의 주저도 없도록 했다
아버지가 나의 든든한 후원자이듯
KD운송그룹은 우리대학의 든든한 후원자다
요즘 어머니는 출근하는 아버지를 지켜보듯 등교하는 나를 지켜보신다
든든한 기업에 다니는 아버지가 자랑스럽듯
든든한 기업이 세운 대학교에 다니는 내가 자랑스럽다고
몇 번이고 몇 번이고 말씀하신다

KD 운송그룹
KD Transportation Group

사 원 증

임남규
Lim Nam Gyu

www.buspia.co.kr

인생!
속도보다는 방향성!

우리는 매우 바쁘게 살아갑니다.

왜 바쁘게 살아가는지, 무엇을 위해 사는지도 모른채

그냥 열심히 뛰어갑니다.

잠시, 뛰어가는 걸음을 멈추고 눈을 들어 하늘을 쳐다보세요.

그리고 이렇게 자신에게 질문해보십시오!

'나는 지금 어디를 향해 달려가고, 왜 그곳을 향해 달려가고 있는가?'

pray

"나의 가는 길을 오직 그가 아시나니
그가 나를 단련하신 후에는 내가 정금 같이 나오리라"
- 욥기 23장 10절 -

총신대학교 CHONGSHIN UNIVERSITY
25학년도 신입생 모집

원서접수 | 수시 : 2024년 9월 9일(월) ~ 9월 13일(금) / 정시 : 2024년 12월 31일(화) ~ 2025년 1월 3일(금)
모집학과 | 신학과·아동학과·사회복지학과·중독재활상담학과·기독교교육과·영어교육과·역사교육과·유아교육과·교회음악과
입학상담 | TEL: 02.3479.0400 / URL: admission.csu.ac.kr

나의 대학 팔로우
Follow

입시정보

입시자료

대학굿즈

TALK

입시상담

모두의 요강

나의 대학　대학별 입시 요강　대학별 굿즈

가고 싶은 대학 어디야?

- 서울대학교 　Follow
- 충남대학교 　Follow
- 부산대학교 　Follow
- 전남대학교 　Follow
- 강원대학교 　Follow

Follow Tip

QR코드로 접속하여 답변하면 자동으로 응모가 됩니다.
성실하게 답변할수록 당첨 확률이 높아집니다.

가고싶은 대학을 팔로우하면 다양한 대학 입시정보와 함께 선물이 따라온다!!

1등	2등	응모기간	
	 CU 모바일 금액권　3,000원	**1차**	**2차**
		4월 30일까지	7월 31일까지
		(당첨발표 5월중 개별통지)	(당첨발표 8월중 개별통지)
스마트 워치 (2명)	CU상품권 3000원 (100명)		

본 교재 광고의 수익금은 콘텐츠 품질 개선과 공익사업에 사용됩니다.
모두의 요강(mdipsi.com)을 통해 EBS와 함께하는 여러 대학교의 입시정보를 확인할 수 있습니다.